项目管理核心资源库

Project Pain Reliever

A Just-In-Time Handbook for Anyone Managing Projects

项目管理难题即效解决方案

93个良方解除项目管理痛点

[美] 戴夫·加勒特（Dave Garrett） 编著

吕 勇 魏吉明 覃崇乾 高学军 译

電子工業出版社

Publishing House of Electronics Industry

北京·BEIJING

Dave Garrett: Project Pain Reliever: A Just-In-Time Handbook for Anyone Managing Projects
ISBN: 978-1604270396

版权贸易合同登记号 图字：01-2016-0901

图书在版编目（CIP）数据

项目管理难题即效解决方案：93 个良方解除项目管理痛点 /（美）戴夫·加勒特（Dave Garrett）编著；吕勇等译. —北京：电子工业出版社，2016.10
（项目管理核心资源库）
书名原文：Project Pain Reliever: A Just-In-Time Handbook for Anyone Managing Projects
ISBN 978-7-121-30088-2

Ⅰ. ①项… Ⅱ. ①戴… ②吕… Ⅲ. ①项目管理 Ⅳ. ①F224.5

中国版本图书馆 CIP 数据核字(2016)第 244120 号

策划编辑：刘露明
责任编辑：刘淑敏　　文字编辑：杨振英
印　　刷：北京盛通商印快线网络科技有限公司
装　　订：北京盛通商印快线网络科技有限公司
出版发行：电子工业出版社
　　　　　北京市海淀区万寿路 173 信箱　邮编 100036
开　　本：720×1000　1/16　印张：28.25　字数：475 千字
版　　次：2016 年 10 月第 1 版
印　　次：2020 年 12 月第 4 次印刷
定　　价：88.00 元

凡所购买电子工业出版社图书有缺损问题，请向购买书店调换。若书店售缺，请与本社发行部联系，联系及邮购电话：（010）88254888，88258888。
质量投诉请发邮件至 zlts@phei.com.cn，盗版侵权举报请发邮件至 dbqq@phei.com.cn。
本书咨询联系方式：（010）88254199，sjb@phei.com.cn。

推荐序

本书由30多位来自世界各地、在项目管理领域有着极其丰富的实战经验和理论基础、业界领先的项目管理专家开发完成。本书所列举的问题均为项目经理们在实际工作中所面临并正在经历着的，同时这些问题是在专业的项目管理网站上（如gantthead.com）经过了10年之久的交流、讨论后精选出来的。基于此，本书的一大特色是“**真实的问题和富有经验的问题解决者**”。本书所列举的问题分为两大类：项目管理的艺术和项目管理的科学。前者涉及项目经理们在管理项目中所需要的“软技能”，包括如何聚焦于你的努力，激励大家，有效的沟通和驾驭人们的挑战，后者涉及项目经理们在运作项目中所应具备的“硬技能”，包括如何处理项目的约束、假设和范围，构建和交付需求，编制计划，人员的日常管理和风险管理。每项技能均列举了多达10个以上具体的、普遍存在的项目管理问题，比如“聚焦于你的努力”，就提炼出“我需要让谁满意，如何定义项目成功，管理层改变了目标、我该如何调整”等11个具体问题。针对这些问题，本书给出的解决方案也颇具新意、非常实用：定义问题—理解问题—后果呈现—解决方法—具体应对。从问题解决层面来看，本书实际上是一本充满着解决方法的**实用手册**。

本书由在项目管理领域具备丰富实践经验和理论基础的四位中兴通讯股份有限公司（简称中兴通讯）的员工联合翻译而成。他们分别服务于销售、工程领域以及中兴通讯学院，从事项目管理工作。感谢他们在繁忙的工作之余为读者奉上了一篇佳作；同时作为译者，他们在翻译过程中也有诸多的感同身受，因为本书所描写的项目管理问题及其解决方案，就如一幕幕场景，真实地发生在中兴通讯的项目运作与管理过程中。实际上，中兴通讯早在2000年就开始了项目管理的研究和实践，在项目组合管理、项目集管理和项目管理以及组织环境支撑（Organization Enabler）等业务领域进行了诸如“PMO设立与运作，项目三级运作模式，项目考核与奖励，项目经理职业化建设，项目财务四算机制和项目管理IT平台建设”等举措的实施，在公司内部基本形成了“以做项目为荣”的项目管理文化和有效实践，并有幸荣获2010年度FIDIC（国际咨询工程师联合会）颁发的“国内工程项目最优推荐奖”和2011年度PMI颁发的“国际工程项目杰出项目奖”。最近中兴通讯更是尝试将研发敏捷管理的“自组织和赋能”等最佳实践推广到营销和工程的项目管理。尽管如此，本书展现的项目经理们所面临的种种项目管理问题，仍然在中兴通讯这样的企业中天天上演着。因此，我相信这些问题亦会或多或少地在类似企业中发生着。

当我第一次阅读本书时，对书中所列举的项目管理问题有着强烈的认同感，这些问题的解决方案（最佳实践）很有必要在广大的项目管理从业者之间共享，无论你是这个领域的新兵还是老手。我充分相信：对非职业项目经理，本书极具启发性；对职业项目经理，可以借助本书提升个人绩效和组织绩效；对项目发起人、项目组合经理以及高管们，在处理和决策项目经理们升级给你的问题时，你也会发现本书的价值所在。

中兴通讯股份有限公司 执行副总裁 陈健洲

2016年10月8日 于深圳

前言

项目管理是一项孤独甚至痛苦的工作。部分痛苦来自驱动组织的变革，而这正是项目经理所要做的。然而，人们面临的大部分困境正是由于其担任项目经理这一角色带来的。项目经理领导项目时所承担的大部分职责并非项目经理本来的业务专长，即使非专职的项目经理，也同样会遇到专职项目经理经常面临的难题和困境。遗憾的是，项目经理往往因缺乏相关的知识和经验而不能正确地处理它们。本书内容由30多名业界领先的项目管理专家开发，目的旨在帮助项目经理或对项目结果负责的管理人员，快速找到令其陷入困境的问题的解决方法。

作为gantthead.com的首席执行官，我花费了十多年时间，通过提出多个有关项目的关键性问题来观察项目经理们。这些问题绝不是诸如“您能列出并描述《PMBOK®指南》所覆盖的过程域或者什么是处理问题的好方法吗”。我的问题始终围绕描述运作项目时的感受，而不仅仅是寻找最佳实践的举措。项目经理常常会提出如下问题：

- 始终不能满足老板的需求。
- 这个计划完全不现实。
- 根本没有得到我想要的资源。
- 不断变化的需求导致的循环往复使我的团队抓狂。
- 团队成员不听我的。
- 团队成员不明白他们正在做什么。

针对诸如此类的问题，通过专家给出的解决方法，《项目管理难题即效解决方案》得以编辑成册。本书直接提出问题，使你无须通过阅读大量的文字即可找到解决这些问题的方法。当然，方法不是唯一的。重要的是，这些都是由资深的实战专家提出的最为常见和有效的解决方法。目的是尽可能地让本书立竿见影。

真实的问题和富有经验的问题解决者

本书所列举的问题解决方法是由资深从业者而非专业学者亲自撰写的，他们使用这些方法在工作中取得了巨大的成功。本书是多层次紧密合作的结果：

- 首先，本书所列举的问题是在 gantthead.com 网站上经过了 10 年之久的交流、讨论后精选出来的。“大众外包”几年前是个流行词，意味着众人合作、共同完成某些事情，而传统上这些事情是由公司的员工来完成的。从这个意义上来说，本书的结构是基于众人——多年来成千上万个在线的声音——的才智进行定义的。年复一年，这就是我所经历的场景：一系列相似的问题突然浮现在我的眼前。尽管问题的表达方式不尽相同，但人们普遍在这些相同的问题前“倒下”。
- 其次，gantthead.com 对“有故事的实践者”来说始终是一个传送工具。我喜欢“有故事的实践者”这个定义，而不是将其定义为“有故事的读者”，因为它将普通人群和在该领域具备经验（正面或负面）的人群区分开来。本书进一步要求这些主动在线的实践者，针对大众提出的具体的项目管理问题提供现实的解决方法，同时审视同行提出的解决方法。对于每个问题，以“讲故事”的方式，使读者身临其境。这些故事几乎就是实践者在处理相同问题时的真实写照，某种程度上就是项目经理在讲述自己的经验教训。
- 最后，围绕每个问题的讨论可以通过在线的方式持续下去，这可以在 gantthead.com、projectsatwork.com 等网站上，以及本书每一位编著人员的博客里进行。这样，通过在线探讨这些问题并有了行之有效的解决方法后，我们就能为读者提供更多的有用信息。

本书内容是如何组织的

本书分为两个部分。第 1 部分：领导力——项目管理的艺术，涉及关键的软性技巧一类的问题。第 2 部分：管理学——项目管理的科学，涉及专业技术能力一类的问题。两个部分分成不同的章节，通过问题的类型帮助读者快速找到其感兴趣的内容，如有效的沟通、计划编制、如何处理项目的约束条件、假设等。每一个章节更进一步地划分了小节。每个小节提出了一个具体的、普遍存在的项目管理问题，带你进入：

- 清晰、直白的问题定义。
- 告警信号清单（有助于你对问题的理解）。
- 概要描述可能发生的事情（如果你不采取行动的话）。
- 针对问题的解决方法。
- 应对问题的步进式指导。

为了有助于读者掌握新的知识，针对本书所列出的每一个问题，你所学到的知识总结都可以在 www.jrosspub.com 网站的“Web Added Value 资源下载中心”得到。附加的问题及其解决方案，以及其他一些有用的资源也可以找到。

如何使用本书

本书目录是根据所列的问题组织的，所以读者能够直接通过目录找到自己关心的问题，通读解决方法并付诸实施。当你关注当前需要解决的某一具体问题时，也不妨看看其他问题。希望浏览本书的目录时，你会惊喜地发现这是一本充满着解决方法的实用手册。

从本书中得到的收获

非职业的项目经理会发现，本书是极富启发性的，因为它提供了一个最简单的方式，将他们面临的问题与行之有效的解决方法有效地加以结合。尽管许多项目管理是基于 IT 产业的，但这些问题是所有业务领域运作项目时都会遇到的。

项目经理可以借助本书提升个人绩效，进而提升其项目和组织绩效。在每天的工作中，每一位项目经理都在与项目管理相关的事务进行斗争。他们往往忽视了这些常见的解决方法，感觉自己处在进退两难的境地。希望这些快速的解决方法有助于项目经理摆脱困境。

项目发起人、项目组合经理以及高管们也会发现本书是非常有价值的。本书的每一个小节均可视为一个快速简易的指导性工具，解决项目经理每天升级给你的各种问题；同时使用本书也可以提升组织内的项目交付能力。

针对项目经理新手的专业培训和项目管理的教学课程，本书也许是一个有益的补充。

如果这些问题解决方法未能匹配你的问题，请发邮件至 contactus@gantthead.com，我们将竭尽全力给予帮助。希望本书在有效节约问题处理时间和降低挫折感方面物有所值。如果能达成这样的效果，就是本书的成功。

戴夫·加勒特

目录

第 1 部分

领导力——项目管理的艺术

第1章

聚焦于你的努力

1.1 我需要让谁满意

你是一个像苏西那样的“取悦者”吗

啪！当它最终屈服时，这些时髦的龟甲聚碳酸酯无疑发出了尖锐的声响。作为一位APP应用项目的项目经理，苏西凝视着看上去不易破损的镜片，好像自己在这20分钟的失望氛围里并没有反复扭曲它。显然，太阳镜可能是折断了，难道她的职业生涯也是如此脆弱不堪吗？

午餐会后，她觉得这个新的Web应用项目是成功的。与会者认为所有的需求都已经定义在项目的规格参数中，人人似乎都认为需求得到了满足。但在这之后，不速之客来了。

市场副总裁莎伦首先到访，谈到她是多么高兴看到这个新的APP能取代在线产品目录。目录取代这事儿在会上可从来没提过，但在莎伦眼里，这应该是项目的合理功能之一。直到莎伦离开，苏西没做出任何承诺，也没有说不做。

产品经理鲍勃接着来访，他给苏西展示了一系列报告并希望这个APP应用产品由他来制作。这件事情在会议上也未谈及，但鲍勃在公司可是个举足轻重的人物，所以苏西表示“我尽我所能吧”。

午餐后，带着纠缠不清的恐惧感，苏西收到一封来自项目技术负责人史蒂夫的新邮件，邮件声称为了配合新的应用系统需要修订三个核心系统。这得花费大量的人力物力，甚至超过对项目本身投入的精力，但必须完成这个修订后APP项目才能投入实际应用。

显然，这些附加的需求会造成项目的重大延误并提升成本。苏西没有发出在脑海里已经想好的邮件，她告诉大家忘了这些需求和希望吧。她深吸一口气，设法想出下一步该如何走。

1.1.1 问题

每个问题都可能使你觉得你不得不去满足一千个人不同的需求。然而问题是：“我究竟应该满足谁呢？哪些问题是真正重要的？”

1.1.2 告警信号

- 你正在浪费大量的时间在干系人之间来回徘徊，设法说明你的项目应该完成的事情。
- 似乎没有人相信你交付项目的能力。

1.1.3 如果我不采取措施会发生什么

试图让人人都高兴意味着无人满意，很多人因此丢了饭碗或转岗从事无须管人的工作。

1.1.4 解决方法

你需要具备清晰的目标，并真正理解每个人的需求对你正在进行的工作的影响（见图1.1）。简言之，你需要：

- 一位与项目结果密切关联的高管、项目发起人，以便做出艰难的抉择。
- 一套项目范围文档，确保你完全正确地理解你应该完成的工作。
- 一种明确的与项目发起人交流、共事的方式，便于汇报他人的需求。

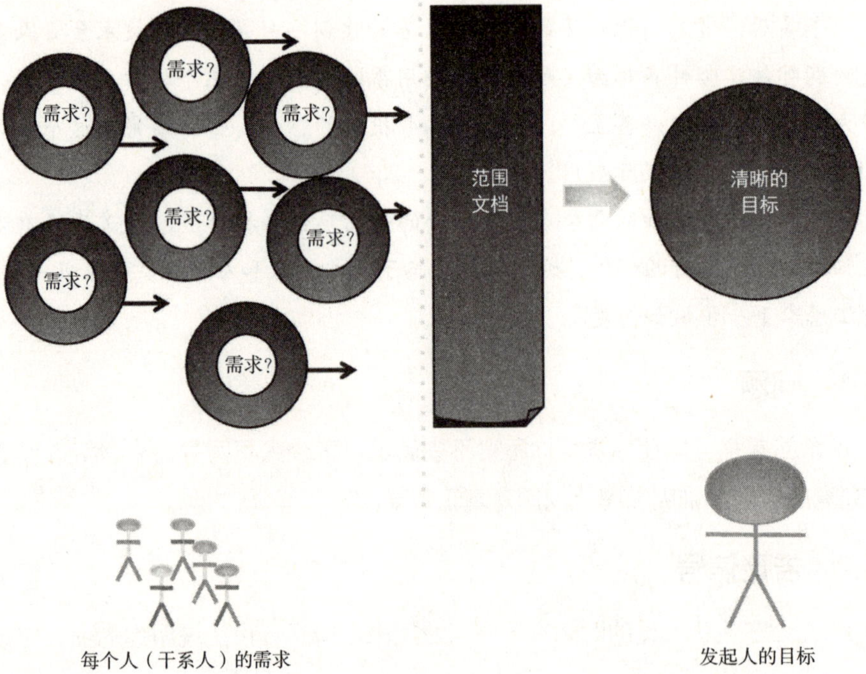

图 1.1　干系人的需求对正在进行的工作的影响

1.1.5　我应该做什么

1. 项目发起人

基于项目目标收集信息和支撑性材料，确保在求助发起人之前对项目即将展开的工作做出准确的描述，然后识别你的发起人候选者。关于这点，最合适的发起人最可能是你认识的人，或至少你听说过此人。发起人可能是也可能不是你通常汇报工作进展的老板。考虑下述人选：

- 你工作上汇报的高管。
- 职能上有着密切关系的高管。
- 如果你的项目失败最有可能丢官的高管。

为了识别项目发起人，请考虑下述问题：

- 如果作为发起人的话，谁具备项目的财政权？
- 如果作为发起人的话，谁具有组织内的政治影响力？

- 谁拥有支持项目成功的历史背景?
- 当项目遭遇挑战或失去组织支持时，谁将会出面保护项目?
- 你想具备良好的工作关系吗?
- 谁会为项目提供方向和关注点，同时通过询问恰当的问题帮助你成功?
- 发起人是否对项目的交付结果承担全部责任?

项目发起人是一位责无旁贷、做最终决策的人，他通常是组织内的业务领导者。该人:

- 从长远意义上看，与你的项目成功密切关联。
- 协助你定义项目的范围和目标。
- 设置优先级并解决冲突。
- 做出项目变更决定以便达成目标。
- 批准人员和资源配置。
- 对参与项目的每个群体在有效沟通上具备足够的影响力。
- 与高管团队沟通，确保得到高层持续不断的支持。

考虑一下最初提到的三点。业务运作中，比你层级高的某人很可能已经承诺通过高层支持保证你的项目一定会成功，而他的地位与名声取决于该项目的成功与否。你所要做的只是将发起人的角色清晰化、正式化，以便该人（或小团体）能够定义项目成功和解决冲突。一旦确定了项目发起人，请与其共同识别重要干系人及其需求，同时设定项目范围并形成文档。

2. 项目干系人（利益相关者）

项目干系人很可能是所有对你有所要求的人。他们在项目中有既得利益，都希望把他们的需求设为高优先级。这本身不是件坏事，但你无法讨好每个人。在发起人的帮助下识别干系人并将其分类。明晰可以满足或无法满足的需求、互相矛盾的需求以及可能带来冲突的需求。

为了正确地处理这些需求，你首先需要对干系人进行分组。问一下自己，干系人是:

- 项目的最终用户?
- 其工作受到你正在做的事情影响的一类人群?
- 基于项目结果，变得更好或更糟的一类人群?

- 对项目进行抵触的一类人群?
- 因其他原因对项目关注的一类人群?

将干系人分类会让你更好地应对他们。你不可能给予干系人希望得到的一切，但与发起人共同制定的项目范围文档中所界定的需求，希望能够满足干系人。

3. 项目范围文档

你必须与发起人共同制定项目范围文档。项目范围文档定义了你应该做和不应该做的事情。它至少详细说明：

- 项目的目标与目的。
- 项目如何与组织的目标和战略相匹配。
- 项目的假定 （你已经考虑到的假设）。
- 强加于项目的约束（你不会尝试去完成的目标或你不会去做的条款）。

项目范围文档可能包括其他条目并采取不同的表现形式。通常情况下，它是一个商业论证或项目章程，重要的是你投入项目的工作输出应该形成文档、得到批准，并能反映出发起人对项目成功的定义。

1.2 如何定义项目成功

是你的项目在控制你吗

唐实在没有勇气告诉他。西蒙等不及为唐的项目中热门的新 2 号交通工具创作一个新的配套的头枕图案。他的热切希望听起来像“我们还在那儿吗？”——唐很难让固执的反对后座设计的人承担此事。

开始的时候大家都是无意的。唐要求西蒙参加一个专题小组，随后来自西蒙的一系列问题接踵而至。不过几周时间，西蒙已然成为项目的中心人物。在设计超级安全的头枕方面，他给了唐极大的指导。当唐要求他投入时，西蒙立刻开始钻研起来。他不仅花费了无数的时间回答问题，而且牺牲了大量的个人时间，以确保唐的项目运转正常。看上去唐递交给管理层的每份报告里都充斥着：“西蒙说……”

此时唐才意识到西蒙认为是他在主导实际设计，不过太晚了。也许他可以强行“挤入”设计环节并且改变项目的范围。在唐看来，此刻没人会在意这些，并且他们认为这是一件有益的事情。唐的发起人提前离开了项目，主要是出于对“进入生产环节的设计安全性”的考虑——无论它意味着什么，事实是在项目目标真正清晰之前，发起人退出了项目。

现在，唐只有一个选择：要么估计出项目完成后的情况而不要看上去像一个傻瓜，要么变更项目范围以实现他觉得有用的一些功能。问题是唐不知道何去何从。

1.2.1　问题

当你启动项目时，你感觉好像理解了项目的目标。随着项目的展开，原先制定的项目目标此时并未定义清晰或某些目标的定义不再有意义。通常会犯的错误是采用某人的话语来描述项目的重要性，而这并未完全理解项目的目标。这样的事情发生在很多项目经理身上。项目的本质是选择你去完成某件事情。也许你一开始知道在做什么，但是现在一切都变了。不管怎样，事实上目标的频繁改变给你带来了大量不适，并让你独自承担责任。

1.2.2　告警信号

- 人们通常对项目有所误解。
- 在完成任务上你面临着一些压力——这使得你紧张不安。
- 项目发起人离开或换了。
- 你无法用清晰、可理解的方式对别人解释项目的价值。

1.2.3　如果我不采取措施会发生什么

如果你无所事事，接下来的事情可能是容易的，但项目被取消或完成后仅取得很小成果，你会后悔的！

项目的成功取决于独特的一类需求。你的职业生涯成功与否依赖于是否对组织做出可度量、有意义的贡献——否则你在浪费时间。对组织而言，项目要显得重要；并且对组织内有话语权和影响力的人而言，同样要显得重要。你会发现：

- 你身边的每个人都有需求，很多人在组织中可能很重要，但你无法满足每个人的每项需求。

- 如果人们相信你的项目目标与他们的需求一致，工作就很容易完成。当然，你不应该误导大家相信你的项目目标。

你不妨想象一下这个画面：当你角逐下一个职位时，描述一下你在这个项目上取得的成就。如果你完成的工作无法确保你的努力是有意义的，那会让人如何看待？你再想象一下这个画面：你在向高层解释为什么未经正式的项目范围变更程序，就又满足了某个人的需求。那可能适用于侠盗罗宾汉（英国民间传说中劫富济贫、行侠仗义的英雄人物），但不可能适用于你。

1.2.4 解决方法

现实中可能会有很多项目目标，而人们总是假设你正在做的事情符合他们的利益。一旦你做的事情对他们毫无影响，他们很可能不再关注你的项目结果会是什么。所以为了让事情走上正轨，你需要重新设定目标，保证其与项目发起人的需求和大的组织方向保持一致。如图 1.2 所示，你需要做“三件事”来定义项目的成功。

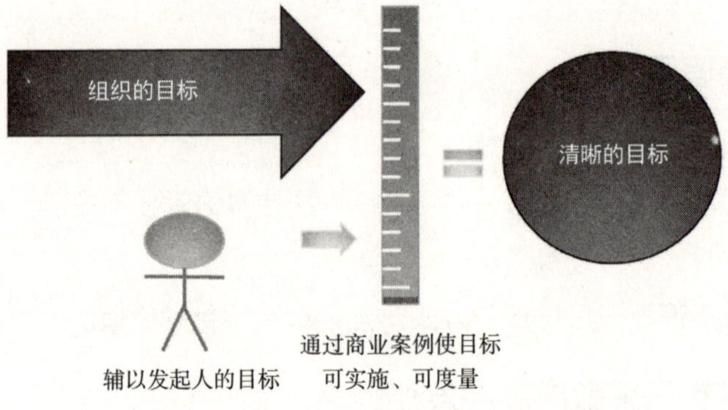

图 1.2 “三件事”定义项目的成功

（1）明确工作上与项目结果密切关联的高层主管（较适宜的人选），即项目发起人，以便做出艰难的抉择。

（2）清晰地理解为什么项目结果无论是对组织还是对项目发起人都非常重要。

（3）通过商业论证确保你正确无误地理解应该满足的需求。

1.2.5 我应该做什么

当你对项目目标不清楚的时候，你应该按照这个顺序明确“项目发起人、项目目标以及商业论证”，这点非常重要。否则，你在浪费大量的时间。

1. 找到发起人

你的项目发起人往往是真正定义项目成功的人。初始阶段对发起人的定义可能不是很清晰，这就是为什么你需要亲自动手完善目标，并进行真实的商业论证。此时此刻你很可能定义了一些目标及其支撑性材料，那就在你寻求发起人之前用你手中掌握的东西，对项目旨在进行的工作做一个充分的描述，然后确定发起人候选人。最适宜的发起人是你认识或至少你听说过的。他可能是也可能不是你平时汇报工作进展的人，所以请带着开放的心态去寻找发起人。考虑下述人选：

- 平时汇报工作的高管。
- 与职能或项目关联的业务领域的高管。
- 如果你的项目失败，最有可能失意的高管。

为了确定发起人，请思考下述问题：

- 谁享有财务支配权谁才能担当项目发起人？
- 谁在组织中具备政治影响力谁才能担当项目发起人？
- 谁具备支持过成功项目的历史背景？
- 当项目遭遇挑战或开始失去组织支持时，这位候选人会保护项目吗？
- 你与谁保持着良好的工作关系？
- 谁会为项目指出方向和关注点？他们会提出恰当的问题帮助你取得成功吗？
- 候选人会对项目的最终结果负责吗？

发起人可以对几乎所有的项目决策进行最终表态。他通常是组织内的业务领导，并完成以下事项：

- 郑重承诺对项目的成功承担职责。
- 帮助定义项目的范围与目标。
- 设置优先级，解决问题与冲突。
- 为实现目标，有权对项目计划、预算、时间安排做出变更。

- 能够批准人员与资源的配置。
- 对参与项目的每一位成员具有足够的影响力，以便进行有效的交流。
- 与高管团队有效地沟通，确保来自高层的持续支持。

考虑一下最初提到的三点。职位上高于你的某人很可能业已承诺对你的项目进行管理以便项目取得成功，他们的名望很可能依赖于此。你只要使得发起人的角色清晰化和正式化，以便某人（或小群体）定义项目的成功和解决冲突。发起人正式化也可使得发起人关注于项目的重要性，验证他们对项目成功所应承担的职责。一旦合适的人选同意成为你的项目发起人，请与他们共同完善项目的目标。

2. 关联项目目标与组织目标或战略

如果你已经选择了合适的发起人，其个人利益与组织战略的一部分密切关联。达到这样的高度，你的项目目标就能融入组织的战略、总目标或具体目标。你需要明白你的项目是如何以互补的方式支持组织的目标和发起人的目标的。

首先与发起人详细交流。要求他：

- 按照他的理解描述项目目标。
- 描述目标与组织战略的关联性。
- 基于战略的关联性，陈述他如何度量成功。
- 指明度量对其个人的重要性。

然后花点时间研究一下。组织的战略举措有时候作为一种独立的文档发布，如商业计划、使命陈述，这些是在现存的信息系统规划内的，或者发布一个 C 级公告描述组织如何解决面临的经营问题。明晰组织的短期和长期目标，看看你的项目是否能够帮助组织达成这些目标。窍门在于：

- 清楚地表明发起人的投入是如何与项目之于组织重要性的定义文档保持一致的。
- 识别项目目标与公司特定的战略目标的关联性。
- 识别明确依附于组织战略目标的特定的项目成功度量法。

如果你无法量化业务目标与项目的具体目标（使得这些目标可度量），请与发起人共同解决。

3．定义商业论证

商业论证通过目标和度量的清晰化，使得事情切实可行。它以人人皆知的方式详述你正在进行的工作及其重要性。通常情况下，你会制定商业论证以取得项目的启动资金，但现在你需要它为你每天的项目决策做参考。你想要确定你所做的一切有助于实现你在商业论证中已经列出的业务目标——否则你在浪费资源。商业论证至少详述：

- 项目的总目标和具体目标。
- 项目如何与组织目标和战略相匹配。
- 如何用具体客观的方法度量项目结果。
- 风险（可能导致你失败）及其应对计划。
- 项目的假设条件（你已经考虑的或不在项目范围的假定条件）。
- 项目的约束条件（不去尝试达成的目标或不会去做的事情）。
- 概算成本。
- 预估的投资回报。

商业论证通常在项目的开始阶段完成以证明项目存在的合理性，所以它可以是非常详细的。你的论证可能短到一页纸，也可能长到足够让你所写的东西有助于阐明你正在创造的价值。撰写商业论证的活动不但会澄清你心目中的项目目标，也会使落在纸面上的目标清晰化。这样你就能够告诉任何询问你的人你正在进行的工作及其重要性。你也有望使目标和度量方法指导你决定什么使得项目成功，什么使得项目不会成功！

1.3　不同的人在不同的时间需求不同

我们是在开发产品还是品牌

当杰里在两位联合发起人的观点之间来回折腾时，时间飞掠而过。艾琳和布雷特不停地把杰里拉向不同的方向。忽然之间，艾琳打算让项目组匆匆拼凑成的产品报头和产品标志成为整个公司商标的主要特征。她觉得快速改进很容易，但那些改进已经耗费项目 5 人周的投入。艾琳想要标志新鲜和新颖，但仍然符合总体的公司标准。然而她没有把这个需求付诸文字。布雷特只是想要尽快完成标志，然后投入到项目剩余的工作中去。高官们觉得他们两个都有道理，希望针对不同的观点能有一个合作的决议。

未来的系统用户开始提供随机的投入。相关系统的业主则希望整合开发资源以实现他们自己的目标。布雷特投入太深以至于几乎没有时间与人谈话。

最后这都是杰里的责任。他只是不知道应该听谁的。对杰里而言，这是一个双输的典型局面。

1.3.1 问题

尽管遵循方法论，即标准的方法，并且按要求交付了项目结果，如果项目没有满足期望值，仍可能被视为失败!

你知道如何启动项目，收集需求，确定目标——哪些是范围之内的，哪些是范围之外的，等等。你制订计划、安排时间，并承诺可交付成果。你用文件证明每件事情，并得到所有必要的审批。方法论有助于指导你通过流程处理运作中遇到的问题，以及管理变更需求，降低风险，并交付最终产品——所有这些事情都在预算范围内按时完成。你言行如一，项目应该会取得完美的成功，那又如何被认为是失败的呢?

项目干系人，尤其是项目发起人可能对项目的交付物和交付时间抱有期望。这些期望值可能与需求收集阶段得到的答复非常不同。初始阶段不是所有的干系人都被知晓或公开，所以他们的需要、需求和期望值在项目早期可能未被完全量化。通常你不得不与项目联合发起人打交道，他们可能会提供额外的指导和支持。然而，它会显著增加你处理针对同一个项目的不同期望值的可能性。

底线是一旦项目完成，即使按要求交付并满足需求，某些项目仍被视为失败。它们满足了需求，但没有交付所期望的结果。

1.3.2 告警信号

- 不止一人对项目提供方向或提出需求。
- 通过经常性的私下会议以确保项目的一部分得到关照。
- 你不明白这个项目如何符合组织的战略方向。
- 你感到似乎没有得到他们真正需求的全部东西。

- 你不能满足期望值似乎是迟早的问题。

1.3.3　如果我不采取措施会发生什么

你的工作似乎相对简单：确定需求和交付。然而，如果你忽视这些告警信号，仅仅是急于求成地使用这个简单方法，很有可能在项目结束时你已经失败了。你已经交付了规定的需求，但未能满足干系人说过或未曾谈及的期望。

仅仅交付所要求的东西并非足够好，这一点是明确的。

1.3.4　解决方法

最重要的是，你需要把所有的决策者召集到一起，同意项目范围和目标。会议期间你应该做得更多而不仅仅是接受书面或口头的需求。你应该多听而不只是记录文字和陈述。你需要把自己调整到不说话模式，观察关联性，跟进组织内的形势发展。你需要运用你的所有理性的感知，而非仅仅记录回答问题的文字。你需要更加深入的探讨，甚至问一些“愚蠢”的问题。不要停下来，直到你完全明白每一个有关的期望。

1.3.5　我应该做什么

不要假设所有人都会坐在桌前制定项目章程和项目时间计划，把他们带到桌前并确保做出决策。

1. 确保识别所有干系人

某些干系人是已知的，他们与项目的关系比较明显、易于识别，其他的则不然。某些干系人会有清晰的期望，并通过愿景陈述或结构化的评论和文件，为项目团队进行定义。其他的干系人不知道他们需要什么，似乎是在支持现状。除非一个决定性的会议，否则这群人在项目结束后才可能仅仅有一个具体的看法。

2. 带着质疑组织的观点入手

假设信息未能充分地交流。这对进入一个组织的咨询顾问展开咨询工作就显得较为容易，因为他具备很少或没有组织文化方面的先验知识和有限的成见。组织内的项目经理们必须是咨询师这样的角色。

3．对待每个人作为一个个体，更重要的目标设为高优先级

尽管明白发起人陈述的需求很可能是最重要的，但也要明白其他人一路上可能帮助或破坏你，这是基于他们的个人利益所在。要有组织的文化意识，在“读懂”那些可能影响项目的个人方面要有效果。你需要协调每个人的利益，以便获得针对项目、项目团队以及任何你没有考虑到的别的事情的预警信号。底线是项目团队是由不同的人所组成的，他们在不同的时候会有不同的需求。

4．把不明确的期望转化到项目的计划和目标文档中

你不仅必须具备倾听的能力，也要能够把表述的要求转化成可度量的、具备优先级的需求，以表明项目总的意图。传统上按照下述方式来完成：

- 审视阐明的项目目标和项目的成功措施。
- 把握每位干系人对项目应该取得的成果的看法，以及与正式目标之间的差异。
- 详细记录相同点和差异；必要时考虑拟制商业论证案例。
- 获取并记录一群干系人的一致性。

传统上，我们用推动语句来描述需求，以识别事情的次序、澄清在会上表达给我们的概念。这几乎总是第一步。新任项目经理常常会在这里停止进一步思考目标与目的，而更多富有经验的项目经理会识别所有关键干系人以及他们对项目的期望。虽然项目章程提供了正式的项目方向、范围和关键成功因素，但没有为所有人鉴定项目。比如，在与地区经理、个别本地经理以及软件产品用户审视项目时，他们的需求和期望会显示出来，这些需求和期望在总部启动项目时并没有获取。

1.4 技术上我已步入正轨，但仍未满足需求

你不可能使每个人都满意

在每一次的项目状态周例会上，项目经理史蒂夫都会收到项目的最新进展。每周的项目状态都符合项目的初始计划。这是一个相当了不起的成就！他的团队忙碌且充满热情，团队成员互相帮助、共享信息。事实上，周例会充满了欢

乐，而不是大家习惯于认为的“互相 PK”。“谁还会有更多的要求？”史蒂夫心想。

显然，项目发起人和最终用户可能有更多的要求，他们也经常这么做。与这两位干系人的周期性会议可不像与项目组的项目周例会，远非“欢乐”可言。相反，他们质疑项目交付物的内容，变更了好几个关键任务的范围，并且增加了不在初始计划里面的其他需求。

这给史蒂夫和他的项目团队带来了麻烦。他们不得不经常对一些交付物进行返工，而这些交付物他们认为已经按照计划在预算范围内成功完成了；或者他们不得不增加初始基准计划中没有的新任务和活动，这导致了调度的噩梦，因为任务和资源需要转移和重新分配以保证项目整体按照严格的计划进行。

花了几周的时间，史蒂夫和项目团队让项目运作重回正轨。但是在与项目发起人和最终用户的下一次会议上，再次导致更大的变更。“为什么老是发生这种事情？”史蒂夫很诧异，“我尽我所能管理着项目，但他们对结果仍然不满意。”

1.4.1　问题

按照所有有关的项目度量方法（如挣值法、里程碑），你的项目正好满足目标，如果没有超过的话。然而似乎没有人关注那些指标，取而代之的是，总觉得项目进度不如预期的快。

1.4.2　告警信号

- 项目发起人、高管或最终用户觉得项目指标需要用来阐明他们的需求。
- 即使项目在预算内按时完成，最终用户仍然不满意。
- 哪怕是微小的变更也会使团队成员产生挫折感。
- 你强烈地感觉到项目会达不成目标或未能完成应该完成的工作。

1.4.3　如果我不采取措施会发生什么

从指标的角度观察，无论项目看上去多么好，在项目高管和最终用户眼里，项目可能没有满足目标。作为项目经理，这可能是你工作记录中无法逃避的污点，意味着对你随后负责的项目（如果有的话），甚至是你的长期职业生涯，产生剧烈的冲击。

1.4.4 解决方法

在一些实际案例中，当项目进展到中期时事情发生了急剧变化，以至于截至当时完成的工作不再有益或适用。本章不会涉及该情形，针对这种情况请参考：

- 1.5 我想要重新开始
- 5.2 一切都已改变，我需要重新设置目标和期望

这里我们将聚焦出现这种情形的最可能的其他原因——缺乏对项目需求和期望的完全理解。

在这种情况下，解决方法就是对项目的需求和期望要有一个完整的理解。这意味着要与项目发起人、高管和最终用户进行大量的沟通与交流。

1.4.5 我应该做什么

这种情况的根本问题是缺乏对项目的需求和期望的理解。针对任何项目，我们都有一个自然倾向，那就是希望它启动起来并立即开始工作，潜心做事，迅速完成。比如一个软件开发项目，开发人员可能一上来就开始为某些应用部分进行软件代码编写，因为那部分的应用他们已经知道如何编码，然而他们可能并不确切地知晓整体应用。当然，当你开始时就没有项目最终结果的完整影像，要达成正确的最终结果是很困难的。

这里有一个基本的方程式，请记住：不确定性 = 风险。

毫无疑问，任何时候项目经理和项目组没有完全理解项目应该完成的事情，他们就在承担一定的风险。项目经理及其团队未知的部分越多，风险就越高。知道得越多，风险就越低。不确定性与风险成正比。作为项目经理，你在领导着项目并负责组织所有项目资源和可交付成果，所以理解最终用户（或项目发起人）的完整需求的大部分职责就落在你的肩上，你理应负责。

每个项目开始的时候都比较抽象，逐渐展开后变得具体起来。关键是事先尽快掌握尽可能多的细节，以便当项目从抽象进展到具体时你不会产生浪费或无效的努力损失（金钱和资源）。一项错误的或不完整的任务，即使在预算范围内按计划完成，也是毫无意义的！

几件事情能够导致一个人不能完全理解项目需求的细节。典型的现象是，不同的一组人（非项目团队）可能会对需求进行不同的解读。因为他们不是项目团

队的一部分，当需求传递时，额外的知识或洞察力难免丢失。通常情况下，销售团队与最终用户建立了接口关系，项目的实施则由不同的团队来负责。另一个原因是最终用户（或组织内的项目高管）不断施压要求加快进度。背负快速前行的压力，为了尽快完成任务细节部分就被跳了过去，使得项目按照缩短的最后期限看上去正在取得进展。

无论何种原因，都应该采取一些措施。如果任其发展之后只会带来更多的问题（可能是重大的、灾难性的问题）。那么现在你需要做什么？你得采取几个关键行动。

1．审核原始需求

首先，你需要立即坐下来与你的最终客户（和/或项目发起人，这决定于谁负责定义项目目标）一起回到原始需求。无论是哪个部分有疑问，立即提出问题，不能有错误存在。如果你不理解有关项目或需求的所有技术细节，带上团队成员里的技术专家。其次，你也得征询最终客户和/或项目发起人可能有的非技术性需求的期望，比如希望参加项目周例会或直接与项目核心团队成员交流等。最后，确保所有这些需求、目标和期望记录在案，并当面解读给最终客户和/或项目发起人听，以确保正确理解它们。

2．审核目前的工作和任务

在与最终用户和/或项目发起人一起讨论交流的同时，审核一下现在的工作和布置的任务，看看是否有任何遗漏以及遗漏的原因。在这一过程中你可能需要核心团队成员的介入，以完全理解目前存在的差距。把这些差距告知项目组全体成员，以识别成本、时间计划和资源估算是否需要变更。如果估算需要进行大幅度的变更，情况则完全不同，因为重大协商不可避免。如果这种情况发生，那么阅读本章前述的两个小节将非常有益。我们暂时假设成本、时间计划和资源的重大变更不会发生。

3．制定纠偏举措并获得发起人批准

在理解差距和任何估算变更后，制定必要的纠偏举措并获得项目发起人和最终用户针对变更的书面签字。这点非常重要，因为该文档的书面记录，一旦在项目随后的运作过程中有其他的范围变更或新的需求提出，就可作为基准参考。

4. 管理基于计划的绩效

正如其他章节所建议的那样，当变更发生时，接下来应该做的事情就是基于修订后的计划积极地管理项目绩效。作为对项目负责的项目经理，肯定需要关注最重要的事情并及时指出偏差，尽可能快地防止问题蔓延。

在把项目重新纳入正轨后，针对未来的项目运作，请确保实施各种形式的事先澄清讨论和文档化工作（即使这些工作不是贵公司标准项目流程的一部分）。

1.5 我想要重新开始

我该认输吗

吉姆以前可是真正地享受着工作。然而，自从接手这个最新的项目，他就开始惧怕走过办公室的前门。“事情怎么变得这样糟糕？”他常常问自己这个问题，“我是否应该减少我的损失并且告诉项目发起人停止这个项目？”项目状态周例会是多么的残酷啊。

吉姆感觉要想从其他团队成员那得到有用和相关的信息就像拔牙般困难。他发现自己经常调整项目计划，因为项目信息时常在变。他尽其所能试图掌控大局，但大家不再充满热情，而且看上去不愿做任何事情。“难道他们也看到了失败的结果？”他怀疑道。

吉姆无法确定该做什么。他曾经学习过很多关于项目规划方面的培训课程，但眼前的这个课题却没有被包括。当发现你正在修正之前刚刚做好的修正时，这就不正常了。当发现因为真实的信息一直在变导致你决策犹豫时，那就有什么地方出错了。当发现因为总是有坏消息而难以从其他的团队成员嘴里得到一个直接的答复时，那就有什么地方不对劲了。当只有通过施加压力、增加成本才能试图使项目重回正轨时，那就一定出问题了。

吉姆知道他需要做些什么，否则他的职业生涯可能会戛然而止。这个项目对公司和项目发起人都很重要，取消它是不可能的。但是针对出现的问题做一些下意识的反应只会产生额外的问题。“我们为什么与初始计划偏差得如此远呢？”他反问自己，“更重要的是，如何才能使项目重回初始计划？或者说，这个初始计划还那么重要吗？”

1.5.1　问题

项目正在快速地走下坡路。你无法确定项目为什么会进展到这一步，但项目获取资源、预算和按计划实施（如果有可能的话）正在变得异常困难。

1.5.2　告警信号

- 会议上分享的信息变得越来越模糊。
- 人们开始把自己与项目疏远开来。
- 计划更新的发布更加频繁。
- 项目似乎没有完成任何有意义的事情。
- 你发现自己在关键决策时犹豫不决。
- 当你指向初始计划时，所有人都笑了起来。

1.5.3　如果我不采取措施会发生什么

简言之，你的项目运作彻底失败的风险非常高。如果该项目对公司而言并不重要，也许这个失败不是什么大事，可归结为损失。然而，当项目足够重要时，完全失败不是选项。你不可能对项目继续实施“小修小补”，进而希望项目自己能回到正轨。希望可不是个好策略。

1.5.4　解决方法

当人体内的一根骨头严重折断，就需要重新接骨，项目也常常如此。如果项目与初始基准相比严重偏离，就需要重新定义基准。这意味着需要度量所有活动的当前状态，对剩余工作量做出新的估算，然后重新开始。如果新的基准与初始基准大相径庭，请不必惊讶。

1.5.5　我应该做什么

这可能是项目经理面临的最大梦魇之一。展开工作的美好计划现在成了你曾见过的最为丑恶的东西之一；团队成员之间的沟通贫乏或根本不存在；项目启动后追加的需求来了（这样就成了新的任务）；新的干系人出现了并且需要介入项目；项目范围正在蔓延；等等。你需要做下述几件事情：

1. 仔细地照照镜子

你应该承担现在这种状况的部分或全部责任。因为在项目运作过程中，你没有通过有效的交流、把范围蔓延和需求增加最小化等手段做出足够的航向修正，导致项目前景暗淡无光。有很多可能的原因导致这种状况的出现：

- 你可能以完全不切实际的基准计划启动项目。如果知道这点，你理应羞愧；如果不知道这点，那么你可能过度依赖别人的估计或过于相信他们的估计而不对假设部分进行审核或挑战。你和他们一样，要对估计负责并做出解释。如果你对项目结果负责，你就一定要关注。
- 当你看到事情变得糟糕时没有及时介入。也许你不想引起其他团队成员的不愉快或者给人感觉你管得太细，抑或也许你希望事情总会得到改进。记住，错误是会传染的。项目开始阶段的一个微小的错误也会发展并在整个项目中泛起涟漪。人们易于在项目的初期阶段过于放松，因为尚有大量的时间存在。那段时间会被很快地挥霍掉。把问题消灭在萌芽阶段，快速彻底！你不必非得粗鲁，但大部分时间里你必须果断！
- 你收到了项目糟糕状态的信息，而且当你知晓项目的真实状态时，一切都太晚了。尽管如此，你有管理团队成员的责任，而不仅仅是工作。这意味着取得信任和尊重，以及针对个人行为规范和绩效设置合理的期望值。类似于错误传播，团队成员的坏习惯和行为只会变得更坏。在项目的开始阶段投入时间和精力来管理资源，你就能避免大量问题。即使问题发生，你也有互相尊重和理解的资源基础来处理问题。

无论是什么原因，勇敢面对、坦然接受并汲取教训。铭记痛苦以便沉淀教训。尽管这种情形是可怕的，但很多优秀的项目经理也都曾经历过。至少你可以得到慰藉：那是一个大家共同的梦魇，欢迎来到“困苦经历学校”。

话虽如此，其他团队成员也应承担部分责任。他们需要倾听并要意识到他们的决定和/或行为对项目造成的冲击和影响。作为项目经理，在此时此刻你必须坚决。你的工作是管理项目以达成预期的目标。如果发生重大变更，顺其自然。但是，如果团队成员没有意识到他们对糟糕的项目状态的“贡献”，他们很有可能会继续他们的做法，这是有害的！这种类型的讨论最好是按小组进行，以免再单独交流。此外，如果项目处于这种糟糕的状态，众多资源应该承担责任，而非仅仅一个。

2. 立即制订新的计划（如重定基线）

与团队的每一位成员单独交流，并让他们认同新的计划和概算。当人们以群体出现时，他们经常感到力量倍增，可以挑战重大变更。如果与团队成员单独接近并交流，他们会感觉到他们对项目的关注正在被倾听，并得到公平的待遇。作为项目经理，请不要尝试哄骗某位团队成员去接受对其他团队成员而言完全不切实际的新计划，以满足你的需要。

你的目标是获取一份新的计划，得到每个参与者的一致同意，然后确保遵循新的计划。某些细节化管理需要全身心投入，以昭示人们对于新计划的执行和任何新的行为和绩效期望值，你是非常严肃的。当抱怨蜂拥而至时，提醒他们新的基准的必要性以及当时大家是一起参加开发新的估算的。你不希望在你的工作履历中出现项目失败的记录，他们也同样不希望。

3. 向项目发起人或高管解释项目的现状

重大的重定基线的工作多半需要得到项目发起人或高管的批准。你必须告诉他们发生的事情，为什么项目会处在目前的状态，以及你（和团队）打算采取的补救举措。始终确保正在关注你的那些人和组织内对项目负有责任的那些人在决策圈内。

通常来说，新的估算会比初始计划更加耗时、费钱。项目发起人需要尽快了解增加的成本以便他能采取相应的行动。这些行动可能包括努力争取需要追加的资源，与项目的客户商谈，或者向组织的行政管理系统传递一些令人遗憾的消息。无论如何，坦率和透明最为关键。鸵鸟型的项目经理不会走得很远。

1.6 我感觉孤立无援，应该到哪里去寻求帮助

有人在吗

斯坦管理项目好几年了，大体上属于对那些安排好的职责进行管理。他开始喜爱管理这些项目，并希望学到更多他打听到的项目管理方法。

斯坦尝试着与其他人交流项目管理的观点，以探索如何更好地运作项目。

当斯坦接近他们讨论这一话题时，绝大多数人很快就昏昏欲睡，少数人友好地点点头。没有人提出他们自己的观点，斯坦提出问题后得到的大部分回答是："我不知道，我们一直这么做来着。"

为寻求导师，斯坦找到几位在公司服役几十年并在那段时间运作过项目的老员工。遗憾的是，他们或者不喜欢讨论如何管好项目这一话题，或者不愿意花费时间与斯坦交流项目管理。沮丧的斯坦喃喃自语："我感觉孤立无援，应该到哪里去寻求帮助？"

1.6.1 问题

你很想把项目的过程管理得更好，但有时觉得只有你自己致力于项目的运作，其他人都在忙着自己的事情和优先级高的任务，以至于你发现支持甚少。

1.6.2 告警信号

- 当你开始谈到如何提升项目管理时，你立刻看见大家呆滞的目光。
- 组织内的员工不知道结构化的项目管理是什么或者为什么重要。
- 你在组织内似乎找不到一位可以作为导师的员工。

1.6.3 如果我不采取措施会发生什么

最终，通过持续改进和使用通用流程以提高项目成功率的积极性会逐渐消失。你会与其他麻木迟钝的人一起陷入平凡之地，你的"有效的项目管理"的热情会被"足够好了"、"至少不是我的错"等措辞所取代。

1.6.4 解决方法

对项目管理学科足够关注的一类人群，会对如何做到有效的项目管理进行生动活泼的争论和讨论。你需要有人反馈其理念，需要向曾经面临同样挑战的人取经。

1.6.5 我应该做什么

不必担心，这里有大量的选项供你探索。你随处可以发现项目管理的狂热分子。

1. 你的组织内

你的组织内很可能存在对项目管理有同样心态的一群人，只不过你们没有彼此发现而已。那就从安排一个午餐会议开始，邀请公司感兴趣的每一位同事参加你的这个新的"项目管理午餐俱乐部"。事先发出议事日程，每次讨论一个指定的主题或针对特别主题发表演讲。（初始阶段大部分的演讲可能由你来做。）

2. 当地的项目管理组织和团体

如果你生活在或靠近一个相当大的城市，可能有一个业已成立的项目管理团体正在等着你加入。去 Google.com，然后输入"项目管理活动［你的城市名］""项目管理团体［你的城市名］"，或者"项目管理组织［你的城市名］"。你会发现很多个人组织的网站，以及潜在的其他网站，如 Meetup 或 LinkedIn 等，这些网站储存了关于项目管理活动和团体的信息。

当你发现某个团体比较适合你，通过电话或邮件了解更多的信息。通常来说，第一次你可作为嘉宾参加例会，以便在你加入之前感受一下。会员费用通常是合理的并值得花费；如果你在学校求学，通常会有折扣，即学生价格。

3. 项目管理团体的在线链接

互联网为志趣相投者进行互动打开了众多方便之门。社交网络和媒体网站是找到项目管理团体的方便之地。举例如下：

- LinkedIn.com——可以发现许多很棒的讨论群组。
- Twitter.com——进入 search.twitter.com 网站，寻找#PMOT（Project Managers On Twitter）或者#FTPM（First Time Project Managers），你会发现大量的信息和人群在跟帖。
- Gantthead.com——浏览众多分门别类的讨论群组；联系其他项目经理，玩得开心！
- 博客——文章和述评。使用 blogsearch.google.com 可以找到你感兴趣的主题文章和评论。
- 播客——音频或视频表演。在 iTunes 或其他的播客目录中搜寻项目管理。

1.7 管理层改变了目标，我该如何调整方向

记得上周吗？当时事情还是正常的

约翰很担心。这是他休完假期返回工作的第一天，正在抓紧处理邮件。他为了通过邮件展开一个技术性问题的讨论创建了一个新的文件夹，该技术在“瘦客户端项目”的开始阶段没有考虑到；他再也没有整理过其他邮件。新技术将需要完全不同的硬件和软件，成本更高，完成时间更长，维护和支持也更复杂。

最后的这封邮件真的引起了他的注意。它说道：“约翰，来见我！马克。”

“约翰，请坐。”马克说道，“感谢你能来见我，我知道你在忙于赶进度，不过我们得谈谈瘦客户端项目。”

“我刚刚与蒂姆通过电话。他上周去开了个会并约见了一些供应商。我给你转发了几封他发现的一项新技术的邮件。他希望我们放下所有别的事情，专攻这项新技术。”

回到座位上，约翰怀疑这个变更决定是在高尔夫球场或酒吧做出的。他可以保持同样的资源，但不知道是否需要针对新系统接受培训，他不指望新的预算得到批准，或者解释为什么成本更高或耗时更长。约翰迅速拿起电话订购新的服务器机架，以防与新系统不兼容。

约翰叹了口气，在日历上安排新的会议，并说道“是时候召集大家了吧”。

1.7.1 问题

在你认为项目进展良好时，却发现管理层已经改变了项目的目标。如何得到更多的变更信息与项目团队共享，以便做出相应的项目方向性调整?

1.7.2 告警信号

任何时候项目的目标都可能变更。变更得越早，相应的调整越容易，由此带来的成本也越低。但是当管理层打算改变项目的方向时，并不总是会有许多告警信号的。

一旦目标发生变更，就会保持在变更状态。不会再有更多的告警信号。两个

指示灯表明目标处于变更危险：当项目的具体目标未定义清晰；或未被广泛接受。如果你试图让项目取得进展，但目标未能清晰定义或被接受，在项目开展的某一时刻会有人质疑这些目标或为你重新定义它们。即使那个人是你，也可能导致需要重新设定项目方向。所以，你如何知道目标未能清晰定义、未被理解或被广泛地接受呢？

- 干系人和/或团队成员对项目目标表示困惑。
- 干系人和/或团队成员询问你项目范围之外的工作。
- 项目团队设计解决方案时困难重重。
- 即使交付物符合设计标准和质量要求，也未被接受。

1.7.3　如果我不采取措施会发生什么

即使你针对期望的变更不做什么也可能完成项目。你可以按时结束项目，甚至可以在预算范围内把项目搞定。但如果不能交付期望的产品或服务，你将冒着把项目贴上失败标签的风险。作为项目经理，如果你不展示支持和行动的能力，管理层很有可能针对你做出改变。

1.7.4　解决方法

在管理层改变了项目目标后，有一种重新设定方向的方法——使用变更管理。变更管理的结果取决于项目本身和管理层的变更要求，但你应该严格遵守变更管理流程，并不仅仅因这个变更来自高层。

是否需要停止项目然后重新开始，或者仅仅针对项目范围做些微调，关键在于你得明白“你去哪里”与“管理层希望你去哪里”之间的差距、到达那里的需求，以及变更带来的风险，以便做出如何进行的有把握的决定。在这之后，你有责任使你的项目团队和干系人接受这个变更需求。

1.7.5　我应该做什么

假定你打算实施管理层的变更要求，如何执行变更取决于你对变更的理解程度。有可能在对变更进行详细的评估后，会导致项目应该取消的结论。如果那样，你的工作就是提出建议并针对管理层的决定相机行事。然而本解决方法中，你的工作是要完成这项任务。

1. 发起人

你的出发点是通向管理层的通道——项目发起人。尽早坐下来与发起人讨论变更需求。你需要深刻理解需求，并且如果变更允许追加资金或时间，能够对项目团队解释变更需求。

在完成与项目发起人的会议前，做一个规划概要，说明你下一步如何开展工作，以便发起人了解你打算做什么并为规划提供投入（绝大部分发起人乐于投入，即使他们不承认这点，他们有时甚至提供一些良好的建议）。这个规划有助于建立发起人对你的信任，并通过他转交给管理层。规划概要大致如下：

- 实施快速变更评估。
- 与项目团队和干系人沟通变更和评估结果。
- 通知变更控制委员会（CCB）。
- 实施详细的评估。
- 编制计划。

也可能要求你做一个计划表，说明完成这些工作需要多长时间。前三项工作可以尽快完成，快速评估完成后让大家集中在一起做一个简短的说明。剩余的工作将取决于详细评估和计划编制需要多少工作量。在展开工作后你需要做出估算并将真实的计划表提交给发起人。无论结果如何，在整个过程中与发起人保持定期沟通。

2. 快速评估

实施变更的快速评估，以便了解这些变更对项目范围产生的影响。发起人可能希望与你一起实施快速评估，或希望你自己实施。你应该问自己：

（1）什么工作需要继续?

（2）什么工作需要停止?

（3）什么工作需要进一步评审后才能决定继续与否?

由于性质的变化，你自己把前两类工作与第三类工作区分开来可能有难度。没有关系，评估的目的就是识别关键的工作以便变更的影响被评价后项目不会失去前进的动力，并有助于你向项目团队和干系人解释变更。管理层不希望看到关键的工作与你指出的其他变更工作混为一谈，同时你也希望你的团队充分理解管理层的期望是什么。

3．项目团队和干系人

在完成快速评估后，请与你的团队和干系人共享评估结果。解释清楚变更造成的影响——哪些工作需要被终止，哪些工作可以继续，哪些工作有可能发生变化——让他们知道这些变化将进行详细的评估。某些团队成员甚至可能参与这个评估过程，这点是重要的，因为很少有人喜欢变化，并且你也希望团队和干系人与你同舟共济。不要假设因为改变是管理层做出的，所以人人都会赞同新的方向，你需要进行冲突管理以保证工作走上正轨。

4．变更管理

不同的公司对变更管理的执行略有差异。在某些公司，就是一个简单的审批过程；而在其他一些公司，它是一个涉及充分理解变更影响的实践过程。在其他公司你能发现在变与不变之间有着一系列的评估活动。你希望实施所有这些活动，即使它们不是来自 CCB。

从哪里着手呢？首先做好变更需求日志。你应该把变更文档化并注明需求提出方。在你结束项目、评估项目的成功或非成功之处时，这些信息也是有帮助的。是因为初始目标未被正确的定义？项目启动时是否遗漏了对项目有额外想法的关键干系人？或者技术或市场有变化？如果你能洞察管理层为什么做出变更，你在未来可以快速地避免或应对类似的情况发生。因为变更来自管理层，CCB 的审批就是走个程序，但在继续工作前需要核实一下。无论是你还是 CCB 都有责任对变更需求进行详细的评估，下列问题应该被考虑到：

- 交付物和需求是如何变更的（目前状态与期望的状态）？
- 预算和时间计划是如何变更的？
- 变更给项目预算、时间计划和成功带来哪些风险？
- 你打算如何从“这里到那里”？

评估结果需要形成文档，并分享给项目团队、干系人和发起人，不过你还没有做完。

5．变更计划

由于你确定了交付物、变更范围和需求，就可以制订具体计划了。计划编制如何帮助你重新设定方向？它被用来巩固拟议的变更需要行进的方向，并提供可被观察和评估的具体工作。这个计划编制与项目开始阶段的计划编制的唯一区别是你可以把新的工作合并到现有计划中而不是白手起家。它仍然是工作，存在风险，需要设置优先级，并且仍然需要资源和预算。

那么你该做什么？与你的团队一起工作，识别资源、任务、风险、时间安排以及预算。更新项目时间安排，更新项目管理计划。编制一页纸概要，强调项目的变更，包括成本和时间安排，并与发起人一起审核这些信息。项目继续前行的决定可能是简单的，可能在提交 CCB 之前已经决定，或者需要提交最高管理层才能决定。具备一页纸变更概要有助于接受新的工作。你可能会发现管理层愿意阅读一份 20 页的项目计划，但你更愿意管理层快速决策，如果你能把信息归纳成核心的细节提交给管理层，这对你大有裨益。

6. 向前发展

一旦决定项目继续，把决定告知项目团队和干系人。如果变更过大，考虑召开新的项目启动会，以建立对变更工作的激情。重要的是确保所有参与各方的支持。你需要确保项目团队和干系人共同实施详细的评估和规划，需要他们支持你完成工作，但也要确保大家明白在完成新的规划的工作过程中，会得到管理层的大力支持。

如前所述，极少数人喜欢变更，甚至更少的人喜欢服务于经常变更前进方向的项目。某些团队成员可能怀有这种惧怕，并且这种惧怕会削弱项目的运作。即便团队的担心是合理的，重要的是你需要与团队一起强化对新的项目方向的管理，以便团队能够继续高效地运作。

当所有这些都付诸实施，在项目结束时，花时间确认每位成员为项目成功做出的努力与贡献，赞扬团队对变更的适应性，与发起人一起邀请高层领导发言并表达工作圆满完成的感激之情。这是建立管理层与团队之间互信的良好机遇，有助于更好地适应未来项目的变更。

7. 另外几点想法

多年前，当我在做自由职业者网站开发时，一位朋友推荐我接触了一个正在成长中的饼干销售公司，该公司与一些学校合作筹集资金。公司业主提出了一些网站的需求，希望在他的办公室的桌面台式机上运行网站。他解释说因为通过他的 ISP 提供的工具发送大量的邮件时会定期堵塞他的站点，因为网站认为他正在发送大容量的垃圾邮件，他希望设法控制。

在考虑了网站的流量门限和针对邮箱软件的需求后，我设法让他知道他的网络服务器在 PC 上运行时没有能力处理这个通信量，因为硬件和软件的性能限制所致。他需要一台物理服务器，否则网站超过容限时就会宕机。他的反应却是这不仅仅是建立我业务经验的大好机会，也为后续的收入提供良机。我选择放弃这个机会，因为他的解决方法不切实际，也不愿意听取其他可行的方案。我不能想象一个良好的工作关系中让他觉得我是对的他是错的。这也意味着我需要花费更多的时间在其他事情上。

我之所以讲这个案例，是因为详细评估的结果可能导致项目应该取消的结论。作为项目经理，取消项目不是你能决定的，但你有责任把调查结果（以及在某些情况下的其他方案）提交给发起人，再由发起人把这些信息呈现给管理层，以便他们做出决定。管理层可能选择继续该项目而不考虑你的建议，他们可能掌握着比你更多的信息来支撑其决策。如果要求你继续该项目，你需要选择如何前行。无论选择哪种方法，不要使自己孤立起来，因为在你看来你的方法总是对的。如果没有非法或不道德的地方，问问你自己：你的方法确实是唯一或最好的吗？是否自己过于固执？无论决定如何，尽力而为。

1.8　我在决策上遇到了麻烦

信任海军陆战队

军事领导人将战场上的不确定性称为“战争迷雾”。这个术语归功于普鲁士军事分析家卡尔·冯·克劳塞维茨。他在《战争论》（第二卷，第二章）一书中写道：“战争中所有数据的高度不确定性是特殊的困难，因为所有行动在一定程度上仅在朦胧状态下必须规划好，此外常常——就像雾或月光效果——给事情夸大了维度和不自然的外观。”

尽管冯·克劳塞维茨没有直接描述管理项目时面临的决策挑战，他可能经历了类似的场景。不管你用何种方式管理工作，任何从事以项目为基础的工作的人，都会面临在不具备所有必需信息的情况下进行决策的需要。

美国海军陆战队经常进行战争迷雾的训练，他们将其称为“70%解决方案”：

（1）如果具备70%你想得到的信息。

（2）如果已经完成你认为必要的70%的分析。

（3）如果感觉70%的自信你是对的——抓紧干吧。

海军陆战队教导其军官们，合理的决策加上良好的执行就有相当高的成功可能，但不采取任何行动则绝无成功的机会。

下次当你需要在战斗最激烈的阶段做出艰难决策时，请考虑“70%解决方案”。如果它已经很好地服务于美国海军陆战队，也会适用于你。

1.8.1 问题

你感觉有些失去对项目的关注。你的某些方案似乎没有意义，甚至觉得某些决定不是你做的。项目经理是一个需要决策的岗位。遗憾的是，很多组织没有培养良好的决策实践——这就使得项目经理回答这些问题时异常困难：

（1）谁负责决策？

（2）我能单独决策吗？

（3）如何保证我能做出明智的决策？

（4）如何避免我可能做出糟糕的决策？

听上去很熟悉？你并不孤单，项目经理们共同面临的最大挑战就是如何有效地定义决策流程。

1.8.2 告警信号

组织和项目团队因争夺决策权而倾向于失去活力。他们花费大量时间用于研究各种可能的场景，设计演示报告和复杂的电子表格——导致项目不断挣扎并最终失败。因为决策耗时过长，糟糕的决策可能经常导致失去机会；决策流程没有活力使得决策热情丧失；甚至分析过多的变量或毫无疑义的信息导致错误的决策。在这种情况下，你可能会觉得：

- 挑战多于解决方案。
- 你做的每个决策都是关键的，没有容错的空间。
- 你需要支持每个决定以证明那是个正确的选择。
- 你需要召集很多人参与每一个决定。

1.8.3　如果我不采取措施会发生什么

如果你不做出决策，可能会影响你的项目经理生涯。拒绝决策类似于把自己置身事外。尽管可能有某位志愿的项目领导学习如何做出好的决策，但如果你丝毫不决策，可能是时候重新考虑作为项目经理的职业生涯了——在老板为你做出决策前。

1.8.4　解决方法

决策是项目管理的关键部分，这里列出几件你可以做的事情，以便做出项目决策时更容易，成功率更高。

- 做出计划，防止拖延。
- 不要忘记最简单的解决方案通常是最好的。
- 有时任何决策要好于无决策。
- 勿忘项目目标。
- 你不能永远相信自己的直觉。
- 为快速执行达成共识。

1.8.5　我应该做什么

1. 项目管理就是决策

很多组织并不具备良好的决策实践，这对项目经理、项目团队和组织本身都是不利的。回答下列三个问题将有助于你的组织建立切实可行的决策流程：

（1）谁？在项目展开之前决定谁具备决策权是第一步。当然大部分项目可能有几位决策者。

（2）什么？不同的团队成员基于他们的角色可能具备不同的决策职责。确认每位团队成员的职责范围，考虑可决策与不可决策的类型，避免混乱，让流程运作顺畅。没人愿意动不动就得请示“妈咪，我可以……”，项目经理或干系人也不期望做出每一个决策。

（3）如何？确定如何决策及如何与项目团队共享决策信息，这几乎与决策本身同等重要。在真空中决策不是问题的解决方法（后续详述）。

2. 决策，决策

瑞士哲学家亨利·雷德里克·阿米耶尔说："决策前坚持要看到事事完美、清晰的人做不了决策。"

这句话适用于大部分以项目为基础的工作，担心做出糟糕的决策导致许多项目的失败。也有这样的说法，明智的决策来自经验，而经验来自错误的决策。做出人们通常称为坏的决策并不总是坏事，只要吸取教训。就这一点而言，我同意美国海军陆战队的名言——被良好执行的合理决策具备合理预期的成功。逃避决策，注定失败。

然而，在战斗最激烈的时候，情况瞬息万变，有些项目领导可能会拖延做出决策。请记住，按照规划资源分配、项目回报和风险分析时同样的方法去完成推迟决策的规划可能是有价值的决策工具。

推迟决策规划意味着做出尽可能多的预决策——降低项目关键时刻需要做出的自发性决策。这并不意味着当情况变化时没有决策的空间，但它确实能消除事先能够较为容易解决的那些事情的决策需求。举例如下：

（1）何时结束一个濒于失败的项目？事先为失败的项目定义好判定标准，对于成功机会渺茫或干脆没有成功机会的项目，项目经理或干系人全身心投入、尝试做出公正决策的需求就可以消除。

（2）谁是"行刑队"？与标记项目提前死亡的预定标准同样重要的是，谁来宣判项目的失败。通常这是项目管理办公室（Project Management Office，PMO）或指定干系人的职责。不过项目预决策能够使组织不再花冤枉钱。

建立决策标准关联到提前给定决策时的假定环境，这对许多定期重复执行的项目也是有意义的。尽管你无法预判每件事情，但你能针对许多可能发生的普遍难题和场景做出应对规划。

3. 最简法则

简单有时候称为奥卡姆剃刀："如无必要，勿增实体。"换句话说，最简单的方法往往就是最好的。

该原理归因于 14 世纪英国神学者和圣方济各会修士——出生于奥卡姆的威廉，当代科学家将其开发成一个理论模型，称为经验法则。科学方法表明，奥卡姆剃刀可能不是一个“不可反驳的逻辑原理”，但它是一个有价值的工具，阻止科学家们把简单方法过于复杂化。

做出比需要的更为复杂的项目决策是容易的。我曾经与一个同事共事过，这位同事做决策时非常谨慎，他会花费几天的时间制作 PPT 进行演示，并为上级收集数据，希望上级为他做出决策。对项目组的其他人来说，这变成一个无法克服的瓶颈，最终证明他缺乏决策能力。原本应该简单的解决方法或决策流程不可过于复杂化。

4．我们正在谈论什么

进行项目决策时，要把业务目标和项目目的放在重要的位置。坚持专注于项目目的会给项目决策提供具体背景。有时候你需要退回去观察整体情况。抗拒冲动，低下头来关注细节——允许自己退回去看到树的森林（避免只见树木，不见森林）。

比如，我有时候观察一些同事，他们对最无关紧要的细节过于紧张，这就使得整个项目处于风险状态。我曾经与一位一丝不苟、专注于无关紧要细节的美术设计师共事，这位设计师花费了过多的时间在一些很简单的项目上——结果造成那些项目笨拙不堪且常常超支。决策时始终把业务目标放在重要的位置，这有助于项目经理和团队避免花费过多的时间在那些无助于完成项目目标的任务上。

5．你不能总是相信自己的直觉

在《项目决策：艺术与科学》（2008，21 页）一书中，列弗·维林和迈克尔·特兰佩相信项目经理应该避免通过直觉进行决策，因为它会带来成本高昂的错误。大量的理由证明其真实性，仅从非常基本的层面分析，作者陈述道：“很难消除团队成员或项目经理来自项目的个人利益，如果不将其置身事外的话。”

你是谁并不重要——相信你的直觉可能是危险的。有趣的是，好像你是在根据你那超常的直觉做出快速且成功的决策，但从统计学来看，这与抛掷硬币进行赌博并无二致。

按照维林和特兰佩的说法（2008，249 页），人类思维经常受到某些行为、观念和回忆细节的能力的影响。我们倾向于依赖某些影响因素进行决策，比如信息展示给我们的方式，而且我们也偏爱相信具备更多细节的场景才更加可信。作者建议，重要的是先做出一些小的、顺序性的选择，才能提高整体决策的成功性。

换句话说，当决策结果变得更为复杂时，你的直觉变得更不靠谱。对于相信直觉可使其成为伟大的决策者的那些管理者、高管甚至项目经理们，这听起来并不好，不是吗？当然，你的直觉可能是一个统计异常——但也可能不是。

结构化的、数据导向的决策方法为良好的决策提供一个更好的模型。那就是说，有些人做出很多真正良好的决策——并不是他们深入这些大型复杂的项目。因为许多需要你做的项目决策是以基于里程碑或项目表现的预测值为导向的，数据导向的决策基本上会导致可预测的结果和项目的成功。我的建议是把你的直觉用于中餐吃什么的决策上去吧。

6. 因为我这么说的

是什么真的不重要，如果有理由，这就是我的父亲能够给我的唯一理由。“因为我这么说的。”我自然不喜欢他的决定。然而作为父亲，总有一天我也会抽出“因为我这么说的”这张卡片。

尽管有些业务领导仍然相信“指挥控制型领导力”模型，“因为我这么说的”既不是对孩子们好的解释方式，也不是对项目团队成员有效的解释方式。当今员工反感那种独裁式的决策过程（而且我怀疑在大部分业务中它是否真的有效）。

尽管政治家们在决策时花费大量的热情去建立共识，在职场上它实际上是进行决策和分享决策信息的非常好的方式。真空状态下单独进行决策常常会带来与决策结果相关的执行上的挑战。特别是当决策引起变更时，在决策过程中会使受变更影响的其他人更多地介入项目。尽管有些领导相信其他人介入决策会使项目决策过程变慢并耗时，但无论决策耗时多长，由具备责任心和一定程度上接受决策结果的员工来执行，会超过补偿的。

我曾经与某人共事，他可是真正信奉这种决策方式的人。他习惯说：“我个人容易犯错误，但我们大家一起犯大错误是不大可能的。”他建立了这样一种氛围：思想自由交换、不同的观点讨论碰撞以达成一致。他的组织是非常成功的，团队里人人觉得被授权去正面影响企业。遗憾的是，一些企业家看不起“共识”这个词。

1.9 发起人不愿做出决定

最激动人心的项目

安德莉娅很兴奋，因为组织安排她启动一个新的项目。她希望这是一个最为激动人心的项目，她的组织宣布创建一个项目管理办公室，并任命她为项目经理。到目前为止，组织内只有重大项目在遵循项目管理的规则和流程运作。现在这个重大机会呈现在安德莉娅的面前，一生中只有一次！

对组织而言，这也是个重大的时刻。新的首席执行官想要表明，她准备实施所有必要的变革。项目计划审批通过，安德莉娅全身心地投入项目。不是所有任命的团队成员都能胜任预设的岗位，但创建项目管理办公室的激情足以克服任何障碍。

运作伊始，告警信号未被察觉：定下来的任命被推迟；项目采购预算被略微削减；一位合格的团队成员被能力欠缺的员工所替代。

随着项目的展开，由于发起人的优柔寡断导致产生了更大的问题。项目管理领域的人事管理研讨会的预算追加申请久未回复。与此同时，实施项目管理软件的咨询工作悬而未决。

是发起人不愿意决策，还是组织正在评估撤回或调整项目？

安德莉娅没有犹豫。在一个月的时间里，她准备好了一份详细的路线图，并把它提交给了发起人，这份路线图通过数据收集和详细阐述提供了针对两个主要问题的解决方案。这在初始的项目范围里并没有预见到，而这正是首席执行官对发起人提出的要求，遗憾的是发起人当时未能满足。

发起人针对创建项目管理办公室的态度发生了根本性的变化，所有悬而未决的问题立即得到解决。这是一个不惜代价确保的项目，所有干系人责无旁贷。

1.9.1 问题

你总是被要求用尽可能好的方式管理项目以满足组织的战略目标。然而，尽管发起人应该对你的努力给予必要的指示和支持，但他们似乎遥不可及并勉强为之。你开始质疑你实施项目的方式以及这个项目对组织的重要性。也许最好评估一下干系人是否有这样一个明确的概念：项目对组织战略会产生哪些真正影响。

1.9.2 告警信号

- 出现项目延期，因为你正在等待发起人通过正式和非正式渠道答复你提交的问题。
- 收到发起人针对你的请求做出的自相矛盾的答复。
- 发起人试图避免召开项目会议或勉强与你会面。
- 你不断收到发起人的澄清要求。

1.9.3 如果我不采取措施会发生什么

如果你不采取措施，下列事情可能会发生：

- 项目启动阶段的固定目标会成为“移动标靶”且难以击中。当发起人开始质疑项目目标时，很多项目经历了范围蔓延。
- 如果每位项目组成员理解目标并各司其职，项目团队才能够承诺向前发展。哪怕有一个人在正确的方向上停止向前，就会影响到其他人前进的能力（见图 1.3）。

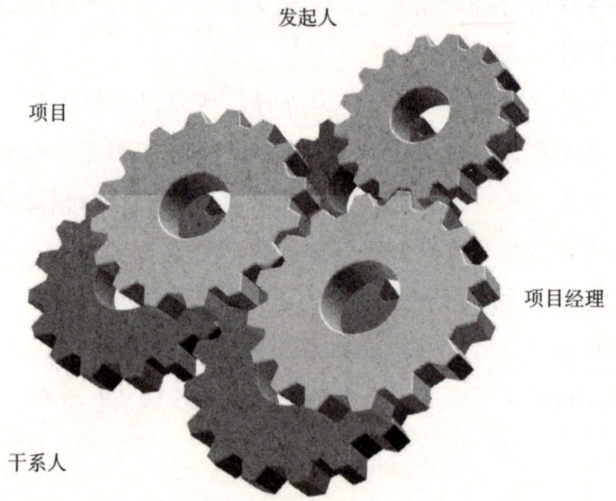

图 1.3　项目组成员必须各司其职

- 来自组织其他部门的支持日趋松散。
- 你会成为项目失败罪名的替罪羊！

1.9.4　解决方法

你是项目经理，但你并不拥有项目，你是在代表组织行事。你在按照批准的项目原始规划完美地执行着项目，但很可能现在这个规划并不是发起人、干系人或组织需要的最好解决方案。你必须持续不断的关注如下变数：

（1）周围的环境变化——战略与战略执行的变化，宏观和微观经济环境的变化，组织内及组织与外部客户、分包商和干系人之间人际关系的变化。

（2）各种场合下与干系人沟通、沟通、再沟通。

（3）在发起人停止决策前需要提供解决方案和必要的变更，或在不具备必要信息的情况下做出决定，供发起人处置。

1.9.5　我应该做什么

一般来说，围绕我们周围的所有事物都处在持续演变过程中，过去数十年来规模和速度的变化呈上升趋势。

- 在几个月的时间里，一个战略目标或市场可以成为过去时。一个优质客户因为经济状况（如债务暴露、市场地位、地理扩张）可以成为严重的威胁。
- 如果组织赋予他的职位发生变化时，一个黄金发起人也可以被视为严重的威胁。

如果你没有注意到可能影响项目执行的变化，你也许会发现自己身处飓风的中心。为了避免这种危险的处境，你必须连续不断地监控天气状况。如果船长有能力事先捕获信号，当任何天气事件威胁到船只时，他都有多种选择。无论船长采取何种决定，最高优先级始终是把船只和乘客的安全置于首位。船长可以改变航线甚至行程，不过实实在在的目标是要成功抵达一个期望的港口，即使那个港口不是最初规划的。

1．应对连续变化的环境

在未来几年，变化会更加频繁地被所有管理手册去试图“解读”。项目经理必须找到在复杂环境下管理变更的方法。项目管理方法可以成为管理变化最有力的工具。我们必须始终准备好以捕获变化并相应地支持发起人与项目，主动应变并提出必要的纠正措施。

战略的变化。组织总体目标和战略的变化将会产生得更加频繁。因为外部环境（如经济、技术）和内部环境（如管理层变动、财产变动，新联盟的产生）的变化，新品或软件开发项目有必要改变其原始技术规格或指标，即使项目执行到结束阶段。你不能始终等待接收干系人的指示。你必须捕捉到变化的轮廓，并提供方法指导组织为你的项目做出努力。发起人会领会到你支持他们的意图，他们将相应地基于修订后的战略支持你正确地实施项目。

经济的变化。与世界经济一样，本地经济也处于动荡不安的环境中，这会产生长期的不稳定性。举两个通用的案例加以说明：

- 新兴市场的机遇突然出现，某个安全市场消失。
- 订购该项目的客户可能效益增加了或处于经济困难状态。

你必须心态开放，与干系人讨论诸如此类的事情，努力定位好你的项目在组织中的地位。

2. 处理人际关系

凭经验，你应该知道处理好团队成员之间的人际关系是有风险的。试着评估一下这件事是多么的困难和危险：处理好发起人之间、发起人与高层管理人员之间、高层管理人员与客户之间等的人际关系。考虑一下干系人，他们不仅有不同的个性，也有不同的言谈举止、文化背景、目的甚至语言。我们必须把不同的领域统一到一个共同的范围里，把项目目标和必要的变更建议传递到所有干系人。

内部关系。新的首席执行官或董事长希望一个组织实施正向的改变。他会重新评估所有的项目以及发起人的工作。作为项目经理，如果充分支持发起人，他们就会为了共同的利益与你形成宝贵的联盟，以便做出必要的决定。

外部关系。客户代理人（如项目经理、部门经理）不是客户本身，他们是客户组织内的成员。正如你的组织会发生的那样，客户组织也经历着变化。如果你在工作中给予客户代理人足够的支持，他们愿意消除两个组织间给项目带来的分歧。

本地或中央国家权力机关、院校、分包商、新闻机构或社区也可能影响或积极介入你的项目，应该相应对待它们。

如果你正确地处理好核心角色之间的人际关系，发起人会欣赏项目的平稳运作。较少的麻烦等同于获得发起人更多的支持，同时也不要忘记与他们分享相关的信息。与他们建立良好的关系是非常有益的，在困难的时刻他们就像珍贵的盟友一样支持你。

3. 沟通，沟通，再沟通

沟通是一门艺术，也是一种天赋。任何情况下，沟通都是必需的。你必须遵循项目沟通计划，并且牢记：沟通项目进度比达成项目进度本身更为重要。

具备特定职业背景（如工程师、建筑师和经济学家）的项目经理往往更多地关注于取得项目的技术/经济进展或进行必要的技术/经济变更，而不是用发起人的语言沟通进展。发起人必须始终了解项目中发生的事情，而你也必须以适当的方式与他们沟通。

4. 提出解决方案和必要的变更

这里有特定的规则可循：

- 你必须始终主动出击。
- 你是项目的核心成员，所以必须事先给项目发起人提出解决方法和所有必要的变更。
- 你必须把所有涉及项目的重要问题通知到发起人。与此同时也必须提交给他们一些如何处理挑战的替代方案（应急计划）。
- 你必须考虑到发起人在介入你的项目时，也在同时介入其他项目。与其他项目经理配合并交换信息，以便减轻可能的冲突。

1.10 发起人的需求毫无意义

您需要什么

鲍勃无法相信自己的耳朵。他不得不确定一下从公司首席运营官约翰那里听到的是否准确。

鲍勃问道："我刚才告诉您系统崩溃了，而您想扩展到更多的人应用？"

"是的。"约翰说道，"不那样大家将无法工作。我俩都得被炒鱿鱼。"

"准确地说，不仅仅是炒鱿鱼。因为一旦大家有了新系统，我们就能修复它。听着，我不想与你一整天地争论这事，我需要你搞定它。"约翰收拾起文件打算离开。

“好吧。”鲍勃叹了口气，“你是客户，而客户始终是正确的。我去通知项目组。”

鲍勃越想越沮丧。但他能做什么呢？约翰可是鲍勃上司的老板，部门里每位员工的薪水支票都是他签字的。

1.10.1 问题

你认为发起人可能正在推动你做错误的事情。是的，我们都知道发起人对项目的权威性。他说了算，是项目的最终决策人。但如果你被要求做一些毫无意义的事情，你必须做吗？

1.10.2 告警信号

- 团队开玩笑说下一个变更需求将会是填补他们刚刚才挖的坑。
- 很难向团队解释项目情况。
- 你很难板着脸描述发起人的最新需求。
- 当告诉别人你的项目情况时，他们的第一个问题始终是：“没开玩笑吧？”

1.10.3 如果我不采取措施会发生什么

什么都不做不是个选项。如果你不做，你会因无视发起人而遭到解雇。问题是，即使你按照发起人的要求做了，你仍然可能被解雇！

1.10.4 解决方法

这里存在如下几种可能性：

（1）你是错的，而发起人是对的。你只是不了解项目的整体性。

（2）你是对的，而发起人是错的。你明白项目的整体性，你的发起人不明白。

（3）你们两个都错了。糟糕，非常糟糕。

（4）你们两个都对。发起人有一个很棒的项目规划，你也有。遗憾的是你们不是在谈论同一个项目。

首先你得明确指出你的处境，然后找出摆脱困境或提升目前境况的方法。

1.10.5　我应该做什么

首先做个深呼吸。从目前境况中退后一步。用审判的语言来说，对与错就是黑与白。一旦你发现自己在说“发起人的要求毫无意义”，你就成为了问题的一部分。

无论如何，发起人所说的在某种程度上是有意义的，至少对他而言。你的挑战是：要理解为什么他对你说这些事情。有几种可能性：

- 你的发起人可能收到来自老板或其他发起人的信息，只是传递给你。
- 你可能没有理解发起人要求你做的事情。
- 你的发起人可能不了解团队的状况。
- 你可能比你的发起人更聪明，并把事情看得更清晰。
- 你的发起人可能比你更聪明，并把事情看得更清晰。

无论意见不一致的根本原因是什么，有一件事情是肯定的——你们之间交流有问题。不知何故，你和发起人考虑项目的方式不同。你们的观点如此不同，以至于对你而言发起人的要求毫无意义。可能性是一样的，你的担忧和反对在发起人看来也是毫无意义的。

如果看到团队内缺乏沟通，那就用相同的方式处理这种境况：

- 慢下来。
- 增加更多的沟通渠道。
- 改善目前的沟通渠道。

1. 慢下来

这也许是一个最好的做法——无论谁对谁错——先慢下来。把项目团队置于过度工作状态去执行似乎不可能完成的任务，这是造成灾难的因素。

考虑一下项目计划，找出所能做的成本最低、能最快完成的事情，以便取得进展并保持灵活机动。如果某项工作必须完成后才能形成交付日期，你可能需要立即开始那项工作。不过如果可能，考虑延迟成本较高任务的开始时间。

投入时间到原型机验证、文档或评审会议等事情上——以便确认你与发起人就下一步工作能真正达成一致。

2. 增加沟通渠道

如果你与干系人通常通过电话沟通，尝试一下面对面的会议沟通。如果你们通常面对面沟通并做一些记录，请开始做更多的笔记并把它们与发起人分享。

沟通是一件有趣的事情。我们都以为我们理解了，以及我们容易被别人理解。遗憾的是，人们往往误解彼此。寻求强化相同信息的方式，或者用不同的方式重复它。无论是你还是发起人在谈话、倾听、书写或阅读时存在问题，重复信息会给你们更多的机会去正确理解它。

3. 改善沟通渠道

你可能已经在用书面、面对面、电话、邮件，以及其他可用的渠道进行沟通，那么下一步你该做什么呢？

检查一下你是如何交流的，并寻找需要消除的障碍。你是否写过长篇详细的报告？也许你的发起人根本没有阅读过，因为它们实在太长了。考虑缩短它们。相反地，你是否设法仅仅提交一个总体概述？也许你该花时间把细节部分解释清楚。

观察那些与发起人相处得较好的同事。学习一下他们的项目状态报告和其他的项目沟通方式，找出不同之处。

4. 如果都不起作用怎么办

这个问题有其严重的一面。有时候无论尝试哪种方式，你与发起人对下一步工作就是无法达成一致。怎么办？正确答案很大程度上取决于实际场景。

某些项目经理面临一些实际的职业道德和安全问题。如果发起人要求你做一些非职业道德或不安全的事情，你大概会说“不”。即使你被解雇，你会对你的做法感觉良好。有时候别人会理解这个问题，那么发起人将被解雇而不是你。然而不要指望这样，生活并不总是公平的。

你可以退出。有多种方式退出项目但仍然保留工作。告诉你的发起人：“您瞧，我不是领导这项工作的最佳人选，我不太相信您的愿景。”如果你能找到乐于领导这项工作的人，你可以体面地退出项目。在某些组织里，甚至因为你快速且诚实地处理问题而褒奖你。

极端情况下，你可能真的需要辞职。如果情况到了难以忍受的地步，只有一件事可做——不再忍受！离开！业界有大量的关于这些场景的玩笑，许多玩笑涉及某人正在给下一任项目经理写信。

1.11 是什么使得项目重要

怎么又来了

那天早上，亚伦看需求文档不下十次了，他缓慢地摇着头，深深地叹了口气。他实在不理解——需求是完美的，交付物是清晰的，所有合适的人选也到位了，但他就是没整明白。

他想多么难做无关紧要，但做这个项目似乎没有意义——的确，团队成员愿意创建需求，但似乎毫无意义。亚伦感觉整个事情就是一个夸大的“找麻烦”项目——一项毫无意义、为了工作而工作的训练。他觉得缺少积极性，并且知道团队亦是如此。有如此多的重要项目在运作，而他的团队却被置于一边、从事着微不足道的工作，那显得太不公平，因为大家都在说在上一个项目中他们完成的工作是多么的棒。

与此同时，在高层管理那儿特蕾沙也有着自己的麻烦。她再次认真地揣度自己，任命亚伦担任这个将会塑造整个公司未来的关键项目的项目经理是否明智。大家都说这人适合这项工作，刚刚完成的几个由他领导的项目都取得了巨大的成功。但是现在，针对这件事的出发点根本不同，亚伦似乎不打算开始行动。

亚伦似乎不感兴趣，几乎厌倦领导这个项目，这也影响了团队的其他成员。现在所有事情已经得到批准；需求清晰、资源齐备。遗憾的是亚伦没有朝气、没有激情、不想领导。看起来是时候迅速用愿意承担此项工作的人取代他了。

1.11.1 问题

你的项目已经得到批准，但你不能确认为什么通过审批。

你明白项目应该交付的产品特征，但不清楚那些事情的重要性。你的团队希望你把事情跟他们解释一下，因为他们也不明白为什么被要求做这项工作，而且似乎有那么一种感觉，整个项目是在浪费时间。这正在导致团队缺乏积极性，并觉得自己被重要的工作忽略了。

对项目经理来说这是一个普遍的问题，他们理解项目的特定交付物，但缺乏对“大局观”的理解，正是这个大局导致项目处于第一阵营。结果他们感觉在真空中运作项目，不了解项目的背景。

1.11.2 告警信号

- 发起人似乎在跟你谈论不同的项目，你无法将交付物与他的问题和担忧关联起来。
- 干系人担忧那些你认为不重要的事情，反倒不担心你认为重要的事情。
- 你做的项目问题决策听起来充满挑战。
- 你无法回答这样的问题：“这个项目正在为组织业务贡献什么？”

1.11.3 如果我不采取措施会发生什么

如果你依然只关注交付物，也就是项目是“什么”，那么当问题发生时你就不能做出正确的决定，进而可能阻止项目取得最终的目标。此外，发起人有可能对你失去信心，并感觉他们不得不承担更仔细的监督者的角色，或可能取代你。你的项目团队可能开始再次猜测你，你的权威处于危险之中，因为你似乎没有抓住事情的本质。

干系人通常把项目交付物理解成实现他们商业目标的手段。除了具体的交付物，如果你不关注那些目标，那么你就没有满足干系人的需求。

进一步而言，项目团队和你都可能对付出的努力感到失望。你会产生这个项目毫无意义的感觉，组织认为不重要的事情就安排你来管理。

1.11.4 解决方案

项目不会存在于真空中，而且它们不仅仅是为了利益而创建。商业需求必须描述，特定的交付物仅仅是需求得以满足的方式。如果你不明白这些需求，你就无法向你的团队解释清楚并做出正确的管理决定，或提供干系人所需的信息。因而你需要：

- 明白项目目的，以及从发起人和干系人的视角展示出来的动机背后的“为什么”。

- 考虑业务需求，并理解业务需求对项目决策、建议方案和与干系人讨论问题的影响。
- 确保理解任何变更的优先顺序并推进项目。

1.11.5　我应该做什么

你应该从审核所有的项目文档着手，查看文档中有关为什么实施项目的信息。商业论证和项目章程中应该有这部分的描述——项目为什么得到批准，为什么现在启动以及期望的商业效益。

当你审核了那些文档，或如果你得不到文档时，你应该联系发起人，一起坐下来与他讨论项目背后的原因。

1. 与项目发起人见面

发起人是最终驱动项目向前发展的人。他有责任确保实现项目的预期效益，没有谁比发起人更合适向你解释项目正在追求的商业需求。与发起人见面时，你应该了解如下信息：

- 预计该项目将提供什么业务？可能是节约成本、增加收入、降低风险、符合管理要求或者许多其他目标。项目将交付的不仅仅是“事情”，而且是组织从中获取的“利益”。
- 如果项目没有实施会发生什么？在某些情况下，事情可能变得比现状更糟（如组织可能违反条规、竞争对手可能蚕食市场份额）。
- 还有其他依赖于该项目的吗？ 你的项目可能是一个独立的行动，也可能是一个更大行动的一部分，直到项目完成更大的行动才可能向前推进。

与发起人的谈话应该非常详细。项目经理在被任命后，首先应该仔细检查成本效益过程以便按照财务和时间的术语建立实施该项目的效益。项目发起人应该将那些信息与你分享以便帮助你了解项目的重要性。与发起人的谈话也应该有助于你回答“为什么我的项目现在很重要”一类的问题。你应该更好地理解你的项目计划延期和预算超支的含义，这反而有助于你进行决策。

发起人支持项目的理由对你而言非常重要，但是他们的观点并非唯一需要你理解的。你也需要考虑为什么项目对其他干系人是重要的。

2. 与项目干系人见面

干系人针对项目的观点会与发起人稍有不同。发起人关注整个项目对所有受到影响领域的利益；个体干系人更关心项目对他们及他们负责的领域产生的特定影响。这点可能不同于发起人——一个新的通过自动化取代手工工作的系统可以带来几百万元的成本节约，但对被自动化取代的部门则意味着失去工作，其结果是代表该部门的干系人就可能不喜欢这个项目的运作。

在什么是重要的事情上面，干系人不像发起人那样开放。他们的目标可能与项目的陈述目标不同，不过他们似乎不会承认这点。干系人也许认为它是内部政治并试图玩些对他们有利的游戏。作为项目经理，你必须理解每一位干系人的地位，以便将他们的评论、建议和请求置于“为什么项目是重要的”这一更大的背景下。认识到这些，在极端情况下他们可能仍然希望看到项目的失败。

如果不能理解不同干系人的观点差异，你就会发现在与不同的干系人谈话时，针对“项目为什么重要”的回答各异，你的项目也不可能成功。

3. 管理好项目

理解项目目的的第一个优势在于你能够与项目团队就其进行沟通，所以你应该尽快完成。与你一样，他们也希望理解为什么做这项工作。如果他们领会了在公司整体情况下他们的工作的重要性和承担的角色，就很容易激励他们。

项目为什么重要的问题也应该成为你管理项目的主要指导方针。计划的实施永远不会如预期的那样，你会在各种不同的情况下进行决策以确保项目走在正轨上。正确的理解项目为什么重要能够指导你度过这些时光并在商业需求的更大背景下帮助你做出正确的决定。理解了为什么完成项目的大背景，你就能基于公司的整体情况有效地做出最好的决策。

举一个简单的例子，如果你明白项目的目的是赶在竞争对手之前发布产品，你会在决策时时刻注意保证项目的时间计划，以满足打败对手的需求。

同时，也存在大量不同的针对项目运作做出选择的时候：如何应对变更需求，如何解决问题，等等。当你为发起人和干系人提出建议时，理解项目的重要性不仅可以让你提出的建议更完善，而且也可以让你按照与干系人密切关联的方式去定位这些建议。

最后，需要理解针对不同干系人的项目重要性会有助于与他们沟通。如果你知道某位干系人更关注于项目的预算，你可以将沟通内容围绕着当前的财务工作展开。

4. 变更优先级

完成一个项目通常需要数月甚至几年的时间，因此商业需求往往会发生变化。除了项目业务变更，涉及商业需求的变化可能会改变你的项目的重要性。你需要维持与发起人和干系人的良好关系，以便了解什么时候会发生变化以及这些变化可能给你带来的冲击。只有理解了最新的项目驱动因素，才能确保你的决策是正确的。

第2章

激励大家

2.1 我觉得我是唯一在乎项目的人

被遗忘的项目

当布莱恩的老板询问他是否介意帮助吉娜的项目时，他抓住了这个机会。他很兴奋能成为团队的一员，因为听说吉娜是公司里最好的项目经理。布莱恩不知道应该承诺多少时间投入这个项目，但他很确定的是老板又给他分配了其他工作。吉娜的项目是在这个新的、热门的项目降临之前三个星期的事情了。这个新的项目对公司业务非常重要，布莱恩的老板被告知让他百分之百地投入项目。

很遗憾，布莱恩的老板"忘记"告诉吉娜这个安排了。吉娜仍然给布莱恩安排工作，但布莱恩没有完成，并且她的项目因为布莱恩没有按时交活而越来越落后于工作计划。

吉娜不明白布莱恩出了什么事情。突然之间，会议上不见他、分配的任务也不完成，她不知道原因何在。她决定是时候得纠正一下布莱恩，让他确切地知道她的期望和他的责任。毕竟她的项目对公司真的很重要，他需要严肃认真地对待工作。她已经从布莱恩那儿收获了挫折，但仍然不明白为什么他不理解

> 这个项目是多么的重要，而让项目处于风险状态是断然不可接受的，但他似乎不在乎这些。
>
> 吉娜解决问题的方式是最好的吗？ 还有没有其他事情她需要考虑并处理？

2.1.1　问题

你手上的项目是组织的关键任务。数周以来，你一直在开夜车，并推进自己、团队和组织完成必要的任务以期完成交付。有那么一阵子，事情进展良好，大家团结在一起大力推进项目以满足期限的要求。不过近来你注意到作为带头冲锋的人，似乎只有你在不断地努力。团队精神哪儿去了？团队成员把这个项目看得不再重要了？为什么似乎只有你在努力，其他人却不在乎？最重要的是，你打算怎么办？

2.1.2　告警信号

- 从团队近期的表现来看，热情不见了，取而代之以冷漠无情。
- 鼓励大家团结一心应对项目需求遭到了讽刺挖苦或彻头彻尾的敌意。
- 团队成员迟到、早退、缺席会议。
- 团队的工作输出质量下降，但他们似乎并不在意。
- 项目干系人没有反馈。
- 作为项目经理，你是否开始觉得有那么一些疲倦不堪，你可以打赌你的团队也是。

2.1.3　如果我不采取措施会发生什么

如果不采取措施解决项目团队士气低落和缺乏兴趣等问题，团队的工作输出质量很可能会持续下降，并开始错过期限（如果输出还未超时的话）。团队失去的信心和兴趣越多，你就会越崩溃，因为你是这些工作背后的拉拉队队长。

如果管理层反应迟钝，而你又不采取措施扭转局势，那么你想带领项目通过终点线可能会变得愈发困难，因为缺乏具备签字权的产品业主的兴趣和支持。

2.1.4　解决方法

身处一个只有你自己在乎的项目中，很遗憾，这再寻常不过了。在前文给出的示例中，有三个层次的情况要解决：个人、团队和干系人。本章节为你提供一些工具和技巧帮助你应对这种局面。这不是一件容易的事情，而且不受一定程度的影响就解决它也不太可能。然而作为项目经理要对项目负有责任，当你面对你是唯一在乎项目的人这种境况时，你必须应对。你的解释准确与否，没有其他人为你纠正。

2.1.5 我应该做什么

如果已经身处只有你在乎项目这种情况，请从新的视角着手处理项目。评估一下自己、团队及干系人的心态。

1. 评估你的思维

你应该处理的第一件事情是一个简单的事实，那就是从你的个人角度如何看待这个项目。这个重要的第一步的原因在于思考“我是唯一在乎的人”。你可能会允许自己成为你在负责做的这些事情的牺牲品（因为你是项目领导）。更糟的是，它意味着那些失去兴趣的人对造成这种局面负有责任。这两者把你与其他参与者进行了分类，而你需要把这些去除，才能进入下面两个步骤。

尽管在你看来好像大家都抛弃了你，但在大部分情况下，实际发生的事情是项目的某些方面（如范围变更、持续时间长、任务过重、技术挑战、其他的优先级等）阻碍了项目组维持你正在设法培养的一定程度的热情。即使面临对项目完全不感兴趣和不支持这种局面，总是会有事情的起因。要么给出参与者不在意的原因，要么不给出在意的原因。

好的部分是纠正这种心态是这个场景下你面临的最轻松的挑战。改变你如何看待手头的问题是根本。不要问“为什么我是唯一在乎的”，思考一下“是什么妨碍了其他人与我分享热情”。这会有助于你重新吸引那些有能力改变的人，将事情纳入正轨。

2. 确定原因并制订计划

心态的简单转变为你实施第二步做好了准备，那就是确定团队兴趣下降的原因，然后制订计划使团队完全投入、共同应对项目的挑战。这不是件容易的事情，可能包括从简单的团队活动以展示彼此的欣赏，到针对事情的现状进行坦诚的交流。甚至在极端情况下，你可能需要换掉一些团队成员。

如果团队经历了从关心到不关心，在他们身上花些时间，听听是什么原因引起了这一变化。如果团队仍然相信你具备足够的影响力进行变革，原因就会出现。如果不信，你可能需要找到更简单、更微妙的方法去获取信息。不过重要的是，要记住你的最终目的是重获一个充满积极性的团队，你不能仅仅告诉他们振作起来并希望这一幕发生。你需要给他们一个理由，或至少消除影响积极性的一些因素。

有很多障碍需要消除，但很可能也有一些无法被清除（像团队成员与无效的高层领导或公司本身之间的问题）。在这种情况下，如果你能够与团队建立足够的融洽关系并支持他们，你或许有能力要求他们暂时搁置担忧、与你共事。

如果无法去除妨碍某些团队成员的因素，或这些团队成员就是不支持项目，你可能需要把他们从项目中开除。这始终是最后一招，因为有可能惊吓到别的团队成员，让他们产生担心被开除的一些想法。当然这个想法不会持续很久，但很可能会导致怨恨，成为障碍之一。

3. 让干系人重新参与

你需要应对这种情况的第三个层次是干系人。重新获得被更高优先级项目（在他们视角里）搞得心烦意乱或失去注意的干系人或管理层的兴趣与关注，并不总是可能的。然而你是项目经理，尽心尽力是你的职责所在。

当事情脱离管理时，项目经理落入“我是唯一的陷阱”的境况是很简单的。这里的问题是，作为项目经理们，我们需要关注项目并小心翼翼地监视它们。干系人和管理层通常有大量的其他事情争夺他们的时间和注意力，往往我们管理的工作可能不在他们关注事项的前列。虽然不能确保我们的项目始终处于高优先级，我们所能做的是更好地理解他们的优先级和兴趣所在，以及是什么在驱动他们。

一旦我们理解了管理层和干系人的目标/具体目的是什么，我们就可以开始制订计划，把他们感兴趣的特定领域的问题升级上去。这可能得反复多次，但终有回报。当与高级项目经理和/或干系人面对面坐下来的时候，那就开诚布公地说出他们的角色是多么重要，团队非常需要他们的支持。这就足够了。遗憾的是，也有无法让高管们重新介入的时候。然而，这也可能被作为优势利用，逆境也许能够帮助团队更加紧密地团结在一起。

2.2 团队成员对工作兴奋不起来

什么使一位领导者成为良好的激励者

当人们听到"鼓动者"这个词时，他们会经常想到一位传奇色彩的人物向前来参加集会的人们进行着令人振奋的演讲，引导大家奔向远大目标。现实中，最有效的激励形式是人类的本能驱使他做出贡献。少数人会被演讲或口号打动。然而，有一些其他的方式，通过营造环境来培养一种兴奋感和承诺感。比如，如果人们感觉他们能够对关注的目标做出重大贡献，他们将被显著地激发。所以关键是创造兴趣并确保人们在其优势的领域工作。拿破仑曾经说过，"有两种手段驱使他人——兴趣与恐惧"。我们始终需要更好地利用兴趣来激励人。

我们能够得出结论，一个好的激励者理解人们的心态并营造环境让他们在其中闪光。每个人都不同，大多数都出于不同动机。为了信仰的目标服务于自己优势的领域，他们才会去做。很多人也可以通过工作中的人际关系进行激励。当然，也存在非激励因素，比如过度死板的工作环境，繁重的多任务处理，相互指责，或缺乏目标清晰度。作为领导者和激励者，你的工作是要意识到所有这些问题，并营造没有非激励因素导致工作缓慢的环境，让他们发挥所长。

2.2.1 问题

团队看起来好像很勉强地为项目工作，很少全身心投入且只做最小量的工作，得过且过。确实，你觉得你是唯一的一个关心项目结果的人。

2.2.2 告警信号

当人们开始对项目失去激情，问题可能会迅速扩大。你需要尽快发现这些告警信号并迅速采取行动：

- 为项目工作时，团队似乎不高兴或不投入。
- 团队很少评论项目，即使有，也只在团队会议期间。
- 总体而言，缺乏工作成果的数量和质量，大家似乎对别的工作更感兴趣。
- 通常来看，缺勤增加和/或看不到人。

2.2.3　如果我不采取措施会发生什么

如果不采取行动，你就会冒着团队变得更加缺乏兴趣的风险，可能导致项目交付物延迟或不准确。更糟的是，他们可能变得厌恶项目，甚至看起来在破坏项目。此外，如果你不对缺乏积极性的团队成员有所反应，那么你在给他们传递“这种行为可以接受”的信息，并且很可能流行开来。最终你可能落得一个“无动力分子”的名声。

2.2.4　解决方法

首先，你需要查明看上去缺乏兴趣的原因，并找出一种方法来吸引人们愿意帮助的自然倾向。为支撑这个解决方法，需要确定项目有明确的需求，而且所有团队成员明白自己在实现项目目标过程中所应承担的角色和任务。排除其他可能造成缺乏投入的因素并指出相应的障碍，这点也非常重要。

2.2.5　我应该做什么

有许多行动可供采取，这些行动可以阐明成员冷漠的原因，并让他们开始对项目产生激情。

1．取消过度的工作安排

首先，查明团队的任务板上有什么别的安排。在你认为团队缺乏激情时，事实上可能是他们被安排了过多的并行任务或方案而导致的疲劳。组织是一个复杂的体系，有许多相互关联的变量。任何类型的需求过滤和/或资源能力评估方法的缺乏都可能会导致引入过多的并行项目，带来过量的多任务处理，反过来导致错误与疲劳。另外，如果聚焦，冷漠就可以演变成激情。

2．带领大家参与决策

另一个人们往往不深入投入项目活动的原因是他们被排除在决策之外——不仅与项目结果有关，也与项目管理方法有关。人们倾向于信奉他们帮助创造的东西。灵活的组织会明白这点，并在可能的情况下允许人们参与项目方法论的塑造，甚至做出项目运作方法的具体决策。你也可以与大家分享里程碑清单，召集团队探索克服障碍的方法以满足他们的愿望。如果没有高水平的里程碑清单，人们不可能通过树木看到森林，所以他们也不太可能认识到延误带来的冲击。如果团队一起工作解决问题，他们就会更加投入。

3. 用讲故事的方式向大家传递信息

为了欣然接受项目，人们也需要了解并相信它的用途。如果有效沟通了项目目标与组织价值之间的关联性，对提升项目热情大有帮助。这并不意味着仅仅陈述或声明项目目标，它意味着“销售”目标。

有多种有效地传达信息的方法，而讲故事是最为有效的。如果有一个故事或案例可与大家分享，那将有助于你的说服力，人们会更容易记住并接受它。情感角度是一个强大的动力，乏味的声明常常被人忽略，而情感故事则长留心间。不要说“我们的具体目标是交付×××”，试着与大家分享一个例子：没有这些交付物，客户是如何激烈竞争的，或者另一个组织实现目标后，它是如何从中获益的。一旦目标得以实现，与客户一起分享生活。然而更好的是，安排一次“实地考察旅行”，以便你的团队能够直接感受到客户正在面临的问题，以及你的项目将会产生的影响。

4. 创建一个社区

些许友情也会大有裨益。尝试一下团队午餐会，让大家了解彼此。人际关系比“目标”更能激励某些人。当他们感觉与工作中的同事和谐相处时，往往富有积极性。同样的情况并不能激励所有的人。极少数人，如果有的话，可以通过演讲或声明调动积极性。但不要指望一次激动人心的演讲就突然发现大家激动不已，那只在电影里见过。如果具备一个好的故事情节，某些人会接受它；其他人则需要看与谁或为谁工作，而且得花费一定的社交时间。不过要注意不要占用私人时间，否则可能造成更大的压力。

5. 确保大家担当正确的角色

有时候一个团队会给所有合适的人安排了错误的角色。比如，某人不擅长跟踪，给他配一个擅长的人；某人更善于分析而不是与客户打交道，避免将此人安排成直面客户的角色。同样地，也要确保大家的工作富有一定的挑战性。根据心理学家和作家米哈里·契克森米哈的理论，人们被安排到具备两个元素的角色时，会竭尽所能：挑战性高和与个人实力完全匹配。没有足够的挑战，人就会变得厌倦；不具备足够的技能，则倍感挫折。当挑战与实力完全齿合，人们的关注度会达到最高峰，契克森米哈将其称为“心流”。

6. 问团队一些问题

当你怀疑时，简单的方法就是询问。单独或者以小组形式与人会面没有什么不对，询问他们为什么对项目不感兴趣。你也许对答案感到吃惊，要知道某些人也许更倾向于单独分享观点而不是小组交流。

你也可以探索如何使项目更加吸引人或运作环境更好的观点，人们自然喜欢帮助。最重要的是，你可以询问他们项目业务领域之内或之外遇到的各种障碍。

7. 问自己一些问题

你可以问自己一些问题，也许就能够阐明团队缺乏兴趣的原因所在。比如，“我愿意充满激情地做这个项目吗？什么使我充满激情地做这个项目？如果我没有热情做这个项目，那会是什么原因？是不是项目管理方法中的某些环节影响了团队的士气？团队对项目的兴奋程度是我自己的一种反映？团队对项目的兴奋程度是企业文化的反应吗？也许最近一轮的裁员或裁员传闻是罪魁祸首？”

你也可以问问，“团队缺乏兴奋是源于项目发起人对项目缺乏兴趣吗？如果项目发起人不在乎项目，团队为什么要在乎？我为什么在乎？这个项目适合公司、适合业务需求吗？项目应该继续吗？也许这个项目是某人一个热衷想法的产物，而该人现在已不在公司。如果项目陷入困境，而且团队不愿意为项目工作，是时候结束项目吗？”

2.3 团队成员质疑项目是否值得去做

他应该直说出来

“那又怎样——你们认为一个解决方案会如魔法般地出现在我们眼前？省省吧，我们不得不面对现实！”布奇得到团队善意的大笑，但团队完全没有意识到布奇正在严重损害他们的努力。他描述情况的方式似乎非常有逻辑性和洞察力，同时也不破坏他一贯有趣的风格。项目经理凯莉可不喜欢布奇说话的这个基调。

凯莉绝望地旁观事态发展，因为无法扭转局势，她宣布会议结束。接下来

> 的日子里她在认识的人群中徘徊，这些人不信任项目——或者说不信任她作为领导。她回答了无数的问题，都是从布奇的抱怨清单里转述的片段，布奇花费了更多的时间在玩文字游戏而不是运作项目。大家迟到、早退，并且经常谈论多么希望这个项目结束。整个局面令人绝望。

多年前，我最喜爱的贴纸之一写着“质疑权威”！然而反权威的辞藻不像曾经那样流行或被接受了，但在运作良好的团队中它仍有其一席之地。最好的项目经理脱离他们的管理方式，鼓励团队不断质疑可能影响项目成功的假设、风险和别的因素。

项目管理的核心是判断。作为项目经理你在不断地针对关注的事项做出决定——什么时间需要与项目团队和其他干系人交流什么内容，什么频次提醒大家即将到期的交付物，等等。项目管理如同生活，放弃本身就是一个选择机会，它决定于你的想法、计划以及行动！

作为项目领导，无论你的管理风格是什么，你都必须相信你从事的工作和处事方法。你的团队对你信任自己的程度会有响应，同样重要的是，你也得信任他们。他们信任你以及听从你领导的意愿就会提高——或妥协——基于你的行动和态度。

2.3.1 问题

你与团队成员在执行一个项目，但他们质疑项目是否值得花时间和公司的资源去做。

2.3.2 告警信号

- 你没有真正在意团队质疑项目是否值得做，他们只需要开始工作。
- 你同意项目组的观点，这个项目确实不值得做。
- 一个或多个团队成员是突出的麻烦制造者，正像他们已经对许多其他项目做过的那样，他们正在对你的项目制造麻烦。
- 组织的不确定性造成团队士气低落。

2.3.3　如果我不采取措施会发生什么

项目的工作效率会下降，团队成员不会明白项目的真正意图，因为他们不理解它的重要性。

2.3.4　解决方法

解决方法决定于你如何看待这个问题的根本原因，请参考如下选择。

2.3.5　我应该做什么

当你与质疑“项目是否值得做”的团队成员一起运作项目时，会发生什么？你会发现，这决定于截至目前你的观点和针对问题所采取的措施。当你读完本节，你对处理所有典型问题的方式会感觉释然，对人们质疑“项目是否真正值得做”这一问题的解决方法会感觉良好。

这是当团队质疑项目本身价值时，项目经理所面临的一些通常局面。

1．确定哪种陈述最准确地描述了你的想法

你没有真正在意团队质疑项目是否值得做，他们只需要开始工作。

这是“军队式项目管理模式”。许多真正的美军已经从这个 20 世纪 50 年代的模式向前发展了，但是很多项目经理仍然采取这种态度。这里的问题不在团队身上——在你身上。组织可以授予技术权威，但真正的权威是通过你与团队的互动获取的。如果“就这么干吧”是你采取的方式，团队工作效率很快就会明显下降。等到明显下降时，通常很难修复人际关系并继续前进。

然而，你可以随时改变你的方式。诀窍就是在整个项目团队创建一个开放的、富有主人翁意识的氛围。人人都必须感觉到要帮助定义解决方案中各自负责的部分，并且对结果负责。假定你相信他们的方法，你的工作仅仅是进行高层次的指导，并确定事情步入正轨。鼓励合作、开放，以及最重要的主人翁意识很可能带来更好的表现和更快地应对项目风险。

需要注意的一件重要的事情是改变你的形象很可能是最难的。然而，困难都在你的脑海里。告诉自己，“就这么干吧”（改变你的管理方式），而不是盯着团队的不足。按这种方式考虑问题——在项目执行中期改变管理方式可能令你不舒服，但总好过失败。

你同意项目组的观点，这个项目确实不值得做。

好消息是你与项目组意见一致；坏消息是你处于困境，这需要广泛的相当先进的领导能力。感到些许紧张那就对了，大部分的领导力是当某件事需要说出来时，愿意说出需要说的事情，无论反应如何。如果你做足功课，你会知道该说什么。

首先，必须确定你是正确的。项目的真正意图是什么？如何度量它的交付价值？也许项目范围没有充分的定义或者行业现实发生了变化。如果这样，此时编制项目范围和目标文档是第一步。一旦具备了文档化的清晰的项目目标与范围，后退一步，此时此刻看看项目是否值得去做。有可能项目推动者不再是现在的或不再承诺了，是否有另一位项目发起人取代他的位置？你是否已经向所有管理层的合适成员介绍了项目的目标与价值，但是没有人想要赞助它，因为目标影响不了任何人所以项目不值得做。也有可能存在一些政治问题，使得项目上空乌云密布。拿一张纸，把所有政治方面造成项目可能贬值的原因写下来或做成脑图。换句话说，项目可能是值得做的，但或许不值得每个团队成员个人的政治成本。

一旦你收集了所有你能想到的原因，是时候接近团队了，请参考本节后面的“打开潘多拉之盒”部分，以便了解最佳做法。

团队中有一个麻烦制造者，与过去一样正在影响每个人对项目的态度。

任何组织内都存在经常抱怨的人、麻烦制造者，以及挑拨离间的人。如果你的项目团队中还从未出现过一个这样的角色，在某一时刻很可能会出现，所以做好准备。这些类型的团队成员往往通过转让的方式来到项目团队，或当你接任一个项目时碰到他们。重要的是将本意是要提升项目的明智质疑与本意几乎总是诋毁你或其他团队成员的破坏性恶作剧清晰地区分开来。如果你的项目里有一个破坏性的人，你必须持续并果断地采取行动。即使你没有时间处理你察觉到的个人品格问题，你也不能忽视这种情况、觉得平安无事。忽视它可能把项目置于危险的境地。

最好的情况是，麻烦制造者是那些受挫的创新者或领导。这样看待他们有助于发现他们的潜能，并且不再容易被激怒或对他们的行为感到愤慨。为了挖掘潜能，你需要花费额外时间倾听他们的意见并与他们一对一地一起工作，找出他们的个人想法。提防给他们会议的完全控制权是明智之举，除非你确信需要时你可以恢复控制。没有什么比一个否定者占用 30 分钟会议时间里的 25 分钟时间更快地摧毁团队的士气了，所以不要让那种情况发生。

通常情况下，麻烦制造者只是想做出重要的贡献。最简单的方式就是在目标受到质疑的领域阻止项目的进展。此时的技巧就是在每一位项目批评者身上花费足够的一对一时间，以达成对挑战和目标的共同理解——然后一起定义双方共同负责并向这个方向努力的解决方案。只要不危害最终结果的质量，如果可能就吸收项目批评者的观点。这将有助于降低消极面，并在推进项目过程中创造越来越多的更高层面的责任意识。大部分项目经理想当然地认为麻烦制造者必须尽快辞退。事实上在某些能力方面，项目通常需要他们（或者起初他们并不在项目里），并且解雇他们比你想得要困难，倒是你应该想当然地认为项目批评者会在项目运作期间在你的团队里出现。在你的项目成功之路上使其成为合作伙伴，这应该是你的头号目标。

组织的不确定性造成团队士气低落。

裁员、谣言以及构思拙劣的组织变革是项目管理现实世界的通常元素。疗法是无论组织整体发生什么，都要向团队展示你是可以依靠的。人们渴望成为值得重视的事情的一部分远胜于自成一体。在项目运作中创造一个平和、可预测的氛围，用实实在在的方法帮助项目团队。

当你得知任何对他们或项目产生正面或负面影响的事情时，会通知项目团队，并就此进行清晰的、反复的传达与沟通，让他们知道你重视他们所说的。跟你交流是安全的，这意味着在某种程度上，你绝不会背叛他们的私密或用他们说的东西来对付他们。做这些事情是在告诉你的团队，你在用切实可行的办法关心他们的福祉。

不要忘了坚持实现你的承诺。如果你说了但没做，比你什么都没说的境况更糟。人们都很聪明，他们知道你是否诚实。

一旦建立了稳固的信任关系，团队就会以更加开放的心态聆听项目的价值。在那个阶段，就可以用有意义的方式沟通项目价值。

2. 打开潘多拉之盒

如果项目值得去做，但是团队未能明白它的价值，这时候你需要用一种更加直接的方式去刨根问底。换句话说，打开潘多拉之盒。（在希腊神话中，潘多拉打开了一个盒子，把魔鬼释放了出来。)团队在幕后说的任何事情都需要让它们公开。面对面的会议是公开化的较好形式，因为在对抗性的讨论中，阅读身体语言和其他视觉线索是重要的。然而，如果电话会议是所能安排的最好形式，那也足够了。与会者仅限于核心团队成员，非项目组成员不得参加。

开场白让所有参会人员知道你相信项目存在严重的问题。明确地告知大家可以直率地说出他们的想法，不会有后果。接下来，简略地（25 个字以内）提供为什么项目值得做的正式解释。你可以从项目章程、商业论证或项目范围中摘取，但更重要的是确保你坚信你所说的。不要说得太多，做到陈述清晰、语言易懂。

接下来，通过解释商业或环境的变化常常使得项目运作增值或减值，将讨论话题转移到这个问题上来。谈论项目价值是如何随着时间的推移而产生可能的变化是完全合理的。要承认项目团队往往比干系人，甚至项目经理，更加接近正在发生的事情。然后你可以宣布利用头脑风暴或其他合适的方式进行讨论，以便找出项目团队质疑项目是否值得做的原因。

会议的有效性决定于如下因素：

- 团队了解并信任你的程度。
- 组织文化对开放式交流的影响。
- 你所具备的促进会议的经验和技能。

有点焦虑是正常的。事实上正在举行的会议展示了你的勇气和远见，你可以从中得到安慰。如果你真诚地关怀与关注项目和团队成员的福祉，会被认可的。

如果没有人毫无保留地说话，不要吃惊。你可能需要采取一些措施，用一块白板写下一些质疑项目的可能原因。从你认为是次要的原因开始，讲出来；然后要求别人说出这会是一个真正的问题还是风险。

通过感谢项目团队成员的参与结束会议。告诉他们，你会充分考虑此次会议获取的信息并采取必要的行动。当你做出决定时，一定让他们知晓。

3. 如何决定下一步做什么

把会议的关注项分成主要和次要两类，首先假定所有的关注项都是有效的。针对次要关注项，制订计划，解决容易处理的关注点。

针对每个主要关注项，识别哪些是真正的问题或风险。它可能与团队的陈述并不完全一致。一旦澄清，展开分析。你能处理吗？如果不行，谁可以？如果它被处理，针对下列各项，确定正面或负面的影响：

- 项目范围。
- 交付时间。
- 预算。
- 质量。

如果没有处理，存在 10%或更多的可能性对项目成本或时间产生影响的关注项吗？如果是这样，你应该立刻补写一个简短、一页纸长的评估，然后与业务经理讨论它。养成潜在的问题事先沟通的好习惯，“杜绝意外”是项目管理的良好实践。

无论发生什么，要代表团队利益和项目结果去交流采取的行动。针对每一个问题的行动，你可能成功，也可能不成功——但大多数人因你的倾听、聆讯以及行动会给你高度的评价。

2.4 大家感觉他们的工作没有得到好评

认可成就不同于虚伪的赞美

拉尔夫说了大量的空头应酬话来认可团队的成就。他每天都想表明一种看法，那就是拜访他的团队，告诉他们干得真棒：“继续下去，你是最棒的，没你可不行。”等等。

不知道项目组投入工作的实际情况究竟如何以及进展是否顺利，拉尔夫不诚实的陈词滥调就如灌了铅的气球应声落地。玛丽是一位受欢迎的、重要的团队成员，当她穿过房间时引用拉尔夫的赞美台词，这给拉尔夫留下了深刻印象。她没有在背后说这些赞美台词，而是在拉尔夫将要进入房间开始他的早巡视时。甚至在诘问数周之后，拉尔夫仍不明白暗示，还把这种把戏看成他与团队之间紧密结合的证据。在他每一次拜访后，团队成员大声的牢骚都不能为他提供因他“快乐谈话”引发的问题的线索。

2.4.1 问题

当项目进度落后时，传统的、自上而下的项目管理方法用来唤起项目团队成员；当项目各项进度指标正常时，却很少注意到给出正面反馈。没有相应的赞扬，项目团队成员就会变得泄气和对运作过程缺乏投入。

指挥与控制的方法不会帮助你营造一种团队成员认可成就感的氛围，如果只有在事情做错或需要加倍努力时，团队成员才能听到项目经理的声音，结果会是团队成员变动或项目失败。

2.4.2 告警信号

通过如下方式，大家让你知道他们没有得到足够的赞誉：

- 直接说出他们没有得到赏识。
- 对他们增加的价值表达失望。
- 表达对管理层的不喜欢或不信任。
- 向同伴抱怨。

2.4.3 如果我不采取措施会发生什么

尽管大多数组织声称劳动力是组织最有价值的资产之一，但是组织内经理们的行动往往表现出另外的一面。团队成员感到被忽视或不被欣赏，项目过程受到损害。项目和任务可能滞后或失败，工作质量可能下降，并且项目团队成员变动频繁。最终，因为项目成本上升和不满意的客户寻求其他解决方案，导致组织付出高昂的代价。

2.4.4 解决方法

这是项目领导面临的最多的挑战，但是没有具备魔力的解决方法。这个建议可能过于简单和谦虚了，那就是给予团队成员更多的赞美。人们通常对自己的工作感到骄傲，并且在意他们的经理和同事注意到他们及其取得的成就。因而，认可每位团队成员的成就与贡献，项目经理就是在营造这样一种氛围：团队成员更倾向于参与项目过程管理——最终有助于项目的成功。

2.4.5 我应该做什么

1. 认可成就仅仅是成功的团队沟通的一部分

正如商界领袖大声宣布的那样，组织的劳动力是最为珍贵的资产。这就是为什么商界领袖需要像重视其他资产一样重视员工。

一位朋友告诉我他与自己的长女曾经的一次谈话，谈话结果并不愉快。这孩子打了她弟弟，弟弟当时用脚踢了咬了猫的狗。在目睹了谈话结果后，他无法控制自己——不得不走到户外待了几分钟，在回到屋里前让自己保持笑容。尽管这则关于孩子们对大人的责骂如何反应的趣事与发生在项目团队中与工作有关的讨论不同，但我已经观察到同事之间经常发生类似“踢狗”这样的事情。无论你的项目团队是服务于内部客户还是外部客户，一位气馁且心不在焉的员工对客户和项目团队没有用处。维持一个积极正面的工作环境是创建“团队成员感到他们的成就得到欣赏和认可”这一工作氛围的第一步，在这种氛围中大家诚恳地沟通并相互体谅。

2．一匙糖帮助把药（坏消息）吃下去

著名儿童电影中来自伦敦的神奇保姆玛丽·波平斯是对的。如同电影中疏忽的父母，如果只是在出现问题时项目经理才花时间与项目团队成员谈话，他们会被回避、忽视和漠视。然而，那并不意味需要给每一次的“药用谈话”都添加玛丽·波平斯的“一匙糖”来治疗这种情况。有一个更好的方法：

- **事先定义好清晰的期望值。**大部分人都想把工作做好。然而，作为项目领导，你不能假设他们自然而然地懂得什么是做得好。这取决于项目经理要确保团队成员明白你的期望值。
- **保持团队成员做好工作的责任心。**团队成员明白了期望值并定期负责满足过程指标，他们倾向于满足或超过期望值。
- **承认好的、坏的、丑陋的东西。**当团队成员理解了对他们的期望值，并依赖于他们的执行时，项目领导确认团队成员的绩效是重要的。一旦发生，项目经理需要答谢和认可积极的成就，同样也要处理消极结果，以便营造团队贡献被认可和欣赏的氛围。

3．团队成员因工作出色值得偶尔奖赏

大多数项目团队，每位成员利用不同的才能和技巧为项目成功均做出贡献。可能有的团队成员尽管分配的是同样的工作，但是他们的贡献和技能组合并不总是相同的。所以了解每个人的贡献是重要的。你能够明确地识别出每位团队成员给团队带来的价值吗？没有这个有价值的过程结果，项目能前进吗？如果不能，那么无论团队成员何时交付了特别价值，都有理由得到称赞。

在适当的时候认可团队成员的成就是有意义的。如果不与团队成员密切合作，随着情况的变化你会冒着失去高质量人员的风险。人们并不倾向于因为财务原因离开一份工作，通常是因为令人不快的工作环境和与老板的糟糕关系。他们不会突然辞职，但他们在密切关注着下一个工作机会，这个机会最终会出现的。

4．认可成就，不要爱慕虚荣

当然，像其他事情一样，过分赞扬也有可能发生。当人们受到持续的赞扬时，自然就会自我膨胀。富有创造力或具备业务专长的人们倾向于信心十足，自然就会自信。如何赞扬与赞扬本身一样重要。很多文章描述了如何训导员工的最佳方法，但我们很少读到赞扬员工和认可他们的成就的合适方法。当提出赞扬时，下列方法是重要的：

- **使得赞扬富有意义。**赞扬要与其成就相当。作为项目领导，在能够有效地奖赏员工前，你需要辨认和评估其成就的价值。
- **使得赞扬很特别。**特别地认可一项有意义的成就比起广泛的赞美更值得欣赏。比如，"[某团队成员的名字]，感谢你在向项目干系人进行情况介绍工作中的额外努力，我认为这会帮助我们得到预算保证，进而成功地完成项目。"这个例子就比"干得好，某团队"更有意义。
- **让赞扬公开化。**尽管有时候公开的赞扬可能不合适，但一般情况下，你可以信赖这个短语——"公开赞美"，和"私下惩罚"，公开地认可团队成员的成就几乎总是值得欣赏。

认可成就而不造成爱慕虚荣的关键是适时的赞扬和批评。如果赞扬和批评不偏不倚地被执行，大部分项目团队成员都能够保持自我。

2.5 团队对他们的执行能力没有信心

不被信任的团队

艾米是一位项目经理，她对自己的新项目感到兴奋，正积极地准备应对项目的挑战。真不敢相信她被委派了一位非常支持的干系人，并且配置了足以完成工作的资源。那么，哪儿不对劲呢？

当艾米着手进行公司内部公关时，计划与项目的几位领导会面和问候，但他们似乎缺乏兴趣。不久，她收到针对分配到她的项目的一些资源的抱怨，而且工作甚至尚未展开。她听到了这样的事情："比利被指定为业务分析员，但是他并不总是能理解项目的全面需求；作为开发人员之一，迈克尔的业务级别低了；留意一下赖安吧——他不过是一个实习生。"

艾米保持着乐观。桑迪和马修是项目的核心成员，并且准备开始认真工作。

当团队开始创建工作任务分解时，艾米发现部分团队成员理解需要完成的工作，并持积极正面的态度给出分配任务的完成日期，而另一些成员则在拖拖拉拉。团队主管会议似乎富有成效，但当她召集整个项目团队时，房间里似乎有一种失败的气氛，尽管她保持乐观。

艾米不能确定此时应该回避问题还是深挖问题并找出根本原因，因为她知道某些团队成员实际上已准备好展开工作了。她有一大堆其他的事情要做，她想几位消沉的团队成员肯定不会造成整个团队士气低落吧，抑或他们会？

2.5.1 问题

你的团队普遍存在不安。对于布置的任务他们很难展开，抱怨不明白需要他们做什么，并且无法理解项目的愿景。某些团队成员宣称他们不相信自己有能力完成工作。

2.5.2 告警信号

- 项目会议上无法更新项目状态。
- 团队成员表达了对团队达成项目目标或个别团队成员完成个人任务能力的怀疑。
- 团队无法清晰地表达完成任务所应遵循的步骤。

2.5.3 如果我不采取措施会发生什么

忽视这个问题不是一个明智的选择。如果你忽视了这个问题，下列问题可能发生：

- 项目可能失去动力。

- 错过了到期的里程碑。
- 士气螺旋式下降。
- 团队内斗。

2.5.4 解决方法

找出这些问题的根本原因是什么。项目经理有责任问问自己如下的问题：

- 项目目标现实吗？
- 高层期望的项目执行日期真正可以实现吗？
- 有足够的资金支持项目吗？
- 团队成员有足够的时间投入到项目工作中去吗？
- 交付物定义明确吗？
- 任务清晰吗？任务是否支撑交付物？

如果对任何一个问题的回答是“没有”，你有责任管理干系人的期望值并为公司或客户描述项目的真实画面。作为项目经理，你有责任清晰地表达考虑到这些因素后你能交付什么。

在本节余下的部分里，我们假定项目的目标现实可行，团队成员完全有能力实现。所以关注点在于如何使团队或团队成员相信他们的执行能力。

2.5.5 我应该做什么

你已经得知团队感觉他们没有能力执行项目。首先你要评估为什么团队觉得能力不足。与不同的项目领导对话，面多面地与项目干系人、业务和IT领导、学科专家、开发人员、测试人员、业务分析员、变更管理经理以及其他人员进行谈话，并评估他们的担忧。如果无法面多面地对话，你可以做一个简短的调查以收集信息，通过邮件或电话进行交流。如果时间许可，你可以领导一个焦点小组与项目团队一起找出问题的根本原因。

可想而知，可能有过多的原因说明团队为什么不相信他们的能力。基于分析揭示的原因，你可以尝试一下这里给出的几个方法。

1．分析揭示：团队不清楚项目期望交付什么

疗法：在下一次团队会议上与团队一起分享项目愿景。安排项目干系人与团

队会面。如果愿景太大，把它分解为阶段性描述和工作包。与团队一起关注当期交付物，而不仅仅是你正在驱动构建的整体交付物。

2．分析揭示：团队或个人不认为他们有能力执行项目计划中概述的任务

疗法：提供在职培训，使得项目团队获得项目成功所需要的技能组合。将高级和初级团队成员进行配对，在思路和检查或者验证交付物和解决方案等方面进行合作。安排质量分析员介入项目运作的每一步，以检查工作和教育团队。

如果没有时间提供培训，那么你可能需要采取断然措施，开除不能完成所需交付物的团队成员，或把他们调离承担关键路径交付物的岗位，让他们在非关键任务中先取得经验和信心。

3．分析揭示：只有极少数团队成员怀疑自己的能力并造成其他成员士气低落

疗法：花费你一天工作的大部分时间与正在苦苦挣扎的项目团队成员一起，提供帮助、解决方案和业务指导。如果你无法消除他们的障碍，听听管理层和项目干系人对这些问题的忠告。你不必总是知道答案——没有关系的，不过你应该知道向谁寻求帮助。

4．分析揭示：团队觉得项目运作需要相当多的强化才能实现目标

疗法：

- 庆祝一下小小的胜利！用致谢函感谢或公开赞美解决问题的团队成员；在项目状态报告里和项目团队会议上提及他们的名字和成就。
- 针对与客户见面并最后确定需求的成就，奖赏业务分析员。
- 针对项目展开一个小型的质量计划，强调那些正确完成了的交付物。在整个团队或在能力信心不足的团队成员中进行全面质量检查。必要时提供工作模板，这样团队成员在启动任务时并非从空白页开始。
- 授予团队成果奖励证书。这种低成本的方案很容易执行，在线查询或当地的办公用品店或文具店可以提供几十种证书范本。
- 在公司的新闻简报中认可项目团队成员取得的成就。
- 制作个性化的答谢便笺，感谢加班加点或付出大量努力满足时间要求或解决问题的个人。
- 请最高管理层或项目干系人撰写贺词或致谢函。我曾经为高层书写过致谢函，完成后直接拿着它们请高层签字，然后授予团队成员。对于信任你或因工作太忙而没有时间介入项目细节的高层领导，这样做是有效的。

- 如果有预算，为里程碑达成或个人绩效完成提供一些小礼物。物美价廉的礼物可以包括在办公区域的自助餐厅或本地速食店举办一个午餐证书授予庆典（5~10 美元范围）、电影通行券、咖啡优惠券，或者如果有好几个人接受奖赏，干脆就请团队吃个午餐。

多年前当我在一个小公司工作时，我们曾经举办过高层团队为取得项目成功的项目团队提供早餐服务的活动。在名为"**让老板为你服务**"的那天，高层人员推着小车为项目的参加人员提供甜甜圈和快餐饼干。

奖赏的关键是当取得成就时给予奖赏。不要只是参加团队会议并且说道"为团队欢呼"，然后分发一下电影通行券。即使你设法让它有趣，但认可成就必须以严肃真诚的方式进行。

5. 分析揭示：团队觉得障碍太多，项目难以成功

疗法：作为项目经理排除障碍是你的职责。（必要时）将问题升级给项目领导层和干系人并强调问题，提供解决方案和/或邀请业务专家帮助项目团队找到解决方案。利用问题日志，跟踪并解决问题。

6. 分析揭示：团队不相信你作为项目经理有能力带领团队前进

疗法：深入到项目中——团队成员是你的人才。与较小的团队（相似角色）举行团队会议，主持问题解决研讨会。寻求各层级的建议，开放合作，建立团队与你之间的信任感。大部分的信任来自与团队之间建立良好的关系。让团队成员介入项目计划的制订，并征求对解决方案和项目管理方法的意见反馈。清晰地定义角色和职责，要求团队成员坚信你是负责可靠的，可以放心地把他们觉得有问题的事情提交给你来解决。

7. 分析揭示：某些团队成员缺乏信心

疗法：与缺乏信心的成员一起工作，或安排更高业务等级的团队成员与他们结对，以提升其信心。这可能意味着更多的项目或任务的微观管理，以保证项目运作正常。花些时间在这上面是值得的。问问自己："团队是被之前的项目打败了，因而迟疑不敢开始工作，因为害怕再次失败？"

回到之前项目的经验教训文档，不同的做法可否帮助你？采取一些明显的举措使得这次的经历不同于上次。如果他们更愿意在办公室而不是在家里工作，以便不太遥远、便于得到支持，让他们这么做！如果团队需要每天联系以确保他们的工作正常，让他们这么做！

8．分析揭示：团队或个人从未做过项目工作、不知道如何开始，因而惧怕

疗法：从最初开始。启动项目时，记住你的角色。花时间解释你的期望值。让团队成员协助你决定任务完成日期，以便他们介入决策过程并感觉他们对过程有所控制。这也是建立双赢的过程。

9．分析揭示：团队无法阐明为什么他们有畏惧感和怀疑

疗法：通过更多地询问“为什么”，以探明现状、找出根本原因。不能让团队成员觉得半途而废，因为那种感觉可能会在整个项目运作过程中延续，进而限制项目成功的机会。

2.6　团队对计划或时间安排并不信任

一个人的计划

汉斯花费了大量的时间致力于项目计划的编制。他知道需要完成的工作和所需花费的时间。需求收集需要两三天，对吧？毕竟没有太多的用户要去询问。

汉斯自负地将时间表投影到会议室的墙上。“请看时间安排！我们将在 6 月完成工作。”他对项目团队说道。大家面呈怀疑之色——似乎还不太高兴，汉斯省了太多的完成工作所需要的时间。

“只有一天时间用于预算审批？”来自财务的克莱尔说道。“你真的知道审批周期是三周吗？计划中也没有培训的安排。我的部门有四百人。如何对他们做这个新系统的培训？

克莱尔可不是唯一抱怨的人。他们围着桌子来回走动，每一位团队成员都挑出了时间表里存在的漏洞。当所有人都剖析完时间安排，克莱儿说道：“我们绝对不能这么干，这是愚蠢的。”

汉斯误解了交付项目所需完成的工作，他意识到他并不了解有些任务包含

> 的具体工作内容，并且遗漏了某些任务。唯一的好事是他还没有向干系人展示这个时间安排。他需要一个新的计划，而且要快——原计划那天下午要向干系人展示计划的。

2.6.1 问题

你具备包括大量细节的非常好的项目计划。这个计划被正确地记录在案，并且你已经制定了干系人想要的完成任务的日期安排。团队现在已经开始展开项目工作，显然他们在按照自己的时间表进行，丝毫没有关注你的杰作。

项目团队支持项目计划并承诺按期交付需要完成的工作是非常重要的。没有团队成员参与制订的所谓完美计划，其风险在于该计划其实一点儿也不完美。重要的任务可能会遗漏，完成任务需要的时间可能是错误的。短期来看，团队可能支持你（即使他们不相信这个计划）并努力按计划执行，但这可能意味着工作更长的时间才能按时完成任务。在他们开始怨恨你签署这个计划前，好意是不会持续太久的。当团队显然不相信项目计划或日期安排时，就很难推进项目。

2.6.2 告警信号

- 项目团队抱怨截止日期。
- 如果执行，任务无法准时完成。
- 不断给团队施压，要求按照里程碑日期完成任务。
- 大家都在长时间地工作。
- 没有按照计划完成任务。
- 团队士气以及对你的信任都在下降。

2.6.3 如果我不采取措施会发生什么

如果你坚持这个计划而不采取任何措施，那么项目进度会变得越来越慢，任务最终无法按时完成。你会发现自己不断地给项目团队施加压力以求加快，团队士气和与你一起工作的意愿会下降。日益增加的压力意味着存在投机取巧和交付低质量、满足不了用途的产品的风险。干系人对你按承诺日期交付良好结果的能力产生失望。

最终你会发现没有人愿意继续为你的项目工作，因为你已经获得奴隶监工的名声，而你负责的项目总是延迟。

2.6.4　解决方法

你不能在真空中编制计划。计划结束的时候，不是由你来完成所有的任务——而是项目团队。

让团队成员一起参与制定所需完成的工作以满足项目目标，以及所需花费的时间。如果你的计划和日程安排不切实际，与相关的团队成员一起从头开始制订新的计划。总之，你需要：

- 一个完整的、交付项目所需的任务列表。
- 对任务之间依赖性的理解。
- 完成所有任务的准确时间表。

2.6.5　我应该做什么

与项目团队的核心成员一起制订新的、切合实际的计划和时间安排，这样大家都能够相信。承认目前的工作计划不好，因而需要设定新的基线并据此跟踪进展。基本上，要从头开始计划项目的进度安排并需要核心成员的帮助。

1. 创建完整的任务清单

重新审核截至目前你手头的所有工作分解结构（Work Breakdown Structure，WBS）和时间计划。任务责任人比你更了解该任务实际涵盖的内容，所以让他们估计完成任务需要进行的工作内容。原始计划缺失了什么？如何将任务分解成子任务？如果可以，委托工作流程领导（类似子团队负责人）创建子计划。

这里的目的是得到一个完整的为达成项目目标需要完成的任务清单。依靠专家帮助你开发这个清单——这将有助于他们对项目交付物富有责任感，并更能接受整体计划。

2. 理解任务之间的依赖关系

一旦明确所需完成的任务，就要对任务进行排序，然后创建时间表。任务的依赖性管理是重要的。再次强调，依靠项目团队里的专家帮助你建立时间表里的任务依赖关系。需要考虑：

- 完成任务的顺序是什么？

- 什么任务能够并行?
- 什么任务能够提早展开?
- 谁需要别人完成任务后才能开始?
- 什么任务需要同时完成?

一旦理解了任务的顺序和他们的依赖关系，就可以开始标注起止日期。

3. 编制准确的时间表

团队没有重视你创建的原始计划，所以此时要求他们输入时间安排。他们很可能花时间执行过同样类型的工作，除非项目非常独特或者对他们的职业来说是全新的工作，他们很可能以前完成过。假定团队成员具备经验，他们应该能够提出一些计划中所有任务完成时间表的现实预估。

当你审核团队输入的时间安排时，挑战某些日期是无害的。作为项目经理，你应该对各个里程碑进行平衡，并允许团队定义自己的日期（比如，不允许预估到未来很多天或预估项目要花很长时间完成）。与团队协作制定可伸缩的、可达成的目标交付日期。如果你担忧预估过程中会有一定程度上的不确定性，你也可以在时间表中明确地加入应急时间。

最后，是时候向项目干系人展示新的时间安排。很可能结果是项目的完成日期比原来考虑的日期要晚。很难告诉干系人你的初始预估是错误的。然而，你现在拥有的计划是可以信赖的，并得到所有团队成员的支持，这些信息应该传递给干系人。

2.7 团队并不相信我能做好项目经理

是我，还是别人

艾伦在面对别人并显示出自信等方面始终有些问题。这个性格绝不会引起大的麻烦，因为它通常意味着在餐馆多付了餐费，或者在商店里别人在你前面插队。

这些都是他的个人生活。在工作中艾伦目前得到了一个绝佳的机会，担任一个备受瞩目的项目的项目经理。他开始注意到他的这个小小的性格缺陷正在影响项目和业已制定的目标绩效。

首先，当团队成员不理会他的请求或不愿意分享信息时，艾伦不知道如何诠释这些行为。他跟团队成员不太熟悉，可能他们有不同的做事风格吧。也许他感受到的自己与他人之间的距离是由于项目正处于团队开发的形成与震荡阶段。“这是自然而然的，会变好的。”他认为。

为了让事情变好，艾伦做出让步并推迟挑战或抵抗团队成员。他不想冒犯任何人，或看上去像一个独裁的老板。不过他感受到的距离越远，以及来自团队成员的尊重和支持的缺乏越多，他就更加掉进消极被动的行为模式中去。他想：“我当然不需要提醒大家这个项目是多么的重要，他们会把它做好。”带着事情会变好的希望，艾伦保持观望态度。他不想用大量的精细化管理行动去烦扰任何人。

但事与愿违，事情变得更糟。项目团队错过了连续 1/3 的里程碑。这看上去绝不是好事，而且项目发起人开始对艾伦和团队施加一些压力。

艾伦知道他必须做点什么。不需要一个天才就可以指出，如果事情持续这样的话，项目将会遭受重击，抑或他将被调走、被能够交付任务的某人所取代。

2.7.1　问题

当项目团队成员出现忽视你的要求时，问题发生了。你感到沮丧，团队成员没有把你当作项目经理来尊重。

2.7.2　告警信号

- 当你出现在项目会议现场时，交流停止了。
- 团队成员参加项目会议时往往迟到或在最后一分钟取消参会。
- 似乎没有人遵循项目计划或响应你的要求。
- 没有人为你更新工作进展。
- 大量的信息在团队成员中分享，而你是最后才知道的。
- 公开挑战你的项目决定。
- 工作进展不像以前那样迅速。

2.7.3 如果我不采取措施会发生什么

团队成员的行为会持续恶化，你很可能失去有效的领导项目的能力。项目可能遭受或不遭受痛苦，因为一位非正式项目经理会从团队中出现，并基本上取代你的位置。

2.7.4 解决方法

有时你不得不做一些激进的事情来表明你的看法，那么现在是时候了。然而，不要做危害项目的鲁莽之事，而要对需要完成的事情保持自信。比如，支持与保护必须与高层管理人员分享的团队决定，显示出你坚定地与团队站在一起的决心。或者，强力推进解决所需的额外资源，以帮助团队保持进度。

2.7.5 我应该做什么

如果团队不尊重你作为项目经理，你需要尽快改变这种情况。对于这个问题，可能存在几个原因，你都应该考虑到，以便在未来的项目运作中不再发生。但是现在，是时候针对这一特定的项目采取一些行动。

作为项目经理，不能袖手旁观，你必须置身游戏中。事实上，很大程度上是你在控制这个游戏。你就像运动员、教练员和裁判员合为一体。作为运动员，你是榜样并且希望别人按照你的工作方式进行工作；作为教练员，你指导团队成员做什么以及期望达到什么样的绩效；作为裁判员，你评判团队的行为和绩效是否达到期望值。针对这里讨论的特定问题，裁判员的角色有时候最为突出。

1. 情境化领导理论

这里有一个快速的、关于人类行为进入两难境地的理论概述。人类一系列的行为范围从被动消极到咄咄逼人。有时候局面需要你被动消极，这往往与参与型领导风格有关；有时候局面需要你咄咄逼人，这往往与独裁型领导风格有关；其他时间，局面要求你处在中间地带，这被称为自信型领导风格。没有最好的方式来应对所有局面。相反，最好的方式是情景化的，这就被称为情景化领导风格。

也许你必须低姿态地进入项目以免在一开始就破坏了项目现状。在那个阶段被动消极可能是有效的，不要立即责备大家的表现并召集会议，先合理地凝聚共识。有时候，在整个项目中你应该选择做一个被动消极型项目经理——这决定于具体状况。

但是，针对本项目中假定的现状，被动消极型领导风格已经失效。随着项目的进展，你必须转移到处于中间地带的自信型行事风格。如果事情变得更糟，你可以强迫自己花一点时间使用独裁型领导风格以确保任务的完成。没有人愿意那样做，但为了项目成功有时候必须为之，这也是理所当然的。

2．作为一个领导者采取行动

情境领导理论已经提出并需要灵活运用。这里是一些让团队相信你的特别行动建议。你需要并行做如下几件事情。

让自己现身。开始的时候，让人们注意你的一种方式是经常围着他们转。过去有一种策略称为走动式管理（MBWA），基本上就是指让自己经常现身。经常与大家见面与交流，即使他们与项目没有直接的关系。这会让你始终在他们的注意范围内。平白直说，让自己变成一个定期出现的装置。时常围绕在其他团队成员身边的好处之一是可以获得不这样做就可能无法得到的额外信息。有时候信息稍纵即逝，而且人们没有必要记住把信息带到项目会议上。当你听到感兴趣的事情时，你可以询问更多的问题，甚至收集更多的信息。另一个好处是建立与其他团队成员的关系，这会使他们更愿意听从你并响应你的需求。当你真正需要团队成员提高绩效时，也不会显得那么尴尬。

做出决定并强迫执行。进行走动式管理过程中，你必须做出一些大胆的决定并坚持强迫执行。MBWA 的建议可被视为一种缓慢、长期的方法，随着时间的推移会起到作用。但是，你仍然需要一种快速、短期的方法把事情做到位。构思一些重要的决定（这样会引起人们关注），但对项目而言这些决定不是不成则败的（这样项目不会失败，万一人们比预期的响应更慢）。这种构思类似于教授把书突然掉在课堂上打瞌睡的学生身边的地板上。因为大胆和突然会引起关注，但不会伤害。如前所述，好的例子是支持团队的一个关键决定或对项目干系人或高级管理层提出增加资源的请求。大部分项目中这两个问题较为普遍。

至少短时期内你会引起大家的注意。在取得注意后，要确保他们知道你是站在他们这边的，并且在需要的情况下你会进行干预以便团队心无旁骛地继续工作。大胆的举措显示你的支持，加上 MBWA 方法建立关系，这个有效的组合应该会增加团队对你作为项目经理的信心。

与发起人沟通。除了快速并有效引起团队关注和 MBWA，还要与项目发起人或主管谈话，让他们知晓正在发生的事情和你采取的措施。这有三个目的：

- 首先，向项目主管显示你愿意学习并做出调整。我们都希望事情完美，遗憾的是现实并不完美。当然，不要让谈话听起来像前景不妙或项目似乎会中途夭折。但是，你应该说明正在做的事情。
- 其次，项目主管可以为你提供一些好的建议。他以前可能经历过同样的情形，能够给你一些适合公司特定环境的建议，指导你如何应对。
- 最后，向项目发起人或主管提供信息，以便当你设法将团队成员重新纳入正轨时，他能够支持你做出严厉或重大的决定。

第 3 章

有效的沟通

3.1 如何获得团队的信任

她遇到了信任问题

莎拉做了多年的项目经理，并认为自己相当擅长处理人际关系。但在一个新工作中，她似乎度过了一段艰难时期。她被一个组织聘请重建项目管理办公室。这个组织有一个不好的名声，就是不支持项目管理。在工作开始几个星期后，她就几乎需要介入每一个重点项目去处理事情。既然组织让她去处理问题，她不明白为什么人们不给她几周时间安排并做正确的事情。相反，她所接触到的每一位高层项目干系人都给她许多建议，告诉她必须做什么，如何做，想把她收于翼下。

有一个项目工期是 2 个月，项目团队为了这个不可能达成的期限，每天晚上和周末都在加班。他们的疲劳作战导致软件代码出现缺陷并不断返工修复。本以为他们很高兴有她这样专业水平的人来管理这个团队。但当她告诉团队以后保证不需要每天晚上和周末因最后一分钟都在变更范围而导致的加班时，他们实际上在嘲笑她。

莎拉真的已经非常努力了。她应该做什么来赢得更多团队成员和干系人的信任呢？

3.1.1 问题

昨天是你第一次来到新项目的现场，与新团队在一起。鉴于以往项目的记录，你擅长项目业务，相信自己有能力把项目做好。但这是新的环境、新的团队，没有人了解你。

赢得项目团队的信任和尊重是你把项目领向成功的关键。但如果你想把项目带回正轨，必须快速取得团队的信任。那么，接下来如何做呢?

3.1.2 告警信号

- 在你来之前，项目团队及干系人就轻视项目管理。
- 有一半参与项目的人怀疑项目的成果。
- 在了解项目情况和状态之前，你就不得不设定期望并做出承诺。
- 团队成员和干系人关心的都是维持组织现有的项目管理过程的执行能力。
- 团队成员和/或干系人还没有了解你的经验背景，就努力帮助你接管了会议和职责，把你边缘化了。

3.1.3 如果我不采取措施会发生什么

如果不处理，你的团队可能开始绕开你工作，或者不会有效地遵从你的领导。

这两种情况都会让项目处于危险状态。项目发起人会从项目撤离资源，使项目更难成功。换句话说，建立信任关系是项目成功的关键因素。

首先，让我们谈谈你的团队。要让他们相信，你是为他们着想的，你会为他们消除障碍，给他们必要的支持，并让组织了解他们的进展。同时，要让项目干系人相信，你方方面面都考虑周全，能帮助团队达到预期的目的。

如果你不能获取团队和干系人的信任，领导项目将比获取团队信任更加困难。如果干系人对你不信任，他们会不得不绕开你和团队，用自己的解决方法来拯救项目，也会在组织内表示将进一步削弱对你和团队的信心。随后，他们对你的信任开始减退。如果团队也不相信你能为他们争取到成功所需要的条件和环境，并能控制着负面势力，以便让他们能够完成工作，那么这将会导致交付产品的质量更差，造成大量的返工。团队能够顺利达成项目范围、进度和预算目标的可能性将越来越小了。

例如，项目因为一个关键范围的变更必须在星期一前实现，才能保证项目的正常进展，所以项目经理杰克要求团队在周末加班。由于杰克认识到要求加班工作超出了员工的责任，于是他公开感谢团队的付出，并承诺将与管理层沟通，确保在产品发布前不再有重要范围变更。杰克让团队相信他将保护他们，并保证使组织理解，不会再允许范围变更。

如果杰克取得了团队的信任，团队会心甘情愿地付出额外的努力。因为他们知道这是项目的需要，也知道杰克将会把这类变更极力减少。如果杰克没有取得团队的信任，团队可能不会相信他会保护他们的承诺，不会愿意在周末加班工作。甚至更糟糕的是，如果对组织控制变更能力的不信任程度大于对项目经理的忠诚，他们自然不会信任杰克。

在处理与干系人和发起人的关系中，信任是绝对关键的。要让他们相信杰克的承诺，当杰克说“我们将按时交付”时，他一定能做到。更重要的是，当杰克说“如果我们不做这些变更，我们就能满足交付期限”，他们也能够相信杰克。作为一个项目领导者，杰克的能力体现在他能够获取组织的支持。干系人和发起人控制着供给能力。当杰克说“我需要……”时，他们必须相信项目成功取决于这个需要是否得到满足。

总的来说，杰克必须找到一种合适的方法来取得团队的信任，以建立一支最好的队伍。同样地，他必须快速与项目干系人建立信任关系，以便获取他们在态度上和资源上的支持。

3.1.4　解决方法

解决办法貌似简单，其实不然。项目经理需要找到合适的方式来建立或重新建立与项目团队和干系人的信任。成功建立信任关系并不是轻而易举的，下面的提示可以帮助你迈出第一步。

3.1.5　我应该做什么

建立或重新建立信任关系需要视情况采取不同的方法。为了找到特定环境下的解决方案，需要进行一些尝试，也会犯一些错误，这在很大程度上依赖于你的个人经验、管理能力和社交能力。

适当地应用下面十个策略，需要时也可组合应用，将会对你有很大的帮助。相信随着时间的推移，你最终会拥有一套自己的工具和技术，在组织内建立自己的信任网和个人品牌。

1．说到做到

在任何情况下，建立信任的最好方法之一，是你要求项目团队和干系人如何做，你也如何做，证明你和他们遵守一套相同的行为标准，以身作则，向他们表明你是言行一致的。你的行为和你的话一样响亮。

2．立竿见影

当你接管陷入困境的项目时，迅速采取行动特别有效。为了重新建立信任关系，设置可快速达成的目标，向团队和干系人展现情况已发生变化，新的一天已经开始。由此使大家相信，让你作为项目经理，项目将会成功。

3．承担责任

作为项目经理，最大的职责之一就是保护项目团队。作为项目的领导，能做到这点的方法之一就是自己挡住所有对团队的指责。当你为团队成员承担了责任，可以使他们专心工作，完成项目任务，表明你是他们的后盾；也向项目干系人和发起人表明为了让团队专注于项目交付工作，你并不害怕承担责任。不过，这里有一个警示，向团队展示你乐意为他们挺身而出是一回事，但如果做这么多只是为了让团队屡次业绩不佳，则从来都不是一件好事。

4．向成员表示：我和你们一样

许多人通过亲和力建立信任。如果你能与团队、干系人和发起人之间找到共同性，那么你就可以获取一个宽限期。在此期间，他们没有证据否定或肯定你的能力，而你却有时间运用其他更强的策略来建立信任关系。

5．分享经验

在工作环境中建立信任的更通用策略是分享你过去的经验。如果你的故事能够证明你过去曾经成功地带领项目走出困境，这将是一个有效获得信任和信心的方式。不过，使用这种策略时要注意，若是你的故事总是说“我当年如何”，那么你会失去而不是赢得更多的信任。你应该向团队说明这个故事为什么与现在的情况有相似之处。同时，你的团队成员也会有自己成功的经验，让他们分享出来，可以帮助发展信任。

6. 揭示真相

作为项目经理，最令你恐惧和兴奋的事情之一，是让大家看到了项目的美好假象。没有人愿意揭示真相时，你的职责是唤醒他们，确保每个人不仅要看到它，而且承认它，并针对它实施一次富有成效的对话。有些情况或问题使每个人都不舒服，如果你不害怕去唤起大家的关注，那就让问题更透明，从而以富有成效的方式使问题得到解决。组织将越来越信任你，并依靠你的能力加快发现需要讨论的问题。

7. 应用社交令牌

社交令牌是另一种建立亲和力的方法，它可以带来信任。一个社交令牌可能不是直接与工作联系在一起的，但它是一个参考，将有助于在自己和他人之间确立一个共同的兴趣点。当你认识新朋友时，它们为你提供了一种交往的捷径。一个很常见的方法是在正常的谈话中引用电影台词。例如，你尽可能模仿隆堡说："是的，我需要你在这个周末工作。"可能不是很多人都熟悉他，但对于看过电影《上班一条虫》的人，则能很好体会到你在工作中的幽默。在 IT 界，人们通常喜欢科幻小说，如道格拉斯・亚当斯写的《银河系漫游指南》、电视剧《星际迷航》、电影《星球大战》或者《黑客帝国》等，引用这些科幻小说是增强融洽关系的捷径，而融洽关系则是建立信任的网关。当与另一位项目经理聊天时，则以项目管理为中心，适当谈及弗雷德里克・温斯洛・泰勒和卡罗尔・阿丹米基。如果他们知道这些管理大师，将向他表明你是一个研究过项目管理历史的人。社交令牌的重要一点是，如果使用得很好，引用的内容就会被你所接近的人所理解和认可，并且你将获得他们的信任。有些人会不理解你引用的内容，也不会留下什么印象，但可能他们不是你需要找的人。

8. 运用同理心

承认团队和干系人的关注点（无论是否表达出来），向他们证明你是有同理心的，这是开始赢得信任的好方法。如果人们觉得你对每个人都使用相同的清单，他们不会相信你是真心关心他们的。为了有效表达同理心，要找到一种方法，让人们在个体层面感受到被欣赏和特别的感觉。理解他们，尊重他们的处境，会让他们觉得你具备从他们的角度看事物的能力，从而得到他们的欣赏，渐渐地得到信任并认为你们是志同道合的。

9. 履行大棒政策

作为项目经理，就是要带头遵守纪律。如上所述，重要的领导方式是以身作则，将自己视如团队和干系人的一员，对自己的行为负责任。当有些人的行为需要采取纠正措施，或者有些人需要完全从项目中开除时，需要坚持执行到底，否则将迅速侵蚀团队对你的信任。一旦建立了行为准则，首先建立对新行为准则的信任，然后严格执行，才能维护新的行为准则。

10. 相信敌人的敌人是朋友

当所有的策略失败时，还有一个最快建立信任的方法就是建立共同的敌人。团结起来反对共同的敌人（或问题或斗争）是建立信任关系的最简单的方法之一，因为它使双方或多方为了共同的利益而共同努力。不过，这种策略建立起来的信任是不长久的，会随着共同敌人的消失而快速消退。

以下两种方法是不可行的：

- **过高的期望**。基于他们是项目经理这一事实，一些项目经理满怀希望地加入新组织，他们期望人们是相信他的。但是，职位头衔可能会给你带来暂时的信任，除非你能找到一种方法来获得人们的信任，否则你所期望得到的信任会变成一种蔑视。
- **奇迹的创造者**。总有一些项目领导者，为了能抛头露面，会找到甚至制造一个危机，然后突然利用他们的专业技术和技能，挽救项目、转危为安。而奇迹创造者的目标是通过解决问题获得信任，这类英雄方法实际上给项目带来了混乱和风险，不可能产生信任。

3.2 我不理解干系人的需求

疑惑！你看到过干系人的需求吗

菲尔刚从外地晋升回来，被委派到项目担任项目经理，但他对公司项目组来说是新人。他对自己的新角色充满期望，并全身心地投入到项目中。遗憾的是，项目执行得并不好。不管看了多少次项目文件，他都不十分明白他要做的是什么。不是他不懂产品，他已在这个地区工作了好几年，他认为自己对系统有很好的把握。他只是不大理解项目干系人到底想要什么。干系人从不同的角度说了很多。他试图梳理这些想法，但他们往往是混乱的、模糊的，甚至有冲突的。他怎么去理解这些混乱的信息呢？更糟糕的是，项目的管理员比尔告诉菲尔，有两个项目干系人已经绕过他，直接与他们的项目发起人黛比商谈这个项目及目标。菲尔最后一次与这两位干系人开完会后，两位干系人好几次发表意见，觉得菲尔不能理解他们，但菲尔绝没有想到他们开始绕过他。大家了解黛比，如果谁的干系人约见了她，她会很快找谁谈话。菲尔看着比尔叹了口气道："有时候，我希望回到战壕中一决胜负，这样的生活感觉还轻松一些。""铃，铃……"电话响了，"肯定是黛比找我了。"

3.2.1　问题

有项目范围，也有干系人提供的需求，你想下一步进行设计和实现，但在你内心深处有一个声音悄悄地说："我不知道干系人想要什么。"

3.2.2　告警信号

- 你缺乏清晰、简洁地描述干系人需求的能力。
- 由于难以确定什么是应该做的，因此在项目团队成员和项目干系人之间发生了冲突。
- 你的团队和项目干系人似乎对需求的误解和不合适的优先级判断有担忧。
- 项目干系人一直在问你是否真正理解他们想要什么。
- 发起人要求与你坐下来讨论干系人群体的重要性，并确认你明白这个道理。
- 当你考虑项目交付物时，感觉有些事情不对。

3.2.3　如果我不采取措施会发生什么

如果什么也不做，并继续这个项目，你就会遇到大问题。虽然可能会有多种结果，但有两个最常见结果是会发生的。首先，你的利益相关者可能会保持安静，让你开发没人要求、也没人需要的交付物。当项目完成时，也没有人验收。其次，干系人可能选择另一种方式，并对你缺乏管理这个项目的能力变得非常直言不讳。无论哪种情况，组织、干系人和项目团队将很快对你的项目管理能力失去信心，你会很快发现自己在收发室工作了。

3.2.4 解决方法

解决这个问题的办法是多方面的，它涉及软技能和硬技能的巧妙结合，以及实际行动能力。下面列出的每一项都是一个选择，每一个选择都可以让你更接近目标，更好地理解干系人想要的是什么。选项包括：

（1）提问。

（2）识别、确认和验收。

（3）原型法。

3.2.5 我应该做什么

一个好的项目经理可以一步一步跟进干系人的思想，并简要说明他们想要什么，为什么想要，以及项目如何满足或不满足这些期望。好的项目经理有一种内在能力，可以建立与客户的关系，听取客户的反应，并了解他们的需求。这些步骤有助于建立项目干系人对项目经理和项目的信心。使用这些技能可以建立融洽的客户关系，并获取他们的需求。

1. 提问

当项目干系人开始谈论一个项目时，我们经常会做出这样的假设：他们有一个明确的想法。而实际上，通常不是这样的。在许多情况下，干系人可能没有想到他们想要什么。这可能是因为他们不能完全理解面临的问题，他们可能无法完全掌握项目的实际成本（时间、金钱、资源、工作量），或者他们可能害怕会受解决方案的影响。此外，他们可能知道想要什么，但不能够准确地向你描述清楚。

作为项目经理，你必须提出问题，并且应该提出很多问题。但面临的挑战是，我们往往不愿意提出问题。在提问时，常常觉得让人看到自己缺乏经验、缺乏知识、缺乏信心、缺乏技能和能力。“作为项目经理，如果人们看到我不知道他们想要什么，他们会对我的能力失去信心的。”这是一个共同的想法。然而，事实上是不会有这种感觉的。提问会让你有两个重要收获。首先，问问题可以让你发现新的信息，确认你的理解，并消除歧义。问的问题越多，知道得越多，理解的差距和漏洞就会越少。其次，通过你的问题，客户将会考虑项目和产品的方方面面，有些方面可能之前都没有想过，这使他们更清楚自己想要什么。随着你和客户的沟通、需求清晰程度的增加，他们将对你管理项目的能力更加有信心。

提问时，应该将开放式问题和封闭式问题相结合。一方面，开放式问题，可让干系人自由回答，一般以谁、在哪里、什么时候、什么、为什么，以及如何等开始提问。问开放式的问题将允许干系人发挥主观能动性，打开思路，充分思考他们真正想要的，为你描绘一幅广阔的画面。另一方面，封闭式问题的回答只有是或者不是的选项。这类问题可能有助于你确定整幅画面的最终边界，获得明确的澄清，并理解哪些是干系人愿意包含在项目范围内的，哪些是不愿意放在项目范围内的。

鉴于此，你不妨从开放式的问题开始，然后在你准备结束探索性对话时，使用封闭式问题。这里没有什么规则，根据你的判断，把开放式问题和封闭式问题组合应用。以下是一些开放式和封闭式问题的清单，可以帮助你有效地理解干系人的需求。

开放式问题例子：

- 你希望项目输出的结果是什么？
- 你希望项目做什么？
- 项目的范围是什么？
- 你什么时候可以知道项目完成？
- 你认为项目的成功是什么样的？
- 你认为项目的失败是什么样的？
- 项目需要在什么时候必须完成？为什么？
- 谁将拥有并维护最终产品？
- 项目如何将最终交付成果移交给业主？

封闭式问题的例子：

开放式的问题往往是通用的、泛泛的，而封闭式问题往往是非常具体的。以下是一些有效的封闭式问题的例子。

- 你想项目中包含培训吗？

- 你会接受项目在 1 月 31 日后开始吗?
- 你曾说你喜欢的背景是蓝色的。你想要皇家蓝还是天空蓝呢?
- 我们可以超预算吗?

2. 识别、确认和验收

在识别客户的需求后，一个好的项目经理要确保它们是正确的，但不会当作最终的需求。他将回来与干系人验证这些需求并获得接受。一个简单和有用的过程称为识别、确认和验收（见图 3.1）。

图 3.1　识别、确认和验收

识别：在这个阶段，你需要填充“白纸”。使用访谈和焦点小组方式会见你的干系人，并向他们提出一系列准备好的问题，以帮助更好地理解他们的期望。在此过程中，保持开放的心态，使用客观的方法，并且检查你的假设。你的重点是提出问题、记录答复，并尽可能多地捕捉信息。

确认：一旦识别阶段完成，把你收集的所有信息拿出来进行筛选。

创建一个文档，列出从会议中收集到的所有需求和信息。可以根据功能和项目区域进行分类。还可以进一步根据适合你的项目的分类方法对信息进行整理。花时间理解你的客户说了什么，没有说什么。找出你理解中的任何差异。如果你有问题或疑问，记录下来。再去与干系人验证和确认你所听到的和所记录的都准确反映了他们的需要，并捕捉任何新的或更改的信息。

验收：你所听到的一旦得到确认，用文档记录下来，并根据实际情况做相应调整。然后最后一次回去让干系人验收你所理解的他们的需求。在这一点上，你应该了解他们想要什么，他们也应该确切知道他们将得到什么。在此过程中，你的目标是捕捉信息，确认你的理解，并得到干系人的接收。这个过程从项目开始到关闭，贯穿于项目的整个生命周期。此外，你可以使用不同类型的文件，包括产品需求、项目需求、项目计划、实施计划、产品评审和项目关闭报告。这个过程的风险是，它给项目增加了额外的时间。识别、确认和验收是需要时间的。但是，它可以减少返工和项目后期的变更。

3. 原型法

当你无法理解项目干系人的需求，或者他们不能够理解你的努力时，可以把文字转变成图画，这有助于理解，所谓“一图胜千言”。你可以使用原型技术，根据你所理解的需求设计原型，向干系人展现示例。

基于你对需求的理解，越详细越好，然后创建最终交付物的样子。原型可以是一个简单的绘图、流程图、模板、报告的布局或屏幕模拟。

显示原型的重点是确认或反驳你对干系人需求的理解。当他们看到原型时，你就能够快速地弄清楚你是否抓住了干系人需求的本质，还是大错特错。鉴于这是一个简单的实验，如果原型失败了，不要认为这个方法是失败的。有时，它的关键之处只是让你了解什么是干系人不想要的。原型可以用于项目的各个阶段，但在概念和设计的早期阶段特别有用。

3.3 团队误解或不遵守我的工作指令

从服从到协作的改变

比尔是一个努力推进的项目集经理。他的项目组合是跨组织部门的，并且与几个较小的项目有关系，因此经常突然冒出新的工作。为了试图控制混乱，他创建了一个标准的方法来管理新增加的请求和工作。但是人们并不遵守它，而那些完成规定表格的人却不能正确地填写表格。比尔汇报的上级副总裁马克想知道为什么没有人遵守这套方法，并要求比尔提出合理的方法以确保大家遵守新标准。

雪莉是比尔的一个团队领导，总是比尔问什么立即答应什么。问题是在后续执行时却没有人参与。雪莉的乐观个性和支持性方法，并没有使事情有进展。

拉尔夫，另一个团队成员，感觉好像是比尔的翻译。他不断地重申比尔的命令，让人们知道他们需要做什么。

其他的团队成员则倾向于独立地工作，认为只要他们所做的是对的，事情就会好了。

比尔召集那些不遵守流程的人来开了一个会议，他得到了一些启发。首先，他们从不觉得是在遵从一个有创造性的过程，而认为这是明显的官僚主义。有一半信息他们不理解有什么用，或者说为什么需要。此外，他们还有很多其他工作要做，觉得这些信息是无附加价值的、不必要的负担。

比尔应该怎么办呢？使用更多的命令来要求人们总是不好的，但他必须找到一种方法，让人们遵从，以积极的方式朝着正确的目标前进。

3.3.1 问题

你认为很清楚地向团队传达了什么是必需的，但是由于某些原因，团队成员选择了不同的方式来做事情。任务经常被遗忘或做得不正确，而无关的任务却无中生有。

3.3.2 告警信号

- 你与团队的工作关系缺乏深度。
- 可交付成果缺少一些组件。
- 报告或报表填写不正确或不准时。
- 工作不正确或者质量差。
- 你感到沮丧，并质疑每个人的执行能力。

3.3.3 如果我不采取措施会发生什么

如果什么都不做，你会开始怨恨你的团队，信任将被打破，客户将对工作结果不满意，你也永远不会知道根本原因是由于误解还是另一个问题。

3.3.4 解决方法

关键是要找出问题的根源。这可能是你没有进行有效的沟通；可能是人们感觉不需要遵从过程；或者，其他因素可能导致团队误入歧途。作为领导者你要识别可能的因素并有系统地将其排除，消除可能存在的任何障碍。

3.3.5 我应该做什么

首先，你必须找到问题的原因。在《解决性能问题》（*Fixing Performance Problems*，2005）一书中，执行教练巴德·布莱齐，认为有十一个原因使人不可能做他应该做的，我们需要依次将其排除。布莱齐列出的这些原因是：

（1）人们不知道他们应该做什么。

（2）人们不知道为什么应该做。

（3）人们不知道怎么做。

（4）人们认为规定的方法不适用，或相信他们自己的方式更好。

（5）人们认为其他事情更重要。

（6）人们认为他们正在使用一种可以接受的方式。

（7）不执行反而获得奖励。

（8）良好的表现感觉像被惩罚。

（9）存在个人无法控制的障碍影响执行。

（10）良好的表现没有积极的结果。

（11）不佳的表现没有消极的结果。

前三个原因是关于沟通的，特别是沟通的能力，要解释清楚是什么、为什么，以及如何。在明确的背景下提出你的指示，并确保它是明确、简单且不会造成混乱的。需要时，提供相称的指导和教练，以便人们为独立操作做好准备（情境领导模式，保罗·赫塞和肯·布兰佳的著作《情境领导者》中提倡的）。里程碑列表可以帮助人们持续跟踪未完事情的最后期限。此外，人们必须理解使命的核心思想以及指导原则，这可以帮助他们做出独立决定。最重要的是，确认人们理解为什么要求他们做你想做的事，其中包括特定的时间约束和关系到顾客的价值。

注意，原因（4）、（5）和（6）是关于为什么人们不做他们该做的，它们是人们的观点和你的观点有区别的实例。如果他们是正确的，可能有益于确认。他们可能有你所缺乏的见解，那么你应该采取行动向他们靠拢。如果有必要，请他们讲一个案例，说明为什么他们的意见是正确的。有些时候，通过让他们参与规划，可以避免这种分歧。

原因（7）和（8）是关于如何管理人的。如果他们表现不好，你没有采取行动，或者给他们更容易的工作，那么你实际上是在奖励绩效不佳的表现。另外，如果什么事情都依赖你最好的人，把他们都累垮了，你所冒的风险是使他们效率变低并可能引发他们的不满。

原因（9）讲的问题，是控制团队之外的因素。事情很少是孤立发生的。通常存在导致性能障碍的外部变量。一个系统的方法（检查潜在变量之间的因果关系）可以帮助你识别和解决这些因素。

最后两个原因是关于工作表现导致积极和消极的后果的。良好的绩效表现应通过非正式和/或正式的褒奖得到加强。如果可能的话，应该得到奖金或其他奖励。一旦排除其他因素，任何障碍都能得到解决后，若持续绩效不佳，必然会造成消极后果。如果适当的话，最好从团队中免职。

3.4 我与团队的关系应该是什么样子

不同的团队，不同的关系

凯伦管理着一个大的、多系统的实施项目。项目需要她在当地管理团队，项目总部设在新泽西，这就需要她管理本地团队和远距离的亚特兰大和魁北克的团队。每个团队的组成和动机都是非常不同的，凯伦陷入与每个团队的不同挑战中。

在新泽西的团队是她以前曾共事过的人，都是同事和下属。她对这些人的社会能力和专业能力都很了解，而且界限往往模糊不清。有时项目存在不足，当这些不足不可接受时，最终都会变好。感觉好像有点超出了她的控制，但她能处理得最好。

在亚特兰大的团队意识到，项目一旦完成，将会使他们的一些工作变成不必要的。他们的紧张是可以理解的，因而没有工作积极性。凯伦没有忽视或掩饰这种不愉快的现实。然而，她不知道如何处理他们关心的问题。他们在很多方面的注意力是分散的。但她又能告诉他们什么，使他们集中注意力，以一个积极的、富有成效的方式工作呢？她不能保证就业，而空头支票的承诺永远不会有帮助。

蒙特利尔的情况不同，但对凯伦同样具有挑战性。以前的现场项目经理已经离开，但却在高层管理的思想里编织了一个扭曲的期望。高层管理的观点与项目现实之间是脱节的，交付不现实、没定义好的功能是巨大的压力，现在沉重地压在团队的肩膀上，他们感觉被背叛了。

凯伦面临不信任的气氛和阻力。在一个小组会议上，她试图通过让团队成员发泄而给此事件降温。结果却是充满抱怨的混乱，创造了一种绝望的氛围。她让人们知道事情会变化，并结束了会议。问题是，她不知道这些变化是什么样子。

她现在该怎么办?

3.4.1　问题

你刚刚被任命为一项重要举措的项目经理，而且通常情况下，已经基于现有资源情况为你选好了项目团队。团队中有几个人在以前的项目中与你一起工作过，但是很多队员都是新的。很明显，在这个项目里有不同的技能集合和多彩的个性。几个团队成员在过去曾与项目经理闹出过矛盾，其他人则是完全的未知数。一个多样化的团队组合，可以证明是一项巨大的资产，抑或是一个棘手的负担。你明白需要与所有的团队成员建立一个良好的工作关系，以便在这个重要项目中最大限度地提高他们的个人和集体价值。

3.4.2　告警信号

你可能需要重新评估你与项目团队的关系，如果:

- 工作就像和朋友外出一样，而不是把事情做完。
- 团队成员向你或彼此表达他们关注的声音，却不知道他们的角色立场或期望。
- 团队成员很少直接向你反映问题、议题或对项目的担忧。
- 团队成员抵制参加会议并避开项目的沟通渠道，如电子邮件、局域网或语音信箱。
- 团队成员似乎并不热衷于协作应对项目的挑战或建议的方案和新的机会。

3.4.3　如果我不采取措施会发生什么

在一段时间内，项目似乎一切都好，然后突然变得无法挽救。从职业生涯的角度来看，你将不得不为了恢复从菜鸟到初级的名声而战，而不是增加一个成功的记录。没有与项目经理建立富有成效的工作关系，团队成员将很快开始感到失落、束手束脚，或缺乏灵感（有时是三者并存，因为它们是关联的）。当这种情况发生时，项目风险和其他问题将不会报告和得到解决。新想法和潜在的机会也得不到讨论。团队士气、团队合作和坦诚的沟通均受到影响。无论如何，你的项目很有可能会失败。

任何关系的建立都需要大量的工作。在项目的世界中，它也需要一个目标和工作的重点。不注意团队关系或者把这种关系完全个性化，是一种失职行为，均类似于忽视项目使命或对战略目标进行打折处理。你必须做点什么，所以你打算怎么做?

3.4.4 解决方法

俗话说，“没有人是一座孤岛”，没有一个项目团队应该感到像在一座孤岛上工作。作为项目经理，你应该是该项目的外在和声音。你需要确保每个团队成员能清楚地看到你和听到你。同样，他们需要知道自己也将被看到和听到。

在与团队交往时，你必须是公平的、一致的。但是你也需要认识到，每个团队成员都是一个独立的个体，有着不同的优势和弱点、工作方式和动机。这意味着你应该试着灵活、细心地呵护每一段关系的发展。一个例行公事的做法只会得到俗话堆砌的关系。你想得到更多，你希望最好是每个团队成员都有所贡献。诀窍是深度培养团队关系，而不要让它们大部分是个人的。

最终的目标是要找到方法，如何使你团队中每个人的天赋都最好地服务于整个项目，如何帮助他们做到这一点。这需要你对他们的诚实、尊重和支持。作为回报，你可以理所当然地预期并应该接受团队成员对你同样的诚实、尊重和支持。

3.4.5 我应该做什么

1. 定义你的角色

在定义对团队成员的期望之前，你需要描述他们在整个项目周期中对你的期望。用确定的措辞描述他们的期望，并始终关注。从项目开始直至结束，他们应该完全相信，你所说和所做的一切，都是为了项目的成功。

2. 设定期望

一旦确立了你的角色，就需要设定对整个团队的期望，以及对每个团队成员的期望。有一些期望是通用的，无论是项目还是团队均要对他们的工作负责，对达成项目目标的承诺负责。有一些期望是需要根据每个人的技能组合进行裁剪设定的。这需要时间与每个团队成员进行讨论、提问和澄清。期望不能仅仅是从上而下的。虽然你是负最终责任的项目经理，但要建立富有成效的工作关系并得到认同。要让这些期望作为激励工具，而不是无情的命令。

3．容易沟通

从一开始，有些团队成员会毫不犹豫地让你知道他们的想法和感受。有些团队成员则不太愿意在他们的同事面前把想法和感受讲出来。无论你喜欢的管理风格是开放式的、犹豫不决的还是保守的，关键是让每个团队成员都可以找到你，一对一的谈话。这些会谈可能比正式会议提供更多更有用的信息。

对于内向型团队成员，这些受保护的交流可以揭示平静表面下正沸腾的想法或问题。对于个性强烈的团队成员，一对一的会谈会因缺乏看戏的观众而有助于降低音量和消除误会。在这两种情况下，对话发生得越早越频繁，越有可能缓和紧张局势，避免不受欢迎的令人震惊的意外事件深入项目。

4．要有欣赏力

勤奋的团队成员必然会对他们的日常工作和职责加倍努力。当他们偶尔从手头工作中抬起头来时，他们应该感觉到他们的贡献是被认可和承认的。

在每月的状态报告中不可能有机会表达欣赏。如果有可能就面对面地感谢他们，就个人而言这将更有意义。此外，把他们的贡献呈现给其余团队成员和发起人，如在团队的周例会上或正式小组环境中进行表扬。认可表彰是一个强大的关系建设工具。

5．值得信赖

如果担心坏消息会影响他们的地位，或者担心对同事或上级有不利的影响，那么你就不能指望团队成员会公开分享他们对项目的担忧和关注。如果在组织中的其他项目中存在着一种恐惧的文化，那就清楚地表明它不会存在于你的项目中。要使一个曾经遍体鳞伤的个体信服可能是很难的，而另一些人则更倾向于玩弄政治。但表明你是看重个人诚信的，这终究会产生好的结果——发现不断恶化的问题或对当前风险做出切合实际的评估。

6. 与成员志趣相投

对团队成员业余生活感兴趣，不会伤害反而常常会有助于建立团队关系。这不意味着你得改变自己的生活方式，或尝试着狂热地与每个人建立友谊，虽然建立友谊是自然而然的事情。关键是，专业化和协作并不是相互排斥的。

例如，当你知道一个团队成员的父母生病了，重要的是洞察他们的思想状态，为你如何在工作上接近他们提供指导。另外，了解一个团队成员对古典音乐或运动有激情，将为引出轻松谈话提供舒适的话题，这可以长期应用于加强工作关系上。最后，当一个团队知道你关心他们超过了关心数据报表和最后交付期限，他们将会更努力地为你和项目工作。

7. 做好自己

最后一条，你的真实性是无法替代的。你不想为了一份工作而把自己变成另外一个人。这不会让你自己感到满意，也不会有效地领导别人。做好你自己，最终你的团队会知道他们是和谁在同一个战壕里战斗。

3.5 我与发起人的关系应该是什么样子

最伟大的项目管理成功案例之一

大多数人都认可，横贯美国大陆的铁路建设工程是19世纪最伟大的项目。事实上，许多人认为它超越了19世纪20年代的伊利运河建设，以及1855年由巴拿马铁路公司建设的横跨巴拿马地峡工程（这是19世纪另外两个伟大的工程）。

1869年5月10日，利兰·斯坦福在犹他州的海角点开着Last Spike号火车，从美国东部爱荷华的布拉夫斯市，到西海岸加利福尼亚州的旧金山——从东海岸到西海岸的时间由原来的六个月缩短为一个星期。

工期六年的项目包括来自中央太平洋铁路公司和联合太平洋铁路公司的数百名员工，并且项目管理专业人员甚至要挑战采用当今复杂的软件和其他通信工具。就像今天横贯大陆的铁路项目一样，它需要一支专门的项目团队、技术熟练的项目经理，以及忠诚坚定的项目干系人。这里有大部分成功项目所具备的三个特点：

（1）项目有一个明确的业务目标，包括项目团队、项目经理、发起人及干系人在内的每个人都了解它是什么。

（2）高层管理人员坚定地支持项目直到最后成功。

（3）每个人都有完成项目的共同决心。

犹他州海角点项目成功的众多原因之一，可能是有一个详细的发起人和干系人名单，包括亚伯拉罕·林肯总统——他是横贯大陆铁路的忠实拥护者。如果没有他和其他发起人的奉献精神、持续的支持和坚信横穿国家铁路带来的好处，该项目将永远不会发生。任何项目如果没有积极发起人，就像把锤子放在地上，并期望它自己钉钉子。

3.5.1　问题

问问自己："我与项目干系人的关系应该是什么样子？"你也许觉得这种关系应该是由组织统一定义好，包括工作描述、目标和度量指标，但事情并非如此。除非你在一个非常成熟的项目环境中工作，不然，你的项目发起人甚至可能不知道他应该做什么。这种情况会使你的项目摇摆并最终导致失败。

3.5.2　告警信号

虽然如下清单不能囊括一切，但这几个告警信号表明你与干系人的关系是不正常的，需要关注：

- 不记得上次发起人与你的谈话内容（更不用说状态会议）。
- 缺失来自管理层或发起人的指导，或者指导与项目的方向不一致。
- 不知道如何将项目目标融入到组织目标中。
- 项目目标没有明确地阐述，或者没有让管理层和项目团队都理解。
- 每次看到项目发起人，他们都把视线移开，朝相反的方向看去。

3.5.3　如果我不采取措施会发生什么

虽然忽略发起人的问题，并试图自己完成项目看起来可能是合乎逻辑的选择，但事情并非如此。发起人对项目成功起着决定性的作用。他们可能没有意识到这一点。如果存在这种情况，你得培养他们这种意识。在项目失败之前，最好是在项目开始之前就培养。

3.5.4 解决方法

项目发起人的角色是一个盟友、导师，以及你与高层管理人员沟通的桥梁。他们与高层领导的关系使他有机会宣传和推动项目，从而使你更容易完成它。这里有几点建议，以帮助你与项目发起人友好地工作：

- 项目发起人需要清楚定义业务场景，包括明确定义业务目标。
- 你有责任保证项目执行承诺，使项目得以完成。
- 你和项目发起人需要营造一种氛围，一起定期评审项目状态，并讨论与项目相关的问题。

3.5.5 我应该做什么

你与项目发起人的关系是建立在对角色和职责的共同理解上的。人们自然而然地倾向于这种情况——他们是关键角色，但对结果不负责。这点对发起人而言尤其真实，因为他们通常比项目经理位高权重。无论怎样，窍门在于找到每个人的利益共同点，然后有条不紊地落实到位，这有助于创建你想要的结果。下面的一个或多个方法会有帮助。

1. 好的开始——我们是冠军，我的朋友

从一开始就要了解你和发起人的目标和战略方向，然后一起执行。就像许多从 20 世纪 70 年代末高中毕业的人们一样，我们的班歌是佛雷迪·墨丘利写的《我们是冠军》，并由“皇后”摇滚乐队演唱。我认为它是可行的——我们都是冠军，我们是永远的冠军。我想对于项目工作成功的期望也是相同的。从团队成员到干系人，再到高层管理人员，我们始终是在一起的（不管你们知道与否）。

项目发起人，在项目启动前支持项目启动。即使在一个没有项目管理办公室或没有正式项目评估过程的组织中，精明的项目经理懂得帮助发起人正确地启动项目也是有意义的。

理想情况下，是项目发起人识别项目的需求，因此要理解他们对项目成功和失败的个人影响。对大多数项目来说，没有冗长的讨论，与发起人的关系开始于业务场景，或者至少从潜在项目或业务场景的商业价值估算开始。正常情况下，

发起人负责解释项目或业务场景。然后，他将需要依靠你来帮助正确启动项目。在一个项目开始前，由项目发起人来确定以下事项：

- 项目要符合组织的使命、愿景和价值观。
- 如何使项目与企业战略和财务目标相一致。
- 项目的风险概况。
- 项目的资源需求。
- 项目的经济效益和成本（项目商业价值）。

根据项目发起人的要求，作为项目经理，你可能需要在商业场景中填补一些空白。这是很好的，因为基于项目发起人建立的业务场景，与他一起工作，有助于你们的关系达到一个较好的水平：

- 开始对话，为你与新项目发起人建立健康项目关系提供了一个良好机会。
- 在项目早期过程中所关心的资源需求、成本和潜在风险等方面，为你提供了输入信息。也使你有机会制订可实行的风险减轻计划。
- 提供了一种方法来评估项目发起人如何承诺使该项目得以完成。

换句话说，你和项目发起人的关系是确保制订项目计划的良好基础。与项目干系人及高层管理人员一起工作，捍卫项目，有助于确保他们了解项目的商业价值，并致力于项目的成功。

2. 承诺——良好的开始只是成功的一半

项目发起人是使项目正确开始的重要因素之一，但仅仅开始是不够的，其重要性并没有到此结束。项目团队和项目干系人均承诺使项目得以竣工；管理层和组织其他领导人需要有同样的承诺，以使项目环境保持强劲。当计划完成后，项目发起人的角色转变为项目执行团队的公众形象，让他们了解该项目将获得的商业利益，并为之欢欣鼓舞。

3. 我与你有一个协议

虽然一个推销员的形象可能有点过分，但市场营销之神亚伯拉罕说："事实是，每个人都在销售。无论你从事什么工作，你都有客户，你也需要销售。"

大多数项目经理和项目干系人都不会认为自己是销售人员，但如果你既没有被看到也没有被听到，那么没有人知道你在哪里。项目经理和项目干系人有责任向他们展示项目将如何提供商业价值。如果发起人不能成功地在项目执行团队中宣传他的项目价值，将可能导致一个有潜在价值的项目被终止，被一个发起人积极主动而价值却更低的项目所替代。

同样，项目干系人需要做一个推销员，把项目推销给项目团队。这里的需求是不同的，而且项目干系人必须承认这一事实。团队可能已经知道项目正在做什么，但他们可能不知道为什么它是重要的。如果发起人能够向项目团队宣传项目重要性和它将交付什么，项目经理将更容易激励团队超越，在预算范围内，按时提供一套高质量的交付物。

最后，项目发起人需要向客户推销项目。如果项目经理告诉客户项目做得如何好，那么这些信息让客户感到舒服；但是，如果发起人可以谈论项目取得的进展，这些信息就更有分量。这是商务生涯的事实，从更高管理层个人获得的信息被认为更有分量和更重要。这与客户交谈没有什么区别。

3.6 大家说不知道发生了什么事情

你想让我做什么

杰夫站在项目团队中，环顾四周，以确保自己没有精神失常。不，不只是他，看上去每个人都困惑到底发生了什么。杰夫和团队成员已经在会议室坐了近一个小时，听着项目经理谈论令人兴奋的新项目。杰夫听到的细节更多的是关于每个团队成员应该做的而不是他认为可能要做的，毫无疑问这不是他关心的，然而他仍然没有抓住项目的要点。

似乎每个人都被期望完成大量的工作而只有很少的资金和时间，但没有人知道为什么要做这些工作，目的是什么。杰夫认为，因为他们已经签约了，所以项目团队中肯定有人认为项目是值得做的。他猜测项目可交付的成果对有些人是有用的，但他不知道是谁。

很显然，每个坐在会议室里的人都在听着项目经理滔滔不绝地分配任务，想着和杰夫一样的事情，因此，这似乎并不是一个非常成功的项目。如果项目团队不明白项目目的是什么，项目为什么重要，或者他们的任务为什么很重要，怎么能期望他们完成工作呢？

3.6.1　问题

P·T·巴纳姆曾经说过：“没有推进，可怕的事情会发生……一事无成。”他本可以在项目团队中为推销项目目标而说这样的话，但他并没有这么做。要保持项目团队致力于正确的事情，就需要让他们知道什么是正确的事情。当团队成员不理解他们的角色如何融入到项目的整体目标中的，他们就无法知道自己的工作是否具有价值。

缺乏项目推进必然导致团队对项目漠然，士气低落，没有团队凝聚力，这些将会导致项目最终失败。当项目团队理解项目目标，知道他们的角色如何为项目目标做贡献，那么他们在岗位上就不仅仅是简单地完成任务，而是会发挥主观能动性地做得更多更好，更能够有助于项目的成功。

3.6.2　告警信号

当个别项目团队成员觉得自己是局外人时，是很容易发现的。一些告警信号如下：

- 团队成员关注的事情，要么不增加价值，要么贬低项目初始目标。
- 团队成员对他们应该做的事情感到困惑，或者在不同任务之间不停切换。
- 对不必要的项目延误和里程碑延期，显得士气低落和无动于衷。
- 对正在做什么和为什么发生，提出了意见或质疑。

3.6.3　如果我不采取措施会发生什么

如果团队成员对项目有足够的了解，至少能够完成分配给他们的任务，那么这个项目仍然会成功，但人们往往倾向于仅敷衍了事。于是，生产力将降低，项目成功的机会将大大减少。此外，项目的整体氛围是人们感觉不安全并且缺乏信心。低下的生产率将表现为工作缺乏重点，缺勤率高，以及更多的团队冲突。项目经理可能也会发现缺少团队的支持，但他很少能洞察项目真正发生了什么问题。

3.6.4　解决方法

理论上，对这个问题的解决办法是直截了当的。就是确保团队成员理解项目的目标，为什么项目会启动，以及他们的作用是什么。当然，该解决方法的实施更为复杂，要求：

- 向相关团队成员解释项目的目标。
- 允许每个团队成员把他们的角色与整体项目目标及可交付物建立连接。
- 保证项目团队持续获得信息，而不是用过多的信息来轰炸他们。信息轰炸并不能帮助他们完成任务。

3.6.5 我应该做什么

成功的关键是在整个项目过程中保持一致。从项目启动说明开始，说明项目是在什么情况下获得领导批准的，以及项目的预期结果是什么。向所有的团队成员提供相同的信息，并在整个项目过程中提供相同的信息。

1. 解释项目目标

从历史上看，管理方式主要集中于为员工提供所需的信息从而让他们完成分配给他们的任务。举例来说，你让项目团队成员 A 在三天内完成任务 1、2 和 3，然后把结果传给 B。技术上，这就是团队成员为了完成任务而需要知道的，但这将不会激发项目团队产生积极性并超越期望去完成任务。今天我们认识到：如果员工有使命感；如果他们明白为什么被要求做这些工作，对他们的期望是什么；如果他们知道自己的努力对整个项目和项目可交付物有何贡献，那么他们将会更好地工作。

作为项目经理，你有责任确保项目团队理解：期望项目达成什么目标；为什么这对发起人、客户和其他主要干系人是重要的；如果项目没有完成或者不完全成功（如延期、超支、质量差等）会发生什么。你需要允许他们提问，然后你研究这些问题、准备好答案，准确并充分地回答他们。

2. 使个人角色与项目目的连接

当你为项目团队提供了项目的总体概述时，包括目的和目标，团队将能更好地理解他们需要共同实现什么，并且随着项目进展，他们将能够齐心协力来实现这些目标。然而，个别团队成员可能仍在努力了解他们如何能为这些目标做出贡献。

如果团队成员认为他们没有为团队做出贡献，这可能会比一点儿也不理解项目目的更糟糕。他们可能会感到孤独，感到不经意间被团队排除在外，不能与他们一起努力奋斗，因为他们不明白如何去适应团队的工作。一个团队就像一台好的机器，每一个部件都扮演着重要的角色，如果一个角色没有正确地运行，每个人都会受到影响。

项目经理需要确保每个团队成员都能理解他们的贡献是如何适应于项目的，并且是整个项目的一部分。在微观层面，适应包括确保他们了解自己的任务将如何集成到整体 WBS 中——他们的工作是来自其中的一小部分，同时也将集成回去。项目经理需要帮助团队成员从宏观层面看事情：他们的工作产品如何贡献于项目最明显的可交付成果。如果团队成员理解的主要可交付成果不能缺少他们的贡献，他们就会有一种归属感，并与可交付成果建立连接，从而觉得自己是这个项目的重要一员。

3．提供适量信息

到目前为止，我们已经看到，需要为团队成员提供项目的背景信息（如为什么要执行此项目），如何建立个人贡献与整体项目的连接。我们还需要记住，团队的存在是要主动地完成工作，他们的工作范围只限于分配给他们的任务。

因此，重要的是平衡信息量，提供足够让他们了解如何胜任项目的信息，而不是让他们淹没在不必要的、他们并不关心的信息中。这可能有难度，因为每个人需要的信息量可能是不同的。你可以问自己以下两个问题：

- 这些信息可以帮助团队成员理解项目和项目目标吗？
- 这些信息可以帮助团队成员理解如何为项目做贡献吗？

如果两个问题的答案都是“不”，那么你可能提供了过多的数据。

4．保持行动一致

团队成员把项目经理当作一个发起倡议的权威人物，其结果是，他们高度关注你所提供的信息。团队成员依赖于项目经理提供的信息，希望这些信息能给予他们实际的援助，帮助他们体会到作为团队一员的幸福感。

因此，项目经理提供给团队的信息必须是一致的，这是非常重要的。如果你前后自相矛盾，或解释不清楚发生的变化，你将面对团队的不满：“但你说过……”这不仅需要你解释前后不一致的地方，而且会破坏项目团队对你的信任，可能最终导致项目生产力下降，以及团队对项目承诺的放弃。

与此同时，当事情发生变化时，你需要沟通。随着项目的发展，有时原来的目的或优先级发生了变化。及时与你的团队分享信息是非常重要的，即使他们认为这是坏消息，但这样做是告诉他们事情为什么会发生变化，并确保他们清楚地了解这些变化不是针对他们的。

3.7 我无法让人们明白我的观点

我做错了什么？没法让大家站在我这边

乔变得很沮丧。他一直在试图告诉项目团队他处理项目的观点是最好的，但别人不听他的。他有一些关于如何发展项目的好想法，想分享给大家，但项目团队从不关注他的建议。这使乔感到十分挫败。

阿比最近指责乔将他的想法强加给别人，不听取他们的建议，或者不接受他们的输入！乔一直在做这项工作，并知道他有最好的方法来解决这个问题，那么是哪里出错了呢？坦率地说，他负责这个项目，这意味着如果有什么问题他就要负责任。

乔认为，他对问题的观点应该比其他团队成员更有分量。他愿意听他们的——当阿比说他不愿意时，她错了。但他没有时间争论，他们需要继续前进。项目发起人希望这个项目在短时间内完成，所以他真的需要团队理解他试图改变他们工作方式的原因。他需要考虑如何让别人理解自己的观点，因此他需要迅速想出办法如何更好地与项目组沟通。

3.7.1 问题

你无法让团队其他人明白你对项目的观点，例如，完成任务的最好方式、分配任务的想法、如何沟通项目状态、解决特定情况的最好方法，等等。因此，你和团队成员之间的关系很紧张，他们不会听你的想法和意见。你似乎不可能在项目上对别人施加影响，以完成需要结束的工作。您对项目应该采取的方向性意见被忽略了。由于团队不合作，解决问题和决策需要更长的时间。你作为项目经理的有效性正在逐渐减弱。

3.7.2　告警信号

如果你与别人交流时，不尽可能使用最好的方式，那么有一些事情就会找上你，包括：

- 团队成员通过交头接耳、当你说话时走出房间或者打断你等方式与你唱反调。
- 不管你说什么，都有人跟你争论。
- 即使知道你所呈现的想法是正确的，团队似乎也不想去听你的想法。
- 经常被团队成员提醒他们并不是为你工作。
- 与团队成员的对话令人沮丧，似乎每个人对你都有戒备之心。

如果这些情况在团队会议中，或者在与团队成员个人的对话中很明显，你就在与他人有效沟通以表达观点方面存在问题。

3.7.3　如果我不采取措施会发生什么

缺乏沟通不是问题，它会自行消失。团队成员将继续处于没有交往、讨厌或好斗的状态，你将无法表达自己的观点或有效地与他人沟通，使他们了解你的观点。项目很可能会失败，并且作为项目经理，将不可避免地反映在你身上，尤其是在复盘时将确定为沟通问题。在其他项目中，你会继续出现不能成功地表达自己的问题，并且很难建立良好的团队关系。

3.7.4　解决方法

你需要了解与你一起工作的每个人，对他们了解越多，与他们沟通的方式就越有效。作为项目经理，你的处境不容易——你不能告诉人们做什么、怎么做、何时做——而他们也不向你报告。坦白地说，即使他们向你汇报，你仍然不能以有效的方式沟通。

最有效的项目经理知道如何影响别人去完成项目任务，而不是使用权力。这需要你在与团队成员建立关系方面进行投资，并认识到他们每个人都有不同的需求。它还需要你花时间来确保人们理解你想前进的方向（你的观点）——为什么这是朝着最好的方向在前进。

记住，作为项目经理，你不一定是这个学科的专家，你并不能知道所有的事情。在项目团队中有某些领域的专家，你需要学会相信他们的判断，并依赖于他们做正确的事情。

作为项目经理，你需要确保完成任务的预测时间是符合项目总体进度计划的。如果不是，简单要求变更是行不通的，你需要与领域专家（项目团队成员）一起工作，以找出如何最好地使工作按时完成的途径，以确保项目的成功。

3.7.5 我应该做什么

这是你需要采取的步骤，以使你的观点传达给整个团队成员。记住，有效的沟通是你成功的关键，并最终达成项目的成功。重要的是要记住，项目团队中的其他人均有贡献，他们的观点和你的一样有效和重要。有时，他们有解决问题的最好方法。

（1）理解为什么你不能有效地传达自己的观点。

（2）开始与项目团队成员建立更好的关系。

（3）提供你所前进方向（或观点）的细节。

（4）与团队讨论，仔细倾听他人的观点，团队协作。

（5）解释最后的决定，以及如何做出决定。

下面，将详细介绍每一步的细节。

1. 理解你为什么不能有效沟通

首先，你需要了解在你试图向团队成员表达自己的观点时为什么没有效。你所用的方法或风格是什么？有人觉得他们在听吗？他们是否有机会提供他们的观点，并被考虑在内？

你可以试着和以前项目团队中的一些成员讨论，为什么你面对别人表达观点时有困难，以及如何在沟通中做得更好，从而获得他们对你的想法。你也可以在组织中问其他人（或者工作以外的朋友），如何有效地与他人沟通。询问人们对你沟通风格的看法是什么？是合作的，还是试图强迫别人以你的方式做事情？如果你是强制的，就像欺负别人一样，让人屈从于你，作为一个项目经理，你永远不会成功。只有与别人合作，你才能成功。如果你发现自己虽然有合作但倾向于更具强制性，你得采取措施来改变你的沟通方式。这种变化应该包括非常清楚地意识到当自己在项目团队中工作时是如何向别人表达想法的。

2. 建立更好的团队关系

很多时候，不能够让别人看到自己观点的一个主要原因是因为你没有与他们建立关系，这就没有信任的基础来展开交流。人们需要知道你是谁，你将做什么，什么对你来说很重要。此外，你需要了解他们来自哪里，通过信任逐步建立起关系。由于重点是项目的可交付物、进度和预算，因此花时间去了解项目团队就常常被忽略了。然而，通过与团队其他人建立融洽的关系，你可以更好地了解哪些对他们很重要，这将使你能够更好地与他们沟通。

通过询问团队成员的表现来建立融洽关系，和他们一起检查工作是否需要帮助。建立一个有效的项目团队包括发展良好的工作关系。当你的团队成员觉得他们在被倾听和聆听，并且觉得你理解他们、关心他们的想法，他们就更可能听你的观点。反过来，又可以让你更有效地沟通，并与他们合作使需要做的工作得以完成。这一切不是通过强迫，而是通过团队合作。记住他们不只是你的团队成员，他们也是人。

肢体语言和声调是你说话的重要组成部分，也是团队成员所听到的重要组成部分，所以需要确保自己的表现方式支持自己的言辞。当听别人说话时，通过所呈现出的肢体语言表明你是一个积极的聆听者，表示你正在倾听，并且对他们所说的内容很感兴趣。

避免让你的沮丧表现出来。如果有人要问清楚，让他们问，以免变得心烦或不安，造成疏远。作为项目经理，你要负责为团队创造一个合作的环境。这样，项目团队成员会觉得自己的观点有重要影响，工作也很重要。

请记住，你不会总是有正确的答案。通过与其他项目团队成员的合作，你不仅能够表达自己的观点，而且会更好地理解他们的观点。作为一个团队，选择适应当时情况下的最好方法。

3. 传达你的观点

有效沟通是关键！首先准备好你的信息（观点）和传递方法。与项目组成员沟通的方式不同，其结果也将有很大的差异。好的方式会使你的观点得到有效的传达，并且所做的决策将更符合项目的利益。你需要读懂别人，以及理解他们如何接受你所说的。也就是说，你是否有效地展示自己以及自己的想法，你是让听众清晰还是使听众困惑。问问自己："我对吗？是否有我没有考虑到的可选方案？

我在向团队证明我在听吗？这是我正在做的工作吗？或者我需要尝试其他事情吗？”

当你提出自己的观点时，要明白这是基于你自己的信息得出的观点，如到期日期、预算要求、干系人的需求、过去证明的经验等。清楚地解释你的观点，包括做出决策所需要的所有信息。在团队中每个人对项目都有相同的信息是非常重要的，这可以确保团队智慧并协同地讨论这些观点。项目团队成员需要了解你的观点的支撑信息是什么，你需要了解他们观点的支撑信息是什么，以确保采纳的是最佳的做法。

为了有效果，在团队会议前呈现简要内容是有帮助的。没有必要介绍大量的细节，只是对所需要解决问题的一个简要概述，表明你有一个如何解决问题的想法，但也会乐意听取来自团队的想法。使团队成员去思考如何解决问题，这样他们也可以分享他们的想法。当你传达自己的观点时：

（1）向项目组提供一个概述，介绍关于将要采取的项目方向。

（2）提供方向的背景，比如为什么你认为这是最好的方向，包括是否有过成功的先例，以及你的观点所依据的相关信息。从你的观点来看，此次讨论需要哪些资源，它将采取的时间、对项目的影响，等等，而且要具体。

（3）当传达你的信息时，看着项目团队：他们清楚地接收到了吗？他们看起来困惑或关心吗？有交头接耳开小会的吗？经常提问，以确保他们跟上你所讲的内容。不是要求他们同意你的观点，而是要澄清理解。如果不成功，就改变你的方法。

4. 征求团队的意见

在团队中开展针对你的观点的讨论。询问他们：“你的想法是什么？你的意见是什么？你认为它可行吗？你有什么顾虑？你有什么建议？前进的最好方法是什么？”

当团队对这些问题做出回应时，确保你正在聆听他们的想法和意见，并用肢体语言表示你正在倾听。任何其他的观点都被摆在大家面前，并被所有人公开讨论。问大家：“它可行吗？它会解决问题或消除疑问吗？需要什么来完成它？组合想法可行吗？”通过与团队开放式的讨论而不是立即做出决定，可以降低大家对你的观点的抵抗性，从而更有可能获得最终接受。

如果不能在会议中完成讨论，安排另一个时间继续讨论。即使你确信有了前进的最佳选择，但你想被视为一个合作者，就要花时间去考虑所有的选择。即使你是最后决策者，但通过花时间让团队参与，并与他们合作，就会减少执行决定的阻力。达成的共识越多，实现目标就越容易。

5. 做出决定并解释决定

当你做出采取这个方法的决定时，解释此决定：为什么是它，为什么它比其他选择好？如果最终的决策是在团队会议中提出的观点的组合，确保它是清晰明确的。恳请团队成员支持会议的决策并执行。然而，请记住，虽然协商一致是很重要的，但决策责任仍然在你这个项目经理身上，是你对干系人负责。如果有人担心，立刻解决他所担心的问题，但要准备好沿着决策方向向前迈进。当团队成员有机会参与到决策过程中，他们的观点已经被听到并考虑过时，他们会尊重你的决定的。

3.8 团队中有人有答案，但我得不到它

有人吗

娜塔利完全不相信地坐在桌子的主位上。她知道团队成员中肯定有不少人知道项目所面临问题的解决方案。作为项目经理，她曾呼吁人们团结起来，一起想出解决问题的办法，却没有人说什么。

娜塔利开始征求意见，而每个人都只是坐在那里，看着桌子，避免与她的眼神接触。然后，她指名询问了几个人，她确信他们知道需要做什么，但他们只是耸耸肩，或喃喃地说了一些没有思想的东西。这是如此明显的不真实，娜塔利不知道说什么好。

究竟哪里出了问题？

3.8.1 问题

作为项目经理，你完全依赖团队成员为你提供专业知识。团队成员被指派任务，是因为他们拥有相应的技能和知识，而你的工作就是尽可能有效地管理这些活动。但是，如果你的团队没有贡献，当你要求解决问题但没有人提供建议时，

会发生什么？如果对特定问题的回答总是“我不知道”时，会发生什么？如何让你的团队为解决项目整体问题提供帮助？

3.8.2 告警信号

如何确定某人是否隐瞒了答案而不是真的不知道答案？这个问题可能很难被发现。然而，你可以找到一些告警信号：

- 团队成员闪烁其词地回避，他们不想看你的眼睛或讨论问题。
- 人们开始表达一种观点或想法，但后来又放弃，不说话了。
- 团队内部自己谈论，但不会与你讨论该问题；当你从旁边走过时，谈话结束了。
- 团队成员的知识和经验表明他们应该知道问题的答案，但他们却用“我不知道”来回答。

3.8.3 如果我不采取措施会发生什么

在这种情况下，不可选择什么都不作为。如果你不处理这个情况，那么对你正在努力解决的疑难问题，将无法得到解决方法。而且你开了一个先例，即团队没有必要为项目中出现的问题做出贡献。缺乏答案、解决方法以及团队的参与，将导致更大的潜在问题的发生。

3.8.4 解决方法

为了解决这个问题，你首先需要了解这是什么原因造成的。你所观察到的症状是：大家不愿意回答问题或提供解决方法。这可能是由一些不同的因素造成的，而解决问题的方式将取决于你所面临的具体情况。为确保你正确地解决这个问题，你需要：

（1）营造一个开放的项目沟通环境。

（2）理解为什么不愿意提供解决方案。

（3）克服交流障碍。

（4）加强和安抚团队成员。

本节将告诉你如何做。

3.8.5 我应该做什么

如果团队成员谁也不愿意做出贡献，那么就存在一个与环境有关的问题。有些事情会导致人们缺乏信任和不安全感，表面上体现为一个或多人的封闭且不作贡献。这可能是因为他们不能忍受被打扰，或者他们希望这个项目失败，但这些都是非常不可能的。更可能的是，他们要么不确定自己的解决方法是正确的，要么不想说出来让自己显得尴尬。你需要认识到这种不安全感，并创造一个环境，让你的团队和每个成员可以舒适地提出建议、想法和解决方案。

1. 创建开放的环境

如果你没有为开放的沟通创造合适的环境，你就没有机会成功地让团队成员提供解决方法和建议。你需要确保有一个这样的环境，每个人都可以提出意见而不被别人轻视或嘲笑。你还需要确保他们的建议会得到适当的考虑。例如，如果有人提出了三点建议均被完全忽略了，他就不太可能提供第四点建议。

如果有更高级别的人在项目中，那么低级别的团队成员就会认为他们不能说话，你也会失去很多有价值的贡献。你可以通过举行一场会议来创建一个平等的氛围。在会议中，抛弃个人的工作头衔，你们是一个平等的工作团队，大家为共同面临的问题寻找解决方法。

确保你兑现承诺，因为这将是与你的团队成员建立信任的最佳方式。如果你承诺在与发起人的会议上更新人员，但是没有实施更新，那么信任关系将会受损，这将会毁掉人们志愿为与自己完全无关的主题提供信息的可能性。

2. 理解大家的勉为其难

如果你创造了一个环境，可以让人自在地分享他们的想法和意见，但当你在获得解决方法时，仍然感到有困难，那么你需要找出为什么会这样。你可能不确切知道究竟谁有解决办法，但是你应该知道哪两个或三个人最有可能知道答案。尽管有一个安全的环境，但如果他们依然不分享，那么可能有以下几个原因：

- 要求他们提供意见的时间或地点，让他们不舒服。也许他们太害羞，不敢在会议上发言，而在一对一的环境中谈话时会感觉更舒适。
- 他们不相信自己的解决方法是正确的。
- 他们觉得团队中有人应该提供解决方法。

- 他们在会议之外和同事们讨论了自己的想法，并得到了消极的反应。

作为项目经理，你需要了解是否有问题导致了当下的“不情愿”，这样你就可以做些工作以克服这种“不情愿”。好消息是，你不需要第一次就把它做正确。可以应用上面的列表，直到你找到问题的基础。

3. 克服障碍

一旦你识别到最有可能知道答案的人，你需要了解他不提供解决方法的潜在原因清单，从而确定可能的原因。一个安静的人在会议环境中发言可能会感到不舒服，这可能很容易发现，但在其他情况下可能就不那么明显了，它有可能是一个你不知道的原因。例如，也许这个人向一位较高级别的同事讲了他们的解决方法，并得到了非常消极的回应。

下一步，创造一个环境，最大限度地减少障碍，使你与可能提供解决方法的人一起完成挑战。即使是一个经常敢于在小组面前讲话的人，一对一的谈话也会减少任何潜在的尴尬，消除受其他成员影响的任何潜在问题，使谈话更有效。

解决这个问题的具体方向取决于你感觉到的具体的“不情愿”，你可以通过不同问题的一些可能性来解决问题。例如，你可以询问下面这些问题中的一个来开始一次对话：

- 你经常思考项目当前阶段的答案可能是什么吗？
- 你有什么可行的想法或解决办法？即使没有希望也无所谓，但我们真的需要一些想法。
- 当你和同事们讨论这个问题的时候，你有什么想法？
- 你考虑过任何被你排除的可能性吗？

还可以考虑谈话发生的自然环境。例如，如果你认为这个问题可能是同事的反应不好，因此可能需要安排一次“水冷却器类型”的谈话，或者把它带到一个预定的讨论中以涵盖另一个主题。这样，你可以最大限度地减少团队成员经历的潜在困难。

4. 加强和保证

当你能够克服团队成员的“不情愿”，并能让他们为项目正在经历的问题提供潜在的解决方法时，你的工作仍然没有完成。你不仅要像以前那样让团队成员感觉更舒服，而且需要使团队成员更相信你。你需要证明自己是值得相信的；否则，你可能永久性地损害了你们的关系，并且不再能让他们做出贡献。

你需要坚持自己所做出的任何承诺，并且留意自己承诺了什么。例如，如果问题是，一个较高级别的团队成员对某人的想法的反应是消极的，低级别成员请求你不要在高级别成员面前提到它是正常的。这不是一个你可以信守的承诺，因为如果团队没有积极的项目环境，你需要与他们一起解决这个问题。

不要对问题小题大做。如果这个不情愿只是简单的有人在众人面前讲话不舒服，那么这就没有真正的问题要解决。你不需要“强迫”他在一个会议上讲话，但要确保他们在解决问题上有一定的想法时，他们会单独接近你。

3.9　我怎么传递坏消息

我无法相信发生这样的事

你有过这样的日子吗？早上去上班，一切都很好，但当你坐在桌边喝第一杯咖啡时，项目发起人就在拐角处伸出头来，问道：“你有一分钟时间吗？”十五分钟后，你突然发现客户想调整进度，提前四周完成交付。他们提供了很好的价格，但这是用少了一个月的时间换来的。团队是不想听到这个要求的。

正如你想知道如何把这个消息传递给一个已尽最大努力工作的团队，这时有另一个来访者。你的高级开发人员拉长脸走了进来，告诉你，技术团队已经遇到一个关键问题。第一组的性能测试表明，系统无法达到项目要求的性能指标，唯一的解决方案是完全重新设计软件。它会使项目至少延迟两周。

你看看时钟，还不到 9：30 呢，可你已经有了一整天的噩梦了。盯着手机，你在想先传递哪一条坏消息。不管怎样，会有很多愤怒和不安的人会责怪你的消息。也许你应该先把事情捂在手里一段时间，再告诉别人发生了什么。

3.9.1　问题

也许你已经完成了一个状态报告会议，并发现这个项目不是按照计划进行的；也许在刚结束与客户或发起人的会议上，他们告诉你，项目要面临一些相当大的变化。然后，事情真的已经发生了，你现在需要将这些坏消息传达给你的团队，你知道它难以接受。

3.9.2 告警信号

任何项目问题或变更都可能被认为是坏消息，你需要准备好面对随时可能发生的任何情况。有迹象表明，听众可能会认为这些消息是坏消息，包括：

- 消息会对项目产生重大的负面影响，并给听众带来更多的工作。
- 消息将影响到团队满足时间、预算和范围三重约束的能力。
- 你需要沟通的人（或人们）对他们的期望是非常明确的，并且与你现在所需要告诉他们的不同。
- 听众一直在充满压力的环境中工作，无法再增加任何一项任务了。
- 在你完成消息传递前，听众就向后退了；接踵而至的问题以“谁”或者“为什么”开始。

3.9.3 如果我不采取措施会发生什么

坏消息不会因为你不告诉任何人而消失；相反，事情往往会变得更糟，你留下的不仅是原来需要告诉他们的坏消息，而且还不得不解释为什么花了这么长时间才传达如此重要的信息。这时，最好的情况是，你推迟了听众帮助解决问题或者适应形势变化的能力。最坏的情况是，你在项目团队核心人员面前失去了自己的信誉，并面临着管理一个干系人和项目团队均不信任你的项目的局面。

3.9.4 解决方法

项目极少按照计划进行，因此你不应该指望它们一帆风顺。这意味着坏消息是项目经理无法改变的事实。你需要以一种客观的方式传递坏消息，让大家听清楚并理解它。然后让每个人都专注于如何处理这个问题，并让项目继续向前发展。你需要做到：

（1）确保你完全理解这个问题。

（2）考虑到听众对消息的可能反应，并创造一个良好环境，将有助于确保让他们专注于事实和将要采取的行动，而不是情感反应。

（3）与同事合作，找出解决问题的可选方法并采取行动，来克服这个问题。

3.9.5　我应该做什么

我们首先不应该做的就是：恐慌！当你听到一些坏消息时，会有一种自然倾向，就是去思考后果。人类的本性是倾向于考虑最坏的情况发生。你是项目经理，人们会期待你的指导来纠正这种情况，这可能是一件好事。它给你一个控制局面的机会，但首先你必须了解正在发生的事。无论坏消息导致紧缩进度表、增加额外的范围、造成项目延期，或者任何其他结果，你都需要保持冷静和专注。

1．理解问题

除非你自己理解，否则你就不能有效地传递坏消息。团队将会有问题，你要能够回答他们。当你听到坏消息时，你需要经历以下步骤：

（1）请确保你已经听清楚并理解信息。如果坏消息是书面的，重复阅读它直到它是明确的；如果通过谈话获得坏消息，不要害怕要求说话者重复他们说过的话，直到你听清楚。

（2）要求澄清或提供附加信息。你需要确保自己完全理解你所听到的，并有完整的画面。尝试避免书面交流，因为他们可能留下太多需要解释的内容。但是，如果你通过电子邮件收到的消息，尝试找到发件人面谈或通过电话沟通。一个明显的例子是，如果干系人要求项目提前一个月交付，你需要了解是否预算和范围也随之发生变化，以及变化多少，你需要这些根据信息来确定下一步行动。

（3）考虑一下你需要向谁传达信息。想想这个消息对他们意味着什么，他们关心的领域是什么，以及他们可能会有什么问题。

（4）决定你将如何传递坏消息。你能与每一个人面对面地交谈吗？你应该立刻把这个信息传达给所有人吗？有些人需要比别人更早知道吗？

当你确信自己彻底了解了这个消息、它可能会带来的影响，以及需要使用的传递方式，此时你准备好了，可以去传递坏消息。

2．创造环境

在可能的情况下，避免使用书面形式的沟通。由于书面沟通比较方便，可能很有吸引力，但你不能控制人们理解它的方式，他们在哪里和何时会读它，或他们将如何反应。它也使得人们更难提出问题，也不允许人们在听到坏消息时互相支持。更重要的是，避免使用书面形式，可能会成为避免你自己出问题的一个尝试。

如果你单独提供信息，就会冒着一个风险：不断地重述信息，并一次一次做同样的回答。此外，让所有人坐在一起传递消息，意味着他们将在同一时间听到消息，防止谣言传播。每个人都会听到同样的信息、同样的问题和答案，他们将能够互相支持。

另外，有一些消息需要在一对一的环境中提供。例如，如果这个消息让人们失去了工作，那么你需要与他单独坐下来，向他解释具体情况。这个不是向一组人传递的消息。

考虑一下你的期望。你有没有坏消息需要向你的团队、客户、发起人，或一群干系人提供？不同的团体会向你寻求不同的东西：团队成员期望你可以领导他们，并给他们信心；干系人期望看到，问题正在你的控制之下，你有一个行动计划去解决问题。

3. 传递消息

坏消息是很难传递的，也不会随着时间的推移变好。你需要尽可能早（请牢记）地传达信息，这样你就可以开始和人们一起工作来处理这个消息。在传递信息时，需要记住一些事情：

- 积极乐观。人们会根据你的信息来衡量他们的反应。如果你让它听起来像没有希望的情况，那么你的听众会做出绝望的反应。
- 不绕圈子。你正准备提供坏消息，却花费五分钟来回避这个话题，或者说一些没用的事情，这只会增加听众的焦虑。
- 不要对问题轻描淡写。你知道这个消息有多坏，却假装没什么大不了的。人们不会相信这个消息是不严重的，而你的风险却是失去信誉。
- 不要转移责任：我们都知道，在古希腊可能有一种射杀信使的倾向。但通过指责其他人，而试图摆脱你的责任，这不是正确的做法。
- 不要偏袒一方。例如，“我不能相信他们对我们这样做”，这不会有利于大家接受信息，反而可能很容易地使你完成项目所依赖的一部分人成为敌人。
- 不要假设你知道人们的感受。每个人对坏消息和说法都有不同的反应，如“我知道这让你感到如何”是没有帮助的，其实你并不知道每个人的感觉如何。

- 给人们时间来处理这个消息。重大事件需要时间来处理。在关注解决方法或下一步举措之前，你需要先给人们一个机会来接受这些消息。

4．传递消息之后

一旦坏消息被传递，请留些时间给你的听众接受它。这可能需要几分钟或几天，取决于消息对人们影响的严重程度。但人们需要时间，你不能强迫他们接受它或远离它。

你如何做出最大的贡献来帮助团队向前迈进？传递坏消息时，并不是开始讨论行动计划的时候，因为你的听众不会注意。然而，你需要帮助人们看到：这不是世界末日，他们可以是解决问题的一部分力量。不管听众是由项目干系人还是团队成员组成的，你需要帮助他们工作，以确定并实施解决方法。这将允许他们把注意力放在向前推进上，而不是受困于问题中。

当人们处理消息的时候，你可能需要多次传递相同的信息，并且有些人可能需要多一些时间来接受，承认它是事实。人们会有不同的反应，这没问题。如果你的信息是一致的，并专注于向前迈进的必要步骤，人们会相信它。

例如，如果你告诉项目干系人说你不再能在规定的时间、预算和范围之内交付项目，就需要基于你对项目需求优先级的理解，提出如何使项目继续前进的建议。如果日期是主要驱动因素，则建议修改项目的范围和预算，为项目干系人提供可选择的方案。讨论每一个可选方案的优点和缺点，并共同努力以找出最佳的方法。

如果谈话中你的听众不断重新提到坏消息，那么有迹象表明，他们可能仍然没有准备好前进，他们可能需要更多的时间来接受这个现实。作为项目经理，你必须确保人们专注于问题的解决方法，而不是问题的不公平。

3.10 我无法让管理层解决问题或争端

谁是老板

伊莱恩的挫折达到了一个史诗般的水平。她曾经在中途接手一个新产品开发项目，有几个关键的问题可能会严重影响项目的成功以及客户的幸福。她确信，即使有这些问题，其余的管理团队也会支持她，并确保她能得到让项目回到正轨所需要的一切。上司点头批准后，她接受了这项工作。

这种支持言论很快就变味了。因为伊莱恩在等待管理层解决几个超出她权限的问题时，却发现自己被困在几个场合中了。延误的决策导致了新产品的一些性能延期交付。有两项新的功能，甚至必须从计划中删除，并对产品提出了未来的升级计划。情况不妙。

伊莱恩习惯于将新产品开发项目的决策提交给决策链进行，因为此类项目往往需要独创性方案。更高级别的决议往往存在问题。然而，缺乏及时的支持，导致她遇到了极大的问题。不过，她并不觉得她可以要求高级管理层给出答案。他们给她发了工资，她绝对不想恩将仇报。

伊莱恩觉得自己陷入了进退两难的境地。如果高层管理人员继续在问题解决上毫无反应或反应迟缓，她的项目将继续遭受严重的损失。但是，她不想给上司过于施压，这会把自己的职业生涯置于政治危险中。

她应该自己去解决这个问题吗?

3.10.1 问题

项目有重大问题，这每个人都知道。但是当关键问题必须做出决策时，高层管理人员要么需要很长的时间，要么完全把自己从决策过程中排除了。作为项目经理，你觉得自己被抛弃了，需要自己解决一切问题。

3.10.2 告警信号

这个问题相当容易被识别，作为项目经理，你很可能成为第一个经历这些问题的人。告警信号包括：

- 团队成员通常会在他们可以向前推进的工作前徘徊，等待决策。
- 需要做的许多项目决策非你所能。
- 项目可交付成果因为问题解决方法的耽搁而有时被延期。
- 最终客户开始对决策耽搁感到沮丧。
- 需要做的决策，就像烫手山芋一样，不断地在高级管理层中被传来传去。

3.10.3　如果我不采取措施会发生什么

如果高层管理人员什么也不做，而且情况仍在继续，那么项目进展会很慢，甚至可能会停下来。即使你的项目缓慢费力地越过终点线，你和你的团队在这个项目中幸存了下来，但是这一路上的延误会导致最终客户怀疑你和你的公司未来的表现。即使它可能不是你的错，但你的名字关联到一个延期的项目，从职业的角度来说对你是没有好处的。

3.10.4　解决方法

你碰上了管理瓶颈。你要么让管理层及时解决关注的问题，要么取消那些需要特别的管理者参与进来的需求。你需要：

- 评估高层管理小组的角色，确定对目前存在的问题他们是否有必要参与。
- 评估引发问题的特定管理者，确定他们是否可以从决策流程中被排除。
- 如果可能的话，排除需要决策的问题。
- 向高层管理小组呼吁更好的支持。
- 接近客户。

3.10.5　我应该做什么

在项目管理环境中，没有什么比等待别人来做项目相关决策更令人沮丧的了。你不再拥有控制权，你把这个项目的命运放在别人的手中。在这种特殊情况下，高层管理人员（或者级别在你或你的项目之上的管理层）是造成项目延误的原因。

1．评估角色

在采取任何轻率的行动之前，首先要做的是审查问题或者决策，以确保高层管理人员的参与是必要的（见图 3.2）。他们是否因政治原因被牵连到这一问题上？

这个项目是否是一个高层管理人员喜爱的项目，他喜欢细节化管理？如果有理由让这些高层管理人员不在决策过程中（或者至少不在几个决定环节中），那么与你的项目发起人或项目高层管理人员讨论如何采取行动减少他们的参与。你可能会很幸运地发现，高层管理人员其实不想参与。他们的参与可能是出于尊重而不是必要的。

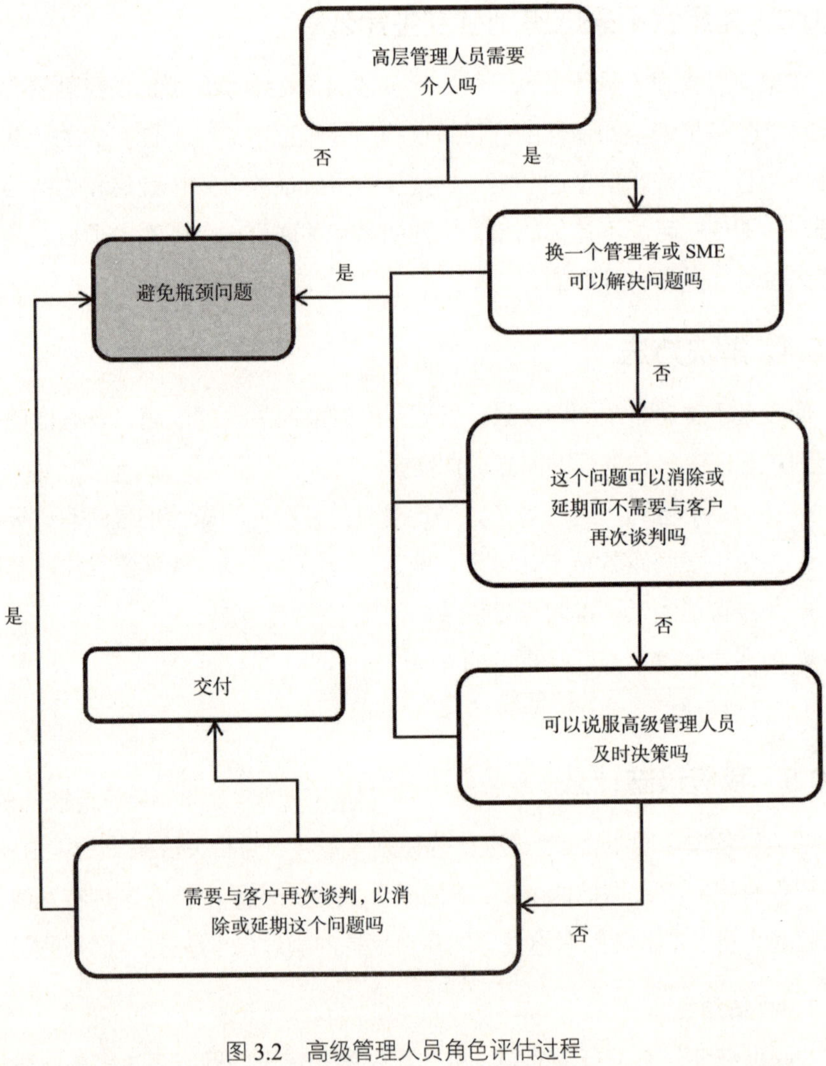

图 3.2　高级管理人员角色评估过程

项目的高层管理人员可能会帮助你理解高层管理人员参与项目的初衷。更重要的是，项目高层管理人员应该能够建议你如何处理事物的政治因素。因此，如果你提出变更审批流程，没有人感到被冒犯或被轻视。

2. 评估管理者

如果你发现高层管理人员的参与是必要的，并且增加了项目的价值，下一步就是要找出那个特别的高层经理，或者有其他管理者可以起到完全决策的作用。如上所述，这种情况可以被视为一个管理瓶颈。如果不能消除瓶颈，那么近乎完美的做法是提高瓶颈的容量或吞吐量。因此，如果你能找到另一个高级管理者来完成这个角色，那么新的高层经理可能有更多的时间（或能力）来协助推进项目。作为一种选择方案，你可能在组织中找到了另一个业务专家能够做出必要的决策，以避免原先高层经理的参与。如果是一个技术问题，通常情况下高层管理人员并非掌握所有知识，那么技术人员则更适合解决问题或回答问题。

3. 消除问题

如果高层管理人员的参与是必要的，而特定的决策者也不能被替换，那么还有一个选择是看是否有可能取消做出决策。这种情况不经常发生。大部分情况是，这个决策或问题的存在是因为这个项目是必要的。但是，回顾项目的范围和可交付成果，偶尔会发现一些需要高层管理人员关注的决策其实是不增值的。

另一种选择是延迟该决策的做出。当然，这一决策已经花费了太长时间（否则你不会在读这篇文章）。然而，这仍然是一个好举措，如果问题被正式排到项目的后期计划中，它就不会干扰或延迟其他任务。

4. 向上级管理层呼吁

如果你找不到另外的高层经理来接管问题决策，你也不能从项目中消除或推迟决策，在组织范围内可用的最后手段是对高级管理层做出更强烈的请求，强调这些决定对项目的成功至关重要，所以他们需要及时地决策，以保持项目足够的生产力。

在这里，与项目发起人或高层管理人员讨论，如何使高层管理人员更愉快地接受这个需求，看看他有何建议，将是有帮助的，特别是当你的项目还要依赖他们的时候。你绝对不能制造敌人或冒犯任何人，在这方面项目发起人应该会为您提供积极的支持，因为引发问题的高级经理有可能就是项目发起人的同事。

5. 接近客户

如果关键的高层决策者不做出响应，那么因为问题解决缓慢，项目会遇到延误或交付物不完整的问题。最后的手段只能是接近客户，看看可交付物或问题是否可以从项目中取消、推迟或者放到未来的项目中（如软件的下一个发布版本）。如果交付物或交付期限无法重新谈判，那么你就必须忍受项目的现状了。抱歉！

3.11 老板不会听我的

你是个隐形的项目经理吗

现在是下午 5：30，项目状态报告需要在当天提交。黛比所管理的项目，至少要等到晚上 9：00 才能完成。每周的状态报告至少要有 5 页，并通过电子邮件发送给一个包括她的老板在内、超过 20 人的群组。

黛比感到持续沮丧，没有人阅读状态报告，大部分人会立即删除邮件。经理要求她发布状态周报，但经理打开报告也只是匆匆扫一眼，无视项目资源需求所需要采取的行动计划。

第二天，黛比给经理发了一封长长的电子邮件，简述状态报告内容，以期得到要求增加的资源。经理看到电子邮件，不情愿地打开它，阅读了七个段落中的第一个段落，就迅速关闭了电子邮件。遗憾的是，他没有看到最后一段中要求的资源。

经理本来是必须参加项目周例会的，但这次周例会他没有现身。于是周例会没有管理层，参加者只有黛比、质量保证部门的人员和开发团队。考虑到这个项目现在正处于滑坡的危险期，黛比希望能有更高的参与率。

黛比需要将资源问题升级给她的经理，所以在当天晚些时候，她给经理发送了一个会议邀请。她决心要尽可能清楚地把资源需求写进邀请函的主题。然而，经理看了黛比的邮件，直接忽略了。黛比出席了会议，但这是只有她出席的会议，因为老板又没有露面。

黛比已成为隐形的项目经理，这会影响她的项目，并最终影响她的职业。

3.11.1　问题

不管你说什么，你的老板都不会听你的。似乎大部分时间他对项目或者状态报告都不感兴趣。当他们有兴趣时，只是简单地指示你必须进行项目变更。他们似乎没有兴趣讨论任何事情，而且没有考虑他们的指示是否可以在项目的约束范围内进行。

3.11.2　告警信号

老板对项目缺乏兴趣或关注，这是项目经理很容易认识到的一个问题，也是对项目经理产生冲击的一个问题。一些迹象表明你可能会遇到此类问题，包括：

- 老板不读你的状态报告。
- 老板忽略你的行动或决策的请求。
- 老板不出席需要参加的项目状态会议，对你安排好的会议或者缺席，或者重新安排。
- 与老板交流时，显而易见他对你的担心不清楚也不感兴趣——只是希望你执行指令。

3.11.3　如果我不采取措施会发生什么

这种情况如果没有改善，将破坏你作为项目经理的权威。你的团队会察觉到你的老板不会听你的，很快他们也会这样做。另外，干系人经常观察哪个项目经理赢得他们主管的尊重，并以此来判断他们与项目经理的关系如何。在他们看来，如果你的上司不会听你的话，那么他们为什么要把项目委托给你，或者相信你的指导和权威呢？

3.11.4　解决方法

你需要了解为什么你的老板没有听你的。一个解决方法应该包括以下几个方面：

（1）诚实、开放地自我评估你的沟通方式（或者让熟悉的人帮你评估）。

（2）列出你不被聆听的所有可能的原因。

（3）与你的老板召开会议，征求反馈意见。

（4）后续行动，包括评审改进计划的进展和必要的调整。

3.11.5 我应该做什么

作为项目经理，你需要制订一个计划，让你和你的经理一起努力，使项目顺利完成。你不需要和你的老板做最好的朋友，但是需要你们能够一起工作。

不管任何计划，你都需要有一定的可交付成果是成功的。交付成果包括你的自我评估、原因列表、与老板的会议和向前发展的计划。

1. 自我评估

谈到自我评估，很多人会犹豫，或者认为我们对自己很了解，或者认为没有什么需要改变。然而，当我们遇到一种情况时，比如说当别人没有聆听我们的时候，我们会认为当前至关重要的是确保尽一切所能去改进。其实沟通问题很少是一个人的错。

由于自我评估可能是令人却步的，并且我们对自己可能不够诚实，所以，我们应该求助于一个认识我们的人或者有相当多时间与我们在一起的人，如亲密的朋友或家庭成员。关键是他要能够评估我们的沟通方式是否有效。如果老板没有听你的话，很有可能其他人也不会听你的话。记住：人们在工作场所的行为与他们个人生活的行为是不同的。

您需要问自己以下问题：

- 我会听我的话吗？
- 如果我不愿听，原因是什么？
- 我沟通时的语气是否合适？
- 我沟通时的风格是否有效？
- 我倾向于过分夸张地陈述或夸大事实吗？
- 我的沟通方式中存在用词问题或者词汇匮乏吗？

基于对自我评估问题的诚实回答，你应该能够识别一些需要改变的机会。你已经迈出了更好沟通的第一步。

2. 不聆听的原因

你的老板可能对你不感兴趣或者因为其他很多原因。检查这些可能的原因与完成自我评估同样重要。

- **冷漠的老板。**首先，认识到老板可能不会听你的原因之一是：他是冷漠的。他们可能对你的意见、他们自己的工作、项目或任何事物都不感兴趣。这种冷漠是会传染的，要多加小心。确保老板的冷漠不会“感染”你或你的工作。你的团队还需要以你为榜样，激发精力和热情，所以你要保持浓厚的兴趣，这点很重要。
- **误解。**个体之间沟通失败的一个共同原因是误解。当发生误解时，它通常会导致一方或双方变得不太容易接受通过沟通传入的信息。这种误解可能是由于各种各样的原因造成的，如由于个性冲突导致对专业知识或专家意见缺乏知觉。重要的是要意识到，这可能是你老板不会听你的原因。你是否可以追溯到你和老板之间曾经有裂痕的特定场合或情况？这是你可以通过道歉或承认错误来解决的吗？你能对老板所犯的错误既往不咎吗？尽管这可能会挫伤你的自尊心，但原谅可能会改善你的人际关系，并随后修补被毁坏的任何通话渠道。
- **信息泛滥。**有时我们倾向于认为过多的沟通是好的沟通。然而，关键却是在正确的时间进行正确的沟通。可能是因为你倾向于过度沟通导致没有被聆听。你在电子邮件中漫谈，永远不会结束；你的状态报告读起来像小说；当你召集一个会议时需要占用他们一整天。这种交流风格往往会隔离了人们，特别是你的上司，去倾听你所要说的。可能是你说了一些重要的，或者需要立即行动的项目事项，但它被埋藏在几页或几个小时的过度沟通信息中。在这种情况下，你需要减少通信。这里的数字可能有点夸张，但关键是在沟通风格、内容和容量上要符合沟通的目标。作为一个项目经理，你需要坚持自己建立的沟通计划，并问自己以下问题：
  - □ 如果我管理一个部门和多个项目经理，我有时间阅读一份多页的状态报告吗？
  - □ 当我收到邀请并不得不参加一个漫长的会议，而实际只需要花一小时甚至更少的时间就够了时，我的感觉会怎么样？
  - □ 我是否真的阅读所收到的每一封邮件，以及如何处理我需要向下滚动的邮件？一旦你对信息接受者产生同理心，你的交流风格就会改变。

- **沟通的语气。**俗话说："不是你说了什么，而是你如何说。" 古老的格言是真实的。你需要把沟通风格瞄准你听众的需要，而你要和老板沟通的事实并没有改变。你可以问自己以下这些问题：
  - ☐ 我的风格是否适合我的听众？
  - ☐ 我知道自己的语气和肢体语言吗？
  - ☐ 我能够区分热情和积极进取以及不确定性和胆怯吗？

基于自我评估和原因清单，在你与老板开会之前，你应该有更多的发现。

3. 与老板的会议

当你确信老板不听你的话时，你需要处理这种局面。如果你的上司发现你缺乏沟通，会给他留下印象，即事实上你至少在准备谈论的主题，并且不仅抛出问题，也给出了可能的解决方案。你的上司可能对你的能力和技能有一个先入为主的印象，所以在会议期间，重要的是不要使用负面的行为或态度来强化任何负面看法。比如这样的言辞："你从来不听我的"，或者"为什么没有人听我说"。在一个专业的环境中，这样的语言和态度不会为你赢得青睐或尊重。相反，可以这样开始："我最近已经注意到，我面临一个挑战，我试图将我的想法传达给你，希望我们可以利用这段时间来帮助我完成。我有一些想法，但首先，我想征求你的意见——你是否觉得我的沟通风格有些特别的东西，或者觉得我的沟通存在问题？"

确保你保持目标，并提供你所经历问题的具体证据。例如，你可以让上司知道你在提醒他：项目正面临资源短缺，这将导致项目延误。这些警报和请求没有得到解答，当项目延误时，上司会问你为什么。在这种情况下，你提供了沟通不畅可能发生的具体时间和具体证据。

会议的重要成果会让你的上司对你的沟通方式和内容进行反馈。你的上司会告诉你，他不听你的原因是你的想法或反馈是不准确或毫无根据的。试着让你的上司提供一些例子，但不能让他听起来有像被审讯的感觉。不要说："是的，请拿出证据来！"你尝试一下这样说："我真的很感谢您的反馈，您能给我一些例子吗？让我明白以后要留意些什么。" 这可能有助于改变上司对你沟通方式的看法。虽然这可能不会使他开始更听你的话，但至少会帮助你理解他们的行为是有一定原因的。

4. 计划

虽然你与老板一起开会讨论了计划，但你可能需要重新审视一下。一旦你弄清楚如何解决你的处境，或者是否真的有一种处境需要解决，你就可以制订一个恰当的计划。一个计划意味着什么？通过自我评估和老板反馈等过程，如果你发现自己是一个过度沟通的人，首先要做的事情就是确定在哪里“修剪”。是你的状态报告、会议、邮件、面对面谈话，还是以上各项都需要“修剪”？让我们以状态报告为例。大多数管理者，特别是高层管理人员，会告诉你他们只会读状态报告的第一页。知道这点是很重要的，尤其是如果你知道高层管理人员是你的报告读者的一部分。即使高层管理者不是你的读者，你的读者也会赞赏你把所有重要的或新的信息放在状态报告的顶部。必要的额外细节放在其他页上。不要将一个采取行动的呼吁或重要的风险埋在第 5 页的底部。

5. 向前推进

与上司开会，制订了一个计划，并不意味着他将立即开始听你的。这将需要一段时间，特别是如果由于前期绩效问题或者缺乏沟通技能导致不信任的情况下，更需要时间修复。你必须接收他们的反馈，并立即付诸实践，这是非常必要的。

不要指望你的上司会立即改变，但要确保如果他觉得你的项目开发中缺少了一些东西，你可以在下一次审查中与上司跟踪和讨论这些事情。最糟糕的事情是，事情向前发展，但没有遵循你的计划跟踪进展。如果混合起来，那就不需要老调重弹了。但注意告警信号，它可能会再次发生。

作为项目经理，沟通是你工作中最重要的方面。你应该把自己视为项目的首席沟通官。你如何沟通，以及别人如何通过沟通得到信息，很大程度上影响你的项目成功和你的整体职业生涯的成功。

3.12　我无法让团队相互之间进行有效的沟通

告诉或不告诉——项目经理该做什么

你决定告诉团队你所看到的和从别人那里听到的关于团队之间的沟通问题。团队成员不能有效地互相交流，团队会议感觉像兄弟姐妹们在晚餐时的争吵。有些团队成员的表现不如其他人；有些团队成员似乎很好地处理了批评，而另一些人则在遇到第一个麻烦时就崩溃了；有些人意识到了沟通的问题，而有些人却仍然没有注意到。

当你计划开会时，你突然被一个问题困住了：你是会事先告诉团队成员计划与他们说什么，还是在会议前什么也不说？由于团队成员参与程度和对沟通的挑战意识不同，所以你会发现这个问题具有挑战性。

因为他们不想说话，所以你不想冒没人露脸的风险，但你也不想在会议开始时让人感到震惊，而无法聚焦问题的讨论。

你也知道，如果你提前说明会议内容，人们会有时间去考虑他们想说的话，但同时也允许人们准备防御或应对负面评论。

你不知道要做什么。

3.12.1 问题

团队成员之间的沟通不畅。看上去，团队成员要么不跟对方说话，要么当他们说话时，谈话并不有利于项目向前发展。有时又感觉好像谈话使事情变得更糟——会使项目成员分心，脾气暴躁，以及效率下降。

3.12.2 告警信号

这个无效谈话的问题会慢慢影响你。你可能发现它不会在一夜之间发生，但会逐渐发生。只有当你把今天的情况与这个星期前的相比时，你才会注意到它。以下这些迹象表明你可能面临这个问题：

- 在会议中，团队成员不参与其中。
- 混乱不堪的交付物、交付日期和核心职责。
- 团队成员互相交流时压力较大。
- 负面情绪和评论渗透团队会议。
- 团队成员之间的关系紧张。

3.12.3 如果我不采取措施会发生什么

不解决沟通问题会导致团队关系和项目进展的持续恶化。同行的负面看法会变得更加根深蒂固，团队成员之间坦诚的表达能力会被阻碍。如果可靠的团队成员不能坦诚地谈论和分享，那么其他人会用自己的故事和信息来填补这个空白，这往往是错误的。团队成员会变得沮丧，有害评论将会产生，团队精力会被耗尽，项目将处于危险之中。

3.12.4 解决方法

培养团队成员之间的有效沟通是一个项目经理的关键责任。当涉及有效沟通问题时，虽然没有任何一个标准适合所有的解决方法，但为团队创造一个良好环境，使成员可以公开和坦率的方式进行交谈，存在两个方案：

- 创建团队沟通的承诺文件，其中的规则由团队成员制定并取得一致同意。
- 建立个性喜好差异的意识，确定团队成员如何接受和分享信息。

3.12.5 我应该做什么

如果你已经给出定论：团队（不仅仅一个或两个成员）不能很有效地沟通，你需要立即评估具体情况。如果不采取行动，将使事情变得更糟。如果认为团队成员有着糟糕的一天是合理的，他们需要解决自己的问题，或者问题会自动消失，那么你的沟通问题也不会消失。在项目崩溃前，你有责任使团队关系走回正轨。

从哪里开始呢？遵循如下的“三步模型”，开启你的团队沟通（见图 3.3）。

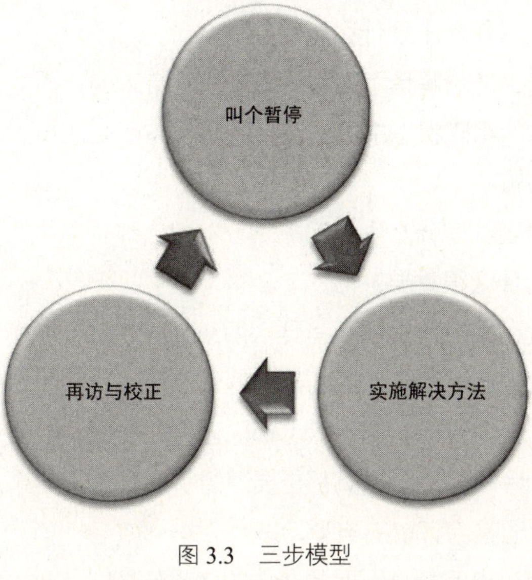

图 3.3　三步模型

1. 叫个暂停

你需要向团队声明，你关心成员是如何互相沟通的。这不是一件容易或轻松的事情，但却是关键的第一步。这里有一些关于如何建立你的信心，让你感到舒适的方法。

拟定你的信息。如何表达你想说的是非常重要的。花些时间去思考你想如何阐述你的发现并实施传递。找到一个你信任的人，让他帮助你拟定信息，并对你的表达方式提供反馈意见。虽然信息不必是完美的，但你不想在这个话题上信口开河！团队成员需要看到并感受到你所展示的问题是重要的。与粗制滥造、不熟练的信息相比，精心设计和良好呈现的话题将赢得更多的关注和尊重。表达得清晰而坦率，你就有机会按你的期望去为团队的沟通行为建立规范。

制作当前状态及其影响、理想状态和效益的相关文档。除了要清楚和坦率外，还要沟通局势的当前状态、当前状态对团队的影响，以及有益于团队和工作的理想状态。

（1）当前状态描述了你看到的情况。你的发现应该是清晰的，并有实例支持。举例说明有助于团队成员理解你所说的话，更好地联系现实情况，并可以成为解决方法的一部分。确保你的陈述回答以下问题：

- 我观察到的行为是什么？
- 每个行为的具体例子是什么？

（2）当前状态的影响解释了这些行为对团队带来的正面或负面影响。它描述了某些行为在当前的团队状态中的作用，列举了与团队成员相关的例子。这些陈述通常回答以下问题：

- 这些行为对团队有什么影响？
- 这对团队为什么很重要？
- 如果不改变这些行为对团队有什么后果？

（3）理想状态描述了团队沟通场景中的最佳情况。只要你的期望是现实的，就不会妨碍你高期望的目标。理想状态的陈述有助于团队成员建立一个愿景，它是有远见并鼓舞人心的。团队成员都想要理想状态，就像一个八岁孩子想要冰淇淋一样。这些陈述通常回答以下典型问题：

- 团队成员有效地互相谈话时的最佳方式是什么？

- 可以用来加强沟通的策略是什么?
- 如果我们中有一个人不能有效沟通，怎么做才能让我们回到正轨?

（4）效益描述了积极修正的行为是如何有助于团队的，它为团队成员互相有效沟通提供了动机和激励，使团队成员了解他们积极地支持理想状态的策略会得到什么好处。这些陈述通常回答以下典型问题：

- 解决这个问题给团队带来的好处是什么?
- 这些好处为什么对团队是重要的?
- 这些好处为什么对我是重要的?

计划你的时间。说出你所想的是非常重要的。花点时间去思考什么时候传达信息最佳，这样你就可以提前计划。当期望达成一个重要的里程碑时，一个星期并不是能很好地得到大家关注的时间。如果你能安排整个会议或者会议的一部分来讨论，那么在会议开始时就可以分享你关注的事情。这样的方式，可以清楚地表明你所关注的事情是有重要意义的，好像你向团队宣布：“这是很重要的，足以放在第一时间讨论。”

请求再次承诺。一旦你成功地传递了信息，那么重要的就是要确保每个人都听到并接受了。为了创造你的理想状态，可以提高你所需要承诺的级别。遵循以下三个简单的步骤，来获得承诺：

- 询问每个团队成员，是否有更多的问题、意见或想法。
- 重申你对理想状态和效益的理解。
- 要求每个成员向整个团队当面承诺。

叫个暂停需要专业的勇气，它将影响你的团队。某些领域的进展可能会放缓，一些已有效沟通的成员可能会感到惊讶或混乱，并且可能会失去有价值的时间。通过制作有效的理想状态和效益文档，可以帮助团队专注于能够影响的未来而不是无法改变的过去。

2．实施解决方法

既然已经明确阐述了有效团队沟通的理想状态及其所带来的好处，现在是时候实施团队成员沟通问题的解决方法了。本节前面所描述的两个解决方法，是非常有效的。让我们再来详细看看这两个解决方法：

❑ 方法 1：创建团队沟通的承诺文件

当团队成员不清楚目标、角色、责任、时间期限和期望时，就会出现沟通的挑战。更糟的是，团队不理解如何处理日常工作中出现的沟通问题，以及人员关系和进展的迅速恶化。

你可以使用的解决方法是开发一个团队沟通承诺文件。这个文档清楚详细地说明团队成员将如何相互沟通，以及将如何处理沟通计划的偏差。在项目启动时，或者当你已经确定团队成员相互沟通的方式阻碍了项目的进展时，这个解决方法是有效的。

建立一个团队沟通的承诺文件比较容易。为了确保有效，它应该包含以下元素。

（1）项目名称。由于一些成员可能是属于多个项目团队的，创建一个项目名称，所有团队成员有统一的标签，在讨论项目时使用。这样做所有团队成员都会清楚讨论问题所针对的项目。

（2）识别项目团队成员。如果要求团队成员遵守沟通协议，你需要明确谁应该承诺遵守。通过列出团队成员的名字，增加每个成员在团队中的利害关系，可以避免“我不认为那条适用我”等诸如此类的声明。

（3）创建同盟声明。你和团队共同创建相互沟通首选方法的声明。它指导团队成员相互之间如何交流，使得团队成员可以公开分享他们的想法和感受。公开分享想法和感受可以使大家对项目期望更加清晰地理解并且接受。通常情况下，团队沟通承诺文件的组成包括：

① 团队会议沟通。

② 电子邮件和短信沟通。

③ 电话沟通。

这些声明不必繁多或复杂，下面举一些例子来帮助你开展此项工作。

团队会议沟通：

- “只有在一位团队成员发言结束时，我才会开始说。”
- “如果我不同意某个团队成员，我会以一种尊重并有建设性的方式回应。”
- “如果讨论的话题将团队会议拖到杂乱中，我会建议主要当事方会后再讨论此话题。”

电子邮件和短信沟通：

- "我只用电子邮件来分享信息。如果我与某位团队成员产生问题或顾虑，我会与他直接说。"
- "如果我需要直接回复一位团队成员，我将确保我不使用群回复，不要导致其他团队成员收到对他没有价值的电子邮件。"
- "如果一封邮件包含一个行动项目或需要立即做出响应，我将在主题行中突出强调。"

电话沟通：

- "我会在预定的时间打电话或接电话。"
- "我会尊重每一位团队成员的日程表，确保我们的谈话在预定时间内结束。"
- "如果谈话变得激烈，我会向团队成员建议我们面对面谈论，并请项目经理加入我们的谈话或者推迟到晚一点的时间。"

（4）创建调整声明。在团队沟通承诺文件的这一节中，你和团队需要确定对不符合约定沟通准则行为的补救措施。不知道如何处理与团队协议的偏差是使沟通过程和团队关系恶化的一个共同的原因。花些时间来建立对沟通问题的反应机制，当问题出现时，让你的团队有一套工具可用，以使团队成员回到正轨。使用工具套件能够减少情绪卷入，坦诚和专业地共享反馈，并确保项目的成功。调整声明通常包括三个方面：

① 你想与一个团队成员解决的问题。

② 他的沟通风格对团队的影响。

③ 你期望看到预期的行为，并与先前的同盟声明一致。

以下是你需要考虑的同盟和调整声明的例子。

同盟声明："只有在一个团队成员发言结束时，我才会开始说。"

调整声明："我已经注意到在我们今天的会议中，由于对发言的热情，你插话并打断了其他团队成员的发言。"（问题）"当你打断另一个团队成员的时候，你就不尊重他的观点。你可能会导致团队成员感到疲惫而且可能失去一个好的想法。"（影响）"这让我想起，我们同意作为一个团队，每个团队成员只会在另一个成员发言结束后才开口。当然我欣赏你的激情，不过请给其他成员表达他们观点的机

会。”（所期望的行为）

同盟声明：“我只用电子邮件来分享信息。如果我与某位团队成员产生问题或顾虑，我会与他直接说。”

调整声明：“我在你今天早上发的一封邮件中看到你感到很沮丧，为一个团队成员的工作进展很不安。”（问题）“不管你的挫折感是否有效，在一封电子邮件表达感情会让团队成员产生明显误解的风险。”（影响）“这让我想起，我们同意作为一个团队，每个成员都不会使用电子邮件来表达情感，请直接与其他成员说话。如果发现自己在某个特定的话题上变得情绪化，你需要花点时间与团队成员进行直接的联系。”（所期望的行为）

团队沟通承诺文件为建立有效的沟通和沟通行为标准创建了强大的基础。当你与团队成员一起开发这个工具后，你会如释重负地看到，有些议题在其他项目团队很成问题，而在你的团队却可以进行公开讨论并共同解决。

❑ 方法 2：建立个性偏好差异的意识

任何时候，团队成员之间彼此交谈是创造成功结果的一个好机会。无论团队成员的沟通是分享信息还是头脑风暴，沟通有可能以积极健康的方式加强关系和推动项目向前发展。

当与别人交流时，你会花大量时间去练习你将说什么，如何去说，在何时何地说。我们的关注点倾向于我们自己，很少注意了解自己的听众是谁，以及听众将如何理解你所分享的信息。

有效解决方法是理解个性偏好，这有助于你更好地理解自己和团队沟通的风格。在与他人的沟通交往中，我们每个人都具有自己的个性偏好。

例如，性格可以分为外向或内向。当你说话时，性格外向的人往往更表现为在倾听，他们可能经常微笑和点头。外向的人在会议中会自言自语和公开分享观点。性格内向的人往往较少表现出在倾听你，通常在自己脑中处理共享的信息。他们的反应可能很少明显地表露出来，或会滞后表达。性格内向的人会静静地思索或准备充分了才分享。

典型的评估工具，如迈尔斯布里格斯类型指标（MBTI）、梅杰斯的 PTI、金色人格类型分析器和科雷西的气质测试等，可以让你了解团队成员的个性喜好，帮助你洞察个体是如何处理信息的。不管主题是什么，当团队成员彼此交谈时，如果了解他们自己的个性喜好以及同事的个性喜好，将为项目提供一个获得成功结果的机会。

3. 再访与校正

现在你已经要求暂停，制作了团队沟通承诺文件或实施了个性偏好的评估，将其投入应用，并审视过程中解决方法是如何生效的。仅仅因为这个解决方法是由团队精心设计并且在最初起到作用，并不意味着它将永远起作用。随着时间推移、团队成员变换、优先顺序改变，定期地（不少于月度或更超过季度）在团队会议上花些时间询问团队成员，理想状态和效益的承诺执行的效果如何，或者增强个性偏好意识的策略是否有不同变化。不要害怕提出修改建议，以便校准团队精力和关注重点。如果团队的多变量已经改变，而你依然坚持最初的计划，那将把你带回到起点。重新审视团队的沟通策略，并适当调整，以确保团队在成功的道路上再接再厉。

你可能会发现需要再次叫停，不过你现在可以很好地处理团队成员如何彼此交谈的问题了。

第 4 章

驾驭人们的挑战

4.1 办公室政治正在扼杀我

如果我想从政，我就会竞选官员

肖恩重重地坐在椅子上，深深地叹了一口气。他刚刚从项目状态会议中出来，这是他项目管理生涯中所遇到的最糟糕的会议。很明显，这个项目已经成为办公室政治的牺牲品。

制作团队认为他们自己是临时工，而设计团队却有“太多的高薪设计师。”设计团队为了回应制作团队对他们的侮辱，特意提出了最复杂的解决方案。产品的最终用户正在尽一切努力扼杀整个项目，因为他们担心项目成功将意味着他们失业。肖恩相当肯定，项目质量团队的资源部门经理拒绝放人，为了支持肖恩的项目，她自己的项目正面临困境呢。肖恩如何能让这个项目（以及他的职业生涯）从如此混乱不堪的局面中解脱出来呢?

4.1.1 问题

作为项目经理，即使不必处理办公室政治，你也已经面临足够多的挑战了。当你发现自己陷入了一堆议程和优先顺序之间时，你的项目很有可能会脱轨。人们把项目的需求放在第二位，而把建立和加强他们在组织中的政治联盟和地位放在第一位。如果人们不把注意力集中在工作上，你就不可能成功。

4.1.2　告警信号

这个问题可能以许多不同的方式表现出来，也可能不立刻显现出来。你在处理的是一种政治状况，而不是其他任何人际关系之类的问题。寻找到下列迹象可能表明你正在处理政治挑战：

- 团队成员正在采取的行动或项目干系人所做出的决策，从项目立场客观地看均不是有意义的。
- 人们关注的是地位、意见和信仰，而不是项目。
- 人们关注的是他们所属的群体（如同一组织部门或办公室），而不是项目团队。
- 人们都故意忽视或反对项目计划和你的要求。

4.1.3　如果我不采取措施会发生什么

虽然一定的办公室政治是不可避免的，但如果你允许政治接管你的项目，你最终会完全陷入与不同派别的周旋中，关注他们的自身利益，而项目将受到影响。这种情况下，最好的结果是项目显著延误并失去生产力，最坏的结果是不相信项目可以继续运行的那些群体都在试图破坏项目。

如果政治冲突不及早处理，那么它只会变得更糟，并且几乎是不可恢复的。不仅产生不可克服的延误，对人际关系的损害也会挥之不去，并摧毁现存的任何信任。

4.1.4　解决方法

为了解决政治问题，你需要首先了解它们是什么。你需要认识到每个人都有自己的议程，而这一议程并不总是符合项目的需要。你需要保持客观的态度，不要让自己陷入政治中去。你也需要认识到，你不必亲自解决每个问题。处理此类问题，你可以遵循以下步骤：

（1）识别政治立场、持有这些政治立场的人或人们及其背后的原因。

（2）与各方合作，试图消除政治，并确定适当的渠道来提出和解决问题。

（3）监督改进，如果事情没有变得更好，那么采取更正式的行动。

4.1.5 我应该做什么

众所周知，在工作场所政治是不可避免的，但我们不应该认为办公室政治是有帮助的。由于人的天性，办公室政治迫使人们以自己的优势来定位自己，而不是以组织的最佳利益来定位，所以办公室政治会破坏组织的优先顺序。

一个项目可能是一场政治的温床，因为它涉及一个组织实施变革，这种变革总会导致人们成为赢家或输家。你可能会发现有些人不希望这个项目被实施；有些人想要改变项目，使这个项目对他们更有用；或者有些人希望这个项目被推迟，因为它会把资源从他们的项目中抽走。你也可以观察到有人试图吹嘘项目使它听起来非常重要，而这只是为了争取更多的资源。所有这些都是你需要处理的。

1. 问题分析

解决任何问题之前，你需要准确理解所面临的挑战是什么。政治是一个多方面的问题。你需要弄清楚：

- 谁造成了政治上的难题？
- 他们的立场是什么？他们在试图达到什么目的？
- 项目如何受影响？

你可能认为引发问题的人是很容易被辨认出来的——他们就是在玩政治游戏的人。但事情并不总是那么容易。如果有来自某个功能领域的团队成员出了问题，那么这到底是因为他们正在玩政治游戏，还是他们经理的问题？这是有重大区别的。如果问题是出在管理层，你不能让他们的经理去解决问题，而仅在团队成员层面处理也不能解决问题。

一旦你确定了政治活动的来源，下一步就是试着去了解哪些人正在努力达到目的。政治游戏都是为了提高玩家的成果，所以，作为项目经理，假设你就是每一个政治游戏的玩家，你应该设身处地地问自己想要什么。这个问题有时很容易就可以答上来。例如，如果一个新系统的实施将导致一系列的工作损失，那么很容易理解为什么有些人会试图破坏这个项目。

分析的最后一步是确定该项目是如何受影响的。这似乎显而易见，但要小心，不要妄下结论。有一种极端情况是，可能有一个团队成员是公开与你敌对的，随意声称另一个项目应该已经被批准，而这并不是你所管理的项目。这个影响似乎是很清楚的，但如果项目中的其他人都不理他们，并继续完成各自的任务，那么这个影响就是最小的，所以不要把问题变得比实际更大。另一种极端情况是，可能有一个非常精明的政治家，他正在以一种更复杂和微妙的方式暗中破坏你的项目。你需要确保充分理解他们的影响有多深远，以便肯定你了解即将面临的所有潜在的问题。

2．清除政治

一旦相信自己充分了解了所有政治游戏玩家、他们正在试图实现的目的，以及这些目的对项目的影响，你就需要采取行动。你不能让自己卷入政治游戏中，并且需要采取果断行动，表明是你在控制项目。你在任何时候都需要保持客观，在哪里都需要对政治玩家的位置敏感。在许多情况下，他们会感到不安全或有威胁。与你所识别的玩家一起采取以下步骤。

- 与他们直接对话并讨论：
  - 项目以及项目如何使他们感到不安。
  - 他们的行为是在主动造成影响（通常政治游戏的玩家并不清楚他们的行为对项目有多大影响）。
  - 你可以尽量缓解他们的担忧（如安排与发起人的谈话、提供额外信息等）。
- 安排后续行动和计划评审，重新审视个人感觉和项目情况是否改善。
- 记录各会议之间政治干预的所有实例，以便进一步讨论和采取纠正措施。

直接面对别人是很重要的，要让他们知道你了解他们在试图做什么。确保他们明白项目正在受到影响。会议不应是攻击性的，它需要以建设性的和客观的方式来解决。然而，你需要有一个清楚的认识，即破坏需要停止，否则将有更严重的后果。

你可能与在组织中比你级别更高的人打交道，但这不能改变你的行为。你的工作是管理一个已被组织正式批准的项目，任何政治干预都是违背组织本意的——你有道德制高点。

在许多情况下，与有关个人的公开讨论都是必要的，特别是我们试图缓解任何人的焦虑时。当有人通过其他人采取行动的时候，需要花些时间去做一些引人注目的改进。因为所有党派都知道自己的政治行为与组织目标是不一致的，当他们被呼吁停止行动时，通常会改善他们的行为。如果他们没有，那么你需要采取下一步措施。

3. 必要时上报

你是项目经理，负责实施一个已被批准的项目。你需要解释这个项目的目的和目标，但你不必保卫它。如果你试图与相关人直接处理问题后，项目依然经受政治困境，你需要把这些问题升级给其他人来处理。如果这个人在你的团队，就和他们的经理交谈，并解释你已经采取的措施和步骤。你不一定换掉此人，但你需要证明项目在你的控制之中，你不会容忍有人在试图破坏你或者你领导的项目。如果问题是与资源所有者或干系人相关的，那么请求发起人或其他高级别的干系人介入。破坏性影响是否有效不是你的位置所能决定的。当你继续交付已分配给你的项目时，其他人可以做出这个决定。

这不是一个承认失败的案例。相反，它承认你有一份工作要做，不能让人们降低你对项目的关注。如果你分心了，政治游戏就成功了。

4.2 发起人不相信我或者不充分授权

当你知道自己在圈外时

布莱恩走向咖啡机，他真的需要咖啡因来保持他的精力和警觉。这是一个艰难的项目。10 分钟后，他与项目发起人乔伊斯有一个会议安排，这些会议从来都不轻松。

他的思绪被贾斯廷打断，他正在搅拌刚煮好的咖啡。“嘿，”贾斯廷说。“事情怎么样？”

布莱恩回答道：“挺好的，谢谢。”并问她“有什么新闻”。贾斯廷在底层业务系统的技术团队，布莱恩的项目与之有接口。

“接到乔伊斯来电的好消息，”贾斯廷继续说。“我们将继续新版本的发布，所以为考虑这点，你们团队将不得不调整规格说明。但是，嘿，当然这是正确的决定。祝你好运。”然后他走开了。

布莱恩知道，他和他的团队将有更多的工作要做。大量的重新计划以及谁也不知道的影响分析，所有一切都是拜他的项目发起人乔伊斯所赐。

他叹了口气，端起咖啡，走向乔伊斯的办公室，参加他们安排好的会议。

15 分钟后，他的智能手机提醒他，还没有出席的乔伊斯发来一条消息："我迟到了，对不起，等一下我。我正在和硬件供应商召开关于贷款设备的会议。在我们见面时修正你的决定。"

布莱恩摇了摇头，决定事情必须改变，现在就改。但如何改呢？

4.2.1　问题

作为项目经理，你希望支持你的那些人，似乎对你没有给予必要的信任，或没有赋予你提供交付项目所需要的适当权限。你觉得发起人在质疑你的一举一动，并开始感觉他们不相信你可以管理好项目。

4.2.2　告警信号

对项目的成功来说，这个问题可能是致命的。因此，你需要对早期告警信号非常敏感，其中包括：

- 你花费过多的时间向项目发起人汇报项目的微观细节。
- 你们两个同时参加会议，而不是你代表项目发起人开会，或者更糟的是根本不需要你出席会议。
- 你被排除在项目关键问题的决策链之外。
- 项目团队成员正在绕过你获得决定和答案。
- 你得花时间努力去追赶你自己项目的事情。

4.2.3　如果我不采取措施会发生什么

最终，项目团队将完全绕过你，因为他们认为决策者完全是项目发起人，而你只是在决策过程中的一个迟延环节而非关键角色。你的角色将受到质疑，而且这种质疑可能是不必要的。

4.2.4　解决方法

学会如何控制你的发起人是至关重要的。他可以成为你最大的资产，但也能成为你成功最大的威胁。

任何项目想要成功，至关重要的一点是要有一个良好的项目发起人，但正如俗话所说，“你可以选择朋友，但你不能选择亲戚”，这对项目发起人同样是适用的。我们最终都会与给定的项目发起人一起工作，而不是我们精心挑选的。因此，你能做什么呢？详细地说，你可以通过实施如图 4.1 所示的三个步骤，建立起自己和项目发起人的关系。

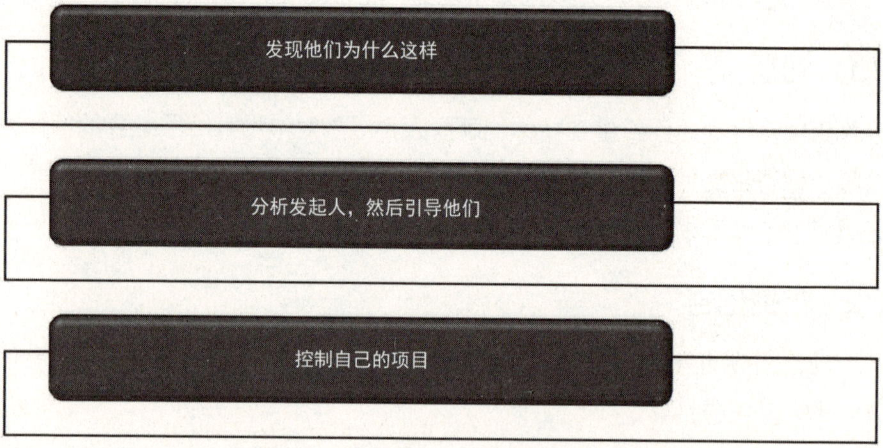

图 4.1　如何与项目发起人建立关系

4.2.5　我应该做什么

1．发现他们为什么这样

历史一瞥在这里有很长的路要走。你对项目发起人了解多少？他们是如何在这个特别的项目中得到发起人这个角色的？在过去项目的错误中和前任项目经理的困境中，他们有问题吗？他们曾经接受过作为项目发起人的培训吗？了解项目发起人的背景，可以帮助你理解他们为什么有这样的行为方式。洞察是一件伟大的事情。

警告！人们常常说，前任项目经理造就了一个非常糟糕的项目发起人。你很难不将自己的手弄脏。而且项目发起人总是有一种倾向，他们觉得自己有更多的经验，可以把工作做得更好。他们甚至觉得自己正在帮助一个不太有经验的项目经理。

当你研究项目发起人的背景时，召开一个会议，重建项目的目的和发起人对你作为项目经理的期望。

给你一个提示：与发起人见面时，不要问尖锐的问题，比如问谁、为什么或者什么时候等。要问一些软问题，比方说，问他们对项目的希望是什么，他们的恐惧是什么。用这种方式，你会得到更多的反馈，理解是什么在驱动着发起人，从而理解你如何能更有效且高效地与他们一起工作。好了，下一步做什么？

2．分析发起人，然后引导他们

现在，仔细思考一下发起人：他们目前如何工作，为什么？

应用权力网格（见图 4.2）评估工具来评估发起人（或所有干系人）。结果可能表明你现在面对的是一个高度感兴趣的发起人（如果他们积极参与这个项目，并且你发现他们很难相信你或交给你权力，那么几乎可以肯定这是真的），并且可能是一个高权力欲望的发起人。这种组合意味着你很难有效管理他们。

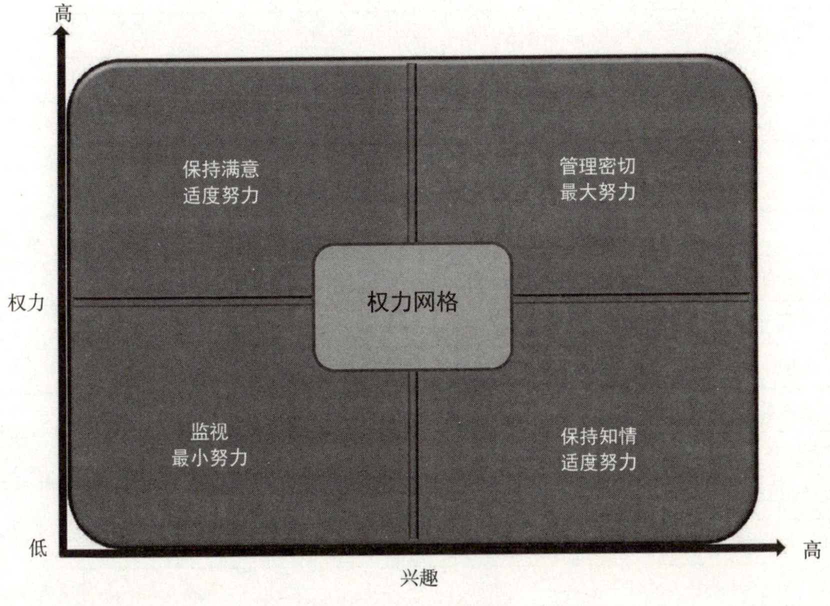

图 4.2　权力网格

现在，你需要引导他们。他们是如何理解项目发起人这一角色的？他们认为项目发起人需要什么？既然项目已经开始，他们应该已经完成了以下工作，那他们做得如何?

识别表 4.1 中的每一个条目，根据你的判断填写：是、没有，或者可能。

现在他们的工作应该是什么？再确定现实中是什么（见表 4.2）。

基于这种分析，你现在必须花时间来引导你的项目发起人：为了支持交付一个成功的项目，项目需要他们做什么，组织需要他们做什么。使用给出的清单跟他们交流，哪些他们已做得很好，哪些他们做错了。敏感性显然是至关重要的，但这并不意味着你可以含混不清地表达所需要说的。把你的信息交代清楚！

表 4.1 项目发起人为你（和你的项目）做了什么

	状 态
为该项目支持的战略提供了方向和指导	
为项目协商资金	
积极参与项目初步规划	
确定项目指导委员会成员	
与你合作制定项目章程	
确定并量化项目将要实现的商业利益	
使项目在组织中是可见的	
在协议、政治问题、潜在的敏感性等有关方面给你提供建议	

表 4.2 项目发起人应该为你（和你的项目）做什么

	状 态
审查和批准变更请求	
在与项目干系人意见发生分歧时，协调达成协议	
当需要时，通过发挥他们在组织的权威性和影响力来协助项目	
协助解决项目间的问题	
主持项目指导委员会	
支持你解决冲突	
通过有效的沟通策略，鼓励干系人的参与，建立并维持他们的持续承诺	
当项目结束时评估项目的成功	

在他们应该做的事情上，他们可能会得很高的分数。但在你的帮助下，他们也将能够看到他们所参与的事情，已进入到你的世界，即项目管理活动。

同时，列出项目发起人不应该为你（和你的项目）做的事情的清单。

3. 控制自己的项目

有了以上这些，是时候收回自己的项目了。

- 与你的发起人召开一次最终的、开诚布公的会议，总结你发现了什么，以及希望他们同意什么。
- 与项目的核心团队重新启动项目，让他们了解角色的职责清晰性和预期的沟通渠道。
- 计划你和项目发起人在未来两周的活动。
- 随后评估这两周的活动，看看你是如何进行的，以及是否有改进。返回到清单，看看你现在做得如何。

4.3 团队成员增加估算

进度估算诗

正如我们所知道的，
有已知的已知，
有些事情我们知道自己知道。
我们也知道，
有已知的未知。
也就是说，
我们知道有一些事情，
我们不知道。
但也有一些未知的未知，
我们不知道那些，
我们不知道的事情。

——拉姆斯菲尔德·唐纳德，2002 年 2 月 12 日，国防部新闻发布会

4.3.1 问题

你需要拿出一个准确的项目时间表——尽你的所能准确——但你怀疑团队成员在他们的估算中增加额外的时间。你如何克服这个问题，并得到一个现实的、

可靠的时间表呢?

4.3.2 告警信号

当心这个问题——如果你不能及时发现它，那么当它变得很明显的时候，可能会因太晚而不能补救了。可以寻找到这一问题的迹象包括:

- 估算似乎比以前相似的项目任务的时间要长。
- 用客观计算来检查那些似乎估计得太高的估算。
- 你的团队给你估算结果，然后在项目中安排长假。

4.3.3 如果我不采取措施会发生什么

如果这个任务添加了一个小小的缓冲，然后那个任务也增加一个小小的缓冲，那么很快整个项目进度就会有真正显著的变化!

增加估算的问题没有被视为一个偶然行为。弗莱德认为他可以在 3 天内完成他的任务，所以他告诉我他将需要 5 天。于是他没有在星期一开始他的任务，而是在星期三开始，因为他有额外的时间。一旦星期五到来，他意识到有其他的安排冲突，他就无法按时交付。

对估算者来说，估算只是预测未来。另外，我们大多数人并不做心理研究工作。由于初级员工的估算经验较少，所以这种情况对他们可能会更糟糕。如果你的日程安排非常不准确，那么这会导致其他人质疑你未来的估算结果，并且你将发现你的预算和时间表会被削减。

4.3.4 解决方法

你需要得到可靠、一致的估算结果。但你怎么得到呢?

(1) 使用公认的工具和技术来开展估算。

(2) 与整个团队建立项目估算共识。

(3) 每个团队成员有一个估算范围，而不是单一的估算。

(4) 不要问任务需要多少天完成 (总工期)，而是问实际完成任务所花费的时间 (工作量)。

4.3.5　我应该做什么

你的团队成员希望得到更高的估算，这样他们就有尽可能多的时间，甚至额外时间。你想尽快完成项目，让所有的干系人都满意。下面是一些方法来绕过这个冲突，并制定准确的（没有高估的）估算。

1．应用公认的工具和技术

填充估算的一个重大原因是团队成员对他们自己所做的估算是否准确缺乏信心。他们知道自己可能会有错误，所以他们把数字加了层安全网，以避免估算太低或太短。

为了有助于避免填充的情况，你可以为团队提供一些不同的工具，供估算时使用。这些工具不需要特别复杂，只是有些有一个复杂的名字，你可以忽略名字而专注于工具本身。下面是一些工具的例子。

- 基于历史数据的估算：以往项目是否有类似的任务可以用来做比较？
- 专家估算：在该组织中是否有人（即使不是在你的项目）擅长估算任务应该花多少时间或多少钱？
- 公式计算：你可以使用行业或供应商的数据吗？例如，如果你需要购买 1 000 平方英尺（1 英尺≈0.304 8 米）的瓷砖，并且每平方英尺包安装成本是 6 美元，那么你可以估算完成任务需要 6 000 美元。

2．达成对项目估算的共识

如果你和你的项目团队一起工作一段时间，你就会感觉到每个人是如何修改估算的。如果有必要的话，你可以调整它，以获得准确的估算结果。例如，如果你知道杰瑞总是过于乐观，你可能需要调低他的估算。反之，由于弗洛伊德过于保守，你可能需要调高他的估算。

对于一个全新的团队来说，你从未与他们一起工作过，所以没有这样的认识，不知道如何修改每一个估算从而得到一个准确的时间表。

在一个公开会议上，团队成员将不太可能填充数字，因此你可以通过让团队在公开会议上对估算结果达成共识，从而避免长期的填充估算的问题。在会议上，团队成员可以仔细检查假设和风险，并且对他们提供的数据有更多的信心，特别是如果这些数字是由上面所提到的工具提供的话。这种方法也确保了做估算的人对项目需求有清楚的理解。一个信息充分的团队总是会产生更好的估算结果!

由于你需要作为参与者，所以，如果可能的话安排另一个人来推动这次会议。你可能清楚项目的优先级、约束和假设，而一些团队成员却不了解，因此，你需要参与决策过程。

在这种情况下，团队中有更多有经验的估算者可以帮助找出其他人提供的估算可能有哪些不足，并且在那个时候也可以调整。

3. 使用估算范围

还有另一种方式可以帮助你给团队成员自信的感觉，从而让他们给你一个准确的承诺，那就是问交付的日期范围。

估算范围并不意味着你采取最迟的日期就是在安全区。帕金森定律说:“工作可以占用所有的可用时间。”如果你给任务更多的时间，人们经常使用额外的时间把工作做得更好，如添加额外的功能、做额外的测试等。尽管是出于好意，但这种“范围镀金”行为使得项目超出它应有的期限，并带来新的问题和风险。

获得任务估算结果范围的最好方式，不是问卡罗尔她的任务会在何时完成，而是问她最好的情况下、最坏的情况下和最有可能的情况下的估算结果。讨论估算结果背后的理由，将引出风险和问题。所以，卡罗尔感觉到她不必在第一次估算时就提交结果或安全的最后日期。她会觉得更有信心去承诺一个合理的日期，并有90%的把握去实现它。

为了得到一个准确的日期范围，要允许每个团队成员在承诺之前有足够的时间去思考问题。如果你要求一个队员现场估算一个任务，他会快速编造一个数字让你走开。给大家时间来进行认真的估算，更精确的交付将会补偿你。

4. 询问团队成员任务的工作量而不是工期

如果问你的团队成员:“你什么时候能完成这项任务?”他们的答案会有所不同，因为他们会计算他们正在做的其他项目或其他可能出现的问题。相反，考虑这样问他们:“好吧，假设你可以不间断、不休息地做这项工作，你需要多少小时才能完成?”一旦你知道了所需要的工作量，它可以让你把所有的变量包括在内后得到一个真实的工期。你的团队成员就不必计算自己的工期。确保你所做的估算考虑了人们的技能水平。需要一个正常人三天完成的任务，并不意味着每一个团队成员都需要三天。可能有人只需要一个下午，因为他有专门的技能；可能有人需要一个星期，因为他在真正开始工作之前还要加快速度学习一些基本概念。

没有人百分之百的时间都在工作——在估算过程中认识到这一点，我们可以得到更准确的工期估算。

在编制计划过程中，通过明确检查和梳理所需要的缓冲，你所需进行估算的信息就会尽可能的准确——不确定性越大，缓冲就越大。你可以为特别危险的工作包或项目整体预留应急时间。

无论是针对工作包还是项目层级，应急时间的规模完全取决于制订时间计划时项目的固有风险。

帮助团队按计划尽可能早地开始每项任务，也会减少风险和不确定性。

最重要的是，要确保一个外部规定的日期不会影响团队成员的思想过程！你需要了解什么是真正需要交付的任务，而不是推动团队进入死亡游行。这可能比较棘手，因为一些干系人可能会认为每个人都会拉长估算结果，所以他们可能要你削减所做的承诺。这不是你想玩的游戏！如果遭遇挑战，准备小心谨慎地为你的日程安排辩护。

如果对某些任务的估算仍然是模糊的，这可能标志着需要把这些任务分解到更细的层级，以获得更清晰的估算结果。如果 WBS 有缺陷，那么估算结果就会不准确。所以，这可能是一个检查是否有什么事情需要完善的好时机。

4.4　某些团队成员缺乏必要的技能

你让我们做什么

艾伦坐在他的办公桌上，思考着他被指派去管理的新项目。看起来他被配置了一支完整的团队，并做了很好的调整，但艾伦却很担心。他曾经和所有团队成员一起工作过，他们都是很好、很强的贡献者，但他们并不具备这个项目所需的技能或经验。

艾伦的发起人解释说，因为有很多高优先级的项目正在进行，资源紧张，每个人都不得不做些妥协。这是可以预料的，但有妥协就有失落，这种感觉更像后者。

艾伦了解到，至少有一些团队成员知道他们被分配到了这个项目。在午餐室里也见到了几个人，他们看起来都很紧张。他能想象出来他们是什么样的感觉：对未来的工作感到紧张，但又不想承认自己真的不知道如何做这类工作。艾伦不知道他将如何处理这个问题。

4.4.1 问题

你的组织有很多重要的项目正在同时进行，资源紧张并分散在不同的项目中。你的项目似乎已经真正经历了这种情况——分配给项目的大量资源不具备成功完成任务所需要的技能。

4.4.2 告警信号

如果你有团队大量的背景信息，这个问题可能从一开始就很明显。但在某些情况下，这个问题可能是隐藏的，直到工作实际开始执行。以下一些迹象表明，你可能会有问题：

- 团队对项目的目的似乎感到措手不及或困惑。
- 团队的背景和经验与所需完成的工作并不匹配。
- 团队似乎缺乏动力。
- 有更多的基于问题而不是正常安排的任务和需求。
- 早期工作经历着进度延误或质量问题。

4.4.3 如果我不采取措施会发生什么

如果你忽略了这个问题，人们不会变魔法似的获得必要的技能。相反，项目将继续挣扎着，错过了最后期限，经历不正确的或低质量的交付物，以及团队士气低下等问题。项目将不可避免地失败。

4.4.4 解决方法

这个问题不会很快得到解决，所以你需要认识到，无论如何项目都将受到影响。解决方法既要考虑团队的需求也要考虑项目的需求，即以确定正确的方法：

（1）树立该项目相对于组织其他项目的重要地位。

（2）创建并执行解决技能短缺的计划。

（3）重新规划项目以准确反映现状。

4.4.5 我应该做什么

这显然是一个重大问题，但不要惊慌！就像其他问题一样，你可以找到解决方法并实施。在我们开始看一步一步的解决方法之前，有一个重要的额外参考需要铭记。

在这个项目中团队不具备取得成功的技能，但这并不需要他们反思。我不具备驾驶飞机的必要技能，或者不能进行专业的运动，或者不能进行心脏手术。但这并不会让我成为一个渺小的人。不能因为团队成员没有这个项目所需要的精确技能而让他们感到自己是无能的。

1. 树立重要地位

分配给你的资源似乎是那些优先级更高的项目中留下来的，这个事实告诉你这个项目相对于其他项目的重要性，但这并不意味着没有人关心，也不意味着这个项目将继续是低优先级的，所以你需要确保充分了解了组织的优先事项：

- 最重要的是范围、进度还是预算？
- 是否存在不可协商的因素，如规定的最后期限或固定价格合同？
- 其他项目是否有依赖于该项目的交付成果？或该项目是否会消耗另一个在执行项目的可交付成果？

这将有助于你了解如何（或是否）重新制订计划，以弥补技能短缺。你也需要与项目发起人及其他高层干系人讨论这个问题，包括项目管理办公室，确定有哪些可选的方法，如：

- 提供预算，用以聘请外部专家来协助完成某些需要专业技能的工作。
- 制订培训计划，以培养团队所需的技能。
- 在项目需要的时候，将组织内部专家资源从其他项目中释放出来提供给你。
- 调整该项目，以真实反映团队能够实现的目标。

一旦你有了这些问题的答案，就可以制订一个计划，以解决存在的技能差距。

2. 创建并执行计划

与项目组合中的其他项目相比，一旦你明白你的项目的相对重要性，并且在项目约束范围内你的项目还存在升值的灵活性，你就可以制定一个计划，以解决这些问题。在这一点上，这不是项目计划；相反，它在创建一个如何让项目团队成功交付项目的案例。基于你收集到的信息，可以组合应用这些方法：

- 从其他项目或业务领域获得额外的团队成员，并可以带来所需的技能。
- 申请预算，聘请所需技能或者培养团队技能的外部顾问。
- 培训项目资源。
- 寻求组织内或行业专家的非正式顾问和临时援助。

在某些情况下，同时承担这些事情与一些项目的任务，是有可能的；在其他情况下，把项目搁置直到这些事情得到解决，也是有必要的。尽管这些事情需要有自己的计划，但作为项目经理，你要像管理任何其他项目计划一样管理这些事情的执行。

在这一点上，最大的错误之一就是只关注项目执行的工作。而更重要的是，为团队成员个人提供技能发展，让他们有信心做好工作——这将使此项目和今后的项目受益。

3. 重新规划项目

制订了解决项目技能短缺的计划，你可以重新审视整个项目计划。在这一点上，你知道什么是最重要的限制，但你需要认清现实。只是因为项目发起人告诉你时间是最重要的因素，并不意味着原来的时间表可以达成，特别是在项目发起人不准备提供任何专家或培训预算的情况下。

根据你所提出并正在执行的技能发展的方法，提供一个可实现的计划。你应该试着重新给任务排序——哪些任务可以待专家可用或培训结束后再完成，哪些任务确实会延误或需要将完成任务的时间延长——不这样做，就不会使项目交付更快！

你还需要规划必要的预算变更，而不仅仅是由于任务时间延长或推迟而造成的额外费用，还有培训、顾问等相关费用，这些费用都归属于项目成本。

如果项目发起人同意范围变更，你需要清楚地识别正在被取消的功能，并且如果可能的话提供初步信息说明这些功能将何时提供。

4.5 其他项目不断在猎取我的资源

今天还在，明天就走了

安琪是一个项目经理，被分派去管理一个她（和她的发起人）相信知名度很高且对公司非常重要的项目。在项目发起人的批准下，她成立了一个指导委员会，在公司内领导项目且为项目提供资源。终于有人来管理此项目了，领导们似乎很高兴，所以她感到有信心。

鲍勃是一位运营业务的高层领导，接见了她，表示他很乐意分配资源给她，但在他们自己的业务领域有很多项目。安琪热情高涨，心想如果鲍勃分派工作人员到她的项目，应该是很好的。

见面后，安琪再次检查了所分配的资源列表，发现已从公司内调来了最好的资源来支持她的项目。她笑了。

这周，安琪参加了项目管理办公室会议。她的同事们正在积极地为他们的项目工作。一些项目经理提到，他们的进度正在减慢，并随意地提到了团队成员同时在为过多的项目工作。安琪仍然相信这不会发生在自己的项目里，因为她有一个完整的团队。

会后，安琪会见了另一位项目经理朱尔斯。朱尔斯告诉她，他听到有一系列新的合规性变更需要尽快实施。她认为这可能会影响法律，但肯定不会影响她的项目，所以她继续跟进项目。

安琪计划召开启动会议，因此发送了邀请函，她注意到一些关键项目人员不能出席会议。“这是夏天，”她认为，有一两个人在休假是正常的，但怎么会有这么多呢？尽管有缺席，但启动会议是成功的。她和出席会议的人一起工作，确定工作包，并且把资源分配到各项任务上。她为有一个可实现的计划感到高兴。

接下来的一周，她安排召开团队会议。她相信每个人都会参加。她反复检查时间表，每个人看起来都有时间，然而——你猜对了！更多的人缺席！另外，她预期本周完成的工作还没有启动。她应该已经看到不祥之兆了吧？

4.5.1 问题

你已经组建了一个项目团队，正在按照项目计划进行。最近，你注意到项目资源变得难以获得，但在其他项目中露面。很显然，你的资源被其他竞争性的项目所窃取了。

4.5.2 告警信号

你的资源要么在你的项目里工作，要么不在，这应该是一个相当黑白分明的问题。困难的是，认识出什么时候小问题将演变成危险的趋势。有些事情要留意：

- 在会议上你没有得到明确的状态更新。
- 任务完成日期经常延后。
- 会议出席率总是不可预测。
- 听到走廊上的谈话，有新的或其他的项目正在耗尽公司的资源。
- 项目团队公开与你沟通，他们的上级给他重新分配其他项目或其他任务了。

4.5.3 如果我不采取措施会发生什么

一些即将发生的问题的迹象可能是非常微小的。作为项目经理，你必须保持警惕。你的团队成员被他们的上级重新分配了其他项目工作或其他任务，如果你忽略了这个问题，你的项目团队会因为需要完成额外工作而变得不堪重负。关键路径上的任务没有完成，由此推测，你的项目将无法完成或可能被简单地搁置了。

更糟的是，如果项目团队看到你没有解决这个问题，可能会认为这是确认了该项目不再是高优先级的项目，进而开始花费更多的时间到其他项目或运营工作中。

4.5.4 解决方法

让我们面对它——企业优先级的改变超出了我们的喜好。某一天高层管理人员已经决定支持一个配备资源的项目，然后危机出现或新项目赶上来代替了这个项目。乐观的态度、良好的项目计划，以及一个完整的名册是无法保证工作完成的，也不能保证项目的执行。

你需要采取结构化的方法来管理这个问题，并通过以下步骤来进行。

- 评估你的损失：损失谁以及损失多久？
- 研究并记录：找出造成资源损失的原因是什么。

- 重新预测计划，或者协商归还资源或更换资源（或两者兼有）。

4.5.5　我应该做什么

如上案例中，你已经注意到安琪已经忽视了一些项目资源逐渐减少的真正迹象。让我们勾勒出这些迹象：

- 团队成员不参加会议。
- 在走廊议论新的关键合规项目。
- 运营高管鲍勃表示他们已经纷乱如麻。
- 同事提到日期延误是由于项目冲突。

她应该什么时候做出反应呢？立刻！

1．评估损失

第一步是开始评估哪些关键路径上的任务因为资源损失而受到影响。你需要了解影响是否是轻微的和暂时的，或者影响是否可能导致产生不可恢复的项目延期。如果冲击的是材料，需要立即把问题向发起人或指导委员会毫不隐瞒地汇报，并提交给你的老板。如果你的公司或客户对交付该项目很重视，他们需要知道是什么在影响项目进展，并做出严肃的优先级决策。

作为项目经理，你不能在真空中工作。安琪应该抓住每一个机会来发现问题。她应该跟她的同事了解冲突并询问鲍勃他们在做什么，而不是想当然地认为合规项目将限制在法律部门。她应该继续评估风险，并将其记录在风险计划中。

2．研究并记录

一旦你确定你的团队资源被盗、重新分配或再指派，下一步就开始你的工作。深入探究和挖掘你的资源去了哪里。他们正在做什么项目？项目干系人变更了你的项目优先级吗？记录你所发现的情况。

接下来，记录谁被分配到什么项目，以及占用时间的百分比。最近有什么新的高优先级项目加进来并取代了你的项目？如果你的项目工作不是他们唯一的责任，那么与项目团队积极沟通，了解他们的承诺和其他责任。如果一个团队成员去了另外一个项目，那么找出是哪个项目，并弄清楚他们对那个项目的承诺是不确定的还是很短的时间。沟通是钥匙——与团队成员个人沟通，并与干系人对话。

然后，把所获得的信息做一个简单的总结，共享给项目领导。

在问题日志中记录这个问题。再次利用这个研究升级问题。寻找和推荐解决方案：在本公司内还有其他资源，可以用来完成任务吗？你能把工作外包给一家咨询公司来协助完成项目吗？

3. 重新预测或谈判

如果发现被窃取的资源只是被使用有限的时间，或发现针对资源差距的解决方案是置换资源或对任务重新排序，那么重新规划你的项目来反映这些变化。确保修订的计划通过你的管理层、项目发起人和指导委员会的评审和批准。

你也可以直接与其他项目，或通过项目管理办公室，解决问题。与窃取资源的人进行谈判，共享资源的时间，基于关键路径上的任务在两个项目之间进行时间分割。该计划可能需要进一步的变更，但如果变更允许一个关键资源能完成多个项目的工作，而不影响项目的约束条件，那么它就是值得的。

有时你会发现太少的资源要在预期的时间里完成工作。如果在组织中这是一个长期的问题，而不是一个孤立的事件，那么鼓励你的领导，建立企业范围内的或投资组合范围内的依赖和影响跟踪会议机制，以及企业范围内或部门范围内的资源规划。

4.6 我的团队并不是真正意义上的团队

你觉得自己像个裁判吗

杰里米坐在他的书桌旁，思考着哪儿错了。本周第三次了，吉姆和柯蒂斯在他的办公室里互相大叫大嚷，指责对方不把自己当团队成员，也不完成他们的工作。

杰里米是一个大型网络开发项目的项目经理，公司预计通过此项目的在线订购能力来增加市场份额。吉姆是项目的技术领导，而柯蒂斯是业务部门分配的技术专家，同时也代表客户。他们最近的一次争论是关于项目的目标。

正如杰里米在这个项目上的体会，他意识到吉姆和柯蒂斯之间的冲突是他的团队缺乏合作精神的征兆。这是个没有凝聚力的团队。程序员之间没有很好的沟通，单个组件进行集成应用时经常失败。由于一些团队成员优先完成“常规”的岗位工作，所以项目可交付成果总是延期。显然，团队并不了解这个项目的重要性，以及项目如何符合公司的战略目标。

一些团队成员认为他们做得比别人多，但他们的努力却没有得到任何认可。而另一些人觉得某些人是引人注目的。团队没有士气，面临四分五裂的风险。

杰里米花了太多的时间在团队中劝架，却无法承担项目经理的责任。他意识到这已经成为项目的重大风险。他能做什么来扭转局面？

4.6.1　问题

团队看起来一点儿不像一个团队。相反，他们表现得像一群有着不同议程和目标的个体。分歧是频繁的，沟通是无效的或者完全缺乏。每个人似乎都更加专注于自己和自己的需求，而不是专注于项目和项目的需求。

4.6.2　告警信号

这个问题可以以许多不同的方式表现出来。作为项目经理，你需要能够在早期识别预警信号并迅速行动。可能存在问题的一些常见迹象包括：

- 在团队成员之间存在分歧或冲突。
- 缺乏凝聚力。
- 团队成员显然没有沟通。
- 存在孤岛，工作是孤立地完成的。
- 团队成员有其他优先事项干扰了项目工作。
- 对团队成员明显缺乏尊重。
- 团队成员不认可项目的目标。
- 团队成员寻求个人认可，而不是寻求团队的认可。
- 团队成员不确定自己的角色。
- 似乎没有人相信团队能完成交付。

4.6.3　如果我不采取措施会发生什么

不能很好地协同工作的团队会给任何项目都带来很大的风险。项目的目标将达不成，或者项目预算将超支，或者进度将无法满足等的概率会增加。同事之间的关系可能会被永久性地伤害，职业生涯也可能会结束。置之不理没有什么好的结果，这些问题是不会自行解决的。

4.6.4 解决方法

作为项目经理，你有责任建设和领导有凝聚力的团队。记住，你与其说是管理一个项目，不如说是领导一个必须团结起来的团队，以实现项目的目标。通常，人们是来自业务部门的职能单元，并没有直接向你报告。你必须将自己确立为一个领导者，把个体塑造成一个团队。做什么能增强凝聚力、建设成功的团队呢？

首先，你需要了解一个成功团队的特征。然后，你可以创造一个有助于形成这些特征的环境。这些特征包括：

- 团队中有合适的人才。
- 尊重团队的每一个成员。
- 明确定义的角色和责任。
- 明确和诚实的交流。
- 对项目目标的理解并达成一致。
- 团队对项目目标的归属感。
- 团队为项目的成功承担责任。

4.6.5 我应该什么

作为项目经理，你需要创造一个环境，让人们能够有效地协作，为有效的团队合作奠定基础。

1. 获取合适的人选

要得到合适的人，你需要制订一个资源计划。资源计划需要你识别和理解所要做的工作，至少要有高水平的理解。这将帮助你识别所需的人员类型，认识到完成这项工作所需的技能和能力。然后开始使用资源计划识别团队的资源。有效的团队需要正确的人。在选择团队成员时，有很多因素需要考虑，例如：

- 他们有完成这项工作所需的技能吗？
- 他们有能力在项目上工作吗？他们有时间吗？
- 他们是否有与其他人有效协同工作的能力？

- 在组织中，他们的立场是什么？他们是否有适当的影响水平？
- 他们是以结果为导向的吗？

在大多数组织中，项目团队成员都是兼职团队。他们通常需要将时间分配给日常工作和项目工作。为了减少与团队成员不同职责之间的冲突，需要与团队成员的职能经理密切合作。与职能经理达成协议，如可用性，处理紧急情况，并及时处理日常工作等。

2. 创建团队一致性

项目组成员通常来自组织内不同的职能部门，他们认定自己是职能部门成员。项目要求他们离开自己的母队，与其他人组成团队工作。新的团队是谁？如果他们不知道，很难感觉要忠诚于新团队，或很难感觉到自己是新团队的一员。

一旦你确定了团队成员，并把他们带到一起，就要开始创建团队一致性，让团队成员参与进来。下面是一些有帮助的活动：

- 选择一个团队名称，也许是项目名称或昵称。
- 设计一个团队标志。
- 如果预算允许，定制队服、咖啡杯，或类似的物品。
- 向组织宣布新的项目团队，并列出团队成员的名单。
- 在公司内网创建一个项目网站。

当你建立了团队身份标志，要经常使用它，让团队成员多多应用新的身份。

3. 开发一个团队运作协议或团队章程

一旦确定了团队的标志后，就应该创建团队运作协议（Team Operating Agreement，TOA）或团队章程。应该让整个团队参与 TOA 的开发，确保大家接纳并负有主人翁精神。在项目进行过程中，TOA 为团队以一种有效的方式协同工作提供了基本原则和指导方针。为了团队协同工作，它可以包括团队认为必须涉及的任何内容。一些典型的条目包括：

- 团队沟通规则和期望。
- 决策程序。
- 会议类型以及召开会议的基本规则。
- 角色和职责。
- 个人礼仪和团队如何彼此交互。

在完成 TOA 后，每一个团队成员以及项目经理都应该签字，表示大家同意遵守。TOA 不是一成不变的文件，在需要时可以修改。

4．定义项目目的和目标

项目章程中规定了项目的目的和目标，它们通常由项目发起人和项目经理共同制定。他们将一起工作来确定项目的目的和目标，以及项目成功的标准。该文件是确定项目范围的基础。

使用“项目章程”来帮助团队了解对他们和对项目的期望。作为项目经理，确保团队清楚地理解项目的目标、目的和范围是你的责任。你的团队必须知道在项目发起人的眼里看来项目成功是什么样子的。项目章程还应明确说明该项目是如何适应组织战略的。这将有助于团队理解自己所做工作的重要性和相关性。

5．使用领导策略

团队建设中最重要的方面是项目经理的有效领导能力。项目经理最终负责建立有效和成功的团队。有些项目经理天生具有超凡魅力，人们似乎想为他们尽最大的努力工作。但我们大多数人没有此天赋。那么我们如何才能成为有效的领导者呢？幸运的是，虽然领导能力需要许多技能，但这些技能是可以学会的。

实践有效沟通：想要成为一个有效的沟通者，就要始终如一地诚实对待团队，并学会聆听。沟通是处理人际关系的最有效工具。一个简单的规则是，除非存在合理的理由，否则要让团队成员知道项目的每一件事。不要用 “需要知道”的态度来管理项目，而要用“为什么不让他们知道”的态度来管理项目。

以这样一种方式来组织团队的工作，团队成员就是相互依赖和互相认可的。这将产生一种强大的推动力，使来自不同部门的群体转变成为一个为了共同目标而协同工作的团队。要鼓励团队解决问题。项目的成功是与团队合作相关的，而项目的失败也是与团队缺乏合作相关的。

建立奖励和表彰机制：为团队建立一个系统的奖励和表彰机制。一个较好的方式是建立一个渠道，让团队成员可以提名其他成员获得奖励或表彰。这既促进了友情，又避免了偏袒的感觉。在团队会议中公开奖励和表彰，并考虑邀请团队成员的职能经理出席颁奖仪式，把奖励和表彰公布于项目的网站上。

有效地管理冲突：消灭项目中的冲突是不可能的。项目经理如何处理冲突将决定冲突对团队和项目是否有害。事实上，控制冲突可能会产生有益的影响，比如以新的思维方式思考，提出新颖的解决方案，以及鼓励创造性思维。但没有管理或未解决冲突往往导致问题。

在冲突中，你必须成为团队成员之间的谈判代表。这需要良好的倾听技能以及觉察能力。你必须找到冲突的根源，才能解决它。要与冲突中的各方合作，共同寻找解决方案。换句话说，帮助团队成员找到解决方案。不是解决他们的问题，而是支持他们寻找解决问题的办法。

授权给团队：授权他人取决于你对他们的信任程度。鼓励团队找到问题的解决方案并做出决策。在工作中支持团队是你的工作。项目经理应该具有很强的领导技能，信任他们的团队在做正确的事情。微观管理是团队的杀手。你选择了一个团队，他们具备了专业知识和完成工作的能力，就要相信他们能这样做。你的工作是为他们清除通往项目成功道路上的障碍，并为他们提供完成工作所需要的一切。

4.7　团队花费了更多的时间在争论而非工作

哦，不！团队没有融洽相处

当被任命为项目负责人时，安妮确信这将是一个伟大的团队。这个项目令人兴奋，因为它将为公司推出新产品。她认识项目团队中的一些人，并且以前与他们一起工作过。当然，这次的项目，与他们以前工作过的任何一个都不同，团队中的一些成员是公司的新人。她认为对于每个人来说这都将是令人兴奋的——挑战在前面等着大家！

然而，安妮发现她错了。安妮看到，当团队成员第一次为了这个项目走到一起开始工作时，就出现了问题，但她认为他们能够全部解决。事实是，从来都没有发生过这样的事情。安妮想起最后一次小组会议：霍华德抱怨说，他是唯一一个在真正做工作的人；萨拉说她做得已经够多了，不想与不欣赏她的人一起工作；茉莉像往常一样迟到；唐的任务没有取得任何进展。其他成员甚至拒绝在状态会议上开口说话。

当然，项目当前处于停滞状态。发生了什么事？安妮如何能让团队朝着正

> 确的方向前进？她能和这群人重新开始吗？必须做一些事情，而且要马上去做，否则这个项目永远不会成功。糟糕的是，几周后她要和发起人开个项目会议，她能告诉他关于团队的什么呢？她能在会议之前把问题全部解决吗？

4.7.1 问题

团队在一起合作得不好：

- 彼此之间相处得不好。
- 互相之间没有沟通。
- 每一次出现错误，都会互相责备。
- 顽固地拒绝帮助对方。
- 相互之间经常争吵。

或者，团队一起合作得很好，突然之间发生了变化。发生这种变化可能有很多原因，包括：

- 在项目执行过程中有新成员加入。
- 某团队成员因为个人问题，影响了他的表现。
- 项目发生了重大变化，改变了团队合作的方式。

不论是从第一天起，团队之间不能很好地合作，还是在某一时刻工作得很好而现在变化了，能够解决问题并且让团队高效地合作，对于确保项目成功结束这是非常重要的。你发现你正试图管理着一个与你不太合作的一群人运作的项目，如果不能很快把团队局面扭转过来让他们一起很好地合作，项目很可能会失败。

4.7.2 告警信号

找到一些事情能够让你知道团队没有很好地合作，比如：

- 团队成员的工作如井中作业，不共享信息也不帮助别人。
- 团队成员不参加小组会议，迟到，或者不参与。
- 团队成员之间经常发生冲突。
- 错过最后期限，或者团队成员任务进展缓慢影响了其他成员的任务，进而增加了项目失败的风险。
- 团队成员之间缺乏沟通。
- 团队成员之间经常出现会议以外关于其他成员的负面的讨论。

- 对其他团队成员的公开对抗普遍存在。
- 团队成员正在试图离开项目，加入其他项目。

如果以上任何一种现象在你的团队中明显存在，你就面临团队成员之间没有有效合作的问题，这将会影响项目进度和整体成功。

4.7.3　如果我不采取措施会发生什么

任何一个项目要想成功，团队需要学习如何相互合作，为了最终的成功互相支持。如果不采取措施，情况将继续恶化，它不会自行消失。除非你以某种方式干预，否则，团队成员不会自行解决问题，并会走得越来越远，那么项目很可能会失败。管理项目团队以及团队成员之间的互动是项目经理角色的关键任务。你需要了解团队发展的基础知识，学习如何尽可能高效地管理团队。

4.7.4　解决方法

你需要弄清楚如何让团队一起工作，任何时候只要团队出现沟通或运作问题，对你来说都是高优先级的。你需要将团队拉在一起工作，去解决他们的问题，这可能意味着项目中可以节省出一些时间。通过改进团队合作的方式，你可以让项目朝着正确的方向前进，避免失败。要让团队朝着正确的方向前进，你需要确定是什么阻碍他们一起合作，以及什么可以帮助他们解决问题。

4.7.5　我应该做什么

1．理解团队的发展阶段

首先，让我们回过头来看一看团队发展的五个阶段。前四个阶段被称为塔克曼阶梯理论。这个理论是由布鲁斯·塔克曼 1965 年开发并出版。1977 年，塔克曼和玛丽·安·延森，增加了第五个阶段——解散阶段。让我们来讨论一下前面四个阶段，这是为使团队一起合作你所需要了解的。

- 阶段 1——形成阶段：在这个阶段团队成员第一次走到一起，互相认识。
- 阶段 2——震荡阶段：团队成员开始工作在一起，为了地位彼此之间会有竞争，并开始接受他人的想法。
- 阶段 3——规范阶段：团队成员们开始作为一个团队有效地工作，不只是专注于自己的目标，而是在寻找一种大家能够有效协同工作的方式。

- 阶段 4——成熟阶段：团队以较高水平的绩效运作，重点是达成团队的整体目标。

通过了解团队如何一起工作，并通过这四个阶段以达到高绩效，你可以更好地让你的团队一起工作。图 4.3 说明了团队几个发展阶段的变化轨迹。记住，有些团队永远到不了第四个阶段，即高绩效水平的成熟阶段，最高停留在第三个阶段，即规范阶段。此外，团队发生变化还可能使之从规范阶段退回到震荡阶段。项目经理需要知道变化可能会使团队退回到前一个阶段，因此应该尽可能帮助团队尽快向前迈进。了解团队发展的阶段，可以使你作为项目经理能够更有效地工作。

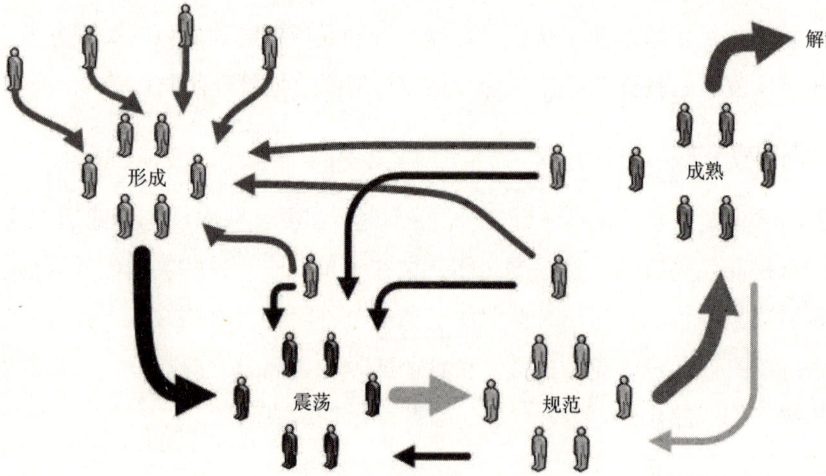

图 4.3　团队发展的五个阶段

正如在图中所看到的那样，当影响团队运作的情况发生时，团队可能在不同的阶段之间来回移动。例如，新成员加入，有人离开，项目范围变更，团队成员有个人发展问题，或其他原因发生。一个团队可以从规范阶段回到震荡阶段，从成熟阶段回到震荡阶段，从规范阶段回到形成阶段，等等。许多情况下，团队会很快回到他们本来的状态阶段。作为项目经理，了解团队的职能，以及哪里需要介入并帮助他们继续朝着正确的方向前进，这是你的职责。

2．解决你的团队问题

采取如下步骤来解决团队合作不好的问题。

（1）退后一步，团队可以开始建立彼此之间的关系。在过去的项目中，你可能已经与一些团队成员有了一定的个人关系。如果是这样的话，用你所知道的关于团队成员的情况来理解团队内发生了什么。利用这些关系来影响团队成员去理解发生了什么。

团队需要花费一些时间让大家去了解对方，互相向对方学习，这样他们一起工作、互相配合就会觉得是很自然的事情。很可能的情况是，在项目开始之前，团队没有机会见面去互相了解对方。现在应该去做这些事情，但这不是一两小时的事情；团队合作的难度越大，团队建设需要花费的时间就越多。考虑一下团队合作较差的一天，你需要做一些严肃的事情进行团队建设和解决问题。这是很重要的，需要安排到你的日程之中。你和整个项目团队需要一起开始建立关系，一起工作。想一想下面这些事情。

- 团队成员以前有没有一起工作过？如果一起工作过的话，把大家召集到一起，问问当他们第一次在一起工作的时候他们发现什么是有帮助的。
- 有一些成员试图向其他人伸出援手吗？如果是这样的话，让他们参与到如何让团队良好合作的讨论中来，他们可能有一些好主意！
- 不同的团队成员的个性是什么？他们害羞和安静吗？性格外向又开朗？这可能有助于你了解你所面临的一些问题。
- 你会选择让团队面对面在一起几个小时进行团队建设吗？如果不可能，团队是虚拟的，你可以选择通过网络会议或其他手段虚拟地把大家聚到一起。理想的情况下，你可以访问一个虚拟的平台，如果没有，使用电话会议，但要让所有人都在一起。可以考虑的一些可能性有：
    - □ 早餐会或午餐会（如果团队成员都在一个地方）。
    - □ 业余时间的聚会（如果团队成员都在一个地方）。
    - □ 虚拟聚会，团队仍然能够通过电脑上的摄像头看到彼此。
    - □ 电话会议。
- 即使是电话会议，团队建设也是可能的。考虑的可能性包括：
    - □ 团队成员介绍自己。背景、过去参与过的项目、爱好和兴趣等。
    - □ 使用 MBTI 性格测试模型。
    - □ 各种各样的团队建设活动——有许多团队建设的书籍可供参考，同时互联网上也有大量关于团队建设的信息。

考虑一下，团队之外你可以邀请哪些人过来指导团队建设。也许是项目发起人，或者一位客户来运作一次对话活动。也许是一个中立的伙伴，像一个团队建设顾问那样帮助促进团队建设练习。

在团队会议之前，请团队成员准备好他们在项目中的顾虑。他们在项目中所面临的问题是什么？或者，使他们在一起难以配合工作的原因是什么？不要缩短团队建设活动的时间，因为它有助于加强团队，此外它还包括讨论团队必须解决的问题以确保项目的成功。确保问题被带到大家面前，这样就可以进行讨论和解决。大家聚在一起之前，确保团队成员知道讨论将聚焦在团队一起工作配合不好的问题上，你想得到他们关于如何提高团队凝聚力并成为一个整体的想法。这样，团队成员可以做好准备，把他们最好的、积极的想法带到会议上，并充分利用好大家聚在一起的时间。

（2）准备当天的团队会议。你已经看到了团队是如何合作不好的。除了团队建设活动，花上足够的时间来列出所有负面影响的团队问题（没必要署名），并重点讨论这些问题的解决方案。如果有人把你的注意力带到项目外部的事件上，要把它们放到一边。然而，这不是指点或责备的时候。作为项目经理，你要把挫折感降到最低，并保持让团队朝着正确的方向前进，这并不容易。你可能会发现，有一个引导者的帮助，会更加有效。

如果问题涉及项目的范围、项目目标的不一致等，你可能希望让项目发起人进行协助。团队的良好合作非常重要，所以不要害怕给别人打电话请求帮助，让你的团队回到正轨。如果问题是围绕个人，不影响承担的职责和任务的完成，或不必在团队会议上出现，就不必讨论。

确保有人做会议记录，以便会后信息分享。

一旦所有问题都被提出，并且团队共同认为这些都是问题，那么会议应该集中讨论问题发生的原因，以及做什么可以解决问题。在这一点上，问团队："什么有助于大家准时开会？什么有助于确保及时完成任务？"一定要捕捉所有信息。你可能需要别人的帮助。例如，如果你发现一些团队成员不能按时完成他们的任务，因为他们的直接主管把他们拉到了其他项目上，这是一个需要其他人而不是团队成员解决的问题，发起人可以在这个问题上提供一些帮助。

关键是要确保所有问题都摆在桌面上。必须为解决每个问题制订一个计划，同时制定另一个计划记录每个问题的发展变化情况，在它们成长为更大的冲突可能对项目有害时及时发现。

（3）聚会后进行如下操作。会后不久要整理聚会的笔记并与大家分享。你想得到他们对笔记的反馈，所以询问团队成员的反应以对聚会笔记验收确认：

- 问题清单有遗漏吗？
- 解决问题的步骤有遗漏吗？
- 监测进展和解决问题的方法有遗漏吗？

如果问题需要由项目组以外的其他人来解决，比如发起人或其他干系人，要确保他们给出一个解决问题的时间点。

目标是让每个人都知道会议上发生了什么以及聚会达成了什么结果。下一次的团队会议上，在议程上留出一些时间，看看团队建设后的情况如何。询问团队是否有其他问题需要讨论。可能你会发现此时团队更愿意开口说话，或者告诉你他们已经讨论的问题以及已经解决的问题。

已经花了很多时间来彼此了解的团队，更可能会在问题出现时及时处理和解决。

（4）接下来要监控团队。作为项目经理，你需要指导你的团队以便经历团队发展的不同阶段。记住，出现问题，团队需要得到你的指导，以使项目重回正轨、大家合作良好。任何事情都可能改变团队的状态，例如，从规范阶段回到震荡阶段。作为项目经理，你需要给团队空间，让他们自己解决问题，但也要给他们提供帮助，或者，如果需要的话，与他们一起努力并帮助他们解决问题。

4.8 过多的责备

项目经理再做一次

“你不会相信南希现在所做的事情！她又一次出现了电梯设计错误。夏普没法现在签署合同。”

泰德在房间这么大喊的时候，杰姆斯蜷缩在椅子里。泰德似乎总是试图通过对别人讲故事，让他看起来比其他人都好。他不知道作为项目经理，杰姆斯不关心谁犯没犯错误，只是希望项目顺利完成。

泰德当然不能理解南希要做出完美的设计有多么困难。她受到建筑施工公司的许多限制，客户对此有非常特殊的需求，最新的国家法规也对这个项目产生了更多的控制。但泰德并不关心，他想表现出他是多么伟大，以此显得其他人是多么不堪。

杰姆斯知道他必须和泰德说些什么话，但说什么呢？泰德在这个项目上扮演着关键的角色，杰姆斯不想去打扰他，让他心烦。同时，其他人似乎都讨厌泰德，并开始来到杰姆斯这里指出泰德的许多小错误，这使得泰德对他人的指责更加严重。这件事变成了一场没有胜者的意志的较量，项目因此损失严重。

有时，杰姆斯认为，与在工作中管理项目团队相比，在家里对付那对五岁的双胞胎男孩还更容易些。为什么他们不能融洽地相处、完成项目的工作呢？

4.8.1 问题

你正在管理着一个同时遇到多个问题的项目。它们都是严重的问题，每一个你之前都没有遇到过，你知道这些问题会在项目上发生，因为项目从来没有按照计划进行。然而，团队成员和干系人似乎更专注于责备而不是试图完成任务或解决问题。

干系人的第一个问题总是：“那是谁的错？”或者“你怎么能让那种情况发生？”项目团队更关心的似乎是，这个问题是别人的过错。

作为项目经理，你感觉就像被隔离了。你正在努力使项目在范围和预算内、高质量地按时完成，但每个人都把重点放在了错误的事情上，进而破坏你的能力。你知道你必须做点什么，但不知道做什么，或者怎么做。

4.8.2 告警信号

如果出现下述情况，你的项目中可能存在有相互指责的问题：

- 干系人更多关注的是分配或转移责任，而不是帮助你解决问题。
- 你最终不得不跟多人交谈才能找出真正的问题，因为每个人都建议你去找其他人。
- 项目团队成员不是带着问题来和你交流，而是带着对他人的抱怨和团队的问题；同时这些抱怨集中在人上面，而不是问题上。

- 在项目状态会议上花了很多时间讨论关于人的事情，而不是讨论任务。
- 人们在耍政治手腕，试图确保他们在组织中看起来很好，而不是试图把工作做好。

4.8.3 如果我不采取措施会发生什么

当人们开始互相指责时，消极行为会迅速升级。人们必然会把它变成愤怒和沮丧。团队成员将失去动力，并试图通过对自己的责备做出回应，这使得情况变得更糟。项目内人们之间的信任将被破坏，而重点从任务转向个人的需求。你可以结束公开的冲突，而项目内在的工作成为次要。

对项目任务关注的损失将导致延迟和质量下降，这反过来又会导致更多的人指责别人。如果问题没有及早处理，那么关系可能会遭到永久性损坏，项目可能永远无法恢复。对客户的影响将是灾难性的，其影响可能远远超出目前的努力。

4.8.4 解决方法

你需要果断、迅速的行动：

- 创造一个团队成员和干系人彼此尊重的环境，了解优先顺序和同事们的困难，并作为一个有凝聚力的集体共同工作，努力在团队中创造一种尊重和鼓励的文化。
- 客观公正，总是平等地对待每个人，从不偏袒任何一方，以身作则。
- 当互相责备一出现，就尽快去解决，将团队成员拉回到问题上，而不去针对人。
- 不要忽视指责。承认它并想办法把它变成一次团队学习的机会。

4.8.5 我应该做什么

互相指责不是一种仅仅处理问题本身就可以真正解决的问题，这是团队成员之间缺乏信任和尊重的征兆。要完全解决这个问题，需要解决症状以及问题背后的根本原因。自始至终，你都必须做好迎面处理问题的准备，确保你始终专注于问题本身，而不是人。任何时候都保持客观公正。要识别一些喜欢玩政治的人，如果他们把你带入一个各种意见而不是事实的辩论中，那么他们就达到了目的。

1. 创建合适的环境

虽然建设团队最理想的时间是在项目的开始，但营造团队氛围永远都不晚。在同一个项目中工作的一群人不会自动成为一个团队，他们只是一群人。要成为一个团队，他们需要建立彼此之间的关系和信任，并做出承诺，为实现项目交付的共同目标一起努力。这意味着要认识每个个体，了解每个人在这个项目中所扮演的角色，并判断挑战是什么。与团队合作形成某些共同的价值观。这些价值观包括一致认可人与人之间会互相鼓励，所有的沟通交流都在互相尊重的氛围下进行，或者说，成员应有助于日常工作。

把责任归咎于你认识和尊重的人比陌生人更难。如果你的团队开始作为一个真正的团队一起工作，而不是完成各自任务的一群人，你就能够注意到他们形成了更尊重对方的习惯，指责会减少。

不需要去做太多正式的团队建设活动，一个简单的启动会议和午餐就可以，每个人都有机会谈论自己，包括他们的背景，以及他们在项目上所做的事情，这些都大有帮助。

干系人和供应商的情况也是一样的。项目经理们看到团队和干系人之间以及团队和供应商之间有太多的互相指责，通常会发现这两部分人被视为了相互独立的群体。把他们视为一个团队，和他们一起工作。

2. 公正客观并尽早处理问题

事情出错时指责别人是非常有传染性的，它会很快地传播，因为人们总是试图转移自己的责任，希望在得分上胜过其他人。作为项目经理，你需要尽可能迅速和坚定地进行处理。

当面对相互指责时，你必须保持足够的客观公正。如果一个团队成员或干系人过来向你抱怨其他人的问题，他们很容易被同情。这可以很容易地解释为同意他们的观点，并事实上在指责他们所抱怨的导致问题的人。你必须要确保把所导致的问题和涉及的人分开来对待。

你还必须确保自己永远不会去指责。项目经理必须完全专注于：

- 需要解决的问题。
- 为纠正这一问题所需的步骤。
- 问题的根本原因和确保该问题不会再次发生的必要步骤。

问题的根源可能是某个人的错误，但这需要通过培训并帮助他理解准确的重要性，而不是因为问题公开指责他们。

尝试让更多的受问题影响的人一起参与进来寻找问题的解决方案，而不仅仅是当事两个人或团体中的某一方与主题相关的人，或被指责的人。你不要让问题成为只是两方的事情，因为这样很容易把它当作一次竞争，最终导致一个赢家和输家。相反，应该让整个团队一起来面对整个团队所面临的挑战并拿出最佳的解决方案，这有助于创建积极的团队环境。

你使用的语言也会有助于创造团队氛围。当人们在指责其他人的时候，他们都会关注自己，所以你会听到他们在提到自己时会说“我”而说到其他人时会说“他”。让重点回到团队，当提到事情准备如何解决时你需要确保你使用“我们”的说法，这意味着你让它成为了每个人的问题，而不是某一个人的问题。

你需要与被指责的人单独谈话，但要确保谈话是私下进行的，而不是当着别人的面。确保对话尽可能地积极，并专注于：

- 手头的问题，而不是人。
- 如果项目希望在范围和预算内准时交付，那么需要团队一起工作。
- 向前看——寻找解决方案，而不是回头看——找出是谁的责任。

3. 不能忽视指责

相互指责时如果你承认，就表明你可以宽恕这种行为。相反，承认已经发生了这个事情，但尽量把它变成一个团队共同解决问题的机会。例如，这种说法——“工程完全搞错了我们必须做的事”——可以变成一个我们如何能为工程输出更清晰的需求和设计文件的讨论。

4.9　周围的人都有背后的动机

吉姆再次无话可说

吉姆已经收到过为他的新项目签署的合同，但他又收到了一次。莱尼已经提供了一个签署的合同，里面不包括进度表、可测量交付物以及真实的成本信息。莱尼在公司内备受尊重，因为他是组织里涌现出的最佳销售人员。制作合同时，莱尼通常会拿给一位项目经理来看，以确认该合同在交给客户之前是可靠的。

遗憾的是，莱尼的首要谈判策略似乎是增加范围，缩短时间，并降低合同中的成本。难怪他能得到这么多合同签单。有时候吉姆觉得莱尼有幕后动机，比如让吉姆因没有能力交付这些不可能达成的项目而被开除或纯粹出于无奈而退出。

莱尼感觉很好。他达成了季度目标，并得到了老板的赞扬。当然，在谈判过程中他必须在某些点上做出让步，但这就是做业务的本质。他将有资格获得这次的季度奖金，从而可以为 10 岁的女儿矫正牙齿。他知道对于项目团队来说可能会有点困难，但他们都是业务做得最好的，总是能设法把工作做好。这也是为什么他们的基本工资要比他的高得多。对于莱尼来说，拥有一份根据业绩提成的工作是非常适合的，这样可以激励他把销售做得更好。

吉姆的挫败感是完全可以理解的。该项目可能会非常艰难，他倾向于认为莱尼有幕后动机也是自然的。但是，莱尼是真的被让吉姆产生痛苦的机会所驱动，还是期望得到老板的奖励以赚取足够的钱支付女儿矫正牙齿的费用？如果吉姆能够理解莱尼的动机，他能够做些什么可以让莱尼签合同时多考虑交付的可行性？

4.9.1 问题

管理项目总是具有挑战性，当面对别人的背后动机干扰时，试图让每个人都聚焦于最后期限或交付物可能是非常困难的，这可能会妨碍你的项目运作。

4.9.2 告警信号

认识到团队成员有背后动机可能是一个真正的挑战，如果不能发现这个迹象，你可能会有大麻烦。可以从如下一些方面去寻找背后动机：

- 有人经常提供赞美、鼓励、同情和支持，却会不经意间多次在你的任务，或者你的项目中“撤梯子”。
- 有人在上级领导面前同意提供支持，但却继续从事与该项目不一致的工作。
- 干系人表明需要做些事情以保持他们的项目在优先级列表中处于前列。

4.9.3　如果我不采取措施会发生什么

除非你能读懂和控制别人的想法，否则你没有办法阻止人们有背后动机。然而，如果不采取措施去了解人们的背后动机和目标，并了解何时以及如何利用这些信息，你等于是允许对项目有损害的方式继续存在，项目可能成为那些背后动机一旦发挥作用时的牺牲品。

4.9.4　解决方法

按照克莱顿（2010）的说法："除了我，每个人都有背后动机。"如果你是项目经理，你已经在处理背后动机。应对这些是创建和管理进度表工作的一部分。你不能阻止别人有背后动机，就像你不能不让老天下雨一样，但你可以去做一些事情影响其他人的背后动机对项目负面影响的程度。你的目标不是试图阻止人们有自己的背后动机，而是要了解背后动机是什么，它们会如何积极或消极地影响你的项目，以及你需要采取哪些措施来保护你的项目。

有了仔细的观察和分析，你可以推测背后动机是什么。从这一点开始，步骤变得类似于传统的风险管理，你需要一个结构化的方法：

- 承认存在背后动机，并接受它不是某个人的特有现象。
- 倾听、观察和理解，以确保你理解你所面临的每一个人的背后动机。
- 分析和应对每个背后动机，将威胁转化为机会，减少对项目的破坏。

本节将告诉你如何去做。

4.9.5　我应该做什么

有了一定的经验，下面一些关键步骤可以帮助你克服背后动机带来的威胁。但首先，你需要变得能够坦然接受——团队成员所做的事情都有他们自己的理由。这并不意味着他们不对项目做承诺，只能说他们的优先级列表可能与你或组织的有所不同。管理这些动机的主要目的是尽量确保这些不同的优先级不影响他们的工作以及他们所做的决策。

1. 认识和接受

当发现人们是出于其他动机而不是让你的生活和工作尽可能顺利地进展时，如果你是被这件事情搞得烦躁不安的项目经理，那么接受这一事实是第一步。这也是我们需要周期性地提醒自己的，无论我们已经在这个行业里待了多长时间。

每个人都是由不同的动机驱动的，即使他们都是为了同样的最终目标，要坦然接受这一点。例如，你领导项目，可能是因为成功地管理工作是你作为一个项目经理衡量自己成功的标准。而另一个项目经理则可能是因为收到来自上级的赞扬、团队成员的崇拜或最终交付后的奖金。无论每个人的最终目标是什么，他都会制订出计划，使愿望实现。你的目标得到其他人的支持程度可能会超出你的控制。

2. 听，观察，理解

即使你接受了背后动机的存在而且觉得这并没有什么可怕的，但它们仍然存在风险。如果不能说出背后动机是什么，你就无法进行分析或决定下一步该做什么。问问自己：

- 为什么这个人会说某些特定的事情？
- 为什么这个问题对这个人看起来很重要或不重要？
- 如果按他们的方式做决定，里面包含了什么？
- 是什么激励了这个项目中的人？

观察人们在与你交流沟通时的方式，他们的肢体语言是否支持他们所使用的语言，或者说是否发送了不同的信息？这种分享的现象可能会引发更多的问题，为什么他们似乎试图欺骗你。

艾克曼·保罗博士是一个公认的面部表情和身体运动方面的专家。在艾克曼的识人方法中，关键的第一步是确定行为基准："我们每个人都有自己的行为方式、特殊习惯或风格。例如，如果一个人说话总是欲言又止，那么犹豫的说话方式就是他的基准。当一个这样的人被问及犯罪时，如果说话犹豫并不意味着什么。但如果犹豫不决不是这个人的习惯，那么在回答问题时的犹豫就增加了欺骗的可能性。我通常会让人们告诉我，他们在上个月的最好的和最坏的经历，以发现他们通常的行为习惯。"

当你发现了这个方法去识别周围的人，那么你发现线索并了解驱动他们的背后动机的能力会变得更强。

3．分析并做出响应规划

一旦你有信心理解正在处理的每一个背后动机，你就可以进行规划并做出相应的应对。你的应对应该基于传统的规划风险应对的工具和技术（《PMBOK®指南》，2008）。

例如，我们都曾与这样一些人一起工作过，他们能够突然发现本来没有的可怕灾难，然后神奇地予以解决。这通常发生在高级管理层的身上，他们的解决方案往往涉及几个关键人物。这些英雄式的人物往往是出于希望被高层认可或获得某种更高权力的诱惑。知道了这一点，或假设是这样，你要评估这个动机有什么样的风险需要避免、转移或降低。在最好的情况下，它可以提供信息让你对现状重新规划，以建设"跨越鸿沟的黄金大桥"（尤里，1993），使他们的背后动机最终是支持你的。

当然，不止一个背后动机需要你去处理，有时这些背后动机还可能是相互矛盾的。试着去寻找共同的背后动机，并建立风险应对策略来处理可能的多个问题。此外，要认识到，你需要区分轻重缓急，要知道并不是每一个项目风险都需要积极管理，而且对于对项目影响较小的背后动机来说，接受可能是一个非常合理的策略。如果有必要，要准备在未来对这些背后动机进行重新审视。

每个人都有背后动机，但它们未必会影响你的项目。通过仔细的分析和规划，你可以把看似劣势的事情转变为一个优势。

4.10　管理上我事无巨细

你实在太好了

南希对于团队成员在任何时间来和她讨论项目问题都持开放态度。她性格开朗，愿意倾听并给出建议。但是最近，她承受了很大的压力。她工作到很晚来完成预算制定，为团队招募三个新员工提交文件，为其他四个团队成员写绩效评价。此外，南希还要向管理层提交月度状态报告，说明项目的完成情况和其他指标。

在这些活动进行时，项目上的事情开始变糟。几个重要的里程碑都存在不能按期完成的风险，其中一个供应商提供的结果质量不合格，她的明星团队成员宣布了辞职。

出了这些事情，她对于如何能有效地领导这个项目继续开展、完成工作并继续保持她的开放态度完全失去了信心。她需要以一种更好的方式完成她的工作，但她不确定如何去做。

4.10.1 问题

由于采取了开放的态度，因此团队成员一天到晚不停地来和你讨论项目问题。你太过忙碌于自己的工作，以致无法给予其他的事情以应有的关注。你没有足够的时间来完成自己的工作，同时还要做好团队管理。你想花更多的时间在管理和领导上，但如果这样做，你将永远无法完成工作，这将导致项目的延误。你该怎么办?

4.10.2 告警信号

你可能会认为这个问题很容易被发现——不就是没有足够的时间去做所有的事情嘛。然而，现实中它是慢慢变化的，当你突然意识到的时候事情已经失控。可以寻找如下的一些迹象：

- 当人们带着问题来见你时，你会变得越来越沮丧。
- 为了完成白天应该做的工作，你会工作到很晚。
- 团队成员认为他们没有得到所需要的指导和建议。
- 你发现自己承担了项目计划中明确的责任之外的工作。
- 交付物开始延误，错过了最后期限。

4.10.3 如果我不采取措施会发生什么

如果什么都不做，那么你会被累垮的，会导致严重的健康问题。而且，你会开始对团队成员不满，而当他们感觉到这些，他们会开始回避你，最终可能导致关系破裂。由于你承担了更多的工作，项目开始出现到达最后期限而无法交付或者出现质量不达标的情况，这将导致你更努力工作试图去解决这些问题。

办公室之外，你会有更少的时间留给家人和朋友，这将制造更多的紧张局面。即使你和他们一起，你的心会仍然在工作上。

4.10.4　解决方法

在航空公司，空姐们通过他们的标准安全程序，告诉携带孩子的成年乘客，如果由于紧急情况需要使用氧气面罩时，在照顾孩子之前，他们应该先戴好自己的氧气面罩。同样的理念适用于管理人员、支持人员和所有业务人员。我们必须先把自己的工作做好，为自己先预备好氧气。这必须在那些需要我们提供帮助的人之间做好平衡。作为一个经理，这是更为重要的。

你还需要认识到，你不应该是解决项目问题的唯一方法。如果任务落后于进度或者缺乏资源，解决方法并不是你去承担这些任务，因为你已经有自己作为项目经理的角色。如果你对项目的很多方面都去承担责任，那就表明项目管理不重要。

4.10.5　我应该做什么

为了给自己留些空间，同时仍然可以在其他人需要时为他们提供帮助，你可以在以下几个方面做些变化，以帮助你管理自己的时间和优先事务，避免过度承诺。

1. 编制计划时间

在你的日程表中列出哪些时间你是要用来完成工作的。让人们清楚地看到，这是你为自己安排的工作时间，在这段时间内如果有人要来打断你，必须是真正的紧急情况。一定要说清楚什么是真正的紧急情况。通过列出每一天或一周集中在自己工作上的时间，你可以有效地安排为团队成员工作的时间。根据你的需要而不是像之前例子中提到的状态报告中所说的那样基于团队成员的方便来安排这个时间。

2. 列出进度安排

要求人们列出需要与你讨论问题的时间安排而非临时、紧急处理。许多问题可以以这种提前计划的方式来讨论、解决，从而维护一个主列表并制定优先级。你会惊奇地发现，大量的生产力都是因为这种突发的会议或谈话而大大下降，导致你没有时间去做自己的工作。如果你没能控制好这些临时突发事件，那就采取一些正式的做法——如果你自己有一个办公室，把房间门关上。当你需要专注于某个任务时，你可能想离开家工作一段时间，但不是在晚上或周末。

3．安排特定时间

有些人可能不能等到安排的时间就要和你讨论问题或者提出问题。只允许人们在约好的时间和你见面，这不是好的项目经理应该传递的消息。在每个星期，安排一个你可以接待有问题人群的特定时间。对于大多数问题来说，人们可以等到这个时间。这样就是在告诉人们："我对于你们保持开放的态度，但并不是一整天都是这样。"让他们知道你对于突发事件安排的时间，当然，紧急情况除外。

4．安排一个优先系统

任何有效的管理者都需要有一个时间管理系统，来优先调度和安排每周的工作。一个可以借鉴的好系统是艾伦·戴维的"把事情搞定"。艾伦建议列出所有必须做的工作，把不是你要做的工作或可以推迟到较晚时间的工作先放在一边，把相关的任务进行分组，始终专注于下一步行动，如果届时问题仍有关联的话。最重要的是，定期重新设置优先级。

5．授权

有时，管理者会觉得自己不得不亲自做每一件事情，千万不要落入这样的陷阱，请试着找出可以委派给团队其他成员的工作。做好计划花一点时间去培养人，从长远来看，这种努力是非常值得的，也许这种看以乏味的事情会成为别人的一个延伸目标。同样，教他们你新发现的时间管理技能。他们可能同样需要。

6．恰当地安排工作

如果项目缺乏资源，那么你需要向发起人说明，并告诉他们可能导致风险增加的后果。当然，你应该尝试将项目保持在与你所拥有的资源相匹配的目标上。这不可避免地会导致整个团队的工作量增加，确保你聚焦于把这些任务分配给合适的人，而这通常不是你本人！你可能会认为承担某些工作是在帮助项目，但你很可能不是合适的人选，而对于你来说更重要的管理项目的事情可能会受到影响。

7．建立决策原则

帮助你的团队成员让他们自己成长。通过制定指导原则和决策规则，你可以让你的团队更独立地去做决策。这样，他们就不会因为每一件小事而来找你。作为一个副产品，虽然你仍然对整个项目负责，但这个做法会在你的团队中进行一些责任分工。

在短期内，由于团队成员在做出正确决策前可能需要找你进行验证，这可能会导致你额外的工作，但从长远来看，对于项目、团队成员、组织包括你自己，这都是一笔非常宝贵的投资。

第 2 部分

管理学——项目管理的科学

第5章

处理项目约束、假设和范围

5.1 我们承担了太多的工作

你确定交付吗

迪诺很高兴得到了在跨国电信公司做项目管理工作的机会。能够参与一个世界范围的项目，同时这又是他擅长并且热爱的两个领域——电信和项目管理，而且办公地点离家只有十分钟车程，对他来说这是他职业生涯中非常正确的新选择。

项目开始之前的兴奋感在他工作的第一天便迅速消退。向新老板所做的工作汇报表明，该项目已经明显滞后于进度表。迪诺希望能够推动分布在五大洲的实施团队，从 8 月到 12 月，推出机场电信基础设施 100 个机场航线连接，也就是到第二年 7 月建成 1 500 个连接。但是，在过去的 18 个月里，只完成了 35 个。现在，这些数字意味着什么？

迪诺面临的还有另一个挑战：即使滚动规划正在进行中，但详细的技术设计是不完整的。这个风险会产生多少返工，这是不是肯定会导致问题？“嗯，”

迪诺心想，“谁来监督工程队？谁将推动这些专家在两三个月内制订出解决方案，这可是他们在过去的 18 个月里，都没有做出的工作？

“4 个月后，分布在各地的负责本解决方案销售的部门，由于销售本方案而为众多的航空公司贡献了不少收入。现在的问题是如何通过电话激励 12 个遍布五大洲并且向另一位副总经理汇报工作的销售经理，规划出合理的工作范围从而在今天的会议上进行讨论。”

两天后迪诺感觉身处困境。8 个区域代表依次将报告交给他，以推出在 11 个月内完成 150 个机场和 1 500 个航线连接这一新的世界各地机场电信基础设施建设的解决方案，这是不是远远超出他自身的能力？

这个项目的范围不断波动，并不断从多个维度分解工作，已经导致了有太多的事情要做！迪诺不知道从哪里开始。

5.1.1 问题

在为被分配到一个重要的企业项目管理工作而兴奋时，经验不足的项目经理几乎总是忽视所分配工作的责任范围，通常也无法根据提供的时间线和预算制定出明确的范围说明书并通过审核。当然，谁都不会故意忽视范围说明书的编制，但无论是什么理由，未能建立准确的范围都会不利于组织的客户满意度、功能性交付，并可能导致预算超支及进度延误。项目经理也不可能获得荣誉。

5.1.2 告警信号

- 对项目起主要影响的干系人，对于项目要达成什么以及主要的可交付成果是什么没有形成一致意见。
- 没有制作项目范围说明书。
- 有项目范围说明书，但它与项目干系人的需要不一致。
- 在早期规划阶段没有创建 WBS。
- 关于工作完成的先后顺序、可花费成本，发起人没有给出明确的限制，不管是书面的还是口头的。
- 所有的目标都是灵活的；唯一的共同点是，项目结果达成后，每个人都会在高层会议上发言。

5.1.3　如果我不采取措施会发生什么

如果你没有认识到并提出你正在因为一个不明确或没有正确定义的项目范围而花费很多时间，那么你将会看到一系列不断增加的需要完成的事情（范围蔓延）。这将导致干系人因为没有看到他们期望的结果而对项目不满意，向你提供了团队成员的资源部门不开心，并且你会看到任务分配清单变得越来越长。范围蔓延会让你产生沮丧的感觉，以至于觉得自己无法达成所预期的东西。

5.1.4　解决方法

即使没有告诉你怎么做，你也必须与发起人、客户和干系人一起弄清楚项目需要做什么，并且越早这样做越好。你应该有条不紊地进行，通过多次会议和分析不断迭代，慢慢地建立起完整的范围并获得批准：

- 创建范围说明书，对于要交付的东西进行叙述性描述，明确项目要交付什么，不交付什么。
- 创建 WBS，以可视化的方式来表现所需要交付的东西，并且提供更为详细的描述。
- 将范围和 WBS 与实际的项目可交付成果进行对比，并获得干系人关于所有交付元素（没有遗漏）的一致同意。

5.1.5　我应该做什么

当你意识到所承担的范围太大时，你需要快速澄清需要在什么时间，以什么成本交付什么。你需要确保对所有干系人的期望进行重新设定，并尽可能快地让所有的参与人（发起人、客户、团队、你自己）达成一致意见。

项目的起点是发起人。他应该能够提供充分的细节来描述：项目的期望是什么，什么时候必须交付，以及为项目执行设定的预算是多少。

1．使用常识

记住这个常识性的问题，它不是很常见！所以应用下列问答的方式——这种方法培训师在谈论如何覆盖（交付）大规模的工作（范围）时经常用到——问：“如何吃大象？”答：“一块一块来吃。”用常识把工作分解成可管理的细小部分。

你需要把你的常识和（来自你的项目团队的）关于项目可交付物的丰富经验

以及（你自己）对项目管理的透彻理解结合起来，这能够让你确定项目的主要组成部分，并可以扩展到整个 WBS。在这个阶段，你要将项目的主要组成部分包括进来，也许还要包括主要的里程碑。范围的确定将立即带给你清晰的项目边界，并提供一些有形的东西给干系人进行审查和讨论。

2. 在还没开始时或早期阶段——使用下述流程

与发起人或客户进行详细协商后，一旦达成协议，在范围说明书中列出关于需要交付什么的易于理解的描述。由此，（按顺序）得出如下各项：

- 详细说明需要做什么，并以自上而下的方式分解成工作包，获得更详细的 WBS。
- 将分解到 WBS 最底层的工作包进行排序，得到一个活动的网络图。
- 估计所有必要活动的时间和费用，以确定完成工作所需的时间和预算。这可能与发起人最初提出的时间以及为项目预留的资金不太一致。
- 与发起人和客户一起，通过各种方案不断迭代来改进计划，直到所有方面都通过批准。
- 一旦获得批准，让所有的团队成员聚焦到已经达成一致的任务上并管理它们的执行。

3. 高级阶段——使用下述流程

更进一步的话，重新策划整个项目是没有意义的。相反，要把重点放在剩余的工作上。你不能改变已完成的工作，但你可以与干系人合作，确保对于在已完成的项目中需要添加哪些内容达成一致，以便圆满完成项目。如果某些范围蔓延已经发生并完成，这个现实只能被接受，但你可以防止进一步的范围蔓延发生。

你还需要与发起人和客户合作，了解预算和进度哪个更为重要——他们为了保护交付日期准备了更多的资金，还是他们宁愿接受延期交货以避免成本超支。一旦达成协议，你需要：

- 重复创建 WBS 和估算的过程，但只聚焦在剩余的需要确定的范围上。
- 修订现有的进度表和预算，以反映修订后的可交付成果及其费用。
- 基于优先保证交付周期或者成本的考虑，如果必要的话，对进度和预算进行调整。

- 与发起人和客户一起工作，直至修订的计划获得批准。
- 一旦达成一致，把所有团队成员重新聚焦到已修订的工作上，并确保没有人还把时间用在已从范围内去掉的部分上。使用所有其他通用的项目管理方法，如团队建设、激励、跟踪 WBS、进度、预算（统称为基线），以实现被明确下来的新目标。

4．寻求帮助——知道什么时候需要发问

管理范围蔓延可能是一项艰巨的活动，但你不必专门去做这件事。不要害怕向你的项目团队和干系人寻求帮助，如果有可能的话还可以向组织的其他领域寻求帮助。作为项目经理，你需要识别范围的蔓延并设法阻止它，但这并不意味着你必须专门去做。

5.2　一切都变了，我需要重新设置目标与期望值

开始的时候一切都很棒，然后……

每个人都希望这不会真的发生，但它还是发生了，墙上写着：帕姆的项目立项所依据的关键政府法规，刚刚被监管委员会推翻了。帕姆在想，“某些高薪说客一定是说动了那些人”。

不管怎样，这意味着项目需要改头换面：新的目标、交付物、进度表，也许还包括新的资源等，一切都改变了。事实上，在许多方面，项目现在是在向着与之前相反的方向上走。虽然帕姆是一个有经验的项目经理，但她还是感觉要彻底崩溃了。

直到此时，帕姆在管理项目方面所做的工作都非常出色：按进度与预算百分之百地完成了交付。这是她迄今为止最好的表现之一。现在，随着这些监管的变化，她基本上是回到了起点，从头做起。也许在她看来，从头做起是不够的，好像需要彻底破坏掉并进行重建，必须要这么大的变化。

那天，她来上班，走到主楼的大门前，觉得有人在盯着她看。每个人都知道了这个情况，她觉得在大厅里的每一个人看来，自己像一个死去的人在走动。她打开了大门，似乎很多从这里走出去的人，都故意在回避她。“哇，”她心想，

“这比我想象得要糟糕。”

当她走向办公室时，她的助理告诉她一个坏消息：集团副总兼项目执行官哈里斯先生在她的办公室里等她。当她走进来的时候，他嘴里说出的第一句话是：“是的，规则改变了，但那只是一半。等一下你会听到影响项目的其他变化。”这时，帕姆的唯一的反应是：“我需要更大杯的咖啡。”

5.2.1 问题

项目的情况开始发生明显的变化，导致项目变得不再有意义。你不能简单地把一些变化整合进去继续执行这个项目，这是一个根本性的变化，整个项目需要重新开始。

5.2.2 告警信号

这个问题有时会突然发生——一个巨大的变化可能会导致项目完全改变。然而，这个问题有时也会慢慢出现，比如大量的变更随着项目的进展不断出现，直到你意识到你的项目需要重新开始。

需要发现如下一些事情：

- 项目发起人或倡议者宣布项目的新目标。
- 以前设定的里程碑不再合乎逻辑。
- 为工作所分配的资源，其技能不能满足所需要完成工作的需要。
- 团队的氛围有点狂躁和恐慌。
- 你觉得自己又回到了原点。

5.2.3 如果我不采取措施会发生什么

如果不采取任何措施，那么项目将无法达成它的目标。一旦你认识到，团队的任务与项目的目标不匹配，你就需要应对这种情况。如果不能匹配，项目将不可避免地遭受失败的命运；另外，由于与失败的项目相关联，你将不得不解释，在项目变得明显不会成功时，你为什么不采取行动。

5.2.4 解决方法

虽然从技术上来说这不是一个新的项目，但是为了所有的目标和目的，你应该把它当作一个新的项目看待。变更对于项目或目标都是非常基础的事情，你需要退后一步，对项目重新进行规划。这有点类似于在建造一面墙时，建筑工人必须时时跟随引导线，以保证墙面的整齐。你需要：

（1）了解什么情况需要重新开始，并与干系人一起对于修订后的预期情况进行确认。

（2）创建新的 WBS、估算、资源分配和进度表。

（3）获得批准并实施变更。

（4）根据计划管理绩效。

5.2.5　我应该做什么

解决方法与项目开始时的原始项目计划之间有很多相似之处，但关键的区别是需要确保每个人，包括发起人、客户、团队成员和其他干系人对于需要重新开始项目能够理解并实施。

1．充分理解变更导致项目重新开始成为必需

理解发生了什么，以及为什么提供向前迈进的见解，或至少要考虑什么。有两个明显的目标要达成：

- 让你的干系人知道，你仍然使该项目处于控制中，并按计划在推进项目。
- 确保你从发起人和客户那里了解到，变化是什么，以及对你的影响是什么，其中包括对项目（范围、预算、时间）的变化和预期商业利益（目标）的变化。

2．制订新的计划

在项目重新开始之前，确保发起人和客户明白，在完成规划之前，你无法承诺能够满足他们进度、预算和范围的要求。完成这些工作后你了解了他们需要的是什么，但还不知道是否可行。你还需要确保发起人认识到，正在实施的变更可能需要额外的或不同的资源，有可能需要囿于一些制约因素进行适当的妥协（比如为满足更积极的进度表需要更多的预算），在这些方面你需要得到他们的支持。修改后的计划的制订与原计划是相似的，让你的团队去制定 WBS、估算、资源分配等。你可以使用原计划中的一些内容，但需要对它们进行评估和验证，问问自

己：估算、资源分配、依赖关系等，是否仍然是准确的？

3．获得批准并实施

一旦修订后的计划完成后，需要与干系人一起进行评审以便获得批准。确保突出如下内容：

- 与原计划相比，在范围、成本和时间方面的关键变化。
- 要求的范围、时间和预算目标的任何变化（准备讨论遇到额外变更时目标可以达成的方式）。
- 为执行该计划所需要的资源变更，以及变更提出时还没有进行变更的影响。

在这个过程中，将不可避免地会进行讨论和谈判。一旦获得干系人的批准，你要像开始任何其他项目一样实施该计划。

4．根据计划主动管理绩效

理论上讲，绩效管理与其他类型的管理不同，但在现实中，你需要对如下问题保持警觉：

- 团队成员需要根据修订后的工作安排进行任务调整。
- 项目中期不得不重新规划造成的压力可能会导致规划错误，这些错误需要被识别并解决。
- 资源变更可能会影响团队绩效。
- 该项目可能由于变更而具有更高的可预见性。
- 项目对于变更已经有跟踪记录，你需要为将来可能发生的更多变化做好准备。

5.3 我们没有需要的资源

压力“山大”，却没资源

比尔是一家小公司的项目经理。公司的高管们对于公司成长的可能性感到兴奋，并希望确保他们对于预期的新工作以及由此带来的项目数量增加做好准备。

比尔最近被分配负责三个中等规模项目的管理。他与每个项目的发起人(来自不同的职能领域)一起工作，并获得了相同的资源服务于他的项目。他不敢相信他听到的：每一个发起人为各自的项目安排的资源几乎相同。

比尔把项目团队召集到一起开始创建第一个项目的 WBS 和资源计划。他看到，项目组成员至少被分配 50%的时间来为这个项目工作。第二天他召开另一个项目的会议，来的还是那些人。

他们成功地识别了任务并创造了 WBS。他们把资源的另外 50%的可用时间安排到了这个项目上，但是还不够。

在接下来的一周，比尔准备开始第三个项目的规划。同样，还是那些人，他们创建了 WBS，并准备分配资源。如比尔所预料的那样，房间里所有人都无能为力。他们被分配了一些其他的角色，但大多数情况，他们没有资源去完成项目工作。他该怎么办?

5.3.1　问题

你在公司内被安排负责一个项目。你与发起人一起工作，发现团队成员非常短缺。你现有的团队应付着 WBS，根本没有足够的资源来完成工作。

5.3.2　告警信号

相比任何其他问题，缺乏资源也许最需要及早发现。越早认识到并接受存在的资源问题，它的影响就越小，也就越容易被解决，而且你会有更多的时间去实施你的解决方案。这里有一些事情要关注：

- 团队成员告诉你，他们的时间被领导重新分配到了其他项目或任务。
- 你知道项目缺少的关键资源。
- 你以为你有足够的资源，但任务和里程碑都在延误。
- 公司有裁员并且一些岗位没有得到补充。你正在使用那些已经被分配到多个项目或任务中工作的成员。
- 你的项目团队一直在做着大量的、计划外的加班工作。

5.3.3　如果我不采取措施会发生什么

如果你忽略了这个问题，项目团队成员将因为没被处理的工作或额外的任务而不堪重负。随着这个问题的不断恶化，关键路径的任务将无法完成，而你的项目将远远落后于进度以至于无法回到正常的情况。作为项目经理，你有责任对于项目问题保持透明化。

5.3.4 解决方法

这个问题有几个潜在的解决方法。你可以获得一些其他项目转移过来的资源，使用临时工作人员或将一些工作外包出去，使用不同的方法来执行任务，试着减少每个任务的时间，从项目中移除某些功能，或者延长进度以给自己更多的时间。然而，你不能自己去做这些事情，你需要与干系人合作，并遵循一系列的步骤：

（1）理解可接受的选项并分析每一个选项的影响。

（2）选择一个策略，进行沟通并据此重新制订计划。

（3）管理计划。

5.3.5 我应该做什么

作为项目经理，你会感到孤独，但请记住，你并不孤单。你的干系人在那里支持你。在这种情况下，发起人和客户，尤其需要大量地参与，帮助你设法解决这个问题。

1. 理解这些选项

在某些情况下，你很幸运，因为虽然你面临资源配置问题，但是有很多可用的解决方法：

- 从其他项目、组织领域或公司的其他领域为项目增加资源，以解决项目资源的短缺问题。
- 使用临时工作人员——使用外部合同人员来满足项目对更多资源的需要。
- 把某些工作外包出去——把某些工作分解下去并寻找供应商帮你完成。
- 在工作中使用不同的方法——允许采取捷径和缩短正规流程，为实现较快的进展而适度地接受可能增加的风险。
- 通过减少一些可交付物来缩小范围。
- 通过推迟项目结束日期来延长项目周期。

当然，这些都是理论上的好方法，在现实中，大多数选项可能不可用。你需要与主要干系人，特别是发起人和客户一起讨论，来确定哪些策略可以在你的项目中使用。

如果交付日期不可变，那么唯一的选择是增加预算（以某种方式增加一些资源）或缩小范围。哪个选项对于干系人来说是更容易被接受的？这些决定不能孤立地去实施，在从其他项目或部门调配资源到这个项目之前，你需要获得其他干系人的同意，或者通过已批准的供应商进行采购。

一旦有了潜在解决方法的短名单，你就应该分析每个解决方法的影响。具体情况可能取决于哪些选项需要考虑，可能包括如下这些问题：

- 什么样的技能可以提供最多的帮助，我们的组织中有这些技能吗？如果有，可用吗？
- 如果这些技能需要购买，容易获得吗？我们能够负担得起吗？
- 该项目的哪些部分是最容易外包的？有供应商能以我们可以承受的价格、按我们的时间要求完成工作吗？
- 项目范围中哪些部分可以移除，对其他交付物影响最小？那些移除的部分可以被接受吗？
- 以现有资源需要多少时间才能将项目交付？如果获得额外的资源，能够减少延误吗？

2. 选择策略

一旦与干系人一起进行了评估，并考虑了每一个方法的优缺点，你应该确定一个行动方案，并采取果断行动来执行。

将决定传达给那些受影响的干系人和团队成员，确保每个人都理解这一决定背后的原因。对做出最后决定前其他可供选择的方法进行解释，为可能的质疑做好准备，并提醒干系人可能存在的问题。

与团队一起基于所做的决策以及重新制定的基准尽快制订项目计划。你需要考虑是否重新制定估算，以反映出不同的资源、添加进来的新任务和那些被删除的元素，等等。确保你了解变更对项目各个方面的影响：

- 需要重新审视项目风险。
- 可能有额外的干系人（资源、采购部门、供应商等）。
- 可交付成果以及成功标准可能已发生改变。

- 可能有新的约束条件。

可能的影响会非常多，所以让你的团队参与进来帮助你进行识别。

3. 管理计划

到达这个阶段你已经做了大量的工作。现在，你必须执行已经制订出来的计划。经过大量的分析，你得出了一个关于项目资源短缺的解决方法，并且已经根据该解决方法重新制订了项目计划。现在你要确保团队通过执行这个计划来完成交付。同时，虽然在理论上来说和管理任何其他计划一样，但有一些事情需要注意：

- 干系人可能会非常紧张，并可能关注细微差异。为了使这个项目得以完成，他们不得不对最初的计划做出让步，这使他们感到担忧。
- 团队可能已经失去工作重心或对于变化感到沮丧。他们将学习如何与新的、不同的团队成员合作。
- 可能存在“没什么”的气氛。因为之前发生了日期推迟或资源添加的现象，如果有问题，它会再次发生。

5.4 干得不错，就是项目超支了

只是因为钱，对吗

斯科特对他的项目进展非常满意。这个团队已经运作几个星期了，几乎每个任务都在按计划进行。供应商按他们承诺的时间交付，团队也能够按时完成工作。斯科特很期待几分钟后与发起人和客户一起召开的项目会议，他希望在这个会议上告诉他们这个好消息。

斯科特的想法背后隐隐有一种不安，因为一切似乎都比计划的花费更大，预算看起来显得非常少，但当他向大家报告这么好的进展时，没有人会去担心这个，是吗？

两小时后……

斯科特觉得自己的身体像被火车碾过一般，项目会议简直就是一场噩梦。他试图通过喜人的状态报告和一切都是正常的进度来说明项目进展良好，没有任何问题，并且所有风险都在控制之中。发起人和客户似乎对此毫不关心，他们只关心预算！他们想知道为什么项目超支，斯科特打算如何让它回到正轨，为什么事情已经变得非常糟糕他却没有将它升级给其他人。斯科特不知道下一步该做什么。

5.4.1　问题

项目正按照你所做的计划进行着。到目前为止，你的工作估算都很准确，这似乎是完美的项目。每周的状态报告都显示项目在按进度进行。有一个小问题，这些相同的状态报告显示，项目已经超预算了。为了让项目按进度执行，你准备花费比原计划更多的预算，但情况并没有改善。你开始关注的是，不管做什么，项目还是没有按预算完成的迹象。

5.4.2　告警信号

你可能会认为这个问题的告警信号很容易发现——你比计划花了更多的费用。虽然道理上是这样的，而且你可能允许项目预算出现小偏差，但关键是要能把这些小偏差与那些可能影响整体预算的更为严重的成本问题区分开来。你应该寻找：

- 一个或多个大的计划外费用。
- 一个或多个工作区域出现了明显的超预算。
- 大多数任务持续成本超支（预期的小偏差应该是高于或低于预算，比较接近）。

值得注意的是，虽然我们谈论的是成本和预算方面，但问题不限于现金超支。有些项目不跟踪资金支出，他们跟踪工作的投入——完成项目工作需要花费的小时数或天数。

本节所讨论的原则将适用于所需要的工作量大于计划的所有情况——这是预算的不同类型，但同样重要。

5.4.3　如果我不采取措施会发生什么

很简单，如果你什么也不做，情况会变得更糟。即使项目并没有超出预算，但项目中可用于解决问题的时间减少了，更难以使项目重新回到正常轨道。通常情况下，最早造成成本超支的问题也会影响未来的工作内容，因此如果问题没有得到解决，项目将会超出预算更多。这可能会导致项目范围被削减，也可能会被迫改变计划以降低成本，或者最坏的情况是，可能会导致项目被取消。

5.4.4 解决方法

成本超支非常常见，大可不必把它视为不可克服的难题。然而，你需要采取一种结构化的方法来解决这个问题，其中包括理解问题发生的原因，如何恢复，以及接下来需要在哪些方面做出改变。同时，考虑到理论上来说可能发生的成本超支——计划的工作成本超过分配给项目的预算——这是未来可能发生实际问题的一个标志。你需要：

（1）充分了解成本超支的原因及其影响程度。

（2）采取措施，以防止潜在的问题影响项目中的其他任务。

（3）有助于项目预算回到正常轨道的策略。

5.4.5 我应该做什么

规划项目时，你与团队一起为每个工作领域分配相应的预算成本（使用工作量或资金等不同的表达方法）。有许多不同的方法来估算这些成本，但不管怎么做，你最终会有一个总体的项目预算，这基本上是所有工作的成本总和。通常情况下，这是比较简单的操作。如果项目执行的实际成本不是你规划的结果，那么原因可能是如下两者之一：

- 规划不准确。
- 发生了一些事情，改变了你可以合理做出预期的实际情况。

做任何事情之前，你都需要知道发生了什么情况，这意味着你必须在工作包级别管理预算，并且以同样的方式来管理进度安排。无论是资金还是工作量，你都需要知道每个任务的成本是多少，这样如果出现成本超支你就能够尽早知道并采取行动。

1. 理解问题的原因和严重程度

我们完成规划后，有时事情会发生改变。设备的成本可能会突然增加，供应商也可能会有问题，从而迫使你去寻找替代供应商，或其他类似的事情。在风险规划中，你与核心团队能够把可以预见的问题识别出来，并安排一定的应急储备，用以抵消额外的费用（但这并不能保证一路绿灯）。另外，规划中可能会有错误。例如，你假定每平方英尺瓷砖只需要支付 5 美元，而实际成本是每平方英尺 7 美元。

无论是什么原因，只要你和你的团队成员一起工作，去了解在任务层面发生的事情，这都是相对容易的，而更难的是确定问题的严重程度。你需要考虑如下一些问题：

- 如果设备成本突然发生了变化，你的项目中哪些地方需要用到类似的设备？
- 如果某个供应商不可用，将来哪些任务依赖于同一个供应商？
- 如果估算错误，项目中其他地方你有没有犯同样的错误？

当你或某个团队成员首先确定了成本超支，这时数额应该是相当小的。或许某个设备比计划多花费了 1 000 美元，但是，如果项目中后续需要完成的任务还需要相同的设备，你可能会面临 20 000 美元的总超支，这才是你需要从现在开始管理的重点。你不能等到这些成本实际发生了再去解决，那就好像在等待一个风险变成现实，而不是试图在它发生之前设法解决它。

2. 采取措施防止问题变得更糟

一旦成本已经发生，你不得不支付这笔钱。你能做的是防止预算超支的问题变得更糟。在我们的设备例子中，你可能在未来的设备需要采购前有时间寻找替代供应商。或者，你可以与你的团队和干系人一起，就另一个不同的方法达成一致：在项目中彻底取消对该设备的使用。当然，这种方法有它自己的相关成本，但你是在寻找最大限度地减少超支影响的方法，所以如果调整所需的花费比高价设备支出要少，那么它就是值得的。

如果问题是由于在规划过程中存在错误造成的，那么你需要尝试找到办法把成本降低到更接近预算的水平。也许你可以找到一个较低成本的资源或较低成本的材料来完成工作。

3. 采取策略帮助项目回归正轨

预算超支从来都不是可以完全接受的，但有时它比其他问题更易于接受。在应用策略尝试将项目带回到正轨之前，你需要了解项目的成本与项目的哪些约束有关。如果我们考虑三个主要约束——预算、范围和进度，这其中必须分出最重要的、最不重要的和中等的。

项目发起人可以帮助你了解这些约束的优先级，以及预算在优先级清单中的排位，从而确定你能够做些什么帮助项目回到正轨。例如：

- 如果预算是最重要的约束，你可以改变范围和进度，以保持该项目的预算。
- 如果预算是最不重要的约束，替代方法是改变范围或进度，但你必须接受预算超支。
- 如果预算是第二重要的约束，你可以改变最不重要的约束来保证预算；但同时为了保证不改变最重要约束，你也必须接受预算超支。

任何范围或进度的变更都必须通过正式的变更管理程序，并必须获得干系人的批准，但约束的优先级允许你做出这些变更。

通过完全取消某块工作来降低总成本也是有可能的，这样能够以不承担其他费用的方式有效地抵消成本超支。或者，你可以减少分配给该项目的资源，或者与供应商进行谈判以争取更长的交货期。这样虽然延长了完工日期，但可以适当降低成本。

这些都是有用的方法，作为项目经理，你应该积极寻找其他的机会使项目从超支回到正常状态。预算超支问题不像进度问题，比如关键路径问题，它有个好处就是，在一个看似完全无关的领域做一些成本节约工作，也可能会有帮助。

项目经理可以做很多事情来帮助在即将开始的任务中降低成本：

- 给任务分配不太昂贵的资源，特别是那些不在关键路径上的任务。
- 与供应商协商付款折扣或更好的付款条款。
- 寻找替代解决方案、供应商或者零部件，也许可以外包给那些能够更有效完成工作的人；或者相反，不使用更高成本的供应商而在公司内部完成。

你需要确保对项目其他方面的影响是干系人可以接受的——例如，更低的成本有可能意味着较低的质量，这反过来又可能会影响你的产品的整体质量。

4. 关于储备的提示

进行风险规划时，你发现如果风险变为现实有可能对预算会有影响，这就是所谓的应急储备。此外，有些看不到的事情也可能会发生，所以应预留一部分资金，这就是所谓的管理储备。总体来说，应急储备和管理储备应该在项目总预算的 10%~25%。

现实情况是，发起人通常不愿意正式分配储备作为项目预算的一部分。这没问题，但要认识到，不分配储备并不能减少风险的真实存在。如果储备没有被正式分配到项目中，可能会出现风险所带来的成本超支，如果没有比较大的变化，那么项目无法回到正轨。

5.5 干得不错，就是未按时完成任务

你是说还要两周才能完成吗

乔治的项目一切进展顺利，没有任何重大的问题，团队也精力集中，士气高昂。项目状态会议上，乔治期待着另一轮的好消息。然而，仅仅十分钟的会议，乔治就崩溃了。IT 小组报告说，他们还需要两个星期才能完成他们的工作，而且这是关键路径上的工作。太突然了，乔治要面对一个本不会出现的为期两周的延迟。

他无法理解这一现象，估算是正确的，资源按照预期进行了分配，而且似乎都工作得很好，然而，该项目还是落后于进度计划了。本周晚些时候，乔治与发起人和客户要举行一次会议。他需要迅速采取措施，以防止进度延误变得更糟，设法让事情回到正常的进度日程上来。但他究竟能做什么，如何去做呢？

5.5.1 问题

你对项目的交付物有很好的理解，团队正在按部就班地推动工作进展，没有任何重大问题。就算是预算看起来似乎也在控制之中。然而，存在进度的问题，每件事情所花费的时间都比计划的时间要长，在预计到期日之前要完成所有工作的时间明显不足。在这个项目上，时间非常重要，所以不能简单地去要求更多的时间，而只能去寻找一个替代的解决方案。

5.5.2 告警信号

这个问题的挑战是尽早识别告警信号。在更多明显的迹象显露之前，你可能

面临一种很难从中恢复的局面。你应该寻找：

- 可能由于资源被移到了关键路径上的活动（必须按时完成，否则项目将会延误），导致浮动或松动时间在项目早期工作包中被使用殆尽。
- 由于风险事件的发生，应急或储备时间以比项目进展更快的速度被使用。
- 在提供状态更新时，团队信心在下降。与以前相比，他们对于任务能否按期完成似乎更加不确定。
- 允许浮动或松动后，仍然未能按预定日期完成任务。

5.5.3 如果我不采取措施会发生什么

进度问题无法自行矫正。它的产生可能有各种各样的原因，但都需要尽可能早地采取行动去处理。如果进度问题第一次出现时你不处理，它们不仅可能会变得更糟，而且会剩下更少的时间去解决。三天的延误对于三个月来说是一个可控的问题，但如果只有两个星期却有三天的延迟会更加难以解决。

此外，如果你不快速采取行动解决进度问题，可能会向团队释放出一个“延误没有关系”的信号，他们不会有采取纠正措施的紧迫感。

5.5.4 解决方法

时间变得不够用是常见现象，这并不意味着世界末日的到来。为使项目恢复到正常状态，你可以做很多事情。关键是要确保这些行为作为一个统一的行动，而不是一系列互相分离的工作。你需要：

- 充分了解情况以及为了试图恢复所做的选择。
- 实施适当的措施，以避免进度超期。
- 理解进度困难的原因，尽力防止它们反复发生或变得更糟。
- 必要的话，重新规划项目（或某些环节）。

5.5.5 我应该做什么

如果进度有了问题，你就有许多事情要去做。你需要解决现存的问题，同时要防止问题变得更糟，或者因为采取行动而带来的其他进度问题。同时，你需要了解这个问题是如何发生的，并确定它是否有可能再次发生（如果是这样，你如何防止它再次发生）。在此之前，你需要了解你自己为此所做的选择。

1. 理解你的选择

每个项目都有一些制约因素，最典型的如时间、范围和成本（资金和/或资源）。

如果一个制约因素有所滞后，你可以通过调整另一个或两个制约因素来纠正这种情况。然而，你需要知道哪些制约因素是需要被优先考虑的。如果没有这方面的信息，你需要与项目发起人讨论以便确定优先顺序。

制约因素的优先级顺序对你采取的措施有一定指导作用。假设范围是最重要的制约因素，其次是时间和成本。这意味着，你必须尽一切可能避免范围变更。在做到这个的前提下，你就要确保进度能够得到满足，然后确保预算的实现。作为项目经理，当进度比预算需要优先考虑时，增加预算来确保进度是可以接受的。但是，不能以变更范围来达成进度要求，因为范围是最高优先级的制约因素。请记住，任何变更都需要通过该项目的变更控制流程，并通过相应干系人的批准。

如果进度是最重要的制约因素，你可以通过改变预算和范围，以便让项目重新回到正轨。你应该从最低优先级的制约因素开始，如果只是调整它没有完全达到目的的话，考虑对第二个优先级的制约因素进行调整。

如果进度是第三优先级的制约因素，这并不意味着你不必做任何使项目回到正轨的事情。相反，这意味着你必须采取那些不至于影响到范围或预算的措施。

2. 做出必要的变更

不管进度相对其他制约因素的优先级如何，你都应该寻找最有效的方式，以使项目回到正常的进度上来。除非必须这样做，否则你不应该去改变预算或范围。这很难，因为它意味着在不缩小范围的情况下，你需要把工作压缩到一个较短的时间内，才能使项目进度回归正常。为了避免增加资金和/或资源成本，你必须更好地利用已经拥有的资源。

如果这个项目正处于延误状态，那么很可能是你的一些资源不能全职工作。他们的工作已经被计划好了，但是项目中其他方面工作的延误使他们无法如期完成。下面有一些使用资源的方法可以让进度重回正轨。

（1）快速跟进。你可以充分利用资源的一种方法是使用快速跟进过程。这涉及两个任务（通常是在关键路径上），这两个任务有一种“完成—开始”关系（任务 A 完成后，任务 B 才能开始），把它们重叠起来。举个例子，通常是需求完成之后才开始产品设计。这不是最理想的情况，如果已经完成的需求文档足以让你开始产品设计，那就不必等到所有需求文档完成才开始产品设计，这样有助于压缩工期。

这种方法并不是在任何情况下都有效，而且会增加项目风险。如果需求不完整，在设计上更容易出现错误。此外，它可能需要更多的全面工作，包括在需求全部完成时重做一些设计工作。

然而，如果设计者在等待需求的时候无法启动，那么快速跟进是值得考虑的。你只要确保两个任务持续时间总和小于第二个任务等第一个任务完成后才开始所花费的时间总和就可以了。如果能在关键路径上实现上述目标，在整个项目上你就可以节省一部分时间了。

（2）赶工。快速跟进是利用已经分配给任务的资源，而赶工则包括将其他任务的资源调配到该任务中来或增加更多的资源。作为项目经理，你需要清楚，如果涉及增加资源的话，赶工可能会增加项目的成本。赶工涉及为已经分配了一个人或小团队的任务增加额外资源。这种方法并不适用于任何任务，例如，对于需要一台机器生产零部件的工作，你不能通过多增加一个机器操作员的方法来加快时间。这种方法有一个上限，因为如果一个粉刷工需要一个星期来粉刷一个建筑物，很可能是三个粉刷工可以在几天内能够完成这项工作，但不可能会出现 100 个粉刷工半小时完成工作的情况。

赶工往往会增加完成工作所需的工作量，因为，通常不会出现资源加倍时间就缩短一半的情况。赶工中通常效率会有一些损失，但它往往可以用来减少任务的持续时间。

如果赶工被应用于关键路径上的任务，它有助于使项目进度重新回到正常状态。如果可以通过重新分配不在关键路径上的任务的已有资源实现赶工，就不会增加项目的整体成本。但是，如果需要在这个项目上增加额外的资源，你就需要通过变更控制流程来正式增加预算。

（3）正式项目变更。与项目核心团队一起工作，找出使项目可以更快完成的一些方法。它可能会像快速跟进或赶工几个任务这么简单，也可能需要比较大的变更。关于正式的重大变更的例子包括：

- 基于大量资源重新规划项目。
- 外包一部分项目工作。

- 缩小项目范围以取消某些需求，或者将它们推迟到后续版本发布。
- 降低质量标准，取消一些与质量保证相关的工作。
- 提高风险容忍度，并允许更冒险的一些工作做法。

其中一些可能不是很好的选择，但如果进度要求更为重要的话，也可以考虑采用。所有这些正式的变更，如果客户已经要求执行，你需要遵循正式的变更控制流程。

作为项目经理，你应该分析变更可能给进度以及项目其他方面带来的影响。由变更控制委员会来批准具体的行动措施，变更控制委员中应该包括项目发起人和客户代表。

3. 理解为什么问题会发生以及为什么需要重新制订计划

一旦决定要采取措施使项目回到正轨，就有许多的工作要做。你需要先了解是什么原因造成的进度问题，在必要时，采取措施纠正这个问题。有些问题是不可预见的事件导致的延误，比如一场暴风雪导致航班延误，这就意味着到达延迟。虽然这种影响是实实在在的，但对于这类事件不需要详细的分析，因为它们重复发生的可能性很小，都是小概率事件。

更常见的问题是执行或规划方面的问题。当资源无法交付分配给他们的任务时，执行问题就会发生。这可能是因为工作缺乏重点，项目优先级与其他项目有冲突，未能认识到工作的重要性，或者其他原因。这些问题需要运用你的领导能力和管理能力来帮助团队成员，让他们重新回到重点工作中去。

规划问题可以归结为不正确的估算。比如，工作使用的时间比预期的要长。在这种情况下，你需要对未来工作重新进行估算，看看是否会犯同样的规划错误。运用你的核心团队，分析进行估算会用到的假设，然后将它们与实际发生的情况进行比较。如果基于了解的情况，你认为需要对未来工作重新进行估算的话，尽快去做，并和干系人沟通。

干系人需要最新信息以便做出正确的项目决策，而你需要一个准确的计划以便了解如何变更是让项目进度重回正常状态最好的选择。

5.6 我们能够按时在预算内完成任务，但项目并不完美

2/3 不算坏了

伊莉莎再次计算了挣值（EV）数只是为了确保准确。如果要告诉客户一些坏消息，她知道必须绝对肯定。根据挣值计算的结果，该项目在按时间进度执行，成本略低于预算。这算是好消息。

坏消息是，有些工作并没有完成。“好吧，”她试图说服自己，“这并不是说，工作没有打算完成，它只是没有按我们最初的预期完成。”伊莉莎到现在还能回想起几次项目团队会议，几个确定的客户需求被取消以满足项目进度和预算的限制。“缩小范围”是他们在会议中使用的术语，“感到压抑”是她现在的感受。

这是一个很棒的客户，他们一直希望为产品系列添加功能，这意味着伊莉莎需要管理的是一连串的项目。然而，在这个功能不断升级的项目中，工作是不太正常的。她不希望公司的名声（以及她自己的名声）在顾客的眼中消失殆尽。幸运的是，客户还没有意识到这个情况，客户所知道的是项目在按时间计划和预算进展着，也确实是这样。遗憾的是，并不是所有的功能要求都在最终的升级中得到了体现。原始的需求太多，以至于无法按进度和预算的约束完成。

这不是伊莉莎第一次遇到这个问题。她很多次看到这种进度、成本和范围（质量）三方之间的拉锯战，似乎总能在最后达成平衡的结果。这个正常吗，还是她在讨论质量的项目管理课堂上睡着了？

5.6.1 问题

有了项目的成本和进度目标，你一直在积极地管理你的团队成员，而且似乎已经有所成效。然而，团队最终以偷工减料的方式完成了工作，交付成果的质量有些糟糕。因此，客户认为交付物不符合他们的标准，并拒绝接受某些工作结果。

5.6.2 告警信号

质量故障很容易在项目执行过程中被隐藏起来，当一个项目超出预算或落后于进度时，很容易看出来，但质量不达标则不容易察觉。同时，人们通常有一种

认为“质量会没事”的倾向。在质量控制中要寻找的东西包括：

- 项目组成员完成的工作质量开始下降。
- 为了保持事情向前推动，虽然交付物不完整，但里程碑仍得以批准。
- 每个人似乎都在仓促从事。
- 每个人似乎都感到不知所措。
- 团队成员投入了额外的并不计酬的时间到项目中。
- 关键的干系人在质量保证过程发现了一个质量差的项目交付物。

5.6.3　如果我不采取措施会发生什么

简单地说，事情会继续恶化。如果在它们出现的时候，你不立即去解决质量问题，那么你是在不经意地告诉团队，质量是不重要的，而质量将会持续下降。但质量问题最终还是不可避免地会被发现，等到被发现时，客户就会不满意，并有可能拒绝接收产品。团队可能会被贴上因为没有足够经验和专业知识完成这项工作的标签，这对未来的职业道路有负面的影响。根据项目的可交付成果，这种影响可能会更严重。会有人喜欢低质量的药品、汽车或建筑吗？

5.6.4　解决方法

欢迎来到权衡的世界。什么都不做的结果就是在保持成本和进度目标的前提下，质量或范围接受一定的损失。当这个选项不可接受时，有如下三个选择：

- 确保你用尽所有的选项，以获得所有最初目标，以及所需完成的工作都能在项目原定时间和成本约束内完成。
- 与最终客户或项目发起人商谈缩小范围、降低质量要求，使所有新定义的工作能够在原来的时间和成本约束内完成。
- 与最终客户或项目发起人谈判，在时间和成本两个约束方面适当进行增加，使原定的工作范围可以按所要求的质量水平完成。

5.6.5　我应该做什么

进度、成本和范围（质量）构成了两个项目的三角约束条件。考虑一个木匠制作三条腿凳子的例子。如果前面两条腿做得不够完美，那么就只能调整第三条腿来弥补其他两条腿的不足，以实现凳子的“水平”平衡。这个比喻很有用，因为你可以想象三个相互竞争的制约因素之间的紧张关系。

1. 用尽所有的选项

第一个选项集中在确保你最大限度利用所拥有的资源，让它们尽可能地发挥作用。例如，团队内是否有合适的资源？其他的项目是否从你的项目中抢走了关键资源？为了获得更多的信息和想法，请参考本书的其他小节，其中有更为详细的描述。本书中下面几个小节的内容都很好，可以去查看参考。

4.4 某些团队成员缺乏必要的技能

4.5 其他项目不断在猎取我的资源

4.6 我的团队并不是真正意义上的团队

5.1 我们承担了太多的工作

5.3 我们没有需要的资源

7.12 糟糕！我忘了一大块需要完成的工作

8.4 我可能没有一个合适的团队

9.6 项目成本比我们想象的要高得多

2. 缩小范围或降低质量

在做出任何涉及范围和质量之间权衡的决定之前，要确定你的项目是否进度提前和/或没有超出预算。在满足原来的质量目标前提下，也许你可以缓解这些制约因素中的一个或两个。你（或你的项目发起人或客户）可能会提出超出他们需要的东西而给项目带来不必要的压力。例如，目前项目可能在进度方面提前一周。你可以让项目停止进度一周，还能够保持不延误。这一点点的浮动时间（或预算浮动）可能已足以提高质量。

回顾一下进度和成本状况，如果发现它们还是落后于目标，并且范围或质量仍然是难以满足的状态，那么就需要考虑缩小范围或降低质量的更多细节。

如果你只是有太多工作需要做，却没有足够的时间/成本去做，而且在客户或发起人增加范围或预算方面也没有灵活性，那么你需要做好准备让客户和项目发起人要么缩小范围，要么接受较低质量的可交付成果。一旦了解了情况，他们也可能会愿意主动去缩小某些范围或降低质量要求，以使这些需求能够更好地与进度和成本目标保持一致。只是一个玩笑，这种情况很少会发生！每个人通常都希望所有的原始需求得到满足（也许还包括一些额外的需求）。如果幸运的话，他们会立即抓住你的建议不放，那样的话，你就感谢上帝的保佑吧。还是需要问一问，如果他们不让步也不要惊讶。如果他们最初不接受你的立场，你就进入了另一个需求谈判阶段，就像在项目的开始时一样。然而，在这种情况下，某些方面必须做出让步。这是一个关于“什么”的问题，而不是关于“如果”的问题。

在这一点上，强大的客户关系能够带来真正的回报，因为你知道什么对客户来说是真正重要的，从而可以利用它作为讨价还价的筹码。例如，你可能会说，“我知道你想要功能 X 和 Y。但功能 X 是真正的内在驱动，因为这是你的产品的竞争优势。功能 Y 是很好的，但在第一个版本中并不是绝对必要的。我们可以确保在下一个版本中把它作为第一个功能来实现”，等等。关键是客户和/或项目的发起人必须了解情况和潜在的最终结果。你给他们的告警提示越多越好；随着时间的推移，客户相应所做的选择会明显减少。

3．增加任务工期或预算

第三个选项是与最终客户或项目发起人重新谈判，在时间和成本两个约束方面适当进行增加，使原定的工作范围可以按所要求的质量水平完成。这个选项隐含了质量或者范围方面都必须保持最初制定的目标的信息，也就意味着范围和质量相对于时间或成本来说拥有更高的优先级。比如在第二个选项中，按现在的情况，当你协商缩小范围和降低质量要求时，你需要在更高的级别进行协商并对进度表和成本要求做出平衡，以保证相比第二个选项选择额外的范围和要求的质量。这与第二个选项是同一个概念，但制约三角形的三个方面的要求都必须考虑。与第二个选项一样，某些方面可以做出让步，只是哪一个做出让步的问题。

4．不做变更

现实中还有第四个选项：与客户或项目发起人无法协商，他们要求一切需要做的事情都按照原定计划以及原来的成本、进度和范围目标。如果他们在任何方面都不让步（你已经尝试过其他所有选项来改变团队成员，等等），最后只能让项目组成员在额外的时间加班工作，这部分时间不能记录在项目中。

这可能是项目经理面临的最棘手的挑战之一。因为不能增加项目的成本，所以你不能使用增加资源的方法。而且，为了满足范围和质量要求，你需要他们额外的工作时间却不能超过日历上的日期目标。直说吧，大家每一天都要做更多的工作。如果你和团队成员之间有良好的关系会好一些，他们可能会愿意在额外的时间多做工作，这可能是你所需要的。如果需要额外的时间，你就得有创意，这个问题没有标准的解决方案，失败可能是唯一的选择。

5. 项目复盘

不管你选择哪一个选项（或有人为你做了选择），请检查项目为什么以及如何进入了这种状态。完美的项目不用经历这些权衡。但是，没有人拥有完美的项目，这是一件很奢侈的事情。所以，还是来看看导致项目不完美的因素吧。是因为相对于实际的劳动时间来说原来的估算太低？还是因为一种新的技术或方法并没有像大家所期望的那样被推出，从而导致返工？还是因为在项目外部某些条件发生了改变，需要一个新的计划（如特定的法规或产品验证标准发生了变化）？还是因为团队太乐观，从而导致贪多嚼不烂？

总结经验教训时，对自己和你的项目团队需要敢说真话，这很容易导致在其他方面的指责。如果有一个糟糕的预估，坦白承认，并理解糟糕预估的方法，这样它就不会再发生了。如果项目组成员在项目开始时没有达到预期的绩效水平，让他们知道这个情况，这样在另一个项目上他们就不会这样了。如果在项目开始时的学习曲线比预期的时间长，找出为什么会这样。

在本书中也有其他章节讲到如何纠正类似情况（如添加缓冲到该项目，以适应成本和进度风险）。这里所做的是对项目进行彻底的反思。如果不从每一个项目中学习，看到自己改善的机会，那么你就是在自欺欺人。

5.7 我的项目终点是一个移动的靶子

是项目还是过程

这是纽约秋天一个清新的早上，天空下着小雨。当经理走进她房间的时候，莎伦在办公室里正在梦想着即将到来的里约热内卢度假时光。董事会刚刚结束经理就来到这里，因为有一个新的很紧急的需求。

他们需要重新设计他们所在的这家制造公司的主要流程——从订单到现金

（O2C）的整个过程。董事会已经确定了以下两个需要减少的目标：① 过程周期时间；② 运营所需资金。

现在，他们需要尽快开始这个为期 12 个月的项目。两周后，莎伦被任命为项目经理，项目组开始工作。但是，在当时，她并没有预见到项目中会出现多个时间的问题。

问题最早是在 4 个月之后出现的，莎伦的公司要收购在市场上有最好 O2C 流程的一家竞争对手。这使得莎伦的团队要重新安排项目的进度，以便了解新的 O2C 流程。

仅仅这些还不算完，在未来数月内，税收法规、工作流的工艺技术以及业务流程管理都出现了变化。这些变化需要重新进行进度设计，从而导致工作计划一再出新版本。

18 个月后，莎伦又在她的办公室里，这次她不那么高兴了。望着窗外曼哈顿的天际线苦思冥想："我的项目终点似乎是一个移动的靶子。"

5.7.1　问题

项目开始时你知道最后期限，不过，随着时间的流逝，你发现这个项目永远无法结束。总是有一个重要的新需求或范围的变更，项目的结束日期一再被推迟。此外，估算似乎总是不够，总是错过了最后期限还无法结束项目。

5.7.2　告警信号

你可能会认为这是一个比较容易发现的问题，特别是当最后期限超出时。然而，它有许多可能发生的原因。你需要区分一次性出现的延迟和从项目之初就出现的、可能导致项目永远没有结束的延迟趋势之间的区别。这里需要确定如下几条：

- 因为决定不及时或发起人/客户持续改变他们的想法，导致项目的多个延迟发生。
- 有许多范围变化，特别是对功能集的补充。
- 你的预算或资源不断减少，可以用延长时间来补偿。
- 估算始终是不准确的，总是处于偏低的情况；工作所需要的时间似乎总是比计划的要长。

5.7.3 如果我不采取措施会发生什么

如果你不处理“导致项目结束日期超出”的问题，那么会释放出这样一个信息：不管发生什么事都是可以的。如果你不推动干系人及时做出决定，他们会认为没有紧急的事情。如果你不质疑不断发生的变更，就会有人得出你可以包容这一切的假设。你不能抱有“这是我们无法做到的”观点，这会导致进一步的延误，使团队士气更加低落，最终导致项目失败。

如果失败的原因是在团队中，无论是计划还是执行，而且你什么措施都没有采取，那么你的团队会质疑编制估算毫无意义，同时也会开始忽略显然不重要的最后期限。

5.7.4 解决方法

这个问题的解决方法取决于持续延迟的原因来自以下两类中的哪一类。

- 外部因素：范围变更、干系人的决策延迟、资源的重新分配等。
- 内部因素：规划估算的问题，或项目团队执行的问题。

然而，解决这两类问题有许多相似之处。它们都需要考虑和解决：

（1）理解问题为什么会发生及问题发生的根本原因。

（2）探索解决问题的方法，建议行动过程。

（3）实施解决方法并监控改进措施的落实。

（4）从已发生的延迟中恢复到正常状态。

5.7.5 我应该做什么

问题的原因可能超出控制，这个问题对于项目经理来说可能是一个挑战。因此，你需要确认该问题是外部的还是内部的、当事人对延误造成影响的理解以及消除和纠正延误的重要性。

1．确定问题的根本原因

延迟的原因似乎是显而易见的，但是你需要去寻找表面背后的原因，搞明白问题为什么会发生。例如，如果因为一个失败的决定而导致项目发生了延误，那么这到底是因为干系人不理解需要及时批准，还是因为某些情况已经发生了改变，对于应做出什么决定拿不定主意？

对于外部问题，你需要与干系人讨论如下原因，并找出发生了什么：

- 如果我们有许多范围变化，是不是因为原来的范围是错误的？我们是否需要退后一步，建立一套新的需求，而不是不断地改变项目需求？
- 如果我们继续失去资源，那么这是因为该项目不再具备优先权？还是因为一个未计划的项目被提出来需要处理？如果是这样的话，我们需要重新设定期望并正式重新进行项目规划（或可能把它搁置或取消）。
- 决策比较慢，是因为对它的紧急性不清楚，还是因为项目经理需要做决策时没有沟通，或者出现了其他的事情导致决策更难做出？如果真是这样的话，让我们把所有的干系人召集在一起，共同讨论问题和潜在的行动。

对于内部问题，这一问题更容易处理，因为导致延误持续发生通常只有两种原因：

- 计划做得不好，没有准确地确定出完成任务需要多长时间。这可能是因为我们没有充分理解这一工作，或者我们的 WBS 不够完整，我们现在不得不去做一些不在计划内的工作。或者，也许是我们对计划过于乐观。
- 计划执行较差。计划中的数字是有意义的，但我们没有满足目标，因为团队效率与预期有差距。团队在一起工作配合得不够好，或者没有专心投入本项目，而是把时间用在了其他的不是正式分配给他们的事情上。也许对于我们的需要来说，他们是错误的资源。

2. 探索解决方案

一旦理解了问题为什么发生，我们就可以针对它去做些事情。第一步是与对延误负有责任的相关人员进行联系，让他们参与进来成为开发解决方案的人。你所采取的任何纠错行动都需要得到他们的承诺，所以让他们成为开发这些解决方案的成员是非常重要的。

在讨论中使用包容性的说法。例如，说“我们将如何更好地控制范围”而不是“你怎么能够减少变更请求的数量”。始终专注于减少项目延误这个最终目标。

承认解决方案可能不完美。如果问题是项目计划有缺陷，那么唯一的解决方案就是延长工期，增加资源，或者缩小范围。这不是一个真正的延迟，更多的是最初确定了一个不准确的交付日期。

一旦确定了不同的行动方案，你需要与干系人合作，把准备开始实施的计划确定下来。如果干系人承诺在收到请求的两天内做出决定，这可能是很简单的；或者，它就可能是一个涉及项目重大变化的更为复杂的解决方案。

一旦做出了决定，就需要与团队中的每个人进行沟通。

3．实施和监控

达成一致的解决方案需要立即执行，这可能会对项目有重大影响。为了解决错误估计而做的较大的重新规划可能需要放慢甚至停止项目，等待项目计划修订完成。重新确定的项目范围和需求可能会有同样的影响，至少会把团队重新聚焦到确认属于项目范围内的任务上来。

不管解决方案最终如何，如果属于下列情况，你就需要密切监视它是如何完成的，并立即采取行动。

- 干系人漏掉了一个决定的最后期限：在截止日期过去后，尽快与他们联系。
- 经修订的范围被批准几天后又收到了变更请求：召集干系人，开会讨论此事。
- 在你已经确认资源分配之后，发现一个团队成员退出，却在另一个项目中工作：与发起人和他的职能经理沟通，了解为什么会发生这样的情况。
- 团队成员错过了修订后的任务完工日期：和他们沟通，了解发生了什么问题，并尽量立即解决。

4．恢复

即使你已经实施了解决方案去解决所有项目延误的原因，并且一直监控这些解决方案是否成功，但你的工作还没有完。这个问题的出现是因为项目看起来像是不会结束，最后期限被一推再推。既然已经解决了导致项目永不结束的问题，就需要去检查一下是否使项目从一些或所有的延迟中有所恢复。

根据问题的性质，某些情况恢复延迟也许是不可能的。如果你的项目由于重大范围变更、修改估算或者使用了不同的人员配置模型而发生了根本性的变化，那么可能需要重新设定最后期限以及新的交付日期。但是，如果延迟是由执行欠佳或决策过慢造成的，也许可以挽回一些损失的时间。

你需要与团队合作，以确定哪些地方可能会有一些恢复，然后执行计划以实现该恢复，当然，估算需要切合实际。

5.8 项目的一部分没有结束的终点

我想我正在帮助……

珍妮佛和尼克分别是一个项目的项目经理和业务领导。他们最近一直在负责实施一项新的系统和相关的过程改进。虽然不得不缩小范围，以实现发起人要求的日期，但他们最终得以按时完成项目，并庆祝了成功。

芭芭拉在运营中对新系统感到很兴奋，但不知道从什么时候开始，系统经常出现问题。

珍妮佛和尼克现在正致力于对新系统的改进，芭芭拉向他们施以援手。尼克和珍妮佛以“团队合作者”的态度，让开发人员对芭芭拉提出的问题做出快速的响应。

他们知道，下一个问题可能发生在这里或者那里，他们提供的解决方案似乎没有尽头。芭芭拉的要求是无止境的，额外的修补阻碍了其他改进工作。

尼克和珍妮佛的“团队合作者”的态度正在逐渐减弱。好像永远无法看到尽头，他们做错了什么？

5.8.1 问题

项目团队正在创建他们的可交付成果，你开始注意到一些任务一遍一遍地在重复。查看项目计划后，你只能继续增加这些相同的任务，好像看不到结束的尽头。

5.8.2 告警信号

这个问题要求关注到项目的方方面面。如果只专注于高层次的方面，很可能会错过这个问题，因为它被掩藏在细节之中。注意观察如下的情况：

- 计划好的任务，却在不断重复。
- 生产支持、客户变化或其他类似的任务被包含在项目中，却没有明确定义的结束日期和状态。
- 项目结束时间拖长，似乎总有没处理完的工作。

- 作为项目经理，你要不断地去解决问题或者考虑上一个项目的问题。
- 项目范围从来没有真正明确的定义，并且改进建议或问题不断加入你的项目计划中。
- 一项任务不断被扩展，而其他一切都在计划中向前发展。
- 某项资源似乎正在花费大量的时间在一个相当简单的任务上。

5.8.3 如果我不采取措施会发生什么

如果忽略这个问题，项目团队将会变得不堪重负，因为他们需要做很多额外的工作，而这些工作可能与新的工作安排没有关联。

关键路径上的任务可能无法完成，项目也可能无法完成，或者可能会被停止或搁置。更糟糕的是，尽管该项目完成了一些工作，但由于无法继续进行已安排的活动，公司可能会把这个项目看作是失败的。

5.8.4 解决方法

为了成功地处理这个问题，你需要能够识别潜在的问题领域，然后规划并执行一定的策略，以防止它们成为问题，或者能够消除已经发生的任何损害：

（1）识别有可能导致问题的任务或活动。

（2）为项目建立一个全面的过渡计划，并得到客户对于确认验收的签字。

（3）寻找在项目执行过程中可能会出现问题的条目，并制定额外的策略去解决这些问题。

（4）执行过渡计划，并正式结束项目。

5.8.5 我应该做什么

要成功管理这个问题，你需要在项目开始时就对潜在的问题做出规划，并在项目执行过程中监控、处理任何发生的问题。

1. 识别潜在的问题

从项目的范围着眼，要确保所有组件都是适合本项目的。如果范围所包括的某些任务是组织内另一个功能的组成部分，比如专业服务或者生产支持，那么项目的范围可能需要修改，以去掉这些任务。这项工作可以去做，但它不应该是项目任务。

有些条目不应该在项目范围内出现，因此也需要从项目计划中拿掉。寻找那些不断重复被安排的任务，并给予它们特别的关注——它们是否真的有助于交付，或者它们只是应该从项目中去除或在项目执行的后期阶段才应该过渡到运营团队的任务?

2. 创建过渡计划

不能简单地忽略不应该成为项目一部分的工作。它是仍然需要进行的，所以你的项目需要包括正式的过渡和移交。要成功就需要采取如下一些措施:

- 识别过渡任务。
- 识别应该过渡给谁。
- 创建过渡计划。
- 建立确认过渡已完成的度量标准和指标。

这可能需要人力资源或组织的设计人员参与，以帮助确定这个新的工作任务会对组织产生什么影响。在某些情况下，为处理这项新工作需要成立新的部门或安排新的职责。另外，如果可以的话，你需要确定，在现有的过程中该工作最好在哪个环节集成进去。

一旦确定了最适合处理该工作的工作区域，尽快让该区域的领导介入进来。在没有给这位干系人一些提醒的情况下，不要试图给出建议。

为了帮助员工承担新工作，针对业务领域的工作可以制定一些工作流程和操作指南。如果可能的话，还会制定出新的职位描述。为任务制定生产标准或成功标准，特别是是否具备来自项目经验的参考框架和/或在你的项目规划中是否有文档记录。下一步，如果需要，列出包括在职培训的过渡时间框架。

3. 在执行过程中识别额外的问题

在项目的执行阶段，仍然有可能突然出现无止境的任务。在这一点上需要小心——可能会漏掉问题任务的过渡活动，或者这些任务可能是合法的项目任务，只是有些拖拉，看似总也不会完成。如果是后者，本书的其他领域有相关内容可以为你提供帮助。这可能是一个或多个以下问题的征兆:

- 不准确的规划。

- 工作上的资源分配错误。
- 不清晰的需求。

如果发现了需要过渡的额外需求，重复前面提到的步骤即可。不过要意识到这一点——项目在哪儿停止这些过渡工作，并让正在进行的运营职能接管它们。这需要有可识别的里程碑，这样责任在谁那里就不会产生混乱。

4．移交

作为项目收尾的一部分，你需要执行较早时候制订的项目移交计划。它包括过程审核、培训、客户验收测试等，也可能涉及一系列的迭代。从工作人员或安排工作的部门得到签字是非常必要的，这样你就可以正式关闭项目计划中那些重复工作的部分。

5.9 项目需求始终在变

每件事都在变动……

几乎就在艾米莉站在门口的时候，发起人和她说："哦，你知道那个发票模块吗？你能确保我们的国际账户的货币兑换吗？"艾米莉微笑着。这是本周关于发票模块需求的第五次变更，而今天才星期三。上周，她的发起人和她说，该模块只能处理国内账户。"我会看看我能做些什么。"她说道。

回办公室的路上，销售部的萨曼莎在走廊碰上了艾米莉。"我们已经和客户完成了一次小组会议，"她说，"这是他们期望从数据库中得到的东西。"萨曼莎递给她一个长长的清单。"大多是新东西，但这两者只是重写了报告。你在发布那天做完，可以吗？"

"我会看看我能做些什么。"艾米莉说。报告已经写好，她如何告诉开发团队，他们必须把这些工作重新做一遍？这些变更并没有看上去那么重要。项目的所有需求每天都在改变。按这个情况，他们永远也不可能在发布日期前把所有事情都做完。

艾米莉知道她不能这样下去。她就像个受气包似的对谁都说"好的"，尽管没办法完成所有的事情。她需要一个新的方法来使这个项目以及它的干系人，保持在正常的运作轨道上。

5.9.1 问题

刚开始，你认为项目是很不错的，团队成员对于确保交付的东西符合项目预期目的满怀信心和热情。当然这意味着只是发生了极少的变更，情况却不是如此。现在变更正在不断地堆积，看起来好像永远无法完成，因为目标也在持续地变化。

项目中有需求变更是非常常见的事情。毕竟，刚开始的时候，你可能已经清楚地知道需要做什么，但随着项目的进展，用户开始意识到什么是可能的，并开始要求更多的性能或者不断改变想法。不管需求变化背后真正的原因是什么，你都面临着项目较大范围蔓延的痛苦。

5.9.2 告警信号

不要总认为变更是坏事儿，不一定。然而，如果看到以下问题，那么它就已经超出了普通的变更，并可能存在问题：

- 人们对于他们想要的东西正在改变想法。
- 曾经达成的一致需求现在已经完全不同，或完全取消。
- 你花了很多时间去争取别人的一致同意，或者只是去争取人们的总体意见。
- 刚刚完成更新，你的计划就要过时。
- 因为必须安排返工来应对需求变更，项目已经延误。
- 你无法看到项目的结束。

5.9.3 如果我不采取措施会发生什么

如果什么都不做，项目将被拖延下去，因为不断变化的需求意味着无法完成任何事情。最终，该项目将被取消，或者你会被解除项目经理职务，将项目交由能够交付客户真正需求的人来接管。作为一个项目经理的可信度取决于能够完成项目并确保提供商业价值，所以存在这样的风险——你在组织中最终会被视为无法控制项目的人，这对你的职业生涯不利。

5.9.4 解决方法

变更并不一定都是坏的，只是需要以一种可控的方式进行处理。你需要停止范围的蔓延，并确保每个人对目前的需求列表签名认可。你需要有方法来确保如果在未来有变更发生，每个人都能明白这些变化的影响是什么。总之，你需要：

（1）一个共同确认的当前需求列表。

（2）项目团队和干系人清晰地理解变更产生的影响。

（3）变更控制流程。

5.9.5 我应该做什么

当需求不断变更的时候，让它们尽快回到正常轨道上是非常重要的。确定你现在的情况，以及其他的事情发生变化时，你将如何处理变更——因为它会发生的！

1. 明确的需求

回到你的范围文件。什么是这个项目要达成的？这就形成了需求的基础结构。列出目前所有的项目需求，并确保它们与项目的目标联系起来。

邀请所有的干系人审核需求列表，以确认它代表了你期望项目所交付的所有东西。如果有冲突的需求，那么需要加以解决。与各干系人单独组织会议，了解他们的观点，并理解其中的差异所在。然后，让有关的人在同一个会议室讨论需求，以确定哪些需求在项目中，哪些需求不在项目中。如果不能达成一致意见，你可能需要取得发起人或其他外部力量的帮助来做出最后的决定。

这个操作能让你对项目的需求有一个全面综合的认识。在此之后，任何变更都需要进行评估，并按下面详细介绍的变更控制流程执行。

2. 设定期望

作为与项目所有干系人讨论他们的需求和确定清单的一部分，需要花时间向他们解释，任何变更都会有相应的成本。如果未来他们要改变主意，想要增加或修改一个需求，都要付出一定的代价。这并不总是一个财务上的数字，而是变更的结果：

- 项目可能需要更长的时间，或者能更早完成。

- 项目可能需要更多的资源。
- 项目结果可能与以前达成一致意见的质量标准不符。
- 项目可能会耗费更多的成本。
- 项目可能暴露出不同程度的风险。

变更也可能是有益的，因此，干系人应该知道，如果需要的话，他们有权做出变更的选择。然而，他们这样做的前提是，应该充分了解可能会有什么影响，并从你这里了解做出变更的可能有多大。例如，在项目的早期更容易安排变更。如果你正在建设一个酒店，装修已经完成后再去更改卧室布局时，那就太难了。任何现在无法处理的较小的变更，都可以打包到二期工程或者未来的项目中。

3. 变更控制流程

既然已经有了项目需求的基线，假定你被要求做出变更，你需要知道做什么。变更控制流程明确了如何处理新的需求，或对于现有的需求如何修改。你可能会有一个正式的变更管理流程，或者你也可以选择不太正式的方式。无论哪种方式，步骤是相同的。

（1）收到对于需求（范围）基准的变更请求。

（2）根据设定的标准对变更进行评估，通常影响到：

- 进度表。
- 资源。
- 其他需求。
- 预算。
- 项目风险。
- 目标和项目整体（如果不执行变更的话）。

（3）做出是否执行变更的决定（见图 5.1）。

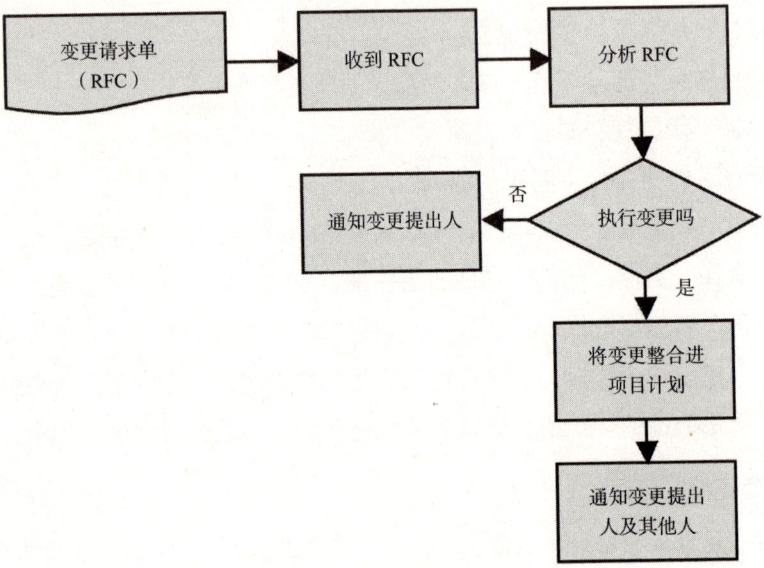

图 5.1 变更控制流程

- 如果执行：记录变更，更新计划和进度，并通知大家。
- 如果不执行：告知提出变更请求的人该工作将无法完成，并说明原因。

确保项目干系人，特别是发起人，了解并同意你所使用的变更控制流程。

第 6 章

构建和交付需求

6.1 项目发起人告诉我要做什么，但没有足够的细节

发起人“模糊性综合征”

当露西第一次得到项目管理的任命安排时，她感觉手足无措，不知从哪里开始。露西在经历发起人“模糊性综合征”。她认为，她必须接受任何安排并执行，她也这么做了。

露西对发起人的需求不是非常确信，但她与她的团队合作，提出了一个计划，她希望能够满足发起人的需求，并开始执行它。

遗憾的是，项目运作了一个月、发起人在审核了项目最初的几个状态报告后，对露西的努力不再抱有幻想。发起人开始质疑露西的行动，并提出对该项目更多的具体要求。对于所有的意图和目的，露西都没有达到，不得不重新启动项目。

时间已经过去，资金已经花掉，露西未来的前景不被看好，这次她能管理好项目的启动吗？

6.1.1 问题

你想启动新项目，但你觉得发起人的期望和要求不完整，缺乏细节。如何促进发起人和其他关键干系人更多参与，以便得到关于项目交付成果的更为详细的具体要求?

6.1.2 告警信号

也许对于项目启动准备工作来说，最明显的告警信号是不确定、恐惧和怀疑。然而，你应该知道识别模糊的目标不必依赖于感觉，而要敏感于使用量化解释的条款。例如，一个项目的目标是：简化销售处理和实现系统以提高销售和持续有竞争力的利润。这对于发起人来说可能是一个清晰的项目，但它缺乏任何可操作的信息。有必要澄清什么是提高销售和持续有竞争力的利润。具体来说，要注意：

- 缺乏客观的测量方法。
- 使用类似“细节附后”的表达方式。
- 参考其他系统或产品的功能，而不提供细节。

6.1.3 如果我不采取措施会发生什么

开展一个具备模糊或不完整的目标和指导的项目，会让你的项目因错误启动和实施错误的解决方案而导致项目失败的风险呈指数级增加。因此，没有很好的量化且可操作的目标就贸然启动项目是不明智的。作为项目经理，你最不想做的事情就是猜测项目发起人的期望是什么，或者当他们说到诸如更好、更快、更具竞争力、更完善这些词语时指的是什么。

6.1.4 解决方法

作为项目经理，你必须学习如何促进发起人和其他干系人明确在什么时间内来达成哪些结果。帮助发起人把项目目标从最初模糊或抽象的描述变成非常详细具体的描述，以便清晰地界定项目的范围和框架。这需要极强的人际沟通技巧、耐心和接纳力，因为人们很少知道在一个可执行的特征层面上他到底需要什么。相反，带着通过不断努力把需求定义得更加完整的期望值，大多数人在沟通通常意义上的欲望、失望或各种需求。

真正的问题不是这么多发起人的目标是模糊的，更多的是项目经理在如何就相关期望和规则（项目协议、需求，诸如此类）进行深挖方面没有得到相应的训练。更为重要的是，项目经理必须知道如何证明和验证所确定的需求是正确且准确的。因此，如果项目经理和团队在一片模糊之中挣扎，随着项目停滞或徘徊不前，发起人的挫折情绪不断加剧，很快就会产生分歧。

为了把发起人和关键的干系人的目标从模糊变得量化、可操作，可以考虑以下步骤：

（1）深度探讨所规定的目标，以便了解这些目标和基本的运作条款。

（2）基于组织的业务计划和战略，审核项目的目标，以确保与其一致。

（3）把量化的项目目标形成文件并获得正式批准。

6.1.5 我应该做什么

避免陷入模糊目标困境的一个方法是，与发起人和其他经验丰富的干系人一起，设定出可以定量表述的目标。在作者的《螺旋因子》（*The Helix Factor*）一书中，有这样一个典型案例，它用来说明一个项目发起人在描述项目核心目标时，用的语言虽然有些具体，但实际上是不具备可操作性的。在那个案例中，目标如下：

- 每年实现销售额 20%左右的增长。
- 稳定劳动力的现有水平。
- 每年增加现金流 1 500 万美元。

鉴于这些首要目标是重要的起点，项目经理就有责任去寻找方法来改进它的运作模式，并使用 IT 系统以一种有助于实现目标的方式来实现。显而易见的挑战是如何开始，谁来参与，在什么时间内，什么预算，等等。不是所有的项目都达到了预期的结果，这个例子说明了一点，只要能够超过他们的预期哪怕是一点点，发起人就会启动项目，要求项目经理组织调动资源，并确定如何针对项目的特殊性开展工作。

与发起人一起确定项目量化目标，最好是使用引导会议的方式。你可以把发起人和其他经验丰富的干系人召集在一起，基于逐渐推进的策略就项目目标达成共识。

1. 深度探讨所规定的目标，以便用更加基本的术语理解这些目标

确定一组详细的目标之后，项目经理要理解如何把每年实现销售额20%左右的增长、稳定劳动力的现有水平、每年增加现金流1 500万美元三者匹配在一起。此外，项目经理要设定好发起人和管理层关于预算和时间周期的期望。最后，项目经理要征求组织中那些具备如何改进方面的必要知识的人给予指导，以实现所确定的目标。

下面是一些需要澄清的问题，可能在得出那些共同的目标过程中已经问过发起人：

- 为实现20%的增长，发起人认为必须做出哪些改变？
- 多少百分比的增长将来自行业增长、市场份额的增加、收购？
- 在组织（人或团体）中，哪些人应当参与确定方法并参与实现20%的增长率的工作？
- 目前的劳动力水平是否有能力支持增长目标？
- 实现20%的销售额增长，能够提供所需的1 500万美元的额外现金流吗？
- 除了销售和市场营销外，还有哪些领域有助于销售和现金流的增长以达到期望的水平？

这些问题以及其他一些问题的澄清，有助于项目经理建立一个更好的环境去追求项目的达成，并为帮助项目团队理解项目的重要性提供依据和见解。同时通过这次探索，还有望帮助项目经理建立一套额外的期望和目标，提供给受项目影响的职能领域一个路线图。关键的是，发起人的看法将得以延伸并量化成有意义的、可执行的术语。

当这些都完成之后，项目经理对于项目的范围，应涉及哪些经营单位，达成交付的时间表，所有预算约束条件，以及更多的方面有了一个更为清晰的理解。有了这些信息，项目经理应该能够组织项目的识别阶段，其目标是确定业务流程和系统所需要做的改进（变更）以实现发起人的目标。

2. 根据组织的业务规划和战略审查项目的目标，以确保其一致性

有了可量化的项目目标并不意味着这些目标适合组织的目标和需求。有这些新确定的目标在手，精明的项目经理会花时间与组织的业务规划和长期战略交叉对比。这一步不仅是一个最佳实践，它也确保了该项目与组织的整体目标相一致，

并降低其产生的结果与整个企业脱节的风险。

这一步的结果应该以一种反映组织的目标和项目之间关系的方式记录下来，可以使用一个简单的矩阵，如表 6.1 所示。在交叉的单元中，放置一个简短的解释，说明项目目标是如何支持并实现组织目标的。每个项目的目标应该支持至少一个组织目标。

表 6.1　组织与项目的目标

	项目目标 1	项目目标 2	项目目标 3	项目目标 4
组织目标 1				
组织目标 2				
组织目标 3				
组织目标 4				

3. 形成文档并取得发起人对修订后的量化目标的批准

一旦完成了项目目标与业务规划的相关性，你就应该与发起人一起进行审核，并获得他们的批准。在这一点上，你应该将目标转换为更详细的业务需求，最终推动项目计划的完成。

6.2　我们以错误的设计结束项目

遵循鲍勃 · 麦基的方法获得设计成功

服装设计师为雪儿和其他超级明星定制礼服，都遵循一个设计过程。鲍勃 · 麦基为雪儿设计了很多珠光宝气的礼服。正是因为遵循了设计过程所以才能保证他为雪儿设计出了非常合适的服装。他的过程包括：

第一步，画出礼服的图纸，并获得雪儿的批准。

第二步，把服装挂在与雪儿身材相仿的人体模特身上，配上人造珠宝，并获得雪儿的批准。

第三步，制作服装（同样配上人造宝石），由与雪儿身材相仿的模特穿上展示给雪儿看，并获得雪儿的批准。

第四步，对原型服装按雪儿的身材尺寸进行适应性调整，获得批准后开始生产。

第五步，生产服装并配上真正的珠宝首饰，交付给雪儿。

当被问及如果雪儿还是不喜欢这件衣服怎么办时，麦基先生说："嗯，我猜雪儿只会因为买了一件昂贵的衣服让她不喜欢。"他敢于如此表态是因为他做过调查，可以保证这样的事情永远不会发生。

6.2.1 问题

当你结束时发现设计是错误的，那会是什么情景？一个错误的设计很可能是错误的需求的征兆，反过来可能是有缺陷的需求收集过程（实际问题）的结果。遗憾的是，认识到这些通常是在实施（培训、测试等）过程中，而不是在设计过程中。因为不到项目后期，错误的设计通常不会自动地显露出来，此时管理层、发起人和干系人认为项目组的努力是失败的，进而质疑项目经理和支持团队的胜任能力。这是任何项目经理本人最不想发生的。

6.2.2 告警信号

设计规范差错的第一个信号，在设计评审时把每个设计规范与基本要求相对比就可以浮出水面。在这个时间点发现，纠正措施是相对比较容易的。告警信号非常明确，在设计评审阶段，如果发现设计与基本要求规格不一致，那就是一个有缺陷的设计。

但是，如果设计符合要求，后续仍然发现是错误的，那么需求收集过程可能是有缺陷的，说明这是一个更系统性的问题。

遗憾的是，在设计评审时通常没有发现设计上的缺陷，而是在开发完成后才发现。因此，当最终发现时，就会造成昂贵的返工、错过最后期限和预算超支。此阶段的告警信号包括：

- 干系人拒绝最终产品或计划安排。
- 执行过程中即时变更请求的数量。
- 识别可用性或适用性方面的缺陷。

6.2.3 如果我不采取措施会发生什么

错误的设计不会随时间而消失，无所事事不是一种选择。（你是否被允许解决这个问题，这完全是不同的问题。遗憾的是，执行错误的设计有点类似亡羊补牢，为时已晚。)无所事事的影响是什么？这取决于项目对于组织未来发展的至关重要性。极端情况下，影响可能包括：

- 收入损失。
- 失去工作。
- 引起法律诉讼。
- 股票价格下降。
- 丧失市场份额。
- 业务失败。

影响不大的情况下，你可能会面临这样一些事情：

- 昂贵的返工。
- 预算超支。
- 错过了执行期限。
- 个人和团队信誉的损失。

可以清楚地看出设计正确的重要性，以及当缺陷被发现时，为什么它们被迅速解决，并具有完全的透明度是关键的。尽管你不能修复导致项目设计失误的错误，但你可以学习并采取如下步骤，以确保你永远不会以错误的设计而结束项目。

6.2.4　解决方法

有很多方法可以确保你永远不会以错误的设计而结束。最好的方法是把正确性验证植入开发生命周期方法论中，这样在项目进展过程中，你需要把以下方面相互联系起来：

- 对业务流程的要求。
- 设计要求。
- 设计应用。

这些检查点可以确保缺陷、异常、偏离干系人需求的情况能够尽可能早地进入项目的过程中。此外，原型的使用可以帮助干系人理解朝着取得预期项目成果方向的工作进展如何。无论是系统仿真，比例模型，还是为巨星设计一套新装，原型提高了过程的可视化程度，从而有助于避免导致错误的设计失误和误解的出现。

在项目过程中添加检查点不会增加项目的成本或时间，事实上，做得好的话，还可以节省时间、金钱等。

6.2.5 我应该做什么

虽然没有办法保证一旦开始实施，设计就不会有缺陷，但可以采取措施，尽量减少其可能性。随着系统变得越来越复杂以及对企业的成功越来越重要，严格评估的水平日益重要，以确保组织需求、运营实践与支撑系统零次品之间的一致性。

1. 需求与业务流程一致

把保障措施植入流程中的第一步，是在发现阶段（是的，是发现，不是定义）把测试加入进来，以便把识别的需求与如何利用关联起来。这些相关性通常被称为用例。

简单地说，一个用例就是功能或功能组会被用到的一个或一组场景，它描述了谁，什么，何时，在哪里，以及为什么等各方面。用例有多种表现形式，从叙述到复杂的图表、模拟以及原型。通常情况下，越简单的用例演示，越容易被干系人所理解。

基于信息技术专业的背景，这里有一个例子，它是一种使用分级流程的有效开发用例的方法。第一级的流程是一个端到端的工作流程图，该图描述了工作流的生命周期，在每个阶段，工作流中的对象从它的源头（出生）直到不再改变。例如，一个简单的端到端销售流程可能有以下几个阶段：

（1）客户索要报价。

（2）报价发送给客户。

（3）客户发出订单。

（4）批准订单。

（5）订单发货。

（6）订单结算（发票）。

（7）订单支付。

在流程的每个阶段，所需的程序被确定为把对象（如订单）从一个阶段移动到下一个阶段。对于每一个确定的程序，系统交互（技术接触点）被定义为输入、过程（业务和处理规则）和数据库更新规则，以支持该程序。这些信息可以以叙事的形式呈现，也可以是建模语言，如 UML（统一建模语言）或图解模型。在这方面的最佳实践就是将业务案例分为由以下几部分组成的单独需求数据包：

- 需求概述。
- 要求规格（布局、规则等）。
- 设计规范（输入/输出模型、流程逻辑图）。
- 设计、编程、测试、培训和部署的估算。

由于每个数据包可以根据相应的流程级别追溯到一个特定的工作流（通过交叉索引），由此建立了一种可靠的确定性的环境，这就是需求从功能上来说是正确的、可部署的。

2. 设计与需求一致

下一步是使用高水平的过程模拟和/或原型工具，以制作一个需求的可测试版本，用户可以用来验证格式、业务规则、用户界面等的正确性。在这个节点，需求有缺陷的可能性非常小。因此，如果设计和制作规范中包含需求包，设计应该是正确的。

有许多可用的设计工作台可以加快设计进程。无论是使用工作台还是手动设计技术，一定要包括一个可追溯的过程。可追溯性是将设计规范映射回需求的过程。交叉索引方案或使用前面讨论过的（包括索引）基于需求进行设计的数据包方法可以实现这一点。

3. 应用与设计一致

最后一步是使用需求和设计文档来创建一个测试规范和脚本，这些规范和脚本可以用来测试完成编程的应用。如果你开发了一套完整的用例，这个任务就变得简单了：所需要的只是创建测试数据，以便能够足够多地去运行用例过程、各个分支选择以及备选方案。

开发测试脚本要求所有功能的可能性都能够测试到，以确保应用程序可以处理各种逻辑可能性。同时，也希望设计规范能够提供这些规则到字段级别。

另一个关于分层流程的例子，请参见鲍勃·麦基使用设计过程确保雪儿心仪的服装设计的例子。

不管这个项目属于哪个领域，工作计划都应纳入相关的检查点，以测试结果如何与干系人的期望相一致。

6.3 我们具备的工作技术是错误的

事情都慢了下来

像许多首席执行官一样，格雷格倾向于夸大行事。“没什么工作了！”不过，这是一个很好的叫醒服务。查理，公司的 CIO（首席信息官），在那时意识到他在技术投资方面多年来的节约已不再受管理层欣赏。他一直有由于平台能力和过时的技术而导致持续停机的压力。他的能力，以及他在管理公司 IT 组织方面的“小事聪明、大事糊涂”的做法，经常受到质疑。

这感觉就像每个人都在抱怨：系统处理他们的事情花费的时间太长，IT 员工解决问题太慢。IT 支持始终是一个吃力不讨好的工作，但查理的组织似乎更受诟病。

查理受限于预算太少，难以真正去做升级服务以及应对大量的基本服务需求。他现在能做什么？

6.3.1 问题

当你的技术不足以支持本组织的信息处理需求时，会发生什么？通常情况下，会产生计划外的资本支出！令人欣慰的是，更新平台和基础设施的成本比几年前的费用要低一些。今天，IT 团体处于动力不足的情况是非常罕见的。管理 CPU 周期和磁盘空间的日子已经不复存在。具有讽刺意味的是，在一个专注于精益的世界里，说到平台和基础设施，大多数精明的 CIO 都过多地关注技术。为什么？为了优化人们的有效性和生产力。在减少处理资源的竞争需求方面，这是有意义的。

所以，当平台和技术与干系人的处理预期不一致时，你发现自己处于一个尴尬的处境。这时，你会怎么做？一般而言，答案取决于这一现象变得明显时会造成什么样的影响。

6.3.2　告警信号

我们都熟悉 IT 问题的一些症状。虽然，对平台支持组织需求能力的侵蚀随着时间的推移会发生，但直到发现自己处于危机之中时，你才会意识到存在的问题。基于最低性能基准持续监测系统性能，可以提供一种早期预警机制，知道何时改善基础设施，这是非常必要的。它可以为你显示如下信息：

- 停机或中断时间增加。
- 服务水平下降。
- 应对和解决问题时间增加。
- 用户投诉增加。

6.3.3　如果我不采取措施会发生什么

当得知平台、基础设施和技术不再适合本组织的需求时，你别无选择，只能采取行动进行重新调整。无动于衷很快就会把 CIO 的语义从 Chief Information Officer（首席信息官）变为 Career Is Over（职业生涯结束）。

6.3.4　解决方法

解决技术问题的基本方法有两种，哪个正确取决于你所在组织的情况。这两种方法是：

- 一步到位的做法。
- 循序渐进的方法，这样可以把成本分摊到逐步实施的多个项目中去。

6.3.5　我应该做什么

为了确定正确的解决方案，需要考虑当前 IT 的实际情况、日常业务的需求，以及即将开展的业务带来的需求。当实施一个解决方案时，要确保那是一个真正的解决方案，并且在它实施后不会有什么其他后遗症。

1. 一步到位的做法

一蹴而就地解决技术短板通常是最后的选择，只发生在能力的欠缺可能影响到运营失败，以至于影响销售和客户关系的情况。基本而言，这会威胁到职业生涯并产生潜在的业务威胁。好消息是，由于组织承受着较大压力，获得所需的资金就比较容易（然而，一旦危机过去，随后的调查可能导致职业生涯结束）。毫无疑问，这里的风险是由于领导力问题导致组织陷入如此可怕境地的一种回报。当然，原因是多方面的，经常超出 CIO 的控制。

多年以来，通常的情况是管理层拒绝 IT 为跟上时代提出的升级和投资请求。更常见的是，这个问题是由 CIO 的保持事情精简与吝啬会得到赞赏和奖励的错误观念而引起的。这不是真的。无论如何，任何时候 CIO 至少要提供支持组织 IT 需求的一切。

2. 通过未来的项目逐步达成（循序渐进的方法）

基础设施的不足，希望可以较少通过危机驱动模式，而是通过把基础设施投资到多个项目中的方式去解决。这种更为渐进的方法使得资本投资与项目为新平台和其他技术增加的价值相匹配。例如，一个新的客户关系管理项目意味着不仅仅是新的软件，它还包括所需的设备和相关技术。

完成将所需基础设施嵌入项目的一个方法是假设零基础设施存在，以支持这一举措。在此假设下，该项目将需要一定的技术以支持其实施。当然，这有可能矫枉过正，但它提供了一个最坏的情况。

具备了这方面的知识，你就可以确定所需的增量技术。差异代表一个需要由现有基础设施实现的效率收益。现在判断部分开始发挥作用了。为了改进组织对于整体基础设施的需要，你希望从额外投资中得到多少好处？在这里，你需要仔细看看项目承诺提供的投资回报率。一个经验法则是，项目应该得到至少 20%的投资回报率。因此，任何投资回报率超过 20%的项目都可以成为增加基础设施投资的候选项目。

考虑一个简单的例子：假设一个公司的项目，投资回报率的最低门槛是 20%（见表 6.2）。你的任务是做一个项目的预算，该项目潜在的回报为 129.5 万美元。因此，以获得 20%的投资回报率计算，该项目可以花费高达 647.5 万美元。最好的情况下你估计需要花费 350 万美元，可以得到 37%的投资回报率（129.5 / 350），这已经超出了门槛。

然而，目前的平台和基础设施需要 230 万美元的彻底检修。假定你永远不指望得到一个项目的最佳情况预算，你有机会编制约 600 万美元（350 + 250）的预算。这可以为改善基础设施提供需要的资金，同时也能够提供一些应急资金，以应对在 647.5 万美元以下实现 20%投资回报率可能出现的超支。

用这种方法，看起来达到了多赢的局面：交付了所需项目的同时，解决了基础设施存在的问题，组织也得到了优异的投资回报率。

即使只修复了基础设施短缺的一半，你仍然处于有利地位。

表 6.2　利用高收益项目改进融资基础设施的例子

	投资额（万美元）	投资回报率	投资回报（万美元）
最佳估计（给定）			
预期投资回报率（给定）	350	37%	129.5
预算假设 20%的投资回报率（回报为 129.5 万美元——花费最多的情况下取得所要求的投资回报率）	647.5	20%	129.5
可能用于基础设施的投资（你估计的 350 万美元与最多花费 647.5 万美元之间的差异）	297.5		
基础设施满足企业需求的整体投资	230		
修订后的项目预算包括基础改进需求（最佳估计+基础设施不足+20 万美元应急费）	600	22%	129.5

6.4　设计符合了需求，但并不满足项目目标

避免南希的梦魇

南希的企业资源计划（ERP）改进项目进展正常，直到测试阶段事情发生了变化。很明显，尽管设计与需求一致，但没有满足项目的目标。认识到交付结果不能达成预期的目标，显然要完成这个项目就成了一场梦魇。

南希知道该项目处于失败模式，她该如何处理？这个失败对组织有何影响？谁会丢掉饭碗？多少时间、资金和努力打了水漂？无疑地，南希现在背负着沉重的负担，她和其他人在教训中前进。

如果未来南希能再有一个管理项目的机会，也许她会考虑使用业务流程分析，以确保制订的解决方案与所期望的结果一致。

把项目目标与为实现这些目标所需的业务流程的变化关联起来，驱动基于流程变化的底层 IT 需求，会让你避免重复南希的梦魇。

6.4.1 问题

最糟糕的梦魇变成了现实。虽然非常严谨认真地定义了项目的需求，然后基于完整的可追溯性、忠实地根据这些需求进行了设计，并按照设计构建了应用程序，现在你却察觉到，当部署解决方案时，它不能满足项目的目标。总之，你花了钱、时间和分配的资源，产生了结果，却没想到它是错误的，真是一个彻底的失败。

怎么会发生这种事？发生了什么错误？

6.4.2 告警信号

播种失败种子的更可能的情况，是由于在一个有缺陷的需求识别过程中，没有使用业务流程分析，以推动需求识别。即使在今天，对于如何开发能够被证明是正确的需求似乎也缺乏清晰的认识。也许这是 IT 应用程序经常被批评与组织的需求不一致的主要原因。

当设计符合需求却不能满足项目目标的情况出现时，可能正在酿成一个严重的问题：错误的需求导致错误的设计、程序和结果。这是一个非常昂贵的命题。当你得出有缺陷的需求时，很可能是因为需求识别和/或定义过程有缺陷。遗憾的是，对于这个问题的告警信号通常发生在项目的后期或者项目已经开始实施生产。可以寻找的信号包括：

- 干系人的抱怨。
- 客户拒绝接受产品。
- 最终用户认为产品不符合要求。
- 数据转换问题。

也许拯救这个项目太晚了，你肯定无法通过某一举措完全弥补所有曾经造成的损失（浪费时间、资金和资源），从失败中学习如何改进识别和定义需求过程，可以防止未来类似事件的发生。

6.4.3 如果我不采取措施会发生什么

在项目管理的世界中，当失败发生时几乎所有的东西都不能被忽略。面对项目失败如果什么都不做通常会使形势陷入危机：

- 名誉受损。
- 可能丢掉工作。
- 干系人可能受到损失。

实施的项目未能交付预期的价值，也许是项目经理最大的恐惧。虽然我们在挽救项目失败方面无能为力，吸取教训可以避免在未来的项目中再次失败。

6.4.4 解决方法

项目情况因项目类别差异很大。但无论是建造桥梁、开发新药品，还是实施新系统，确保需求符合项目干系人的需要和期望的解决方案，都需要一个可以提供足够的管理分析与规划系统、相关性和检查点的识别过程。

不妨自问："我怎么能证明我所实施的解决方案是正确的？"也许这个问题是作者提出螺旋法背后的主要动机。这种自上而下/自下而上的方法，使得客户管理能够参与到全面的、重点关注干系人价值的过程。在开发一个单一的 IT 需求或规范之前，需要花时间验证项目是否是根据干系人的需要而制定的，是否与战略和业务规划、与运营现状相一致。

项目的目标重新以可测量的术语表述出来。受这些目标影响的业务流程，也因之而确定。随后通过分析以确定过程、策略或技术需要做什么变化，以达到特定的目标。因此，需要制定一个完整的管理分析与规划系统，以便从组织的顶层到操作层面持续跟踪项目的需求——这可以用于驱动 IT 需求识别。

当时我没有意识到，我开发出了世界上第一个精益业务流程改进方法。早在 20 世纪 70 年代，当时还没有一种语言来讨论诸如流程图、价值差距分析、价值传递系统等问题。直到 20 世纪 90 年代初，工作流管理才开始得到重视。如果不是 TQM（全面质量管理）兴起，流程再造的推出，以及通用电气的六西格玛的成功，我们仍然在过程改进的石器时代。

业务流程分析、改进和管理的演变，使得各种连接建立了起来，包括干系人需求与组织战略，干系人需求与业务目标，以及与 IT 支持的连接等。最棒的是，大家已经普遍接受，IT 需求最好受业务流程分析驱动，把它当作业务流程分析的副产品。作为一般规则，确定 IT 需求的业务流程分析过程如下：

- 对每一个需求如何支持项目目标以及受业务流程影响进行定义。

- 为每一个或一组需求开发用例。
- 对明确的输入、更新和输出需求制定标准定义，可以针对过程中工作流的接口使用用例进行验证。

6.4.5 我应该做什么

总体来说，无论你是建设项目还是IT项目的项目经理，当你意识到该项目的成果将无法满足其目标时，你应该做的第一件事，是发出众所周知的警报。你越早知道这个问题，就越有可能采取纠正措施。

未来的项目，你将要建立安全保障和预警系统，以提醒你在项目生命周期的每个阶段的失调。最佳实践将是实现项目干系人的需求驱动的需求发现过程，并提供必要的背景和管理分析与规划系统，以提供所需的可追溯性，确保正确的要求被定义、设计、开发和部署。

在信息管理的世界中，这个探索过程可以采用业务流程分析的形式，并可总结为如下几个步骤。

1．对每一个需求如何支持项目目标以及受业务流程影响进行定义

根据流程分析文档驱动需求也许是唯一正确的方法，这样可以验证所开发的需求与人们的需求一致，以及他们所遵循的流程。每一个需求的定义都应该以它如何支持项目目标以及受影响过程的方式记录下来。这种方式的可追溯性在开发工作中不明显，但无形中却成了确保需求开发功能正确的简明证据。

2．为每一个或一组需求开发用例

证明需求支持该项目目标的下一步是为每个需求或需求集开发面向过程的用例。每一个用例都表明了该需求有助于解决实际业务挑战或需要背后的依据。把这些当作正确性的证据，它们可以看出要开发的东西与企业实际需要之间的关系。实际情况是，每一个用例都应该有一个需求的原型与之相对应。原型允许用户体验它真实的情况，可以提供指定要求真正满足预期需求的最终保证。

3．对明确的IT输入、更新和输出需求制定标准定义

标准定义可以由工作流和用例中的IT触点所证明，并隐含在数据模型之中。在2007年的一篇文章中，作者提出了一个总体框架，介绍关于如何驱动模型中可证明的、正确的需求，以及业务流程改进行动过程中产生的其他文档。作为一个入门，那些寻求提高自身需求发现技能的人可以从中找到从过程和数据模型图中发现隐含需求的建议标准。此外，本文详细介绍了一种为每个类型的输入、处理和输出应用创建标准估算指标的方法。该方法已成功地部署在大量规模各异的项目中。

6.5 除了完成任务，如何衡量质量

你的项目对干系人来说像去看牙医吗

你有一颗牙齿坏掉了，备受折磨。去看牙医，得知你需要根管治疗。

过程、花费、看病次数等都确定后，你做了一个预约。一通忙活之后，牙痛无影无踪，你又可以幸福地微笑了。这时，牙医与你商量，下次再来做个牙齿清洗，但你拒绝了。为什么？

假设你做决定时没有考虑财务因素，那么是什么导致你对牙医的拒绝？有没有可能，即使过程是成功的，结果也很不错，但过程太痛苦了，以至于你不愿意冒险再去尝试？

做项目就像去看牙医，如果要实现真正的成功，结果必须是有价值的并且过程没有痛苦。没有痛苦地取得积极成果，可以“洗去”超支和没有按时交付的过失。

6.5.1 问题

项目完成，你在预算范围内、按时并最终达到了预期的结果。然而，你感到不安，有些事情是不正确的。接到来自各方的祝贺，没有人微笑面对。发生了什么事?

项目就像航空旅行。不会只是因为到达了目的地你就认为这趟旅行是一种享受。如果体验不够好，你可能不想登上另一架飞机去体验第二次，这意味着不以结束作为判断标准。也许现在是时候按项目以尽可能没有痛苦的方式产生正确结果的能力考虑项目过程的质量了。

6.5.2 告警信号

可能直到下一个项目到来时，项目过程质量需要改进的第一个标志才会出现，因为之前项目的不好体验，干系人（管理层、用户、项目团队、发起人）不情愿再参与项目。如果过程太过痛苦，不管结果是否达到，人们都会很明确地拒绝重复体验。通过对人们在项目过程中所表现出的行为的理解，可以预先警告你，采取的方法对那些涉及的人要么容易消化、要么引起疼痛。过程运作混乱的早期告警信号包括：

- 项目状态会议出席率很低。
- 项目进展情况报告滞后。
- 电话无回复。
- 那些非常理性的人开始变得情绪化。

6.5.3 如果我不采取措施会发生什么

不管你信不信，大多数项目都不会没有痛苦。可怕的是，项目过程质量很少会成为项目实施后审查的一部分。因此，在文化适应、人际关系管理和其他软技能因素方面进行项目方法论改进的情况非常少见。相反，组织依赖于项目经理和项目团队成员的性格特点，确定沟通和人员问题如何进行处理的节奏。总之，在提高项目过程质量的过程中，什么事情都不做成了惯例。相反，大多数项目方法和框架的变化，围绕着提高以下方面的合规性展开：

- 项目文件标准。
- 跟踪协议。
- 问题管理。
- 状态报告要求。

由于痛苦与项目相伴，因此被大家认为"本来就是这样"，类似于去看牙医。

6.5.4 解决方法

随着主要投资于企业资源规划、客户关系管理、商业智能和其他主要 IT 应用环境的到来，项目组合变得越来越庞大和复杂。为了应对这种复杂性，在某些情况下项目管理框架，如敏捷和 Scrum，越来越普及。然而，随着所有这些进展，似乎很少看到人们在项目管理方面有对等的改进，或者根本就没有。

将项目过程质量评估加入项目实施后的审查过程，为该领域识别改进的机会提供了一个方法。特别地，这一过程应该包括对于干系人如何评价其体验的评估。理想情况下，数据以长时间和多项目评估的方式进行收集，以便监测趋势和改进。

6.5.5　我应该做什么

也许将项目过程质量评估纳入项目实施后审查最快的方式是通过一个干系人的调查。面临的挑战是设计并进行这样一项调查，让你能够很方便地去比对要求、期望与体验，简单来说，就是量化项目过程中干系人的满意度。调查的目标是找出这三个方面之间的差距。差距越大，越需要改善；差距越小，项目过程质量越高。

利用这么一个三方面相结合的方法，对每一个问题进行调查，很明显这将是一个比较大规模的调查，因此评估领域的数量应保持在 5~12 个。

实施后的审查过程需要探索的最后一个方面是干系人对于项目过程的满意度。常见情况是，项目成功结束了，但干系人对项目经理似乎有着毫无理由的否定。成本没有超出预算，交付按时达成——每个可交付成果都达成了，每个目标都达到了，每一个期望都达成了，唯独一个例外，那就是过程太痛苦了。

在实施后的审查期间，调查最好的方法，就是“把脉”干系人，从他们的角度出发，评估项目怎么算经历了痛苦或不痛苦。

然而，调查需要正确地结构化进行。仅仅由干系人给项目的痛苦程度标出一个 0~1 的数值是不够的。相反，调查需要测试预期的差距。例如，不让干系人对于状态会议的长度进行满意度打分，而是问他们以下几个问题：

项目状态会议应该开多久？

A．不到 30 分钟　B．30 ~ 60 分钟　C．只要需要，多长都可以

你参加过的状态会议都是多久？

A．少于 30 分钟　B．30 ~ 60 分钟　C．大于 60 分钟

你对状态会议的长度满意吗？

A．不满意　B．满意　C．很高兴

使用这三个问题，可以量化预期的差距以及满意度水平，也可以对矛盾进行

评价。例如，如果一个干系人对第一个问题回答了 A，对第二个问题回答了 B，对第三个问题回答了 C，这就出现了矛盾。怎么可能期望不到 30 分钟，而实际超过 30 分钟的体验，却能给出一个正面的满意度评价？显然，还有其他的变数在起作用。

然而，更重要的是，由此获得了干系人定义的状态会议合适长度与他们的体验之间的关系方面的知识。有了这方面的知识，你可以对未来的沟通计划和会议程序进行调整，以提供更好的干系人体验。

虽然这个例子很简单，但它使我们理解了这一点：把握干系人的满意度水平需要对期望和体验进行量化，以便据此确定有意义的基准和指标并采取行动。

6.6 需求变化导致的返工使团队备受挫折

我们哪里做错了

比起构建应用程序的严格规范，唯一能让你的开发团队心烦的是，当他们这样做时，却发现提供给他们的需求或设计蓝图有缺陷，因而需要返工。

这是格伦的 ERP 改进项目案例。经过几个月的时间，定义和实施了一套严格的需求和设计规范流程以及文档规则，他发现，返工情况的出现比以往任何时候都更糟。现在，被编程人员卡着脖子，IT 管理的可信度和用户社区也危在旦夕，格伦需要解决问题，否则就面临极大的风险。

幸运的是，格伦运用一种合乎逻辑的方法，找到了麻烦事为什么到处出现的原因。这么做的过程中，他发现了一个缺陷——在设计评审过程中对于基本需求文档没有充分的相关设计规范要求。虽然对于缺陷过程的修订并没有使过程中的变更更容易处理，但格伦很快使变更数量恢复到了正常水平。

6.6.1 问题

一个充满变更请求的项目通常意味着团队需要返工或重做已完成的交付物。导致返工的变更请求可能有各种各样的原因，有些可能是由于不断变化的需求和要求，而另一些则可能是由于需求识别和定义过程中有缺陷。项目实施阶段遇到的实质性需求变更表明，要么需求获取过程是有缺陷的，要么变更管理过程处于一种混乱状态。

6.6.2　告警信号

幸运的是，有一些故障的告警信号比较容易被发现：

- 实际遇到的返工或变更请求比预想的要多。
- 针对先前已批准的需求，干系人开始改变他们的主意。

如果在测试过程中发生返工，这可能是规范和开发过程中存在缺陷的一个标志。然而，如果变更请求在项目的设计和施工阶段源源不断，可以确定需求识别阶段没有确定完整的、全面的、让干系人满意的需求。在它们变为可测试状态之前，对影响需求的变更请求数量和性质要保持敏感。

6.6.3　如果我不采取措施会发生什么

在施工阶段，如果充斥需求变更，变更的速度可能会超过项目进展的速度。开发人员会开始觉得自己是受害者，因为他们自己并没有过错，却不得不去重做一些本已完成的工作。如果允许这种情况继续下去，会妨碍员工士气。更糟糕的是，它可能会播下项目失败的种子，如里程碑和预算无法达成，或者两者都不能达成。对于项目领导而言，必须尽快纠正和解决一个失控的变化过程。

6.6.4　解决方法

理想情况下，设计开始之前，需求将被冻结。同样，在开始写第一行代码之前，该设计要被冻结。遗憾的是，我们能够期待的常量却始终在变化，无论是由于人们改变了想法还是识别过程有缺陷。

为适应不断出现的变更请求，有头脑的组织会将一个正式的变更管理过程整合到它的项目管理实践中去。这个过程需要提供一种机制，以审核需求，来确定它对项目目标的贡献。每一个变更都应该被归类，每一类对项目的成功都至关重要，如表 6.3 所示。

表 6.3　需求和范围

类　　别	处理办法
新的核心功能需求	变更范围（时间和预算），并将其纳入
修正功能需求	变更范围，并将其纳入
简单的新需求，非功能性需求	允许增加范围、时间和预算
复杂的新需求，非功能性需求	下一版本考虑

一个成熟的变更管理过程不足以解决开发周期过程中与缺陷相关的问题。当项目变更数量比较多时，你需要花时间来评估什么是产生如此多变更的驱动因素。大量的变更请求在定义阶段完成后浮出水面，这通常表示定义过程有缺陷。为了更好地理解什么在驱动大量变更请求，每个请求都应该被分析，以确定开发过程在多大程度上是有缺陷的。基本上，需求变更的驱动因素可能是如下一个或多个原因：

- 需求识别过程中的缺陷。
- 需求定义过程中的缺陷。
- 设计过程中的缺陷（设计与需求不一致）。
- 构建过程中的缺陷（程序不遵循设计）。
- 干系人的偏好改变，而不是基于功能需求。

为了能够建立必要的纠正措施，你必须了解项目中的问题所在。

6.6.5　我应该做什么

完成了分析过程，并且已经理解项目生命周期中哪些阶段可能引入缺陷，就可以开始采取措施以改进相关的过程。

1. 需求识别过程中的缺陷

需求识别过程中存在缺陷的通常情况是有需求遗漏的现象发生。一旦发现，纠正这种情况通常会把新需求引入项目的范围内，并且可能会导致相关需求发生变化。运气好的话，你的设计走查过程可能会在构建开始前发现遗漏的需求。

功能性需求遗漏是可能遇到的最坏情况，特别是如果在项目测试和培训阶段识别出来的话。这种情况下的连锁反应，可能会深刻地影响到干系人对项目团队以及开发人员对需求识别团队的信任。最重要的是，它可能让你对交付和预算的期望化为泡影。

要解决这种类型的缺陷，你需要改进需求分析功能的工作方式，以确保所有的需求可以映射回流程、项目的目标以及所支持的战略目标。

2．需求定义过程中的缺陷

在有缺陷的需求识别过程之后，下一个最严重的问题是在需求定义过程中把缺陷引入项目说明书中。在这里出现的情况是，需求定义团队理解了一个或一系列可交付成果的需求，但未能正确定义可交付成果。如果这些类型的缺陷在测试阶段前没被检测出来，返工导致的连锁反应需要回溯到定义过程、设计过程和构建过程。而且，对预算和交付日期的影响可能是严重的。

解决这个过程，需要考虑改进需求评审、走查以及检验流程。要确保在这些评审中，每个确认的需求都具备支持性的定义文档，这些文档符合既定标准，而且提出需求的干系人完全理解相关的权衡、选择和业务规则。

3．设计过程中的缺陷（设计与需求不一致）

一个有缺陷的设计过程通常意味着那些开发设计规范的人对于需求的布局、业务规则或既定的标准和协议没有给予足够关注。更多的情况是，在设计阶段规范中存在缺陷是系统性的原因，要么规范不符合既定的标准，要么这些标准有缺陷。

典型地，一个成熟的设计评审过程能确定设计问题，并尽量减少返工工作。设计的问题，直到测试和培训或部署后才被发现，可能对组织及其项目干系人带来毁灭性影响。再次重申，一个把设计的方方面面关联到基本需求的成熟设计评审过程，应该能够预防主要的设计缺陷进入生产环节。

4．实施过程中的缺陷（程序不遵循设计）

对交付成果进行过度返工的最大原因可能是交付成果的负责人没有忠实地遵循设计规范。相反，他们只是把规范视为干系人所希望结果的建议或例子，然后按照他们自己的解决方案去进行处理。

这可能会导致不一致的用户界面、预算超支以及更多的问题。当遇到这种情况时，项目经理有必要纠正这种行为，并确保所有团队成员理解遵守既定规则和标准的重要性！

5. 干系人的偏好改变，但不是基于功能需求

虽然这不可能阻止人们改变他们关于需求的想法，却有可能实施变更请求评审、验证或审批程序，从而保护规范免受非功能性的、不必要的变更的影响。这个评审过程需要足够详细，以确保在满足项目目标方面，变更请求所带来的附加价值可以得到客观、公正的评价。很显然，好的想法会层出不穷，但对于这些想法，必须基于预算、时间和最佳时机进行评估之后，才将其纳入项目范围。

6.7 项目的性能规范不清晰

你没有理解规范中的哪一部分

对于商业智能系统开发项目设计阶段的进展，乔伊斯感觉良好，也就是说，直到她发现规范中缺失一些细节为止。编程团队使出浑身解数，构建了接近他们认为需要的东西。

遗憾的是，编程人员弄错了。更糟的是，由于许多编程人员对他们的工作成果带有感情，因而对于做出任何变更都显得非常抵触。

因此，一场抱怨的游戏开场了：程序员指责设计师设计模糊，没有生成令人满意的解决方案；而设计师指责程序员没有提出质疑，以寻求更多的澄清。

所有这一切的内讧和失败，都可以通过实施设计协议和标准，并在设计过程中进行监控来避免。

6.7.1 问题

设计规范不明确的唯一问题是它们产生的后果。如果由程序员应用蓝图判定其释义，产生的结果是不一致、错误和不符合的。遗憾的是，这些问题通常在测试开始之前不会浮现出来，并且你了解到程序员使用的是规范和指南，而不是技术蓝图。

6.7.2 告警信号

规范不清楚的第一个标志通常是，程序员所生成的程序不能反映设计师的意图。程序员们赢得了一个臭名声，因为即使规范不是非常清晰，他们也要开展他们的编程工作，直到他们的输出成果通过评审，才会发现问题。如果早期的测试结果输出了不一致的用户界面和流程，你应该注意你的设计规范可能需要更加严格，并且可能需要设计和编程标准。

6.7.3　如果我不采取措施会发生什么

不纠正不清楚的规范会导致项目成功之船沉没，因为资源被浪费、结果被废弃，同时大量的返工导致项目因超过工期和预算而搁浅。无所事事是一种投降，从而导致职业生涯产生障碍。职业化要求我们努力进行管理工作并采取行动。

6.7.4　解决方法

设计规范类似于施工蓝图，不给编程（施工）阶段留下任何想象空间。如果采取适当的方法，使用标准的协议和可重复使用的设计结构，开发详细规范并不需要花费高昂的成本或耗时很长。通过设计师和程序员之间的协同努力，一组标准和结构可以用相对短的指令开发出来。这个过程可以产生一种设计师和程序员两个群体都支持的结果，反过来它可以提高在整个项目周期中结果的一致性和可预测性。这种方法的好处包括：

- 提高设计规范和所生成的应用程序之间的可追溯性。
- 提高设计和代码的可支持性。
- 提高用户界面（外观、感觉、数据流）改进的规范性和一致性。
- 改进时间和成本估算。
- 缩短设计时间。
- 缩短编程时间。
- 缩短测试时间。
- 缩短培训时间。

这个过程的开始并不是一个有或无的命题。相反，起始于基本要素，在不断的改进基础过程中演绎标准和结构，长远来看可以提供一个更好的最终产品。然而，第一个版本最低限度应该包括以下规则和标准：

- 每个设计数据包的内容，即输入、过程、输出。
- 在模式中使用数据命名约定。

- 对象和控件（日期、下拉列表、网格、制表符等）。
- 测试脚本。
- 培训材料。
- 隐含表维护组件（如添加、更改、删除、摊销、审计跟踪）。
- 根据复杂性、格式等类型的输入、过程、输出，进行估算。

6.7.5 我应该做什么

第一步是进行一系列由高级设计和编程人员共同参加的会议，以识别出当前设计和构建过程的优势和弱点。通过这些会议，我们有可能就标准化开发过程的理想框架包括哪些内容（最佳实践）达成共识，并实施定向策略以合乎逻辑和成本效益最大化的方式利用优势并解决关键弱点。此外，这些会议期间，你很可能会发现，在一些团队中存在着非正式的标准，而这可能为实施快速改进提供一些轻松实现目标的机会。

在开始这些工作会议之前，你可能会发现，根据与组织的关联程度和适宜性来评审开发方法论，将会有帮助。通常，这些方法可以很容易地适应 IT 文化，并可以提供一种加速过程的方法。在这里给大家提出一个警示，不要带着把预定方案推销给项目组人员的意图进入工作会议，这样做可能会遇到来自设计师和开发人员强烈的抵触，一切努力注定会失败。

考虑安排一个 2~3 天的场外静思会。作为第一组工作会议，静思会的目标是确定在规范和编程标准中包含的属性和组件。静思会的输出应该足够具体和详细，以驱动下一步定义每个标准的基本原理、格式、使用规则、培训材料等。

在静思会的最后，可以得出个人和小组任务（工作说明书以及预期的可交付成果和交付日期）——为标准的每个组件提出建议。每隔一到两个星期，带领团队一起评审标准并作为项目取得的进展。使用敏捷项目管理方法，将有助于保持它在应有的轨道上运行，并能提高在 2~3 个月内发布第一个版本的标准的机会。

一旦做好了初始版本，选择一个小的但相当复杂的项目，来检查新的标准。该项目应该周期较短并有两个目标。第一是实现项目的业务目标，第二是按如下条款对标准进行评估：

- 生成的应用程序与设计规范一致性如何。

- 使用标准的设计结构、目标、控制等的效率如何。
- 在使用标准过程中遇到的效率低下和不足。
- 改进和调整在以后项目中使用的标准。

6.8　我们在文档编制上花费了太多的时间

山姆是不是在文档上花了太多的时间

山姆对于新 ERP 系统的需求和设计规范的正确性和完整性非常有把握。毕竟，他看到过太多的项目由于规范不完整失去控制，他确定这种情况不会发生在他所管理的这个项目中。

当他的发起人对项目进展感到不满，并开始对花了很多时间在创建文档而非完成重要事情上表达担忧时，想象一下，山姆有多么吃惊！难道发起人不知道，创建准确的蓝图并据此创建项目是成功的关键吗?

山姆犯了一个简单的错误：在所有的项目状态报告中，他老是把规范叫作文档，而没有意识到发起人把这个词解读为文书工作，而文书工作类似于官僚性质的浪费。山姆认识到，对于一个词的选择往往是基于他人的认知视角的。

山姆，一位明智且精明的项目经理，随后就与发起人的方式保持一致，即不再把更多的时间花在创建不必要的文档上，而是重点聚焦在确保设计蓝图的准确性和完整性上，以避免在创建应用程序过程中出现错误。

发起人对于山姆能够收到这个信息非常高兴。

6.8.1　问题

对于干系人抱怨太多时间（和金钱）花在文档上，大多数项目经理已经习以为常。无论是感觉上还是实际情况，并没有产生用户需要的或者与所付出努力相匹配的价值。这可能是官僚主义蔓延到了你的项目或者你的说法需要调整。

当文档不是一个项目的整体工作产品的一部分时，它通常被认为一种成本，不值得为之付出努力。想象一下，如果房子建成后，蓝图设计是否还会去做。真的做过吗? 把钱花在这个上面是不是会被看作一种浪费呢?

价值驱动的文档提供了一种达成结果的手段，从而成为开发过程中的一个组成部分。然而，也许我们不应该再把它叫作文档，而是改变我们的说法，使用规范和蓝图这样的术语。

6.8.2 告警信号

关于这个问题有许多告警标志，其中一些比较明显：

- 干系人和/或团队成员抱怨时间和精力花在文档编制上。
- 交付的项目特定文件滞后或不完整。
- 人们只是装装样子完成文档模板，而没有提供真正需要的价值。
- 正式结束花费太长时间。

6.8.3 如果我不采取措施会发生什么

指定的需求和蓝图设计没有带来应有的回报。这样做不仅会把项目推到危险的境地，而且未来的保障能力和开发人员独立部署系统的能力也会受损。当我们面对针对在纸面工作和文档上花费时间过多的抱怨时，可以推断，没有一个有效的价值主张在发挥作用。当这种情况发生时，必须在某些地方进行简化，但不能因此在为确保成功开发成果而必需的规范上走捷径。

6.8.4 解决方法

解决文档占用太多时间这种抱怨的第一步是消除不能推动项目前进或为最终结果增加价值的所有文档。完成这一步之后，就开始参考将开发过程中的输入和输出作为规范、蓝图和工作产品。区别似乎并不重要，但这却标志着重要性，并且代表着不同的价值。事实上，能更好描述术语本质的说法，可以提高沟通效果以及人们理解项目所产生价值的能力。以下步骤将帮助你调整规范、蓝图和基于特定开发项目需要所输出的工作产品：

（1）去掉不增值的纸面工作。

（2）规范所有工作产品的内容和格式。

（3）采用新的语言来说明工作产品（不再使用“文档”这个说法）。

记住，规范的目标是要以一种没有模糊性、不需要进一步解释的方式准确地反映组织的需求。这一点对于软件开发项目、建设项目、基础设施改进项目或者一个进入外太空飞行的项目同样适用。

6.8.5　我应该做什么

虽然不必要的纸面工作和文档有可能影响项目正常的生产工作，但是，这种情况对于完全的文档开发来说还是比较少见的。更为常见的情况是，需求和设计文档处于严重不足的情况，同时又会出现大量的返工和较差的功能测试。检查你的应用程序蓝图设计规则，这可以帮助你调整建立规范的过程。

1．去掉不增值的纸面工作

在任何过程中，去掉对于结果不能贡献价值的纸面工作总是一件好事情。不管是对于规范还是对于一般的项目文档来说都是这样。一般的项目文档包括签发、章程、变更请求等，不应该把它们与需求和设计规范相混淆。通过去掉不必要的步骤和纸面工作，可以达到效率的提升，获得显著的进展。

基于是否有助于推动项目向前或防止缺陷被引入最终产品，逐一检查每一种类型的文档，对于附加价值不高的，就可以考虑从流程中删除。

2．标准化所有工作产品的内容和格式

简化规范流程、确保设计的一致性和可移植性的一种方法是对生产的工作产品的内容和格式进行标准化，即要求所有的工作产品都必须是一致且完整的。同时，根据具体情况，你需要仔细考虑生产什么，并确保所有的文档类型都是可重复使用且保持一致的。为了实现这个目的，可以采用这种方法：为每个文档类型创建一个标准模板（适用于所有项目）。

以这种方式进行文档标准化，使得在项目团队成员之间分配工作更加容易，同时，项目团队成员也可以接手其他人所负责的工作。下面是一些你可能被要求提供文档的例子。

（1）项目文档。你是在为一个会再做此种类型项目的组织工作吗？他们想知道你的项目在做什么，并可以从你的项目中学到什么吗？如果有一个这类材料的中央资料库，那么你只提供所需要的材料即可，因为有些可能永远不会被用到。那么，在开始项目之前，最重要的就是要理解到底需要什么，以便你能够：

① 把这个文件作为你工作的副产品，而不是额外的努力。

② 理解每一个文件的格式和组成，这样你第一次就可以把事情做对了。

例如，你个人与公司关于项目规划的想法可能完全不同。如果你开始理解标

准，你只有去创建一个规划。

项目文档包括：

- 项目章程。
- 项目计划。
- 问题跟踪数据库。
- 资源分配。
- 估算、修订和实际情况。
- 变更单。
- 经验教训文档。

你的组织要求的可能会多于或少于上述所列的文件，但重要的是要先知道需要什么。

（2）培训材料。几乎所有重要的项目都会产生一些人们需要用到的东西。通常需要对用户进行培训。你可以开发各种各样的培训材料，以确保所生产的产品达到预期的效果和目标。

考虑下列各项：

- 用于培训的练习册。可以提供一些基础信息、实例和练习，供学生在课堂上使用。只有当你需要培养为你生产产品的人时，才需要开发并提供一个练习册。
- 自定进程指南。它是专为那些独自工作的学员们设计的。如果信息足够简短，并且只使用印刷材料就可以表达清楚，那么你就可以开发并提供一个自定进程指南。
- 参考手册。它包含有关流程和规程的详细信息。如果你处理的是很少用到的信息，但一旦用到，却是非常关键的信息，那么你可以开发并提供一个参考手册。
- 工作辅助。它提供一步步的操作指示，供工作现场使用。如果你改变了人们的工作方式并需要一些时间来适应，那么你可以为他们提供一份工作辅助。

（3）技术规范。如果你正在一个 IT 项目中工作，不论其规模如何，规范都是至关重要的。至少，技术规范应包括：

- 概述。
- 用例。
- 有关工作流程、策略和程序的引用和交叉索引。
- (界面、报表、显示等)布局和格式的样例。
- 业务和流程规则。
- 输入/输出模型。
- 数据字典映像。
- 过程逻辑图。

如果这些文档类型都是在基于标准模板的基础上建立的，那么每一个创建过程都可以独立于其他的可交付成果。因此，开发工作可以分配给你可以负担得起的尽可能多的个人，而不用担心整个制作程序质量的材料偏差。记得让项目管理办公室以及其他治理和监督组成员参与其中，以确保对每个文档的改进在整个企业范围内被酌情使用。

3. 采用新的语言来说明工作产品（不再使用“文档”这个说法）

最重要的是，为了避免让大家产生花费太多时间在文档上的看法，当提到需求和设计规范或者蓝图时，使用特定的说法。一定要培养外行理解，质量规范可以降低成本、加速编程工作，并确保应用程序可支持和可维护。

6.9 发起人抱怨文档和培训实施都不够充分

近在咫尺，却远若天涯

西蒙正在享受她最近的仓库管理项目的成功所带来的喜悦。这个项目似乎按预期在顺利地进展着，只剩下用户培训和生产部署。

但是发生了可怕的错误，项目几乎终止，因为应用程序的操作用户发现太难学了！

似乎在满足预算的过程中，很少或者几乎没有为质量培训教材和正式课堂培训预留资金。用户希望能够通过自己操作测试系统来学会这个新的应用程序。开发团队认为，用户界面非常直观，因此没有必要再做正式的指导手册。但是，他们错了。

西蒙通过这个项目学到了宝贵的经验教训。她懂得不到挂上糖衣（锦上添花），制作蛋糕就不算完工。在项目上，“锦上添花”就是培训和提供实施支持。在项目的关键阶段偷工减料可能导致巨大成功和凄惨失败之间的差异。

6.9.1 问题

如果支持性的培训过程不够，那么即使工作完成得再好，也都可能把设计和构建商业应用程序置于危险的境地。无论是由于缺乏材料还是合适的指导，结果都是一样的。用户往往拒绝太难学的新系统或改进系统。

6.9.2 告警信号

培训的问题在于，它们在项目中出现得较晚，因此必须立即采取行动，以避免造成重大困难。你可以寻找如下信息来发现：

- 培训过程太过无聊或让大家漠不关心。
- 文件中缺少过程或特征。
- 在所有最终用户或技术资料中都存在没有回答的问题。

6.9.3 如果我不采取措施会发生什么

这个问题通常发生在项目后期，什么都不做，甚至行动迟缓，都会导致项目失败。客户会对项目失去信心，虽然问题可能仅仅是一个简单的印刷手册的遗漏，但客户可能会有这样的看法：该产品有问题，不能满足我的需求。相反，采取快速和果断的行动是非常必要的。

6.9.4 解决方法

如果培训过程出现了问题，那么采取行动的最便利做法是，与干系人（发起人和关键用户）一起，尽快对培训课程和支持材料进行重新设计。可以通过以下步骤来完成：

（1）与发起人和关键用户一起召开工作会议，识别当前培训方法、课程设计、课程材料和相关用户手册中的不足和缺陷。

（2）共同开发新的课程、材料和手册。

（3）进行培训课程试点，使用合格的培训师进行培训来验证培训和材料的质量。

（4）实施正式培训。

（5）提供持续的在职培训以强化课堂学习。

6.9.5　我应该做什么

对于有错误的用户文档和培训材料进行重新设计通常是不容易做的。然而，如果需要的话，你只能找机会去把这个事情做对，所以你需要一种方法，并确保得到发起人和关键用户的支持。通过让发起人和用户参与到重新设计的过程，可以确保他们认同并接受产生的结果。

1. 与发起人和关键用户一起开一个工作会议，以识别出当前培训方法、课程设计、课程材料、相关用户手册中的不足和缺陷

让发起人和关键用户参与到解决文档和培训的问题中来，与之开放地沟通并表明你的合作意愿，能够让坏情况变得完全不同。促进工作会议的开展，从而识别和记录发起人和关键用户的问题，展示你倾听和理解他们期望的能力。

2. 共同开发新的课程、材料和手册

因为你只想对用户文档和培训返工一次，所以明智的做法是让发起人和内行的用户一起来确定培训材料，使他们在最终结果中都倾注了个人的心血。此外，他们参与到这个过程中可以确保你是按照他们的期望或陈述得出结果的。

当然，你要确保这些材料尽可能完整，并符合既定的准则。在可能的情况下，让内行的用户也参与到课程教学中去。这会增加重新设计的材料的普遍认可度和可信度。

3. 进行培训课程试点，使用合格的培训师进行培训来验证培训和材料的质量

在向所有用户推出培训前，选择一个小组进行一次试点演练。你要确保不仅材料是完整的，而且：

- 讲师提供了一个很好的培训交付（风格、知识等）。
- 课程的时间设置起作用——时间表恰当、内容量适宜。
- 讲解、讨论和练习有机地结合。

试点使得我们有机会在进行更加广泛的交付之前，容易得到反馈并对培训材料进行改进。

4. 实施正式培训

在实施正式课堂培训时，要保持参加者的人数最少。这样可以保证高质量，关注个性化需求。此外，保证培训课程每次长度不超过半天。试图把大量的新知识塞进拉长的培训课程会削弱学习效果以及知识记忆过程。

建立一个实验室或分组讨论室，让用户可以在那里练习他们新学到的技能。如果需要，还可以获得一对一的辅导，这样可以确保有经验的支持人员在实验室帮助大家，给大家带来更高质量的学习体验。

5. 提供持续的在职培训以强化课堂学习

正式的课堂培训是重要的，但也只是在用户准备高效使用新系统时有用。如果进行更大和更复杂的系统部署，那么对在职培训的需求就更大。在这方面的最佳做法是向受影响的业务领域派驻现场支持人员。此外，问题和支持请求应通过一个中央支持系统，以便合理地调度分配。如果已有一个咨询台，可以考虑把一个或两个人安排到现场去进行额外需求的支持。然而，与其他支持需求相比，不能通过漏斗过程影响正常的咨询台服务水平。

如果需要的话，在应用程序生产使用的第一周左右，设置一个单独的电话号码来处理支持请求。

第7章

编制计划

7.1 我不明白为什么我们需要计划如此多的内容

计划，计划，计划

工作变得越来越繁忙：项目月例会变为了双周例会，周例会变成了每隔几天一次，而且每一个项目状态例会都要求提供一份更新的计划。最初，埃里克善意地看待此事。

他推测："作为项目经理，这不过是工作上的保障。"但是现在，由于会议的频繁增加，并且已经持续了一段时间，埃里克开始怀疑这是否表示他和他的团队的状态较差。

埃里克首先尝试要求计划必须能够保持一段比较长的时间，不允许变更过于频繁。事实证明，这是非常困难的，因为每个变更都有许多非常正当的理由。他开始尝试针对不同事情区别对待，结果发现每件事情似乎都是特殊情况，这种做法也无济于事，只好还是允许变更发生。

针对变更的不断出现，埃里克采取的另一个做法是自己亲自处理。他是项目经理，具有控制权，但很快他就进入了超负荷工作状态，无法保持正常的工作节奏。埃里克在项目团队中安排了几个小组负责人，让他们每个人负责总体计划的一部分，然后他负责汇总。因为有不同专长的团队成员参与进来，这样明显比之前好得多，这也使得他有时间从全局视野来观察整个项目的状况。

但是，问题仍然存在：为什么计划和更新计划的工作这么多？我们能做些什么？

7.1.1 问题

似乎永远完成不了项目规划，因为情况总发生变化，你需要经常向项目的高级管理层、项目主管以及客户提供更新版本。

7.1.2 告警信号

许多潜在的信息表明，一成不变的规划会存在问题。尽管这并不意味着规划会自动地失去控制，但我们要理解会发生什么：

- 可能会发生导致项目范围基准改变的事情。
- 项目的当前进展可能会滞后于进度。
- 项目预算可能超支。
- 可能会收到大量来自发起人要求更新项目进展的电话或者邮件。
- 最终客户可能会不满意迄今为止的项目交付成果。
- 规划似乎存在于每个人的内心，但这不是一个好方法。

7.1.3 如果我不采取措施会发生什么

如果什么都不做，那么项目会逐渐偏离原来的轨道，最终导致无法达成目标。重新规划的目的是使项目回归其应有的轨道，而不应该只是停止某些占用大量时间的活动。如果不重新规划，引起项目失败的负面因素会发生作用——职业生涯的负面影响、客户不满意、资源损失等。同时，我们不能只接受那些需要更新规划的需求，同时还要识别并关注那些潜在的问题。

7.1.4 解决方法

不管什么原因（你最终都需要去关注），项目的当前状态已经不能与最初基准中确定的目标和交付物保持一致。如果希望项目能够达成最初确定的目标和交付物，那么持续进行重新规划是不可避免的。这是一件令人不愉快的事情，但是，如果不这么做，项目可能会走向另一个结果——失败。如果想把这个事情做好，最好是建立一个关于重新规划的结构化的流程：

（1）理解过多规划和重新规划背后真正的原因。

（2）建立并实施一致性的项目状态评审流程。

（3）实施沟通计划。

7.1.5　我应该做什么

正如平静的湖面投进一块石头会泛起涟漪向外扩展一样，随着时间的推移，项目早期的一点微小的偏差，对项目造成的影响会逐渐扩大。因此，对于那些定义不够明确，或者客户需求没有完全识别并达成一致意见的项目，通常需要大量的规划和重新规划工作，以保证项目不偏离预定轨道。

1．理解过多规划和重新规划背后真正的原因

如果在整个项目生命周期中做了大量的规划和重新规划的工作，可能发生了如下的情况：

- 从客户、项目发起人、项目团队成员、公司主管的角度来看，在启动阶段，项目团队没有做好识别、理解、澄清项目目标和期望的工作。出发的火车需要知道下一站驶往哪里，项目也要清楚地知道最终完成时结果是什么样子。
- 包括新出现的、之前未识别到的或者没有正式提交的项目需求以及启动项目所依赖的市场环境，与启动时相比发生了很大的变化，这些都会导致大量新的项目工作。
- 由于触发项目的需求没有得到完成，客户和项目发起人对于项目能够完成哪些工作难以做出决定。
- 老板、项目发起人或主管对于项目工作管得过细。（惊讶！）
- 规划或方案制订阶段参与的人员不同，现在又有一组新的资源被分配来实施项目，方案制订阶段和启动阶段之间可能会有长期的推迟。

我们必须清楚是什么原因导致了项目的当前状态，从而找出潜在的问题，避免在未来其他的项目中再发生同样的情况。要从当前的项目中学习，因为一个项目中经历的事情，往往会在将来项目中处理类似问题时派上用场。如何防止同类情况的再次发生，还可以参阅本书中的其他小节。相关小节包括：

3.2 我不理解干系人的需求

4.2 发起人不相信我或者不充分授权

5.2 一切都变了，我需要重新设置目标与期望值

5.7 我的项目终点是一个移动的靶子

5.9 项目需求始终在变

6.7 项目的性能规范不清晰

2. 建立并实施一致性的项目状态评审流程

不管什么原因，必须做大量的规划和重新规划的工作，以确保项目回到其应有的轨道，并且高效地朝着目标前进。为了达到这个目的，需要建立一个流程，以及一个沟通计划以确保所有人都能及时得到通知。如果还没有的话，采取行动的第一步是建立并实施一致性的项目状态评审流程。一致性的意思是流程是可重复的，团队成员能够非常熟练地掌握流程的每一个步骤，并且流程所需要的信息以及输出结果是可预期的。状态评审指的是对某个时间段预期发生的事情和这一时间段内实际发生的事情进行对比。

状态评审可能包括活动状态、成本、资源分配、可用性以及预期的完工日期。为了确保规范化实施，使用标准化的文档或表格是有用的，它包括特定问题以及答案部分、状态输入、责任人的名字等。随着周进展，可以收集到大量的文档（硬拷贝或电子文档），这些就组成了项目的历史和文档记录。文档中应该包含一个关键信息——项目下一阶段的期望（例如，需要完成什么活动，完成什么交付物，哪些资源需要介入）。

如果存在偏差，应该找到真实的原因，这有助于识别那些潜在的需要重新规划的问题。状态评审将提供首次征兆，表明哪些部分与最初计划有偏差，而导致这些偏差的原因极有可能会在未来引发重新规划。

3. 实施沟通计划

接下来要做的事情是实施沟通计划，与所有相关干系人分享项目状态信息，包括项目团队所有成员、项目发起人和主管、最终客户，也可能包括职能部门（如

矩阵型组织中所示）。沟通计划要确保以周期进行的方式与恰当的人进行信息共享，这有助于就下一阶段甚至后面几个阶段的期望或需求达成一致意见。这样做有助于确定项目未来的期望，从而逐步进入一种能够缓解重新规划的长效机制。

状态评审结果表明新的项目工作可能导致重新规划——由于需求不清晰或不完整，交付物不满足预期的建议，新的变更请求等引起延误。我们需要和干系人一起把这些状况识别出来，以确保他们较早知晓这些问题及其潜在的含义。这将允许干系人在意识到潜在影响的基础上做出如何进行下去的决定。

7.2　我如何把一个项目分解成更小的部分

救火是不可避免的吗

丽莎加入项目较晚。接手前任项目经理后，在做任何变更前，她尽可能地多听、多了解项目情况。

到任后不久，丽莎从各个团队成员那里收集到了项目的状态，并且了解到几乎每个人都至少有一项任务的执行没有跟上进度。之所以滞后，是因为按进度计划分配到这些任务上的时间，都被一些额外的工作给占用了。

"看起来，我需要安排一个专人去负责管理进度，以协调这些变化。"丽莎自言自语。她非常关心按照进度计划需要完成的各项工作。或者，她可以重新制订一个计划，以便把所有的工作都安排好，确保在任何时候都不会再出现新的任务。

但这并不是一个好的解决办法，由于某种原因，新的工作总是会出人意料地出现。这是不是由邪恶的销售人才主导的某种合谋，好把丽莎逼疯？"好吧，也许我有些偏执了，救火本身就是项目经理工作的一部分，"丽莎认为，"它总是要发生的，对吧？我只是希望不要每天发生就好。"

7.2.1　问题

你一直试图想出管理大型项目的办法。然而许多变化的情况使得项目更加复杂，让人越来越摸不着头脑。前进的道路不明朗，而且对于即将到来的事情总是有一份担心。不把项目分开你觉得无法管理，但又不知道如何去做。

7.2.2 告警信号

你可能认为这个问题的告警信号仅仅是心中一种不安的感觉，但这种感觉你确信不能置之不理，应该继续去寻找得出如下一些信号：

- 尽管你和团队成员讲过多次宏伟远景，但他们不确定应该做什么。
- 尽管把计划好的事情安排得井井有条，但是随着你不断把越来越多的工作添加到最初的计划中去，你的进度计划总在变化。
- 你发现团队成员没有按进度完成工作任务，因为他们知道需要搞定突然出现的事情——有一些还是非常紧急的。
- 你无法看清楚项目的整体状况，对于“项目进展如何”这个问题没有确定的答案。

7.2.3 如果我不采取措施会发生什么

你一直对于项目保持进度非常有信心，即使加入了许多不在原计划中的额外任务而导致项目进度看起来每周都需要进行调整。你对自己说，这种情况对于项目来说总是要发生的，并且是没有办法避免的。盲目相信项目进度并非善良——而是疯狂。

随着时间推移，情况会变得越来越糟，最终管理层会对你管理项目的能力失去信心。由于存在太多的不确定性和各种变化，你对于估算项目的完工时间失去信心。他们可能会考虑把你换掉，或者最终停止项目。

7.2.4 解决方法

事实是：在弄清楚做什么之前，你需要尽力定义清楚你的项目最后如何完成。你所要做的就是定义清楚什么是你要交付的工作成果。交付——吸引人，也很容易让人掉入陷阱。你还需要把交付物分解成可管理的部分，这样就不会那么难以应对并混乱不堪。

7.2.5 我应该做什么

遵循一个设计好的流程，把项目工作进行分解，这样可以防止把工作搞混。这个流程中一定要把项目团队、关键干系人，以及其他业务专家包括进来。

1. 从项目的高级需求开始

从项目的高级需求开始，因为它描述了你最终需要达成的目标状态。主要交付物数量不会太多，而且应该是名词不是动词。比方说，某项任务是“建造X系统”，那么交付物就是“X系统”。

你可以使用大纲形式做这个过程的工作，比如使用组织结构的层次结构图、脑图或者任何你认为更好的形式。你所需要的关键功能就是把所有的交付物按层级形式组织起来，这个层级图称为WBS。

2. 高级需求由什么构成

下一步，针对每一个高层级的交付物，问一下“这项重大的任务可以由哪些更小的任务组成”。注意，我们不是去问“做哪些工作可以完成这个任务”，这个问题在后面会讨论到。在考虑你如何完成工作之前，先要弄清楚的是你需要交付什么。

比方说，X系统可能由几个子系统组成。我们把它们分别称为子系统A、子系统B和子系统C。每一个子系统具有独特的功能，并且X系统需要所有子系统正常工作。

3. 继续前进

每一个子系统很可能是由一系列模块或工作包组成的，同样，它们可能由一些过程或功能组成。这些独特的产品或子产品与你的项目要产出什么密切相关。

始终聚焦于那些名词以及交付物的组成部分。人类的本性是直接跳到“如何做”（How），因此要特别当心，一旦出现这种现象，就要把团队重新带回到关注名词上来。让团队成员聚焦于“做什么”（What）。

4. 何时停止

看情况而定。不管分解到哪里停下来，分解结构中每个分支的最底层都被称为“工作包”。“工作包”是一个转变点，它可以表达出产品是什么样子，同时与进度（如何去完成，谁去完成，何时去完成，在哪里完成）关联起来。

对于每个独立的交付物，它们在项目生命周期中都具有明确的开始和结束时间点。何时结束可以参考完成它所需要的工作时间，通常为20~80小时。在任何一步，如果分解看起来有点随意，或者不能真实地反映项目的产品，这就表明，你可能分解过度了。

对于与活动相关的交付物，如项目的管理工作或者服务工作，可以使用另一种方法。例如，配置管理就是在项目整个生命周期中提供服务的一种管理活动，它没有非常具体的开始和结束时间。这种情况下，可以把配置管理这种服务类的交付物分解为更细小的或者一组服务。

在这个实例中，配置管理具体可能包括配置管理委员会、文档管理以及配置管理过程改进。

5. 然后呢

现在你已经比较清楚产品是什么样子了，你可以开始非常有信心地着手处理其他的问题，如“要生产这些产品需要做哪些工作”。根据项目类型不同，你可能需要把高级需求向下分配到新的 WBS 的较低层级。对于完成的工作是个“什么样子”已经清楚了，接下来就是要把交付每个工作包所需要完成的任务识别出来。

7.3 所有的事情都是最高优先级

从哪里开始——很多事情要做并且都很重要

詹姆斯认为他一定看起来像一只车灯前的小鹿——紧张得动弹不得。他对第一份项目管理工作的机会非常期待。WBS 已经顺利完成，事情进展顺利。即使在估算阶段，他也觉得一切尽在掌握之中。

尽管现在已经开始制订计划，但詹姆斯还不是非常确定应该从哪里开始，因为团队中的每个人都告诉他自己所负责的部分非常重要，需要优先安排。干系人对其所需提出强烈的要求，资源所有者希望他们的资源被优先安排使用以便尽早释放回到他们自己的团队，客户要求尽快输出一个原型，发起人希望所有的事情同时进行……

詹姆斯很困惑：他不知道应该先做什么——每件事情都具有最高优先级，那么如何制订正确的项目计划呢？

7.3.1 问题

你已经完成 WBS，并且对于需要完成什么有了一个清晰的理解，现在需要做出一个计划，列出哪些工作需要去做。但是好像每件事情都具有最高优先级——你不能确定先做哪些工作，或者说如何把资源分配到相应的工作中。

7.3.2 告警信号

有许多信号表明你正在经历这种问题，好消息是它们相当容易被观察到：

- 每个任务都需要专家资源。
- 每个任务看起来都需要立即开始。
- 有许多工作并行，需要同时投入的资源比你拥有的资源多。
- 关键资源被分配到了多个并行的工作上。
- 项目没有中间阶段的里程碑。

7.3.3 如果我不采取措施会发生什么

如果不处理这个问题，你的项目会回到混乱状态。团队成员不清楚他们应该把精力聚焦到哪里；你不知道项目如何（或是否）取得进展；项目干系人很快会对你成功交付项目失去信心。由此开始，情况会变得越来越糟糕。

7.3.4 解决方法

为什么你的项目中每件事情好像都具有最高优先级，原因何在？如果你正确地创建了 WBS，那么每件工作的顺利完成是取得整个项目成功的保证。然而，这并不是说每件事情都必须同时去做，也不是说每件事情都需要拥有技能最多的资源。你需要构建一系列任务，把它们合并到最终方案里，并且需要把资源分配到这些任务上，确保资源在不过度劳累的情况下尽可能富有成效。为此，需要做如下几件事情：

（1）把相互依赖的任务识别出来，并且根据关系把这些任务按顺序排列。

（2）把资源分配到任务上，确保所有团队成员都有任务。

（3）根据资源分配情况调整任务顺序。

7.3.5 我应该做什么

记住，你不是一个人在独自承受，让你的核心团队成员支持你，与你一起工作。他们会更好地理解某些技术任务如何组合，也可以帮助你确定不同的任务谁可以胜任。

1．识别出任务是如何互相依赖的

当你创建 WBS 时，你的关注点在于“什么”必须要做，并逐步把它分解到更为详细的组成部分，直到底层或工作包的层级。然后，你要找出构建每一个工作包的任务——如何做。

这些“如何做”为排序工作提供了起点，因为你已经把工作分解成小的模块。假设你要建设一堵墙——有许多工作必须去做，如做墙体框架，建造干式墙体，以及完工处理。虽然还有一些差距，但是你已经有了主意。

这件事有一个非常明显的顺序——墙体建造完成之前你不能刷漆；同样，在墙体框架完工之前你不能去建造墙体。这些信息就把你建造一堵墙的工作组合成如下顺序：

（1）做墙体框架。

（2）建造干式墙体。

（3）刷漆。

你可以把这个逻辑同样运用到组成每个工作包的任务上去。每一项任务都是重要的，但是它们不能并行去做。如果你想要成功完成项目，那么一些任务必须在其他任务开始之前完工。你要做的就是与你的团队成员一起工作，把这个顺序找出来。当然，你可能同时会有几个选择，而且有些任务可以同时去做，但起码有一些工作是可以按顺序排列起来的。

下一步，再到 WBS 的上一个层级，去看一看与这个工作有交叉关系的其他工作包应该如何排序。在这个建墙的例子中，地面工作完成之前你不能开始墙体工作。完成这些之后，再到 WBS 的更上一个层级，并重复同样的操作，直到项目 WBS 的最高层级。

结束之后，你会得到一个任务序列串，它给出了需要完成任务的先后顺序。当然，也可能会得到几个任务序列串，但是你已经取得了很大的进步。因为情况已经比原来看起来所有的任务都必须立即同时去做要好很多。现在，该考虑应该安排谁来做这项工作了。

2. 分配资源

排列好任务顺序，除非把合适的人安排到位去做这项工作，否则毫无用处。在把合适的人员分配到已经排序的任务中去时，需要考虑如下几个因素：

- 谁是完成这个工作的最佳人选？
- 其他还有谁能够完成这项工作？
- 如果有多个人都可以完成这项工作，那么是不是其中某个人比其他人更有价值？

从只有一个人可以完成的任务开始分配资源——那些是项目中不具灵活性的关键任务。你会发现，如果把所有的任务序列放在一起会更加容易进行资源分配。项目管理工具可以提供帮助，不过挂图或者白板也不错。不要担心完成这个任务需要花多少时间，这个时间在后面的规划中完全可以节约出来。现在，你只需要把精力关注到任务序列上。

如果你已经完成了只有一个选项的资源分配，看一下“调整顺序”这个小节，并应用其中介绍的规则；然后再回来，针对那些具有优选资源选项的任务继续重复这个操作。

上述任务全部完成之后，回到这里，基于最大的可用性对剩余的任务进行资源分配，然后最后一次去重复上述操作。

3. 调整顺序

在把资源分配到各项任务序列的过程中，你会识别一些问题区域，这就是同一个人在同一时间可能会被安排到多个任务上去。尽管从理论上来说，把个人的时间分配到多个不同的任务是可行的，但真要实现起来却非易事。按这样的方式，完成任务可能会花掉更多的时间，因为资源在把工作焦点放在多个任务之间进行来回转换的过程中，工作效率会大打折扣。如果可能的话，要尽量针对资源顺序安排他所负责的任务。

这样的操作可能会在任务串之间产生额外的关系——两个互相独立的前导活动串，因为需要同一个资源而被关联在一起。对任务进行排序的需要不是因为工作本身需要一步一步地展开（如建造一堵墙的例子），而是因为负责这些工作的人员需要一步一步地展开。

任务串开始变得更加复杂。假设任务 A 由史蒂夫完成，任务 B 紧跟在任务 A

之后，史蒂夫还要负责完成任务 C。我们的任务序列现在就变成了：任务 A 后面紧跟着任务 B（工作关系）和任务 C（资源关系）。

不像对任务进行排序，资源关系更难以找到解决方案，因为优先顺序并不总是明显的。正像我们知道在建造干墙体之前必须先做墙体框架，但我们怎么能够知道一个资源应该先去完成哪项任务呢？

后续的规划阶段可能会做一些调整，但是首先考虑如下一些因素：

- 哪项任务有更多工作依赖于它？这项任务应该首先排序，因为它阻碍了更多的工作。
- 哪项任务阻碍着项目取得进展？如果出现资源坐等某项任务完成才可以开始其他工作，那么这个任务应该尽快去完成。
- 哪项任务最简单？把容易的事情尽快解决。

当完成估算并通过分析关键路径过程（关键路径的内容在后续章节会谈到）制订了进度计划时，你需要重新检查一下任务的排序。

分配资源和调整顺序这个循环重复执行之后，你将构建整个项目的任务序列。可能会出现几个相互独立的任务序列串，这很正常，不要试图只得到一个。

完成这个操作之后，你会得到合乎逻辑进展的任务，这允许项目交付物依次产生并考虑资源需求。更为重要的是，通过这个操作，构建了完成项目所有重要任务的结构化的路径。这允许你进入下一步的规划，并建立一个正式的带有日期和里程碑的进度计划。

7.4 一定有人这样做过，我在哪里可以找到更多的信息

真实的项目经理询问方向

山姆听到门在他身后重重关上的声音，以及自己失望的长叹声。他的思绪回到了过去，当时他从别人的房间走出来，领到了一个新项目，但对如何完成没有任何头绪。

就像现在一样，对公司和技术而言，他都是新手，面临着任务上的巨大压力。那时候，他脱颖而出成为一名初级项目经理。然而，现在这是一个他从来没有领导过的大型项目，并蕴含着巨大的风险。更糟糕的是，山姆从来没有管

理这类项目的经验。

那时，他被要求领导一个项目，该项目的一个主要干系人是一个大型国际非营利机构，他感觉无法满足干系人和发起人的期望。瓦格斯先生，非营利机构的部门领导，能够轻易决定项目的生死，他对山姆带领这样大规模的项目表达了担忧。

山姆从来没有与如此强势的人打过交道，也没有和这么大的团队打过交道，因为它需要协调和指导。由于是这个组织的新人，他不知道该到哪里去求助。没有“地图”他不知道如何开始这个项目的“旅程”。山姆寻思：“一定有人以前做过类似的工作。”

现在，几年过去了，听到身后的关门声，随之而来的被压制感把他完全带回到从前。当时与现在的差异在于，山姆经历过了，知道如何去获得他所需要的信息以确保项目成功。

7.4.1 问题

你被任命为项目经理，这让你远离了自己的舒适区，不管你是不是有经验的项目经理，你都会发现自己进入了一个全新的领域。对于你来说，这是一项挑战性任务，但是发起人和干系人都指望你去完成交付。你理解项目的目标，但是你从来没有领导过这样的项目，因此不确定从哪里开始。

7.4.2 告警信号

这是一个窝心的问题：当你对于所进行的事情感到不安时，你知道你遇上了问题。请注意如下的感觉和行为：

- 困惑或不知所措，不知道如何解决项目问题。
- 不觉得你已经得到完成项目所需的工具。
- 拖延或者回避干系人。
- 无法给出项目的常规状态报告或掩饰问题。
- 有许多你不熟悉的技术，因此花了太多时间在考虑技术问题。
- 人们，也许包括你的团队成员，开始怀疑你带领项目走向成功的能力。

7.4.3 如果我不采取措施会发生什么

如果你尝试在没有必要的经验和足够的资源，或者无法找到其他人帮助的情况下去领导一个项目，那么你会忽略需要解决的项目中至关重要的方面。这样你可能只会完成一个非常平庸的交付——既没有满足干系人显性或隐性的需求，也没有实现发起人的最大利益。你的团队可能会对你失去信心，不愿意在项目中投入时间和精力。你可能会失去拓展项目经理职业生涯以及通过向别人学习提升技能的绝佳机会。

最后，记住：你不是为了你自己，而是为了发起人在做项目。这需要一定程度的成熟以便识别自身的局限性并寻求帮助，这是你作为一个项目经理成长的开始。

7.4.4 解决方法

每个项目都是独特的，但它可能不是一种新的项目类型。想象一下奥林匹克运动会这类项目，按字面含义，第一届就成为该类型项目的第一个项目，接下来你一定会把运动会当作项目。从那时开始，每四年举办一届。后续的每一届都是独特的，但都基于前面各届运动会的经验。

对你来说，这意味着什么？假设之前你成功地完成了许多类似的项目。那些项目经理都曾经历过你现在所面临的情况。为了成功完成项目，你必须找到所需要的工具和信息。你必须知道：

- 去哪里寻找信息？
- 可以问谁？
- 你有哪些可用资源？

7.4.5 我应该做什么

你必须做的第一件事是被称为“主要问题”的某件事，并把它当作开始搜寻的基础。

1. 你认识谁

你必须先问问自己：“我认识的人里面有谁以前做过类似的事情？”如果你确实认识某个这样的人，那么这是一个非常好的开始——尽管他不可能成为你的唯一来源；如果不认识，这个过程也并没有就此结束。顺着这个主要问题，继续问自己：“我认识的人里面还有没有其他人以前做过类似的事情”或者“我认识的人里面，有谁知道其他人以前做过类似的事情”，等等。继续深挖，直到找到某个人（或一群人）具有这方面的经验并且能够帮助你排忧解难。

虽然这很明显，但也令人诧异——项目经理通常没有深度挖掘并充分利用手边的资源，只是因为他忘记了六度分割理论——在这个星球上通过六个关系就能把所有的人联系在一起。你需要的信息可能已经获得，比你想象得要近。

2. 内部来源

除了那些能够被你立即想到的人之外，你还可以从多个渠道获取不熟悉的类型的项目信息。你的第一批联系资源如下。

- **发起人**：发起人以前支持过此类项目吗？发起人与本项目利益相关，因此他会尽力提供帮助。但是也许他不能提供帮助，那就请他推荐你去找别人，与前面我们提到的主要问题保持一致。
- **团队成员**：你的团队成员具备什么经验？他们在本公司或者之前的公司是否从事过类似的项目？
- **客户**：客户是否曾经要求过类似项目？他们能否帮你与他们公司做过那个项目的业务领导取得联系？
- **项目经理**（内部的）：你现在的同事中可能有人以前在类似的项目中工作过，或者他们知道谁之前在类似的项目中工作过，并且能够帮助你与之取得联系，并获得一些经验教训文档、项目故事以及模板。
- **项目管理办公室**：公司的项目管理办公室可能具有可用的文档和流程可以帮助你处理项目，碰巧的话，还可能有人曾经经历过类似的项目或者知道哪里可以获取信息。
- **文档控制和质量保证部门**：如果你的公司处于受控的行业，文档控制部门也许能提供以往类似或关联项目的完整项目文档。他们也许在完成某些文档方面可以提供标准操作流程。请与文档控制部门的人员交朋友。质量保证部门与此类似，他们知道是否有必须用到的模板，而且乐于与你分享这些信息。
- **其他干系人**：是否有一些干系人以前参与过类似的项目？他们希望项目成

功，所以他们可能会很高兴帮助你。

对于上述每种资源，你应该请他们对项目进行描述，查明项目是在哪里、什么时候完成的；询问是否有文档示例或模板、经验教训（复盘）文档；请求他们分享经验并提供其他可供帮助的联系人供你交流。

3. 间接来源

除了上述提到的你身边的信息来源之外，如果你充分利用宽带网络，也会获取大量的信息。在注意保密协议、信息安全以及不泄露商业机密的前提下，你可以访问许多其他资源。

- **以前的项目管理同事**：要意识到公司其他岗位的同事可以提供一些建议。已经到了其他公司的同事，可能因为保密协议或者竞争条款需要履行，无法为你提供帮助。
- **其他外部的项目经理和咨询顾问**：如果通过正常渠道，你无法找到一个有经验的项目经理，可以考虑聘请一位顾问来帮助你开始工作，不管他是管理此类项目的专家还是业务方面的专家。你可能只需要他在正确方向方面给予一些基本的指点。
- **专业协会**：国内的、国际的以及专业协会在本地的分支机构，都是很好的资源。这些组织会通过网络组织一些活动，或提供培训课程，这是非常有价值的信息来源。许多本地分支机构也有他们自己的网站，能够提供大量的有用资源。几个主要的协会包括：
  - 项目管理协会（PMI）。
  - 美国项目管理发展学会（ASAPM）。
  - 国际项目管理协会（IPMA）。
  - 项目和项目集管理国际协会（IAPPM）。
- **实践社区**（以前称为特别兴趣小组）：这些可以在pmi.org网站找到。这些专业论坛允许会员互动，分享知识。每个社区专注于一个单一的主题领域，如敏捷、项目风险管理、零售等。
- **互联网资源**：不要忘记了互联网。使用互联网，你可以搜索不同类型的项目（如软件项目），也可以增加关键词，如项目管理、项目进度、项目计划和模板。只要你愿意用，你会发现它可以给你带来惊喜。例如：

  - 项目管理相关的通用类网站和论坛，大约有几百个。在这里你可以向专家和项目经理们提出问题，也可以搜索感兴趣的主题的论文和白皮书。
  - 行业网站和专业协会（与你自己所负责的项目的行业相关的）。
  - 社交媒体和新媒体提供了取得连接和获取信息的最新渠道。交流沟通的趋势在不断演进，请跟上最新技术和网站的步伐。
- **社交媒体网站**：如 LinkedIn、XING、Facebook 和 Gantthead.com，都有专门的项目管理小组，在这里可以实现连接。事实上，通过专业联系或友谊建立的网站，能够最佳地展示项目管理的主要问题。
- **播客**：此类新媒体，为听众提供在他们选择的时间段获取所需信息的机会。在播客中你可以免费挖掘大量不同主题的经验分享和教训。因为是随着时间变化的，你可以访问那些与你的项目相关的文档，收听与你的项目相关的播客。
- **图书馆**：图书馆或专业组织在本地的分支机构都会有项目管理方面的书籍出借。
- **培训**：通过咨询上述所提到的资源可以获得大量所需要的资源之外，有时参加一些外部的培训也是必要的，不管是课堂形式的面授还是在线的研讨或课程。与老板或者发起人交流并做好培训方案，但要确保让他们相信，你已经做好了获取信息的准备工作。

如果你准备成长为一名项目经理，千万不要因为你不懂而感到尴尬。任何优秀的项目经理都不是生而知之，他们的成功都是通过不断的学习、询问和实践达成的。

7.5 我不知道如何估算这项工作要花多长时间完成

我怎么知道要花多长时间

拉维恩很迷惑。她总是希望成为一名项目经理，现在她终于得到了这么一个机会。但是下一步该干什么，她十分困惑。她的团队在完成任务方面做得非常出色，WBS 看起来也很完美。拉维恩明白她现在需要采用 WBS 去创建一个总体的项目进度计划，但这意味着需要完成估算，而她不确定如何去做。

有团队成员说起，几年前有过一个类似的项目，那个项目的估算也许可以借鉴一下。拉维恩知道公司里有些人对任务的完成了解颇多，也许她可以请求他们在估算方面给予帮助。不过这不会帮助她解决一切，接下来那些估算必须转换成一个恰当的进度计划，而她对此也没有把握。拉维恩需要一些帮助。

7.5.1 问题

你是项目规划的核心，与团队成员一起制定 WBS。你现在充分了解了项目需要完成的所有工作以及任务之间的依赖关系。现在你需要估算项目需要花多长时间可以完成，但你不确定从哪里下手。项目核心团队的几位成员对于项目的不同方面有着自己的看法，但这看起来更像他们的猜测，而不是对项目的真实估算。你需要得出项目的可靠估算以便能够准确反映完成工作需要花费的时间，而且你需要高效地完成此事。

7.5.2 告警信号

这个问题的征兆可能很容易发现，也可能非常难于看到。通常你的团队会提供给你一个只能算是猜测的估算，表明大家对于如何估算并不清楚，你需要能够觉察到这些。如果出现如下情况，表明你的估算出现了问题：

- 团队成员无法解释他们所给出估算的背后逻辑。
- 团队成员告诉你，他们没有足够的信息去完成估算。
- 估算不一致，或者相互之间有差距。
- 团队成员对于他们做出的估算没有足够的信心。

7.5.3　如果我不采取措施会发生什么

无法测量就无法进行管理。如果没有一个相对准确的估算，你永远无法确定相对于进度计划来说你的项目进展得是好还是坏。更糟糕的是，如果没有准确的估算，你可能就是在基于不正确的目标进行管理，你的团队也在为不切实际的期望而工作。不精确的估算让你无法与项目干系人准确地沟通项目状态，容易导致干系人对项目经理缺乏信心。

如果你根本没有估算，那么项目进行过程中没有人知道什么时候应该完成任务，你也不会知道什么时候应该释放资源、什么时候需要哪些其他资源；你无法知道团队成员的工作负荷，同样也无法向干系人提供关于项目进展的客观信息。

7.5.4　解决方法

关于工作量估算有许多不同的技术可供使用，而且应用起来也都不困难。只是需要进行多个步骤的操作，才能得到项目及其不同的组成部分需要花费多长时间的准确估算。

（1）确定估算项目工作量的正确方法，并安排合适的人开发估算。

（2）安排资源，并计算持续时间，允许进行相应的调整。

（3）通过建立依赖关系，把任务关联在一起，解决资源问题，得出项目的整体进度计划。

7.5.5　我应该做什么

估算工作量和所需持续时间是一个系统过程。你需要对这个估算过程有一个计划，然后根据这个计划，按照正确的顺序完成所有步骤。如果不这么做，可能就会在估算中出现严重错误，并且可能直到很晚的时候你才会发现这个错误。

进行估算之前，你需要确保让参与估算的每个人都清楚地知道两个概念——**工作量和持续时间**。工作量是完成任务所需要的工作总量；而持续时间是完成工作所需要花费的时间总量。举一个简单的例子，如果一个工作需要总计五天的工作量，也就是说，它需要一个人工作五天能够完成，而如果五个人一起工作，只需要一天就可以完成。任何一种方法，工作（工作量）是相同的，但是时间表（持续时间）因为投入资源不同而不同。

在本节的后续部分我们会详细探讨关于持续时间的话题，现在，让我们先聚焦于工作量这个话题。你需要确保所有参与估算的人员在方法上是一致的：

- 工作量估算只是完成任务所需要执行的工作，为完成这个任务所需要花费的时间应该被忽略（将在稍后考虑）。
- 估算不应该有“保护量”，而应该反映真实的工作量。
- 估算应该使用一致的时间单位。你不能让一半成员按小时来估算，而让另一半成员按天来估算。

当参与估算的每个人对这些都达成一致了，那么就可以真正开始进行估算了。

1. 估算资源

项目估算的成功与失败通常可以追溯到如何进行项目估算的决策上，常用的估算方法如下。

- **模拟或类比估算**：把你要完成的工作和过去曾经做过的类似工作进行比较。当你想得到实际工作花费时长的数据时，历史项目是非常好的信息来源。尽管考虑到过去工作和现在工作存在的差异性，你需要对时间进行调整，但它为你的估算提供了一个很好的起点。如果幸运，你可以在整个项目中使用这个方法，更常见的情况是你把这个方法用于项目工作的一个子集。
- **参数或基于单元估算**：计算某项特定工作需要多少时间，然后对这个时间乘以一个倍数得出某项工作的完成时间。比方说，粉刷一面墙需要 2 小时，现在有 7 面墙需要粉刷，就可以计算得出需要 14 小时。使用这个技术时需要特别慎重，以确保你没有做错误的假设——每面墙的面积、粉刷墙之后的清理工作所需要的时间，诸如此类。
- **三点估算**：询问知道如何完成这项工作的人员（专家），他们会以三种不同的情形来看待任务——最佳的、最差的、最可能的三种情况下的估算。然后，把这三个估算结果进行平均，得出用于项目中的估算。在这个方法中，你考虑事情是顺利还是糟糕的个人因素对评估结果会产生影响。
- **PERT 估算**：它代表着计划与评审技术（Program Evaluation and Review Technique），同时也是三点估算技术的一种延伸。它同样会用到最佳情况、最差情况和最可能情况三种情形，但是它给最可能情况增加了权重，以便反映实际情况下最可能情况比最佳或最坏情况有较多发生的可能性。PERT 的计算公式是：

（最佳情况 +4×最可能情况 + 最坏情况）/6

选择正确的方法是非常重要的，同时你也需要保证合适的人参与到估算过程中。不能把估算全部项目的工作安排给一个人，因为他不可能具备各个方面的知识和经验，也就无法得出可靠的估算。相反，应该根据团队中负责不同领域工作的人员的技能给他们分配相应领域工作的估算任务。此外，你可能需要寻求项目团队之外的组织内、甚至组织外专家的支持。

举个例子，对于项目中的某些工作，如果你准备用类比估算方法进行估算，你挑出来作为比较对象的完成工作的资源应该是优质资源，这样有助于估算工作。对于参数估算，你可能会用到一些标准，它可以对某些特定的工作建立一个大家一致认同的联盟等级，这样你就可以使用行业标准而不是使用内部的标准来进行估算。

任何时候，当你准备依赖专家的看法时，你应该尽量安排更多的人参与。如果有更多的专家参与估算，你可以得出一个平均值，这样比只依赖一个专家的估算要准确得多。如果让每位专家分别独立使用 PERT 方法进行估算，然后一起讨论估算中的变量（这也被称为宽带 Delphi 方法），得到的估算可能尤其真实。

最后，当决定估算方法和资源时，需要考虑如何基于估算的目的把项目进行分解。把项目当作一个整体进而估算时间是不太现实的，你可以把工作分为几个组以便简化估算过程。模拟估算通常使用这种方法。另一个可供选择的方法是，使用一种叫作自下而上的估算方法，这种方法是针对每一个任务需要的时间进行估算，把它们加在一起得出整体的工作量估算。

2. 计算任务持续时间

完成这些之后，你只是有了工作量的估算。为了计算项目需要花费多长时间，你需要去计算持续时间。有下述三个变量在计算时必须考虑到。

- 任何可能遇到的固定时间周期：有些任务可能本身不需要太多的工作量，但是可能要花比较长的时间。例如，从一个第三方供货商订购一台设备可能只需要几个小时，但是交付时间可能是几个月。
- 分配到每个任务上的资源：尽管你可能会在接下来的部分重温这一步，但你还是要确定谁被分配到各项工作中去。这样的决定基于项目中可用的资源的数量、技能情况以及可用性等。有些任务可能安排几个资源，而其他的任务可能只安排某个资源的部分时间，因为他们有些人必须完成多个任务，而有些人在你的项目中只是兼职。

- 对于需要花在非项目工作上的时间的调整程度：即使资源是被全职安排在你的项目中的，你也无法让他们把每个工作日的全部时间都用在项目任务上。大家需要处理邮件、电话，参加团队会议等，这些事情占用了他们分配到项目上的时间。另外，总是不可避免地会有一些事情分散人们投入工作的精力，如会议室闲聊或个人事务。一些估算认为花在这两类事情上的时间占比超过 30%，也就是说，在一个 8 小时的工作日内，一个资源只可能有不到 6 小时的时间投入项目工作中去。

你做完这些调整后，就可以得到每项任务或每组任务的工作量和持续时间的估算。

3. 制订进度计划并解决资源问题

你几乎拥有了制订进度计划的足够信息，唯一另外需要的信息是任务之间的依赖关系——项目中一个任务与另一个任务之间的关系。(例如，在地砖被送达之前，你无法进行地砖的安装。) 一共有三种类型的依赖关系。

- 完成到开始：这是最常见的一种依赖关系类型。直到任务 A 完成，任务 B 才能开始。
- 开始到开始：直到任务 A 开始，任务 B 才能开始。
- 完成到完成：直到任务 A 完成，任务 B 才能完成。

另外，你还可以使用提前量和滞后量。提前量表示某个任务能够在一个明显的事件之前开始，而滞后量表示某个任务只能在一个明显的事件结束后再间隔一定的时间才能开始。例如，一个有两天滞后量的开始到开始关系表示的意思是，任务 B 必须在任务 A 开始两天后才能开始；一个有三天提前量的完成到开始表示的意思是，任务 B 可以在“距离任务 A 完成还有三天”这个时间点之后开始。

有了这些信息，你就可以制订进度计划了，通常来说可以使用许多项目管理工具。把所有任务排列出来，根据它们之间的依赖关系去创建不同的任务序列。为了完成项目，所有这些任务序列也都必须完成。其中具有最长持续时间的任务序列就是关键路径——该组任务所花费的工作时间决定了整个项目完工需要花费的时间。

完成进度计划之后，你需要重新回到资源分配，看一下是否需要做一些变更。有可能出现这种情况，就是某些资源出现过度分配，而另一些资源分配的工作量不够饱和。你要通过“资源均衡”的方法尽量去进行平衡，按每个星期去调整不同资源所承担的工作量，将它们的偏差降到最小，使任何一个工作日不出现任何资源需要承担超过一天工作量的情况。

在进行资源决策时，你应该始终努力去保护关键路径上的工作。关键路径上的资源迁移会延迟项目的完成。对非关键路径上的任务进行重新安排或资源调整通常会有利于项目的进展。

对所有的资源进行均衡之后，就可以得到一个可靠的进度计划，它可以清楚地展示每项任务和整个项目需要多少时间完成。

7.6 这个项目管理软件帮不了我

软件出了什么错

杰里米重重地坐回自己椅子中，被电脑上的项目管理软件彻底搞崩溃了。电脑上的光标还在不停地闪烁，杰里米已经花费了好几个小时，把团队制订的进度计划内容全部输入了电脑——所有的依赖关系、资源分配、估算以及其他所有的东西。他小心谨慎以保证每件事情都正确。是的，每件事情。

计算机软件没有提供一个关于项目任务的清晰的甘特图，相反却修改了杰里米的估算，变动了开始日期，并且抛出许多没有任何意义的错误消息。最初出现的几次，杰里米想是不是他自己做错了什么，但事实上没有——他输入的信息都是正确的。

几分钟前，杰里米发现软件修改了一个他刚刚纠正的数据——这简直变成了一场电脑和他之间斗智斗勇的战斗。很明显，软件进行了处理，给了杰里米一个新的结果！

7.6.1 问题

你知道公司推出了一套项目管理工具，作为每个项目必须使用的标准要求，但是你感觉好像没有用处。你好像总是在和工具做斗争，不停地输入信息和维护数据，然而，工具给出的数据总是不是你想要的，甚至让你不敢确信是否能信任工具给出的那些日期。

使用工具没有让你觉得工作更加轻松，相反，它给你带来了更多的管理工作，占用了必须处理项目重要工作的时间。因此产生了这样一个问题，这是不是一个糟糕的工具，或者你需要更好地理解如何使用？

7.6.2 告警信号

有时你知道工具会给你带来问题，但很多时候项目经理直到很晚才会意识到他们有工具方面的问题。认识到这个问题的信号是非常重要的，否则，你就会总是在依赖没有给你提供可靠数据的工具。确定告警信号可以观察如下一些现象：

- 你尽可能减少使用项目管理工具的时间，更愿意使用其他可能的工具。
- 你只使用工具的最基本功能，不确定更多的功能有哪些。
- 你认为工具是上层用来管理的，而不是帮助你有效处理项目日常管理工作的。
- 工具中的信息是过时的，因为你不能掌握所有需要的更新数据。

7.6.3 如果我不采取措施会发生什么

这个问题无法自己解决。最好的方法是你要学会绕开工具的局限性（不管是真实的，还是感觉到的），但这也可能会出现一些问题。例如，由于真实工作所需要的计划分配不当，工作被遗忘；或者对于应该做什么有误解，导致进展状况变差。所有这些都可能导致项目产生严重的问题，如不可避免的延误、超支、对你个人或者团队失去信心。

7.6.4 解决方法

你实施的解决方法很大程度上依赖于问题的原因——实际上工具就是问题，或者说使用工具的能力导致了问题。你知道这个问题的答案吗？要解决这个问题，需要做到如下几项。

（1）分析问题并理解实际情况。

（2）解决下面任何一个问题。

1）提高使用工具的技能。

2）获得一个更合适的方法解决这个问题。

（3）监控改进情况。

7.6.5 我应该做什么

项目管理工具对于项目的成功至关重要。工作进展正常时，它会提供大量有价值的支持，帮助处理大量的管理工作，让你有更多的时间投入项目的管理工作。工作进展不正常时，它可能会成为一个“怪物”，你需要花很多时间与之战斗。如果你在项目中看到“怪物”，需要尽快把它干掉。

1. 分析问题

项目管理软件非常强大，可以为项目经理提供各个方面的帮助——从挣值管理到关键路径分析。问题是许多项目经理不使用这些技术去管理他们的项目，更不要说使用软件了，所以“很难从工具中得到你所需要的东西”不过是一种谣传。

同时，工具是不能帮你做所有事情的。基于你的组织使用哪种工具以及如何使用，你完成各项工作的能力是受限的。你需要明白一点：这是因为你不知道如何最好地使用工具，还是因为工具不能做你需要它做的事情。有时候这是显而易见的，你知道一个项目管理工具可以支持具备依赖关系的项目进度计划的制订；但有时候它并不明显，例如，它是否可以支持团队成员直接在项目文档中提供更新。

可以从如下几个方面去查找问题所在：

- 与有经验的项目经理或公司的项目管理办公室进行交流，确认工具是否满足你的需求。查阅帮助文件以及用户手册，确认它是否提供你需要的功能。
- 利用在线资源去查找信息。

这些可以给你提供一些线索，到底是工具有问题，还是你没有正确使用工具。明确之后，你可以进入下一步去解决问题。

2. 解决问题

你正在管理一个项目，因此需要一个快速而且有效的解决方法。记住下面这些方法。

(1) 提升技能。最可能的情况是，工具具备你所需要的功能，但是你没有掌握充分发挥它的作用的技能。这可以通过正式的培训课程来解决，你可以在任何可能的时候充分利用课堂。但是，一个正式的培训课程可能要占用项目进度表上的时间，并且可能不是立即可行的方案。因此，你可以想办法找到一位教你使用工具的教练——他要非常熟悉你正在使用的工具，并可以在制订进度计划上对你有所帮助。这个人可能是项目管理办公室中的某个人，也可能是一位非常有经验的项目经理，甚至可能是已完成的类似实践中得出的一个文档——它能够提供你所需要的东西。

你不能指望这个人帮你做出计划，因为这样你学不到任何东西。你可以让他提供一些小贴士以及最佳实践，这可以在使用工具方面帮助你提升能力而不是抵触工具。

确保你获得了所有的书面建议并把它作为项目文档的一部分，以供未来的项目经理参考。

(2) 找到更好的方法。软件工具可能无法做你需要做的事情。这种情况下，培训无济于事，你得去寻找其他的解决方法。这可能最终导致更换正在使用的项目管理软件或者对它进行升级，但在项目中期、时间就是你的敌人的情况下，这不是一个可行的方案。

可以看一下，是否有其他的方法来解决问题，如使用其他的流程、不同的软件工具，或者其他能够满足你需要的途径。例如，你想让你的项目团队成员自己去更新他们所负责的任务的最新状态，但是项目管理软件不支持，你有一个折中方案，同样可以驱动这个事情高效率地完成：

- 建立一个模板，让每个人按同样的格式填写最新情况，这样你不用再搜索信息。
- 建立一个提供更新状态的进度表，这样所有的更新几乎可以同时出现，也可以很方便地查看是否有信息遗漏。
- 如果组织有某种形式的用于协调沟通的软件，那么确保模板可用，并在每个团队成员的邮件和进度工具中创建一个有最后期限的任务，让团队成员每周去更新。

作为项目经理，你不能受制于工具。有太多的工作需要你做，有更多重要的领域需要你投入大量的精力。实际上，你可能需要两种方法都去尝试一下，并在项目执行过程中加以改进——毕竟工作不等人。

3．监控变更带来的影响

你无法保证按照上述步骤所做的事情一定产生作用，所以你必须确认是否有效，这意味着你要对改进进行监控。在此可以使用客观的度量指标，如更新项目计划花费时间的减少量；但你也必须依赖主观指标，如使用工具中不同功能的舒适程度。

你需要诚实地面对自己。说服自己：如果仍然在与软件战斗，就不要去工作，直到你现在对工具的使用是舒心的，因为你不想再打扰工具教练了。你不会一夜之间成为软件大师，但是你需要充满信心地使用软件的基本功能，并能够从软件告诉你的信息里识别出项目的状态。

7.7　我的日程安排完全不现实

这个计划可以实现吗

那正是罗希特梦寐以求的项目：小而充满才华的团队、充足的预算、管理层支持、现实的计划和最前沿的产品。

所有的事情都在如期进行，最新的无线、高清电脑显示器将会按期完成，并将于 1 月在国际消费电子产品展上推出。

过去两年，公司的财务状况非常糟糕，公司上下都指望这个产品能够在今年把公司带上盈利的通道。如果不能在顶级商品交易会上展出，就不可能实现这个目标。罗希特的发起人——负责销售和市场的莎伦了解到，10 月在亚洲有一个非常有前景的电子产品交易展会。产品能够在这样的展会上曝光非常重要，因此她要求罗希特在展会开始前完成产品——比原计划提前 3 个月。

当罗希特回去告诉他的团队进度要提前时，他的首席工程师笑道：“没有人能做得到。”本来士气高昂的团队，突然间显得情绪低落，没有斗志。

虽然罗希特马上就意识到提前进度是不现实的，但是在准备好一个可行的选择方案之前他不能去和莎伦讨论。最后，罗希特回去找到莎伦，告诉她如果不修改项目约束，如预算或范围的话，这个新的进度要求是不可能实现的。

“肯定不行，”她说，“这款显示器必须能够实现我们所提到的，以及我们的客户和股东提到的各种功能，在这个项目上我们已经不可能再增加预算，而且我们也没有更多的时间。”莎伦走近罗希特说道：“嗯，我知道这有一点紧张，但我们希望你能够实现它。”

7.7.1 问题

当你开始项目时，习惯于用前推法，在考虑项目约束的基础上估算项目持续时间。但是，发起人提出了新的固定结束日期。重新审核你最初的时间估算后，你发现按照当前的范围和资源，在最后期限前完成项目是不现实的。

通常这种情况发生在客户没有估算时间的经验时，或者因为要参加一个行业贸易展或出于财务周期考虑等原因而给出一个任意的完成日期。他们可能不了解变更项目约束的后果，但这使得你的工作变得非常困难。

7.7.2 告警信号

我们都能认识到这个问题，也都曾经历过这种情况。让我们一起找一找那些可能导致这个问题的早期信息。

- 客户允许计划是积极的或紧迫的。
- 当讨论交付日期时，发起人说：“我想给你一个挑战。”
- 你的高级工程师说，新的期限是无法实现的。
- 当看到进度表时，你知道它是不可能的，因为持续时间估算超过最后期限。
- 经常能听到这样的话：“加班！”“完成它！”“我可以依赖你吗？”“非做不可！”“你是个团队领导者吗？”
- 当谈到进度时，团队成员表示疑惑。
- 给你的是一个具备典型进度的典型项目。

7.7.3　如果我不采取措施会发生什么

不改变项目的任何其他约束条件而试图去达成不可能实现的最后期限，最快的方法就是让自己患上溃疡。如果估算完成，并且知道在当前资源、范围等情况下项目需要多长时间完成，然后愚弄自己以为你能满足最后期限，这帮不了任何人——不管是你，还是你的团队，或者发起人。如果项目没有彻底失败，最好的情况下，质量上会遭受损害；最坏的情况下，最终会被迫达成某种妥协。团队会开始变得士气低落，冲突频发。如果不能有个完美的结束，你的名声也会遭受损失。

如果你不迎面处理这种情况，那么后续还得处理。如果看到这个问题就立即去处理，那么你还是有机会把一些事情交付好的。否则，你只能交付一个不完整的解决方案，使得客户很不开心地说："为什么你不早点告诉我？"这些都是项目经理绝不愿听到的。

7.7.4　解决方法

早期且积极的**期望管理**是关键。向发起人展示当前可行的进度是什么样子的，并给出向前推进的选项，通常你可以找到一个好的解决方法。

起始阶段项目进度就不切合实际这种情况并不少见，因为大家对于项目的信息知之甚少，而通常人们又有比较高的期望。他们很兴奋，但不知道需要什么去实现，这就是期望管理出现的原因。

当然，关于项目进度不切合实际的最好解决方法是通过展示一个准确、现实的估算进度说服发起人，让他同意延长项目周期。如果变更项目结束时间点不可能，那么应该给出项目其他方面约束的改变，如范围、质量、预算、资源或风险等。为了达成最后期限，这些约束是你可以提供给客户的选项，让他们去决定哪个是最重要的约束，而如何引导客户就是你的事情了。

7.7.5　我应该做什么

如果项目进度是不现实的，通常都有一个很好的理由。找到这个理由，并利用它去管理发起人或者客户的期望。例如，是不是有一个贸易展览或预算的考虑？处理不切实际的进度计划通常有两种方法：

（1）进度可以调整——与发起人一起再制订一个新的可行的进度计划。

（2）进度不可调整（交付日期是首要约束）——只能去调整其他一个或多个约束（通常是组合）。帮助你的客户和干系人决定什么是最关键的项目约束，并基于此找到一种新办法。

1. 进度

理想的解决方案是延长进度期限。例如，你可以告诉客户，通过延长进度期限，可以不用变更范围或任何其他约束，他就可以把今年的×××美元预算挪到下一年（见表 7.1）。通过项目进度的延期，客户可以保持公司当前的预算目标不变，并能保护项目范围不用变化。如果不把进度周期延长，项目其他的约束必须变更。

表 7.1 进度变更举例

	第一年	第二年
当前	100 000（美元） （= 范围缩小或其他约束变更；进度维持不变）	
提议	80 000（美元） （= 范围维持不变；预算调整，进度延期）	20 000（美元）

2. 范围

你可以缩小项目范围，让它的复杂度降低，或者推后去做。对于客户来说，通常将部分项目范围内的事项延后是一个可以接受的选项，因为他们没有说自己不愿意干或不能干等这些不负责的话。但是，他们可以说自己没有足够的时间马上做所有的事情。推后项目范围内事项通常是建议选择的第一步。

发起人并不是真正地要把放弃或缩小范围作为第一选择（毕竟，他们希望所有的需求都能得到满足），但他们知道范围和进度之间的直接联系，因此讨论哪一部分内容可以推后通常是他们可以接受的。例如，一个软件项目，可以提议先实现主要功能，而把报告和导出功能推后去做，因为在数据输入之前这些功能最初是不需要的。

3. 预算

为了达成项目的固定完成期限，预算通常是最难变更的约束因素之一。你可以增加或推迟给予预算。通常从发起人那里得到更多的预算是非常困难的，因为在公司的架构下工作也有他们自己的限制，而且他们还要把这些资金分配到多个相互竞争的项目中去。可以询问一下发起人是否能从别的“盘子”中得到资金，也就是其他的项目或科目，如资本性支出。

如果给予全职员工的预算已经达到上限，是否还有给顾问的预算（或其他资源）？

如果没有资金可用，就有机会引导客户回到推后给予资金预算上去，并进而推后项目，或者变更额外的约束。

4. 资源

在不变更范围的情况下，达成一个不切实际的最后期限的一种方法就是增加资源，这被称为**赶工**。你可以雇用更多、成本更低或者更有经验的资源。所有这些都会导致财务问题。雇用更多的资源会导致雇用成本和管理成本的增加，同时也可能导致团队问题，因此你的团队领导力就会显得非常重要。

- 雇用额外的常规资源，必然需要预算的增加，或者发起人需要从其他的预算池中（如原本准备用于咨询公司的预算）寻找资金。
- 雇用成本更低的资源可能是一种在不增加预算的情况下节约进度时间的方法，如考虑离岸外包。
- 雇用更有经验的资源（包括顾问）会导致前期成本上升，但是他们的知识可以让团队在更短的时间内完成任务和交付物。

在所有情况下，新资源入职是一个问题，因而必须权衡预期的收益。

5. 质量

客户会为了达成最后期限而接受较低的质量标准吗？找到客户针对结果或最终产品低于验收或约定标准的可接受范围。找出关键规格或功能，尽力去达成。例如，按时交付全功能的原型机器人手臂。它符合所有的成品规格，但是一个非关键的内部零件的尺寸规范存在0.02厘米的偏差。发起人已经同意接受这个超出规格的部件以便能够按最后期限交付，因为它并不影响机器的性能。他实际上已经接受了较低的质量。

6. 风险

积极主动地实施风险管理是理解项目中可能出问题的领域的基础。它要求我们规避、转移、减轻或接受风险。风险管理帮助我们遵守时间计划，但风险管理活动需要投入时间和资源，因此在风险管理中节省时间的唯一途径就是去做下面两件事。

（1）实施一个简化的风险管理方法。

- 更少的风险管理活动。询问一下你的客户："哪种风险可以接受？"你的客户可能希望进行较少的风险管理活动，你也可以提供降低风险的相应方法。例如，如果发起人希望取消每周的技术评审以加快进度，而这会增加项目目标和质量产生问题的风险，你可以建议把它改为双周或月度技术评审。
- 高级风险管理。遵照项目管理知识体系指南（《PMBOK®指南》）中标准的风险管理流程，但是只在最高层级执行。例如，通常情况下，你可以列出每个可能的风险（可能会有几百个），并对每个风险继续挖掘进行详细分析。取而代之的是，你只在较高层级去做这个事情。这不是因为你缺乏经验或承受能力弱，相反，这样的情况要求你有全面的知识以及丰富的经验，从而可以决定哪些风险应该聚焦，哪些可以放入观察清单。
- 滚动风险管理。滚动风险管理是持续的、以一种展望未来的视角聚焦项目评审。在常规化的进度例会上可以对项目的状态和风险进行评审。聚焦项目的中期前景，并询问"可能出什么问题"。不断地提出这个问题有助于你和你的团队持续关注风险管理并设法降低风险。

有大量的文献可以帮助你开发简化或替代风险管理方法。

（2）不要回避正式的风险管理。

回避风险管理是你可以考虑的最后一招，因为如果你不知道、也不去管理风险，总会有一些事情出现问题，并且进度的结束点无法达成。

然而，有一种情况你或许可以放弃正式的风险管理活动，那就是针对中小型的项目，且项目经理在同类型的项目上有着丰富的个人经验。即你作为项目经理，已经知道项目的问题、陷阱以及风险，已经看到了所有可能发生的情况，知道接下来会发生什么，并且意识到在你面前可能会有的危险。你需要跟随你的直觉并在项目运作中时刻关注风险。

上述两种方法本质上都具有风险，它们可能导致你错过项目期限，因为你可能忽略风险或者未能适当地处理它们。风险管理活动中的任何变化，都必须和你的客户进行讨论。因为没有在合适的层级处理风险，所以按进度完成项目的最终目标就变得更加困难。

7.8　我很难说什么是重要的（关键路径）

大量的工作要做——哪部分是最重要的

利奥很困惑。他对于项目迄今为止的进展非常满意，团队一起合作完成了项目计划的制订。然而，利奥必须试着去解决如何安排任务，但他不是非常有把握。每件事情看起来都非常重要，他如何决定先做什么和推迟什么？是不是有一些任务需要特别的关注？如果是这样，如何识别出来呢？

利奥的团队主意众多，但是并没有找到大家一致认同的最好方法。利奥不愿意猜测什么是正确的方法，他需要一种结构化的方法帮他找出哪些工作必须先执行，哪些工作可以延后。

7.8.1　问题

你可能读到过或听过很多次：有效的项目规划是项目成功的关键。但当面对一个复杂的项目时，识别出来哪些任务需要给予特别关注是非常困难的。同样具有挑战的事情是，区分哪些任务需要先期完成，以及哪些工作分配可以推迟而不影响整个项目的进度。

7.8.2　告警信号

大量的信号表明你正在经历这个问题，它们包括：

- 无法确定哪个任务需要最先完成，哪个可以等待稍长一点的时间。
- 不知道哪些任务需要优先考虑，导致你一直在调整优先顺序。
- 团队不确定应该先开始并完成哪些任务，所以他们试着齐头并进，导致了徒劳无益的多任务处理和团队的巨大压力。

- 项目出现部分延误，这危害到了项目的成功。

7.8.3 如果我不采取措施会发生什么

当你无法识别最重要的任务时，你将会因关注错了重点而无奈结束工作。当你忙于那些不是特别重要的任务时，重要的任务可能就被遗漏了，项目也就可能被延误了。项目的延误可能导致预算的超支，干系人也会不满意，他们可能会把这些归咎于你。

7.8.4 解决方法

你可以通过使用某种标准方法去确定最重要的任务，从而解决这个问题。关键路径分析法，是众多标准方法中的一个。它是一种流行的方法，也是一种帮助你制定进度以及管理复杂项目的有力工具。进行关键路径分析可以帮助你识别哪些任务必须按时完成，哪些任务可以有适当的延误却不会对项目造成延误或危害。关键路径分析法也可以帮助你识别完成项目所需要的最短时间。

7.8.5 我应该做什么

关键路径是进度准备和资源规划的基础。在管理一个项目的过程中，它使你能够监控项目进展从而达成最后期限。它可以帮助你查看哪些矫正措施需要执行以便使项目回到原有的轨道。在项目规划过程中使用关键路径分析法的另一个好处是，它可以帮助你开发并更好地理解项目中的约束和依赖关系。

为了充分发挥它的好处，还可以把关键路径分析法和甘特图法结合起来使用，因为甘特图可以用可视化的方式把项目进度清晰地展示出来。充分利用最新的项目管理技术来构建你的关键路径，并创建一个结构化的计划。具备任务依赖关系的甘特图的软件应用对于定义明确的任务序列非常有帮助。当由于项目变更需要调整计划时，它们也能够节省你的时间。

1. 理解关键路径

关键路径法是一种在排列一系列项目活动的进度时所使用的基于数学的算法。使用关键路径法的基本技术是构建一个项目的模型，它包括如下内容:

- 完成项目所需要的一系列活动的清单。

- 活动之间的依赖关系。
- 完成每个活动需要花费的时间估算（持续时间）。

利用这些数据，关键路径法通常计算出规划的活动从项目开始到项目结束时间点的最长路径，以及每个活动在不会导致项目周期延长的情况下可以开始和结束的最早和最晚时间点。这个过程可以确定哪些活动是关键的（在最长路径上）以及哪些活动具有总时差（可以延迟开始时间而不会导致项目周期延长）。

让我们举一个实际生活中的项目例子：把一幅画挂在墙上。完成这个项目需要做哪些工作？第一，确定并列出为了完成项目，哪些任务必须完成，如表 7.2 所示。

表 7.2　任务清单

在墙上选择一个位置
购买螺丝
选择一幅画
在墙上钻孔
把螺丝拧上
把画挂起来

当我们考虑这些任务时，我们发现有些任务在其他任务完成前不能开始。也就是说，某些任务依赖于其他任务，如表 7.3 所示。

表 7.3　依赖关系

任务	依赖于
在墙上选择一个位置	—
购买螺丝	—
选择一幅画	—
在墙上钻孔	在墙上选择一个位置
把螺丝拧上	购买螺丝和在墙上钻孔
把画挂起来	把螺丝拧上和选择一幅画

钻孔、拧螺丝和挂画三个动作形成了一个任务序列，为了确保得到成功的结果它们必须按一种特定的顺序去完成：一个活动跟在另一个活动之后。这种任务叫作顺序活动。

因此，这个例子中的三个活动，再加上我们项目的开始（在墙上选择一个位置），是最重要的关键步骤，对于我们的问题来说必须采取适当的解决办法：这些活动会被放在项目的关键路径上。关键路径分析背后最重要的概念是，你不能开始某个活动，除非其他的活动完成。这些活动需要按一个顺序去完成——在下一个阶段开始前，前一个阶段都或多或少地完成了。

图 7.1 是一个项目进度的示例。关键路径包含从项目开始到结束最长的活动序列，它们应该按计划的时间开始和完成，以确保项目在将来的某个日期完成。关键路径上的活动必须非常严格地管理。如果在关键路径上的活动出现进度延误，应立即采取行动，使项目重回进度计划，否则，整个项目将会延误。

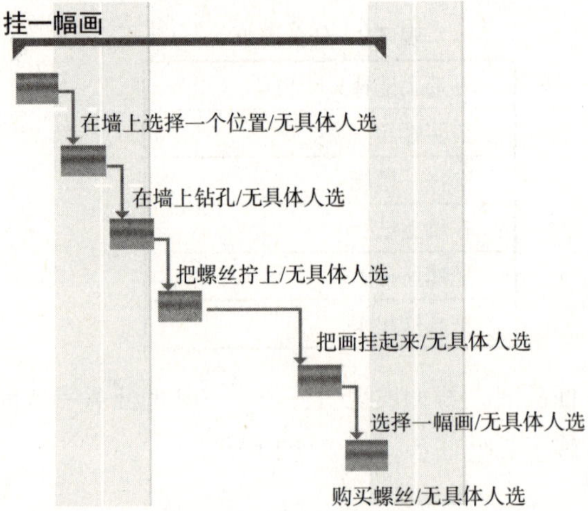

图 7.1　挂一幅画的关键路径

想象一下，你有一个需要 300 天完成的项目。如果关键路径上的第一个活动有一天的延误，项目将会在第 301 天完成，除非关键路径上的其他某个任务能够提前一天完成。因此，简单来说，关键路径就是在你的项目进度中确定项目结束日期的所有任务。

在一个项目中有可能出现多于一条的关键路径，几条路径在并行地开展工作。在我们的例子中，选画和挂画，与买螺丝、拧螺丝和挂画一样，形成了另一个活动序列，对于我们完成项目来说同样重要。

关键路径可能包含项目中所有的重要活动，也可能不是。事实上，有些时候关键路径上的某些活动并不是项目中最重要的。同时，会有一些能够决定项目成功的活动并不在关键路径上。因此，理解关键路径，即确定它包括哪些非常重要、必须按时完成的活动。但是，存在于关键路径之外的其他活动，也可能是很重要的，也需要额外的努力和关注。

2．理解资源约束

传统的关键路径导出的时间表是基于因果关系（逻辑）的，我们已经在我们的计划中标记了这些依赖关系（例如，在墙上选择一个位置之前进行钻孔是不可能的）。但是，也应考虑到一个项目通常会有资源的限制，这些限制将导致更多的依赖关系。这些依赖关系通常被称为资源约束。

因此，如果你在一个团队工作，那么你的项目工作可以在团队成员之间进行分配。在我们的例子中，当你在墙上选择位置并钻孔时，你的一个朋友可以去买螺丝。这些任务可以并行开展，如图 7.2 所示。

但是，如果你是负责这个项目的唯一的人，你就有了资源约束（也就是说，你不能同时钻孔和去买螺丝）。在这种情况下，你的关键路径会有所不同（见图 7.2）。

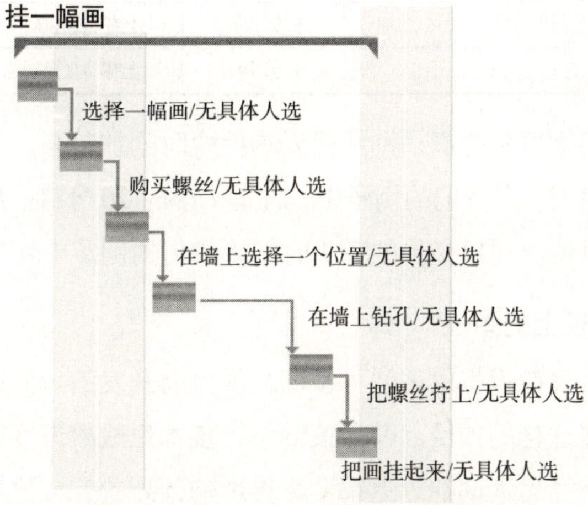

图 7.2　挂一幅画的关键路径（考虑资源限制）

在图 7.2 中，我们假设你需要首先选择一幅画，只有在这之后才能购买螺丝。然而，根据项目条件，这些任务可以按照不同的顺序执行。

这样的关键路径我们称为关键资源路径。这种方法的提出作为传统的关键路径分析法的扩展，允许包含每一个活动的相关资源。根据资源调整的计划可能包括由于资源瓶颈而导致的延迟（某个资源在规定的时间内不可用），它可能会导致先前较短的路径变长。这就是你在图 7.2 中所看到的。

3. 计算项目时间

在项目管理中，关键路径是每个活动的持续时间加起来有最长持续时间的序列，它决定了可能完成项目所需的最短时间。

回到我们的例子，我们假定你必须一个人完成所有的事情。对于每一个活动，得出估算的时间长度。你也得确定一下关键路径上每个活动大概的开始时间。由此可以得出我们的例子中的情况（见表 7.4）。

表 7.4　关键资源路径

任务	持续时间	开始时间
选择一幅画	30 分钟	上午 9:00
购买螺丝	30 分钟	上午 9:30
在墙上选择一个位置	5 分钟	上午 10:00
在墙上钻孔	15 分钟	上午 10:05
把螺丝拧入	5 分钟	上午 10:20
把画挂起来	1 分钟	上午 10:25

现在，如果我们把每个关键活动所需要的持续时间加起来，就可以得出整个项目完工所需要的时间。在我们的例子中，就是 1 小时 26 分钟。从开始时间开始进行加法计算，可以得出项目最早的完工时间（我们的例子中就是上午 10:26）。

4. 理解关键路径上的弹性

关键路径法是为复杂但相对来说可预测的项目而开发的。但是，在实际生活中，我们很少去管理这样的项目。使用关键路径技术生成的进度往往不准确。如上所述，任何关键路径上活动的延迟都会直接影响计划的完成日期。新的需求可能会出现，新的资源约束可能会出现，等等。让我们来看看这个场景（见图 7.3）。

让我们假定，你打算和你的夫人一起重新装修客厅。你的任务包括：

- 搬走旧家具。
- 给墙涂油漆。
- 固定天花板。

- 安装新家具。

你的夫人负责：

- 挑选新窗帘。
- 悬挂新窗帘。

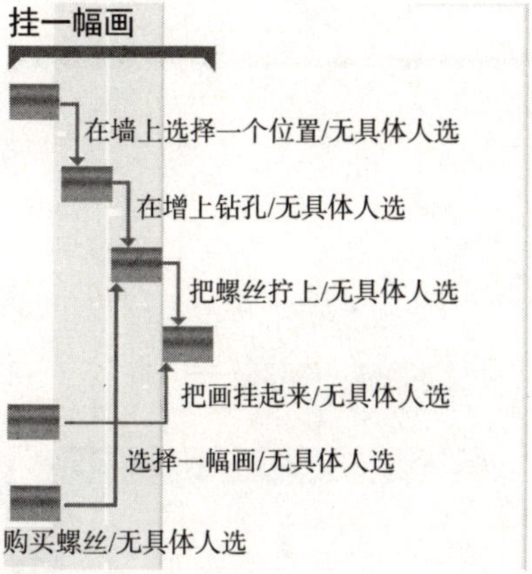

图 7.3　挂一幅画的关键路径（考虑弹性）

窗帘的任务形成了一个子项目，可以认为是一个非关键路径。你的夫人可以选择新窗帘并在项目结束前的任何时间把它们悬挂起来。因此这些任务在开始和结束日期上具有弹性，或者叫作浮动时差。这些任务是可以并行的，不需要放在关键路径上，整个项目的情况在甘特图上可以看见（见图 7.4）。

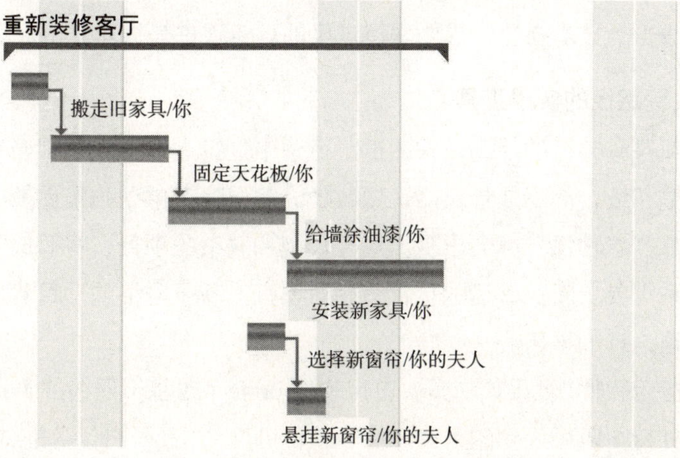

图 7.4　重新装修客厅的关键路径

但是，如果任何一个并行的任务出现明显延误的情况，那么可能会影响整个项目的按期完成。因此，对于并行任务要时刻留点心。现在，让我们假定，选择窗帘让你的夫人花费了超出原计划太多的时间，这就可能会导致项目最终的延误（见图 7.5）。

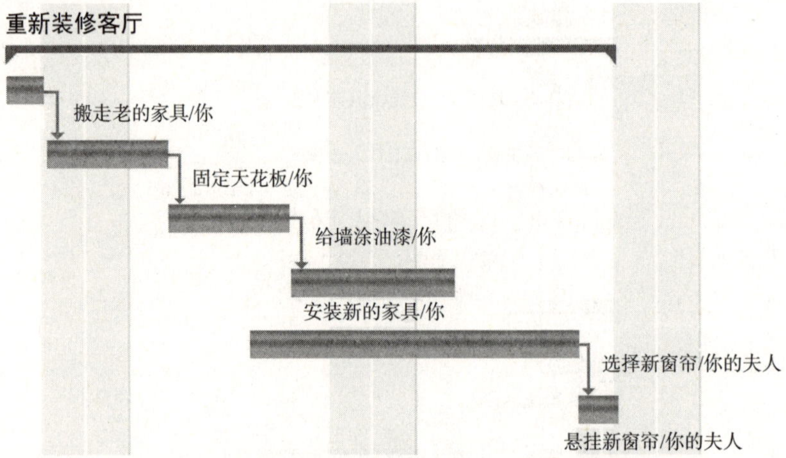

图 7.5　重新装修客厅的关键路径（考虑并行任务）

如果没有新窗帘，你的重新装修任务无法完成，因此原来是非关键的路径变成了项目完工的关键。项目最初的关键路径发生了变化。

为了留意非关键任务，你需要始终保持及时更新进度。这是在任何时候都知道你的项目进度是否正常以及是否能够按最初预定的时间完工的唯一方法。

如果没有适当的技术在手，想要保持进度的可实现性是很困难的。

5. 建立关键路径的实用工具

如果你的项目有并行的活动，在关键路径法中进行进度计算是相当费力的，感觉就像使用笔和纸，而不是计算器，做数学。如果你考虑到频繁更新的进度会迫使你重新计算，这种情况也会出现。对于大型和复杂的项目，将有成千上万的活动和依赖关系需要更新。幸运的是，有相对便宜、基于网络的项目管理软件，可以轻松地处理这样的事情。

项目管理应用软件，像微软的桌面应用软件 Project 或基于网络的 Wrike.com，可以帮助你用甘特图以可视化的方式来展示项目进度，并且画出任务的依赖关系。这样的工具可以自动计算出项目的结束日期，以及项目总时长。这些工具还可以帮助你找出那些不在关键路径上的任务。另外，有些应用软件还可以允许你在项目进展过程中重新调整任务进度。你可以很方便地把任务放在路径上或者从路径上移除。根据项目实际情况，你还可以把整个任务链都从图上移除。以上看到的甘特图，是用在线工具 Wrike.com 为我们的示例项目创建的近似的进度计划。

当你带领团队工作时，聚焦任务协作的基于网络的工具会非常有用，这些工具允许团队成员更新日程安排，使之现实。这样，你可以立刻看到项目的进展和变化，而不必从团队成员哪里获取信息，并自己动手把信息放到项目计划中去。

6. 创建关键路径的提示和技巧

（1）关注人为因素。关键路径分析和项目管理工具在管理项目中是切实有用的。放在项目中的依赖关系通常很容易掌握。小项目的正式关键路径对项目经理和项目管理软件来说较为明显。项目管理工具在进度的可视化及有估算时快速计算近似的结束日期等方面有所帮助。但是，这并不能代替人为因素。有经验的项目经理知道工具是重要的，但必须记住，在规划项目任务、最后期限、里程碑和实施日期时，是要与人打交道的。在创建项目进度时，还应考虑人为因素。

本节的前文我们提到过关键资源路径。还有一种方法，可以完善关键路径法的使用，并帮助你处理资源约束，即关键链法。关键链法是在规划和管理项目时，把主要重点放在执行项目任务所需要的资源上的一种方法。关键链法倾向于保持资源工作负担均衡，但这需要他们的开始时间是灵活的，并且能够在任务和任务链之间快速切换，以确保整个项目按进度计划执行。用于确定关键链的依赖关系包括逻辑依赖关系（后续任务的启动需要前导任务的输出）和资源依赖关系（一个任务必须等待资源完成另一个任务）。关键链的识别要使用一个具备激进但可实现的估算的任务网络，该估算针对一组有限的资源进行首次资源均衡。关于资源约束的更多信息可在如下章节获取：“第 5 章　处理项目约束、假设和范围”，尤其是“5.3　我们没有需要的资源”，以及“第 9 章　风险管理”，尤其是“9.4　我的项目过于依赖几个关键成员”。

（2）让你的团队参与规划过程。执行任务的成员应该积极参与到进度规划中。他们的动机是得到一个正确的进度，有能力理解依赖关系，并需要接受这个进度。让干系人和客户参与进来也是很有帮助的，他们需要项目顺利完成，因此他们可以为你提供有价值的见解，以及其他重要信息。

当选择项目管理软件来构建你的项目计划和关键路径时，请记住，应用软件要能让你的团队成员和客户有机会为计划做贡献。

（3）把包含风险的任务调整到项目的开始阶段。所有项目都会有一些活动具有潜在的风险，可能导致问题或延误。其中一些可以通过提前规划得到改变或减轻。这始终是一个好方法，并且给项目成功带来比较大的机会。要识别项目中最具风险的任务，因为它们需要特别的关注。管理它们并使之尽早完成，就可以较早地降低项目总体风险。因此，如果可能的话，强烈建议把这些任务放到关键路径的开始。

（4）检查计划，当关键路径延迟时看看是否有任何任务可以提前一点完成。如果项目可能会有延误，与干系人明确地沟通，说明原有延期的原因以及你准备采取的补救行动，这通常是个好主意。如果延迟是不可避免的，你必须做出决定，并与干系人协商是否延期交付或缩小按期交付的工作范围。这将改变你最初的关键路径。有关更多信息，请参见“第5章　处理项目约束、假设和范围”。

7.9　我做了一些错误的假设

你做了糟糕的假设，现在得应付它

戴夫知道他将要管理的大型项目的范围包括产品开发和专业服务机构子项目。项目的目标是开发和实施新的流程和技术（以及所需的组织变革），以更好地支持集团业务客户所需要的合作和一致性。进入项目三个月，随着成功的衡量变得越发清晰以及子项目被更紧密集成，很明显，一个关键的假设是错的。

戴夫和他的团队都假定销售和市场部门不会参与。没有人提到他们（除了偶尔提及），在项目章程中他们也没有明确提到他们会发挥突出的作用。

虽然销售和市场也有相关的活动正在进行，但它没有和大项目集成在一起。活动的排序与项目的关键里程碑也不一致，共享管理和监督的缺乏导致进展和范围细节以及整合出现了盲点。

戴夫需要做出一个方案以便把这些活动整合进自己的项目。他需要重新审视假设，并理解这个错误假设对项目的影响，同时管理这些影响。他应该从哪里开始？

7.9.1　问题

直到现在你一直都充满信心。根据你的经验，还有一些值得依赖的专家的指导，你在你的计划、决定和行动中考虑到了一些合理的假设。现在，新的信息显示，那些假设是错误的，你感觉一切都变了。接下来你会做什么？

7.9.2　告警信号

有时，这个问题显得非常简单，因为你得到了一些东西能够证明你的一个假设是错误的。尽管通常有其他的不太明显的迹象：

- 关键行动没有得到期望的结果，进展已经停滞，因为正在重新评审决策或决策被推迟。
- 有些工作没有得到预期的好结果。
- 你觉得自己失去了预测未来结果的能力。

7.9.3　如果我不采取措施会发生什么

简短的回答是，你可以通过比任何人可能期望的都更努力地工作，把失败彻底终结。

你知道，一个项目可以被分成事实和假设。通常情况下，如预算、时间表和团队组成通常由假设把它们串在一起，如果管理不好，可能会带来风险。

项目假设通常处于一个或多个关键领域：

- 项目成功标准的定义和优先级。
- 发起人的可参与程度以及支持。
- 团队效率。
- 解决方案的适当性及有效性（包括范围）。
- 适应变化的步伐和程度。
- 市场或环境变量。

当（不是如果）这些假设开始失去控制并慢慢呈现出来，整个项目“机器”就会随它们一起走。结果可能是一个项目沿路发生故障或到了一个没有人真正想去的地方。经过一段非常艰难的旅程之后，你溜出驾驶员的座位，看起来像一个既不会开车（管理）也不会操纵（与业务同步）的人。

7.9.4 解决方法

我们要清楚，解决方法不是停止做出假设。假设是必要的和不可避免的，并且随着规模大小、持续时间长短和复杂性会增加数量及其潜在影响。不要因为你做了假设或因为一些假设是错误的而惩罚自己，这是在每个项目里都会出现的情况。（95%的项目经理会做出不准确的假设；其他5%被认为是在撒谎。）你的做法应该是避免不必要的假设，管理必要的假设，并且知道它们之间的区别。

虽然最好从商业案例的创建就尽可能开始考虑你的假设，但是因为相距太远，不可能现在采取措施而受益。（在规划过程开始时，为了启动项目而被迫做出一些假设，那时你可能会更清楚你的假设。遗憾的是，在执行项目活动过程中，你可能会忽略那些假设。）你需要处理那些已经被证明是错误假设的影响，去掉那些已经不会威胁项目的假设，并实施一种方法来管理保留下来的那些必要的假设。方法如下：

（1）理解假设在项目执行中的作用。

（2）及时找出错误假设。

（3）去掉不必要的假设。

（4）定义方法来管理必要的假设。

（5）获取假设在项目执行中的支持作用。

（6）把假设管理与现有的项目规划和流程集成起来。

7.9.5 我应该做什么

你正在处理一个问题，它既需要某一时间点及时的解决方法，又需要一个可持续有效的流程。在每一天的结束，你需要把项目中所有模糊的地方都排列出来。然后你帮助你周围的每个人明白，还有多少模糊的地方，以及你将如何处理。

首先，你需要处理错误假设迄今为止带来的政治以及实质性的影响。同样重要但稍微不那么迫切的是，要消除不必要的假设。一旦解决当前的问题和盲点，就需要获得假设对项目执行、定义的支持作用，并管理必要的假设，将其结合到你所做的每件事情中。

1. 理解假设在项目执行中的作用

如果在掌握了可靠的信息时做假设，那就说明假设是不必要的，并且你是在为自己制造麻烦，特别是如果这些假设对于项目成功非常关键的话。你要确保所有的假设都是必要的——当你需要时那些事实不是可用的状态。

你的工作的一部分就是把假设考虑到项目中去。在规划过程中，一个未经证实的假设就是一个触发器。例如，当你制定一个涵盖数月或数年的实施策略时，你需要应用关于这些方面的假设：业务或业务单元的方向、市场趋势和市场地位、劳动力市场的变化、解决方案的有效性、应用（新流程、新技术、新结构、新的思维方式和工作方式）变化的速度和质量，甚至发起人推动项目的稳定性和连续性。

当你识别了这些假设，你就有机会把它们和风险以及其他的隐含启示关联起来。你可以跟踪假设，并基于假设被证实准确或不准确的程度对计划进行调整。

2. 及时找出错误假设

你可能因为你的部分假设被证实为不正确或者不准确而读本节内容。你看到了告警信号，经过分析原因（错误假设），然后就明白了。首先要做的事情就是去关注最初的假设以及新信息给出的提示。

把纠正建议写成如下的文档提供给项目发起人。

- 曾经做的假设：__________。
- 新的信息建议：__________。
- 对项目的潜在影响：__________。
- 需要探讨的选项：__________。
- 建议的行动方案：__________。

有了来自发起人清晰的决策，把变化整理成文档，并把它与项目计划、工作分配、角色和职责、沟通计划等集成在一起。紧急问题解决后，可以把精力转移到由于较弱的假设管理而可能出现的系统风险。

3. 去掉不必要的假设

与团队中值得信赖的成员（代表项目的关键领域：技术、人事、流程、战略、业务论证等）以及客户一起，进行头脑风暴，看看项目中有哪些假设还在起作用。观察项目的每个主要阶段，询问：

- 我们为什么采用这个方法？

- 为什么你认为那是重要的?
- 为什么我们按这样的速度前进而不是更慢/更快?
- 我们所相信的是阶段、项目、(相关的)项目集的最重要的成果?
- 其他与项目相关的问题。

这里的想法是要问为什么,直到得出项目所依赖的隐藏在背后的假设。"为什么?为什么?为什么?为什么?为什么?"彼得·圣吉在《第五项修炼》一书中描述的"五个为什么",是喜爱思考的项目经理的很好资源。随着讨论的进展,可以把看到的假设归为三类,并把它们分别命名为:确认、跟踪、验证。

- 确认:这一类是那些我们还没有进行合适的尽职调查的假设。
- 跟踪:这一类是那些当前不需要(或者可能)进一步尽职调查的假设,但对此类假设,我们必须创建与项目计划的连接,包括一个可能会被证实、证伪和调整的时间点。
- 验证:这一类是那些已经进行了尽职调查的假设,没有预期的变化。(事实上,这些根本不是假设。它们可能不是被经验证明的,但它们已被权威渠道证实,并有适当的文档记录和沟通。这些可能包括资源的可用性、发起人的优先级和在一个大战略中项目的作用。验证类是那些已知的权威渠道证实的假设,如执行发起人提供了一个项目结果的优先级列表。)

4. 定义方法来管理必要的假设

剩下的已验证或未验证的假设应该集成到报告和计划管理流程中去。每个都应该按时连接到某个点,在那里可以得到确认、证伪或调整。每次当假设被证伪或调整时,应该将其与它的影响以及对计划变更的建议一起进行报告。当被证实、证伪或调整时,每个假设的启示应该出于对将来的考虑而将其以文档形式记录下来。文档记录如下:

- 假设名称。
- 描述。
- 已验证——是或否。
- 将被解决________(被确认或证伪的时间)。
- 状态(开放、证实、证伪、调整)。
- 调整细节。

你可能会考虑在六个月内为五个用户社区部署一个技术解决方案，这个方案有一个关键假设就是用户接纳新技术、相关流程和角色变化的比率，通过此比率得以实现预期的商业利益。如果假设的比率被证实与预期有差异的话，那么假设应该被明确地表述，并具备针对期望值进行相应调整的决策点。假设是公开的，在这一点上它被证实、证伪或调整，因此应有一个管理它的过程。

5. 获取假设在项目执行中的支持作用

很明显，发起人有必要承诺识别假设和把假设作为项目的一部分进行管理。

作为遵循上述提到的步骤的结果，你现在应该已经有了一个文档，从本质上来说，“这是我们可以知道的一切，我们觉得这是符合逻辑的假设”。现在你应该准备好：

- 列出将要跟踪的假设清单。
- 展示管理流程，据此进行汇报、更新或调整。
- 基于发起人的输入解决问题和整合变更。
- 获得明确的承诺，以便对于存在的假设进行处理，以及像刚才已讨论过的那样管理它们。
- 相应地更新计划，根据变化分配新的任务和职责。

6. 把假设管理与现有的项目规划和流程集成起来

检查项目在项目群中的角色和职责，确保假设都能得到识别和管理。

- 项目计划和进度应该包括关键假设与识别出来的潜在的重新规划点的联系，以便被证伪或调整。
- 风险管理应该和关键假设联系起来，以确保假设和对项目的风险评估的相互关系得到理解和维护。
- 相关项目中的假设和你项目中所做的假设一样重要。项目所属的相关项目群（或项目组合）中的关键假设也必须得到识别和管理。
- 关键假设会对一个项目的业务判断/投资回报率产生实质的影响。必须清晰地列出商业案例中的每一个关键假设，并整合到持续开展的项目管理以及项目重新规划中。

7.10 公司的项目管理流程并不适合我

从这里走向永恒

在项目团队周例会上，路易丝从打印好的议程表上抬起头，停了会儿，然后问她的首席业务分析师："再问一遍，什么是STS？"

履任新职来到州立银行五周后，路易丝开始怀疑当初离开她度过了大部分职业生涯的咨询公司的决定是否正确。她想："当然，出差是辛苦的，但至少我知道我期望的是什么。"多年来的工作经验都没有给她指导州立银行的工作带来什么帮助。

尽管路易丝明白要交付的新的普通分类账软件系统是什么，成功交付这些软件包成了这几年她的名片。现在她背负着一个低效的项目交付过程，看起来需要没完没了的生命周期评审以及同行评审。作为咨询顾问，这种情况非常少见。固定价格合同和专有的方法给了路易丝所需要的快速完成没有障碍的使命。现在，作为州里一名高级项目经理，障碍和干扰无处不在。

路易丝开始感到无助。她或许能和某人交流一下并解释她想做什么："我不想一个交付成果被批准三次。为什么我必须做这个？"

现在，路易丝决定收起她的辞职信。微闭双眼一小会儿后，她看着团队成员，并询问他们关于下一步该做什么的建议。

7.10.1 问题

由于具有在咨询服务方面实施财务报告系统的深厚经验，你被安排管理一家大银行的核心会计系统的重大改革项目。进入项目几周后，你原来作为咨询顾问所习惯的方法和术语，在新公司不被视为交付项目的标准做法，这点已经显而易见。

项目管理专业的本质是鼓励在项目交付中的流动性和相互交流想法。然而一个常见的错误是，假设所有的组织，要么交付相同的项目，要么在项目交付方法上持必要的开放或鼓励创新的态度。如果项目开始有明显进展，而交付方法不能很好地支持或者不符合规定，那么这些假设实际上会损害项目。

7.10.2　告警信号

项目管理流程应该能够支持作为项目经理的你，并能够帮助你管理项目。下面迹象表明事情没有按预想的那样进行：

- 项目团队成员质疑项目进度中的关键任务。
- 项目早期的绩效低于项目质量性能指标。
- 对于优选的项目工具集缺乏现有的支持。
- 对于组织要求的项目管理工具集缺乏理解。
- 对于一些项目管理术语产生混淆。
- 对于团队内的角色和职责分配有混淆。
- 对于一些核心支持领域（如项目管理办公室或测试/产品质量组）的职责有混淆。

7.10.3　如果我不采取措施会发生什么

当质疑公司的项目管理流程时，项目经理可以有选择地继续遵循现有的流程，或者去选择一个可能被认为不规范但更为推崇的步骤和流程。第一个选择，遵循流程，可能导致项目低效的交付；第二个选择，忽视现有流程，可能导致返工、政治斗争或者来自高层的训斥。

项目团队的成功取决于你是否有能力理解组织内的环境以及关键干系人的作用。基于发起人的期望进行交付对于项目的成功总是非常关键的，但是其他干系人的需要，如那些负责支持项目最后交付产品的干系人，对于项目的成功同样起着非常重要的作用。忽略那些干系人的需要，将会导致不可避免的争执，可能会对项目的成功带来危害。

7.10.4　解决方法

不言而喻，至少有超过一种交付项目的方式。已经在不同组织交付过项目的项目经理都知道这一点。然而，当我们考虑哪种方法最有效时，事情开始变得有点复杂。项目经理，特别是那些有着成功记录的项目经理，对于流程、标准、实践或方法的最佳应用有自己的看法。某些行业（软件开发是一个很好的例子）对于项目经理寻找最有效途径会有一定的压力。

为了解决与组织项目管理过程的冲突，项目经理需要放下预定的方法，尽快直接协调差异。这个事情的替代做法可能包括项目团队的返工、对项目经理的训斥，甚至终止其工作。

为了改进项目流程、方法、标准，并协调差异，项目经理应该迅速行动。为了增加成功的机会，项目经理应该采取一种五步的方法（ADOPT）来解决这些差异。

A：承认（**Acknowledge**）自己的假设和偏见。

D：不要（**Don't**）教条化。

O：概述（**Outline**）流程背后的驱动因素。

P：表明（**Point to**）替代方法和中间立场。

T：说（**Talk**）出来。

7.10.5 我应该做什么

项目经理应该迅速行动，解决任何关于项目方法论或者支持项目流程方面的差异。绕过这个问题将会增加项目团队返工或遭到“报复”的风险。通过采取以下步骤，项目经理可以解决潜在的问题，并经过协商达成各方都可以接受的协议。

1. 承认自己的假设和偏见

也许你发现自己在想：“我已经做项目经理多年了，这纯粹是在浪费时间。”你有没有问过自己为什么你认为这是良好的疗法？记住：我们考虑问题会很大程度上受我们过去经验的影响，而我们过去的经验与其他人过去的经验是不同的。尤其是对于项目经理在新公司开始工作来说更是这样。如果发现自己处于这种情况，很可能是因为你认为你过去的经历可能会给你一些洞察力，而你的新组织可能没有。然而，可能你不具备的洞察力却是新公司所独有的，这就是为什么对事情的处理方式不同。

我们都有关于事情应该如何完成的假设，和在一定程度上基于过去经验的偏见。要理解不是每个人都能分享这些，这是解决与流程相关的问题的第一步。

2. 不要教条化

交付项目是在一段时间内为业务或组织提供价值。热忱和教条的信仰最好是留给个人信仰或体育迷。组织或业务环境总是要求最好的做事方法，管理项目真的没有绝对可言。

3. 概述流程背后的驱动因素

在所有组织的历史上，没有人会这样工作：坐下，然后决定开发和实施他们感觉没有任何意义而且对组织没有任何价值的一个流程。总是会有这些情况存在：某些特定的因素需要考虑，或者流程的某些方面需要更新；归根结底，没有流程是在真空中创建的。总有一些驱动因素，决定了某事为什么那么设计或者使用某个特定的方法。

在项目管理流程中，要考虑如下一些因素。

- 行业：组织内最相对统一的功能——如财务和人力资源——在一个行业和另一个行业中，也可能会大不相同。没有哪两个行业是完全相似的，即使通常归为一大类的产业，也可能彼此不同。汽车制造业与造船业不同，核电站与水电厂不同，银行与保险也不同。
- 组织历史：组织行为专家对组织文化进行理论研究发现，企业的历史（不论长短），是造成组织独特性的主要因素。合并，多年的成功，多年的失败，积极的新闻，负面的新闻——所有这些都有助于组织如何看待自己和对风险的喜好（见图 7.6）。根本上来说，流程是用于控制风险的。

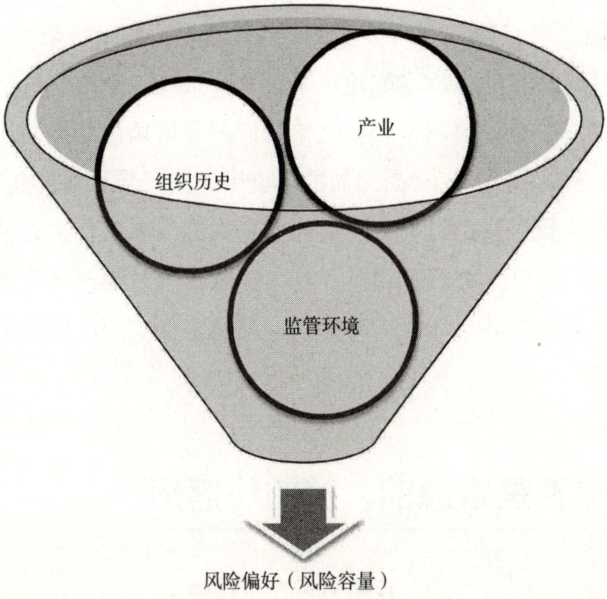

图 7.6　组织历史对组织的影响

- 监管环境：一些行业完全（或接近完全）不受监管，其他的行业深受影响。

4. 表明替代方法和中间立场

如果一个组织缺乏某个流程或某种角色，项目经理通常有权利在他的项目中增加。认证的项目管理专业人士可能会找出 PMBOK 里面的特别章节，来列出专业的职责描述。常见的情况是项目经理在不太成熟的项目组织中交付项目。在这种情况下，经常提到项目经理的专业职责就是做出项目交付方法的模型，并帮助组织提高过程成熟度。

这种情况不是很多见。更为常见的情况是：① 一位更喜欢创新的、简化的管理方法的项目经理正在为具备严格的、系统的管理方法的组织交付项目；② 倾向于严格的、系统的管理方法的项目经理正在为具备创新的、简化的管理方法的组织交付项目。

不管是哪一种情况，大多数项目组织都有例外或偏差管理的过程。通过偏差管理过程，可以在允许项目采取不同的方法时给予特殊考虑。在管理偏差的过程中，把个人喜好与项目特点区分开来是非常重要的。另外，也可能会达成一个折中的方法，而不是一个非此即彼的方案。

5. 说出来

组织通常具有特定的、指定的角色来创建方法论、流程、标准等。这些人通常属于项目管理办公室或卓越中心。无论如何，了解角色和参与者将是解决任何差异的关键。大多数情况下，在面对面的环境中讨论差异可以产生一些显著结果。

在讨论项目流程差异的过程中，要强调项目的需求中什么是独特的。远离任何侵犯到个人意见或个人喜好的讨论。许多组织具备过程改进反馈闭环，为项目过程提供输入。虽然这些可能会有帮助，但通过它们实现的解决方法或更新可能需要时间来实现。

7.11 事事都是紧急的，我始终落后

我被淹没在工作中

当黛布拉被要求参加一个新的合作产品开发项目时，她愉快地接受了。她

的季度性的项目工作可以放松一下，这似乎是一个很好的时机去抓住另一个项目的工作。她听到了关于最新工作的好消息，并且充满热情。她知道，相对于现有产品的更新工作，新产品的工作更具挑战性。根据她的时间安排，以及考虑到这个请求是来自一位备受尊敬的同事，她感觉这是一个非常好的机会。

遗憾的是，当季度性项目被召回时事情迅速升温。黛布拉现在的项目不得不重新启动，时间表比较紧凑，新产品开发工作同时要加足马力。在这两个项目中，黛布拉发现她需要付出太多的时间。这不只影响她自己，其他人也都在努力工作以满足项目加速的需求。这意味着黛布拉通常能够得到的帮助也将来之不易。此刻，另一位经理阿克沙伊，脸上带着微笑，手里拿着一叠文件，朝着黛布拉的方向来到大厅。

黛布拉发现她现在对人很冷淡，不管是在工作中还是下班后，她都会提高音调，因一些细微的事情生气。她已经很久不去健身房了，并取消了很多与朋友的聚会。她还发现在许多会议上她感到身体虚弱，需要喝能量饮料、吃垃圾食品和维生素来支撑。黛布拉想和她的老板还有项目的领导层坐下来谈谈，看看怎么去解决这些冲突和问题。

由于同事对于这种工作负担有着类似的问题，你觉得她应该问什么样的问题来寻求帮助，并对她的任务进行优先级排序？

7.11.1 问题

你正在做的项目需要你投入大量的精力，以至于忘了午餐或自由的晚上或周末时光，因为不论何种原因，更多的工作会随之而来甚至要把你淹没了。有些时候，可能当你等待更新、答复问题、进一步指示的时候，你可以喘息一下。但是即使在这样的“停工期”，你仍然在思考如何去处理事情。当你思考做出的所有承诺以及约束时，你发现它们实现起来很困难，因为某些交付物都处于一定的风险之中。给你所需要的资源，你可以逆转大局吗？

7.11.2 告警信号

因为落后并认为无法恢复到正常状态，从而知道自己深陷麻烦，这就是问题的转折点。关键是及早发现问题。你可以寻找如下的迹象：

- 不停地收到越来越多的检查项目状态的电话、邮件等。

- 其他的项目领导、项目经理（包括你自己）、高层领导都参与了这些沟通。
- 沟通更多地聚焦在“何时”上面。
- 越来越多的带有状态检查或保持原定目标的会议被召开，参会人员也越来越多。
- 任务变得越来越难以按进度完成，即使你习惯于有规律地去执行，并且不需要提醒。
- 睡眠开始变得不规律。当你要上床睡觉时，无法停止思考你必须处理的混乱的优先顺序；你也可能会因为工作到太晚而失眠，或者因为这些问题而一大早出门。
- 越来越烦躁。不工作的时候，你也无法做到把工作抛到脑后。好像你没有时间去干任何其他事情，更不要说休闲娱乐了。

7.11.3　如果我不采取措施会发生什么

除非你很快得到帮助，否则可能会有多个层面的影响。项目延误可能影响到正在等待你的项目任务完成的人，甚至可能影响到项目交付日期。在满足项目需求方面的小故障很容易被忽视，而反复的失败会影响别人如何看待你和你的项目团队。从长远来看，这会削弱别人对你的信任，导致你在组织中被降级。此外，你的身体和精神健康、信心、人际关系和其他因素可能都会存在风险，并产生进一步的潜在影响。

7.11.4　解决方法

你要做的第一件事是认识到你有一个需要解决的问题。你有很多选择来改善这种情况，但直到你认识到事情到了需要改变的时候，你才会利用那些选择。当你认识到了有这个必要，有许多事情可以去做：

（1）与能提供帮助的人保持开放和频繁的沟通。

（2）确定应该聚焦的工作和最适合帮助他人的人选。

（3）执行时间管理纪律。

（4）把自己放在第一位。

（5）监控改进。

7.11.5　我应该做什么

项目经理不是英雄的代名词，没有人会期待你走向极端。最终衡量你的是项目的成功，而不是你在项目上花的时间。

1．良好的沟通

开放和频繁的交流让人们了解你的工作量和冲突。它有助于强化对支持的需求，得出对可能性的确认，以及让他人理解你的局限性。这也意味着你可以真正地专注于你的优先事项，并随时寻求其他人对于非关键问题的支持。对话可以为你提供一个途径，以达到与同事和管理者协商，如何让其他人分担你的超负荷工作量并能得出更好的解决方案的目的。制订一个管理计划，它可以在你需要额外帮助时为你提供一些细节。

2．聚焦在优先级高的事情上

如果在组织中你已经具有一定的权威或者可以寻求到权威的支持，可以试着将一些职责授权给他人。即便不是强加一个经理，在同行或项目组之间寻求帮助也可能已经足够。

如果这些人或其他资源不容易获取，你可以雇用一个人或获取其他服务为你提供帮助吗?

如果答案是“不能”，那么在你承担太多的任务并且开始出现问题之前就需要去做某些事情，这样做的好处事后会显现出来。如果其他人敏锐地观察到你的工作量问题，并且你与领导和上级也沟通过期限问题，就有可能让这些当事人共同协商出一个优先级列表来确定什么是可能的，什么是不可能的。

3．实施时间管理

许多人假设忙碌的人能更好地承担更多的工作。而有可能的是，有才华的人可能会比别人做得更多，尽管他们的一天与其他人一样仍然只有 24 个小时。计划出你所拥有的时间和需要执行的任务对你自己和那些受你的工作影响的人来说是很重要的。在这一过程中，进行管理并决定交付物如何完成以及何时完成是非常有必要的。

使用某种形式的时间管理系统，把你一天的时间进行分段。尽你所能去计划中断时间和不可中断时间。你可以向不同的专家咨询以找到适合你的方法，但利用一种方法来监控和判断你在项目中的职责对你、项目领导和你的管理都有帮助。

4. 把自己放在第一位

健康的习惯是很重要的，但是当项目工作变得更难完成的时候这些似乎总是被忘记。有规律的睡眠、健康的饮食和尽可能简化生活的基本策略，会使你更加专注和多产。

尽量不要带着矛盾、忧虑和担心结束一天的工作，要想到明天是一个新的开始。第二天在会议和其他的冲突还没有到来之前就开始工作，会让你变得更好。早上工作一小时等于下午工作三小时。在一天开始或结束的时候为即将来临的工作日安排好活动。

5. 监控改进

确定了哪些事情适合你，并实施了解决方案，然后检查自己在接下来的几天和几周内事情是否有改善。将同事和管理者的看法结合起来看，如果你仍然需要改进一些事情，请做好修改和完善你的行动的准备。

7.12 糟糕！我忘了一大块需要完成的工作

贝弗莉，我们遇到了一个问题

相对来说，贝弗莉是一位项目经理新手，但是她做事方法得当。她参加过大量的培训课程，正在为参加认证做准备。她特别注意与经验丰富的项目经理交流，尽可能多地向他们学习。

现在这一切似乎是一个彻头彻尾的浪费，但贝弗莉不相信她是如此愚蠢。几分钟前，杰夫，她的首席建设工程师，走过来对她说："贝弗莉，我们遇到了问题！"杰夫正在试图构建设计团队交给他的解决方案，但他做不到，因为有一大块设计缺失。贝弗莉刚刚重新查看了需求和设计文档，并意识到了她的错误。她只向设计师提供了部分需求。当然，其他人应该对它进行了审核，很显然，那些参与签署文件的人并没有进行彻底检查，但这是她的错误。

现在贝弗莉面临一个不能按计划完成的项目，一大群干系人随时可能会大发雷霆，项目团队可能无法继续开展工作——而这一切都是因为她的过错！

贝弗莉的项目管理生涯结束了吗？她有方法让她的项目回归到原有轨道吗？

7.12.1　问题

你和团队打造出了项目计划，你真的很高兴把要管理的事情成功地放在一起。一切似乎进展得都很顺利，发起人和客户都已经签署了项目计划。然而，一个团队领导过来告诉你一个问题——不可能按计划完成工作——因为还有另一项工作是必要的。它在需求和计划中都被遗漏了，但它是绕不过去的，没有它无法完成该项目。现在怎么办？

7.12.2　告警信号

这个问题可能来自多个方面：干系人、项目团队、你自己对项目的分析等。然而，告警信号都是相当一致的：

- 有人开始谈论必须要做的工作，这是在计划中没有被确定的。
- 你或团队意识到项目无法按预期交付，需要一些在需求或设计中未被包括进去的额外要素。
- 需求和计划有一定的差距。

7.12.3　如果我不采取措施会发生什么

这不是那种靠自己就能变得好起来的问题。这个问题归结于这样一种事实，即项目可能成功的唯一途径是，你必须完成比计划中更多的工作。如果忽略了这个问题，项目将不会成功，要么需求不完整，要么不能正常地发挥功能。作为项目经理，唯一的选择是迅速果断地行动。

7.12.4　解决方法

有一个办法解决这个问题，它的关键就是保持对问题本身的专注。当你意识到一大块工作已被遗漏时，千万不要让自己陷入大喜大悲的情绪中。你需要采取结构化的方法，完成下列各步：

（1）分析项目，确保你已确定问题的全部范围。

（2）与适当的专家合作，确定潜在的解决方案及其对项目约束将会造成的影响。

（3）制订一个建议的行动方案，呈现给干系人。

（4）整合已批准的行动，重新规划项目，进行复盘以防止此类问题再度发生。

此外，还需要与项目中的每个人保持良好的沟通。他们需要明白每件事情都在你的掌控之下，并且你正在努力实施解决方案。

7.12.5 我应该做什么

出了这样的问题，整个项目就有可能脱轨。情绪有可能因此在你的团队和其他干系人中发酵，人们可能开始责怪对方。虽然重要的是要了解问题是如何发生的，以防止它再次发生，但是你的初始聚焦点应该是确保对问题的全面性理解，然后制订解决方案。

同时，要确保所有人都知道，形势在你的掌控之中。你需要负起责任，这意味着要采取主动的、行动导向的沟通。你需要让每个人都知道，问题是什么、你在做什么、什么时候你可以提供更多的细节。然后，你可以把重点放在让项目回到正轨上。

1. 分析问题

在着手解决问题之前，首先要确保已经全面理解了问题的大小和复杂性。确定项目中哪些人（团队成员和其他干系人）对问题的理解最透彻，把他们召集到一起来回答如下一些问题：

- 已经完全确定问题的大小？肯定没有遗漏、没有额外的先决条件或需要处理的功能？
- 团队是否了解，在一个更高层次上考虑这个问题会有哪些选择？对于遗漏的功能可以购买还是必须自己开发出来，遗漏的功能是否必须被纳入第一个产品版本中发布或者可以在后续版本中添加？如果你不知道有哪些选项，你知道如何调查和确定这些选项吗？
- 项目的哪些方面受到影响？哪些方面免受影响？
- 你知道可以帮助你开发可选解决方案的人吗？你可以联系到他们吗？
- 项目约束的优先级是什么——预算、进度和范围，哪一项最重要？哪一项最不重要？

一旦你已经回答了这些问题，你会更好地把握问题的大小，并可以开始寻找可能的解决方案。记得与大家沟通你取得的进展，让每个人都能了解最新情况。一旦可行，你也应该去重新分配资源，使项目中不受影响的部分可以继续前进。这也可能意味着，如果在你的项目中暂时用不到某些资源，释放他们以协助其他项目或运营业务。

2．确定选项

某种程度上，这一部分的工作与在项目开始时探索不同的方法去交付所需的功能是相同的。你可能面临项目的约束——如进度或预算哪个更重要。它可能是一个必须遵守的约定。例如，如果有人负责举办奥林匹克运动会就会面临这样的问题，他们不可能给人们更多的时间去完成工作而向后推迟运动会的开始时间。他们必须找到方法按时完成项目。你需要找到在项目约束条件下的解决方案，就像你最初确定 WBS 时一样。

然而，你也有额外的挑战，那是你第一次与团队合作确定 WBS 时所没有遇到的。最明显的是，需要找到一个解决方案以完成已经确定的剩余部分的项目任务。在任何可能的情况下，你要避免改变已经被计划好的工作（可能已完成），因为那样可能导致更大的变动和对预算或进度的影响。

你需要确保合适的人参与到确定解决方案中。这可能需要用到目前没有分配到你的团队的资源。例如，如果你的项目是住宅翻新，你忘了布线部分，那么你的团队可能没有任何电工。为了构建可能的解决方案，你必须确定并确保所需要的各类专业知识和经验。

3．提出建议并呈现

以上工作结束后，你会得到许多由专家制定的不同的方法，并且需要就优先的解决方案给出一个团队建议。你应该考虑到：

- 哪个解决方案将对项目范围、预算和进度等项目约束的负面影响最小，特别是最重要的约束？记住，如果可以在最短的时间内交付的话，成本最高的选择可能是最好的（如果进度是主要约束的话）。
- 哪个方案将该项目暴露于最小风险之下？根据干系人的风险承受力（特别是发起人和客户），如果可以降低风险的话，那么最优方案可能是成本更高、更耗时的解决方案。

- 哪个解决方案最容易实施？考虑你需要的技能类型，对第三方的依赖，资源的可获得性，对新的或不成熟的技术的依赖以及其他因素。

对这些问题的回答应该有助于你确定最佳的解决方案，然后你需要向干系人进行展示。为了让推荐的解决方案获得批准，需要干系人在如下方面满意：

- 该解决方案考虑到了所有遗漏的功能。
- 考虑到项目约束的优先级，该解决方案对项目的影响最小，因而是最好的一个。
- 解决方案是可行的，并且可以通过确定的资源在要求的时间和确定的预算内实现。

作为项目经理，你应该准备好保护团队的建议，并处理那些导致备选方案被拒绝的问题。这不是因为干系人不信任你，而是因为他们需要确保所有的因素都被考虑后，推荐的解决方案是最好的。

4. 整合批准的解决方案

一旦干系人批准了解决方案，你需要尽快地将这个变更传达给你的团队。这意味着将额外的工作纳入项目计划，以及针对修订的任务调整你的团队。进度是一个关键的要素，但你也必须重新规划预算和风险。

在这一点上，你可能需要谈判，以获得额外的资源或保留现有资源一段时间。你可能需要与供应商重新谈判，或签订新的合同，而这一切发生时，你需要确保现有的资源正在向前推进，尽快实施新的变更以及原有项目。

你还需要进行分析，部分工作的缺失最初是如何发生的。可能仅仅只是某人犯了一个错误——这是比较好的情况；但如果是一个更基本的流程问题，那么需要将它识别出来并和项目管理办公室沟通，以便在另一个项目经历困难前得到改进。即使只是一两个人的错误，这也是一个进行辅导和可能的额外培训的机会，以确保团队成员具备所需的技能，迎接下一个项目的到来。

7.13 我们没有备选计划

做最好的计划，而不是期望最坏的打算

更多问题造成的雪崩，令菲尔想要离开。现在已经是下午 3 点了，他这一整天都在忙着“灭火”：由于规格不明确，供应商威胁要退出；测试系统又一天宕机了；几个月前批准的变更到现在尚未实施；又给了另一个无法按期完成的最后期限；客户感到不安，希望得到约定的系统部署的确认。遇到的每一个问题，他都想知道为什么。如此这样真是白忙活了，他已经受够了！默默地从办公室里蹑手蹑脚地溜了出来，菲尔需要好好休息一下，吃点零食。

随着菲尔走向当地的热狗摊，他感受到团队成员声音的追逐并在大脑中回荡，他没办法从问题中摆脱出来。菲尔嚼着多汁的热狗，不禁想知道到底哪里错了。毕竟在公司里不管是从任期还是从跨行业经验来说，他都是最有经验的项目经理。这个项目很简单，却给他带来了痛苦。

该项目结合了各个技术部门和跨职能的团队成员。他有着丰富的经验捍卫此类项目并推进它们圆满完成。但现在那些都无济于事，他知道别人已经看出了他的情绪低落。莫妮卡是公司项目总监，负责的范围包括他所管理的项目。她还没来得及说一句话，他就脱口而出：“我一直忙着管理项目的日常活动——明早之前我把上周的项目每日状态报告提交给你。”她只是哼了一声，告诉他：“十分钟后在你的办公室见，讨论一下你的备选计划。”

这时菲尔终于认识到了问题的原因：他沉溺于自己在过去项目中的主导地位，在规划过程中忽略了可能导致问题的变量。所以他从未预料到需要一个备选计划。

7.13.1 问题

你努力做好项目的计划，并设想发生任何问题时都能跋涉过去。然而，尽管有着承诺的宝贵资源和巨大的努力，项目并没有取得太多进展。更糟的是，你进入了一个死胡同。一个备选计划肯定会派上用场。

7.13.2 告警信号

你处于麻烦的一些迹象包括：

- 项目各组成部分需要的交付时间更长。
- 项目工作自始至终有大量的返工。
- 连续地错过最后期限或里程碑。
- 观察到项目团队成员士气低落。
- 你不期待项目状态会议。
- 项目发起人和/或客户更加频繁地要求提供详细的状态报告。
- 没有考虑到的风险会出人意料地出现。
- 你感到每前进一步都会后退两步。

7.13.3 如果我不采取措施会发生什么

必须证明，“我们没有备选计划”是在以极大的责任心去采取行动。什么也不做就等于失败，因此，影响会因执行组织的容忍度而有所不同，它包括：

- 项目被过早终止。
- 安排其他项目经理接任。
- 降职。
- 丢掉工作。

7.13.4 解决方法

如果没有一个明确的计划去减轻目前的项目障碍，你需要克制坚持你目前的运作模式的冲动，并停止它。

是的，把项目停止在它的轨道上，只有这样你才可以充分地去重新规划。没有其他选择，你需要重新组织，使自己有机会完成项目目标。如图 7.7 所示，你需要：

（1）获得发起人的支持。

（2）执行项目审核。

（3）识别项目风险。

（4）重新计划项目。

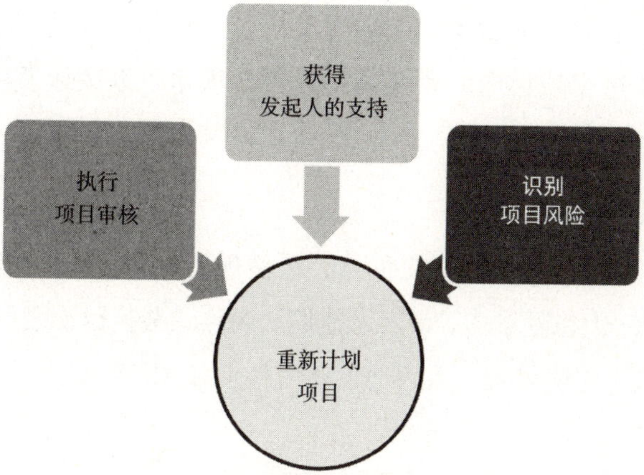

图 7.7　重新计划项目的步骤

7.13.5　我应该做什么

让项目暂停一下，允许你对它进行分析，以便准确地判断你是如何陷入这样一个困境中的。就是说，你的重点应该转向策略制定，这样似乎注定要失败的项目可以转换成一个你兑现承诺的机会。这里有一些步骤可供采取。

1. 获得发起人的支持

为了停止和重新规划你的项目，你需要发起人的帮助和支持。发起人是关键的，因为他一定是与项目结果存在利害关系的人，而且具有足够的行政手段确保唱反调的人在重新制订规划并使之生效时进行检查。此外，发起人在获得不是最初预期的资源时是必不可少的。

2. 执行项目审核

项目审核是必要的，以确定最初的项目计划错过了什么。以下工作在审核中会涉及：

- 审查项目目标（范围），看看它们是如何与目前的产出匹配的。试着找出返工的原因，这是在自然执行过程中的变化，还是由于不完整的范围定义导致的变化。
- 审核时间和成本预算，确保它们与范围要求保持一致。
- 你有合适的人力资源吗？确定项目团队成员的技能组合是否满足项目的需要。

- 是否为了团队之间适当的交流而进行了结构化的沟通安排？每个人都知道他们在这个项目中的角色吗？是否与项目干系人以及项目团队有定期的进展状态会议？

3. 识别项目风险

风险是所有项目固有的。遗憾的是，项目规划时总是不能把它们全部包括进去。有些人不把它们包括进去，是因为他们认为当这些风险出现时他们能够处理，而其他人干脆忽略这些风险，因为他们认为他们技术熟练，风险不会在他们身上发生。

无论你对项目多么熟悉，风险是项目不可分割的一部分，必须被识别和列出。如果一个风险严重到足以牵制项目，应该针对它创建一个减轻计划。风险识别是必要的，因为它将直接影响项目的时间和成本。最后，你必须考虑和规划可能的风险，一旦它们发生，你的项目不至于受到影响，或至少可对影响进行管理。

4. 重新计划项目

获得了发起人的支持，确定了引起问题的因素，列出了可能的风险，你已经做好了将这些元素整合到一个行动计划中的准备。你的行动计划应该包括一个正式的文件，它清晰地勾勒出一条前进之路以便正确地重启项目。行动计划应表明对项目的时间、成本和范围的影响。

一个行动计划的要素包括：

（1）概述行动计划的必要性。

（2）概述来源于原始项目战略所需的变更。

（3）列出每一个变化的必要性。

（4）强调对项目范围、时间和成本的影响。

（5）建立人力资源技能组合。

（6）部署多种沟通方法。

（7）提供用于衡量项目成功的方法。

一旦完成行动计划，发起人可以继续把它推销给其他利益相关方，以便在推动项目完成的过程中得到进一步的支持。

7.14　每当我提出一个项目进度安排，总是被要求压缩

FasTraCra 规律

我被安排提交一个至关重要的高安全性项目的进度表。“这个项目应该尽快完成——预算是开放的，需求是非常明确的，很简单——就像移动一个盒子。就是这样。”每当看到我开发进度表时，经理都会这样重复着。

研究了明确的需求后，我提交的进度表尽可能短。在进度表的第一版，我把一些串行任务调整为并行（称为快速跟进，**Fast Tracking**）。我还把不同的资源分配到相同的任务上（称为赶工，**Crashing**）。如此这般，项目总工期为六个月。

有一次经理看到了这个进度安排，让我把它压缩。我回答：“我已经做过压缩了。”然后我开始向他解释。突然他的眼睛闪着光，说道：“好吧！现在做一些快速跟进和赶工。”花多长时间讨论这么做的意义和适用性并不重要。几天过后，当客户看到这个进度表时，他眼里闪着同样的光，说着同样的话：“做一些快速跟进和赶工。”

那一刻，我想起了我的儿子，在家里重复着咒语，希望自己飞起来或把他的哥哥变成一只青蛙。我把这两个进度压缩技术聚集起来，模仿儿子的咒语想出一个神奇的单词——FasTraCra（快跟赶）。

随着时间的推移，通过观察并与进度负责人和项目经理讨论后，我百分之百地肯定，“太多的压缩导致进度‘爆表’”。我所见过的大多数项目都有一个 FasTraCra 进度表（使用快速跟进和赶工压缩了太多），当实施压缩时，针对第一次提交的进度表完成了三次压缩。我的项目就是其中之一。

7.14.1　问题

每当你有新项目时，经理就会要求你制定一个项目进度表。不管你花了多少时间和精力去开发它，一旦经理看到，就会说：“不，不，请再压缩一下，做一些快速跟进，不要介意赶工。”

经过大量的讨论和协商，经理批准了进度安排。但等一下，这并不是问题的

结束，而是开始。第二天你去见客户，和他一起讨论这个项目计划。当他看到了总的持续时间，也会说道："不，不，请压缩一下，做一些快速跟进，不要介意赶工。"

你猜怎么着？从我这些年来所看到的情况，按照压缩后的进度表执行项目，所花时间会超过原计划的至少 2~3 倍。

7.14.2 告警信号

这个问题本质上就是白纸黑字（意即清清楚楚），你的计划是基于对实际工作的评估做的估算，然后他们却要求你压缩。寻找如下情况发现这一问题：

- 对你所提供的估算不满意。
- 压缩建议意指你为了给自己更多时间在做估算时打了埋伏。
- 干系人想知道通过更加努力的工作或者少量加班加点可以节约出多少时间。

7.14.3 如果我不采取措施会发生什么

如果不抵抗要求压缩项目进度的压力，你将面临一个没有提供足够完成工作时间的项目计划——工作量并没有因为你减少了分配时间而减少。

你会尝试让团队工作更长的时间来进行补救，并寻找方法走捷径，或者，如果不行的话，为了节省时间增加项目风险。当任务开始落后于进度表时，你会更加绝望并将创建这样一个工作环境，如下情形中的一些或全部可能会在这个环境中会发生：

- 你会对自己制订恰当项目进度计划的能力丧失信心。
- 作为一个领导者，作为一个影响他们福利的人，团队成员会对你失去信心。
- 经理会对你做进度和计划完全失去信心。
- 客户会对你和公司失去信心。
- 你的交付过程和交付物将会受到影响。
- 你在这家公司和其他公司的未来会受到限制。

7.14.4 解决方法

成功取决于这样的能力：**考虑**干系人的地位，**准备**一个适当的回应，并与各方进行有效的**沟通**。要制订一个有效的解决方案，你需要了解为什么你有压缩进度表的压力，以及是什么驱动干系人要求进行压缩（**考虑**部分）。

接下来，你需要制订解决方案，协助干系人实现他们的目标，而不影响项目进度表的完整性（**准备**部分）。最后，你需要与干系人就现实的进度安排的重要性和必须帮助他们满足目标的灵活性进行有效的**沟通**。记住考虑、准备和沟通的概念，你可以建立一个结构化的流程处理这个问题：

（1）建立信任。

（2）沟通理解。

（3）对干系人进行培训。

（4）执行同行评审。

（5）使用 FasTraCra 法则。

（6）以正确的方式说“不”。

7.14.5　我应该做什么

你不能忽视干系人的要求，但也不能屈服于要求压缩进度表。你需要找到一个各方均可以接受的替代方案，并了解这个解决方案的含义。

1. 建立信任

除非互相信任，否则高层管理人员一直认为项目经理/进度负责人在进度表中增加了应急储备。客户也同样会认为任何供应商或分包商都会这么干。这个问题可以通过在各方之间建立信任来解决。

但是如何有效地建立信任呢？记住，信任需要两个关键要求：个性和能力。他们需要看到你的个性：努力工作，能够有效地管理项目，交付高质量的成果，并能在公司和客户之间平衡最佳利益。他们希望看到的是，当有问题时，你首先关注的是项目的目标，而不是自己的利益。当他们看到你的所作所为是在考虑他们的利益最大化时，他们就会相信你。除了个性之外，公司和客户需要看能力，也就是你能够胜任这项工作。

你需要掌握项目，了解那些需要压缩的场景，并证明你有能力找到解决方案来安排进度和解决资源问题。成为最有能力的人，解释你的情景和推理，并表明它是达到项目目标的最佳选择。记得要考虑干系人的需求，并明确地解决这些问题。当你展现了个性和能力，信任就得以发展。相信你的沟通是有效的——那么当你反对压缩项目进度表时他们会相信你的判断。

2. 沟通理解

首先，在内部与你的经理沟通，你提供的不是一个随意的、而是经过评审和检查的进度表，有很好的理由和规划支撑你所有的决策，就这样解释它。如果有新的信息或约束，那是另一回事，是导致变更或者压缩进度表的原因。但你不能只是为了压缩进度表而压缩。你要明白你的工作，并考虑公司和客户的最大利益，这是你规划项目时的考量之一。

其次，当客户想进行 FasTraCra 时，与他们沟通，你所开发的进度对于项目目标来说是最好的。你对进度变更持开放态度，但客户需要明白他们想要的各种压缩方案所带来的结果。记住，考虑他们的立场和观点，为他们的需求和压力做好准备，以你的个性和能力与之沟通，并寻求所有干系人都能满意的折中方案。

3. 对干系人进行培训

想象一下，用一些小技巧来展示进度安排，这是一种间接的培训方法。每次展示进度表时，提及压缩背后的真正目的，以及每一个压缩技术可能带来的后果。分享你的知识、展示你的能力。他们会更加尊重你，在进度制定过程中你将拥有更大的影响力。

4. 执行同行评审

与一个人制订的进度计划相比，对两个人制订的进度计划进行更多的压缩要困难得多。通过项目管理办公室或高级项目管理同事，安排进度评审，这将有双重的好处。一方面，可以识别项目任何领域可能存在的错误；另一方面，可以再次让干系人放心，进度计划已通过评审并被确认为是现实的。

5. 使用 FasTraCra 法则

解释用 FasTraCra 进行进度压缩最终是不符合项目目标的。解释清楚你反对压缩其实是在试图保护他们在项目中的最大利益。你保护的不是你做出来的进度表，而是项目目标和他们所要的交付物，在帮助客户保护他们自己。完成工作所需的时间是不会因为分配的时间改变而改变的。

尽可能利用以前项目的历史信息，向客户展示统计结果，表明由于过度压缩项目是如何落后于进度表的。仔细解释过度压缩可能让进度计划“爆表”！

6. 以正确的方式说“不”

同意欠考虑的进度压缩从来不是正确的一步，你必须向后推。然而，经过这一系列的步骤之后，你不能简单地说“不”。还有其他一些可以做的事情可能有助于你达成更早一点的交货日期，如增加资金或缩小范围。

第8章

人员的日常管理

8.1 会议是在浪费时间

"会议就是这样一个事件，你花费了数分钟却浪费了数小时。"

——船长詹姆斯·T·科克，《星际迷航》

劫持

"夫未战而庙算胜者，得算多也。"

——《孙子兵法》

简直难以置信！这已经是苏珊连续第三周"劫持"斯坦的会议了。这一点儿也不好玩。她所说的东西从来不在议程表上。更糟糕的是，斯坦和苏珊在同一个项目管理办公室工作，因此理应是为同一个团队服务。在斯坦上一次和她谈到这个问题时，苏珊同意不再做这种事情。

斯坦总是花费很长时间准备会议。他制定详细的议程表，提前与特定的与会人员进行沟通保证他们的参会，并了解他们的期望。他甚至会询问项目管理办公室的其他人员，以得知他们是否有任何相关事项加进议程表中。每周苏珊都会说没有。不过最近三周中，苏珊都在斯坦刚审议完议程表后打断他，并开始花费四十五分钟讨论与原议程毫无关系的她自己的项目。的确，她的项目有很高的优先级，而且斯坦能够召集所有的主管人员（苏珊在她自己的会议中难以做到这一点）。但是那些与会者希望斯坦主持讨论的事项呢？

另外，斯坦担心这给高层管理人员留下他无法掌控会议的印象。也许他可以把苏珊叫出去让她闭嘴。不过这在主管人员面前也不好。

环顾整个房间，斯坦开始留意其他与会者的面部表情与肢体语言。一部分人看起来有点被干扰了。也许他们也不喜欢被“劫持”。毕竟，他们也是来讨论斯坦议程表上的事项的。斯坦开始思考是否能取得他们的帮助，以防止苏珊再一次夺取会议控制权。

8.1.1　问题

会议——让人又爱又恨。为了使项目运转良好，需要在合适的时间让合适的人聚在一起开会。今天工作的现实是无数的事情在争夺你需要的参会者，因此需要确定当你把人们聚集到一起开会的时候，既能为他们增加价值，也能为项目增加价值。那如何才能保证会议不是浪费所有参会人的宝贵时间呢？

8.1.2　告警信号

当会议没有达到预期效果时，你自然就知道了。不过可以注意一些问题的早期信号：

- 被邀请人员总是迟到或者缺席。
- 与会者总是利用会议时间处理邮件。
- 总是收到重新安排会议时间的请求。
- 会议上做出的决定总是在会议之外改变。
- 会议召集者没有权力或没有意愿做出决定。
- 与会者人在现场，心“有”旁骛。
- 与会者“劫持”会议。

8.1.3　如果我不采取措施会发生什么

如果你看到任何一个告警信号却什么都不做，那么真正的与会者会逐渐减少。你也可能无法在会议上达成预定的结果，这会危害你的项目与你的信誉。

8.1.4 解决方法

如果一个或多个告警信号出现了，那么你的会议实际上就是在浪费时间。如果确实如此，你有两种选择：

（1）取消这个可能有问题的会议。

（2）改变会议方式以保证你的会议不再浪费时间。

你很可能已经知道如何取消一个会议，因此我们会着重讨论如何改变你的会议方式，以使会议更有效：

（1）制定会议目的（为什么要开这个会）。

（2）确认这个会议是否对项目有价值。

（3）考虑与会者名单是否正确与完全。

（4）检查你是否能有效地主持这个会议。

（5）寻求后援。

8.1.5 我应该做什么

如果上述列出的一个或多个信号出现了，那么可能是你的会议并没有被与会者们认为能为他们提供价值。以下是一些可以帮助你更好地理解你的会议价值的问题。

1. 为什么要开这个会

当带领一个团队时，尤其是当你是项目经理时，你很容易忽视会议的真正目的。毕竟，我们的工作是管理项目流程，如果流程表示我们需要召开一个会议，那么我们就要这么做。不过，从另一个角度看，召开一个会议的最基本且有效的理由是我们必须召开它。因此，问题是："为什么要召开这个会议？如果不召开这个会议，项目会延误？或者有风险？或者会失败？"如果你不知道这个问题的答案，那么在你发送会议邀请前，你也许需要花更多的时间去找到这个问题的答案。如果跳过这个会议并不会以任何方式危害到你的项目的完成，那么你真的需要召开它吗？要知道，与会者花在会议上的每一分钟，都不能用来完成工作。如果别人想把你的资源拉走，你或许需要证据证明这是经营的需要。同样地，我们也需要问自己同样的问题。

相应地，如果你准备取消一个会议，那么要保证这么做并不会危害项目的完成。有一些会议是重要的，如你应该保证把项目进展告知最重要的项目干系人。成为一个合格的项目经理的最困难的事项之一是，我们不仅仅需要推动其他人遵守项目纪律，也要保证我们自己遵守。

2．这个会议是否有价值

你是否能够量化你召开的会议的价值？它能为项目和团队提供什么？例如，这个会议是否在利用每个与会者的输入来找出重要的风险和问题？有时，这个问题的答案是显然的。不过在一些时候，仅仅因为这个会议被提前定义为我们需要的东西，我们就会回答“是”。不过，即使我们曾经承认它的重要性，它现在是否重要仍不能确定。作为监督项目的人，重新考虑以前决定的有效性是你的职责。

问问自己你是根据什么得出关于价值的答案。为了开会而开会并不能让你更快地完成项目。实际上有一种观点存在——发现并去除任何多余或者浪费的事情是项目经理的责任。这与遵循预定流程之间平衡有时会容易让人觉得混乱。这就是为什么重新考虑开会的理由是如此重要。

3．会议室里的人是否合适

考虑让谁参会并保证他们出现往往是召开一个会议的最具挑战性的部分。你也许会与其他项目或事件一起争取大家的时间，因此，明确会议的重要性对让人们参加会议是非常重要的。

首先，保证你在邀请合适的人。为了确定谁是应该被邀请的人，你需要知道为什么你要召开这个会议，你的目标是什么，谁会乐意召开这个会议并且可以做出决定。当你有了这个名单，确认哪些人是至关重要的（决策者），哪些人是因为别的原因而被邀请的（政治原因、出于礼貌等）。

当识别出关键的与会人员后，你也许需要找到他们，进行一对一的谈话，保证他们知道参会是多么重要，为什么他们是必要的，以及对他们的期望是什么。根据你自己的情况、非决策与会者的角色以及你为什么需要他们参会，你也许也要与他们进行相似的对话。

如果关键的与会者（决策者）不能参会，他们必须找一个代理人。在这种情况下，保证与代理人以及做出决定的人进行确认，来确保代理人被授权，并且愿意代表原与会者做出决定。

如果你无法让关键的人参会，你也许需要考虑取消或推迟会议，以保证你不是在浪费与会者的时间。

取消会议并不可耻。浪费别人的时间才是可耻的，这会使你当真正需要时无法使他们到场。

需要记住的底线是，会议对你而言很重要并不意味着对别人也很重要。你需要给人们有力的理由去参加这个会议，并且保证你和他们都对他们在会议中的角色非常明确。这会使得当会议走偏时你能更容易地掌控全局。

4. 你是否能有效地主持会议

> “如果你不知道去哪儿，你必须非常小心，因为也许你根本不可能到达那里。”
>
> ——尤吉·贝拉

让每个人到场只是战斗的一部分。下一步是保证当他们到场的时候你没有在浪费他们的时间。以下是帮助你召开一次成功会议的五个步骤。

（1）了解会议室：保证你熟悉召开会议的地方。考虑你自己坐在哪儿，以及你如何利用环境来使会议更有效。例如，会议室里是否有很多使人分心的窗口？太阳是否会照进来，使会议室变热，人们变得昏昏欲睡？

（2）有一个议程表并严格遵守它：不管你是否提前分发，你都需要有一个议程表。花些时间计划什么应该发生、如何使它们发生会减少离题的可能，并在离题的时候提醒你。如果你能够锁定一个单一而具体的目标，那么整个会议就能用来达成那个目标。当你召开一个会议的时候，一点一点地根据议程表进行，带领大家达成会议的目标。这样做能通过一系列详细计划好的事项，表现出你对与会者时间的尊重。当你完成议程表上的事项并已经做出了需要的决定时，结束会议。只有当你真正需要的时候才让他们待在会议室里，这会表现出你对他们时间的尊重。

（3）学习办公室政治：花时间考虑谁会出现在会议上，他们的出席会得到什么，失去什么。保证你有足够的材料让他们保持兴趣以及专注。理想情况下，你应该有一些他们可能想要的东西。如果与会者中有正在争执的人，考虑如何使他们能够热情地参与会议。

（4）学习领导力：可能的时候，列席其他人主持的会议，包括你的参会人。学习他们的行为并审视他们的反应。如果你能够分辨出他们正在生气、无聊或者其他，你就能在你自己的会议里面使用这些信息。重要的话再说一遍，当你引导话题迈向会议目标时，想法就是能够让与会者专注并参与。

（5）会议道：道是一个术语，翻译成英文就是方法。在组织中，会议是如何召开的？是不是所有人都会迟到，花费十五分钟讨论个人事务，然后才会回到正题？我们的组织是否提倡准时到场并在过程中专注于目标？学习你在召开会议的时候需要做些什么，以使得会议能被与会者严肃看待并取得他们的尊重。这会帮助你确定你的组织如何将价值和会议联系起来。

5. 寻求后援

如果你召开的会议里有很多具有很强个性或者难以遵循固有计划的人，那么做一个能提供支持的人的名单会是一个好方法。通常，你还可以与一个可信任的人在会议开始前讨论出现某些情况的可能性，以及他们如何帮助你。

假设高级主管吉姆有可能“劫持”任何一个人的会议，并且有过你作为会议召集者忽视你的历史，但他尊重你的好友史蒂夫。你也许想在会议之前跟史蒂夫讨论这个问题，并希望他在吉姆准备开始“劫持”会议的时候站出来。史蒂夫能帮助你控制吉姆按照原有计划进行，保证所有重要事项都能被完成。

这也许会使你看起来不像一个经验丰富的召集人，不过社交压力也许正是能够帮助你使得会议按照预定计划进行并得到预定结果的东西。毕竟，你的职责是使项目按期完成。有时你需要牺牲一些自尊来达成这个目的。这都是工作的一部分。

8.2 供应商无法交货

为什么我们选择了那家供应商

南森回想起三个月前与供应商的会议。会议进行得不错（会议后打开香槟庆祝未来的合作成功）。一切都显得那么积极。经过艰辛的寻找，你和项目干系人都确信你们已经找到了能使项目取得成功的完美供应商。他们有良好的供货记录，是一个信誉良好的公司，看起来也是一个很棒的合作伙伴。项目会进行得十分愉快。

现在南森回到了今天他要面临的现实中。第一个阶段的成果在一周前就应该交付了，但还没能完成。南森留了很多语音信息，发送了无数电子邮件，不过没有得到任何回复。他不知道还能做些什么——他如何摆脱困境呢？

8.2.1 问题

你的项目在某些功能方面依靠外部供应商。你已经完成了供应商审核、选择了满足需求的合适的合作伙伴、对合同与工作描述进行谈判等过程。供应商理解你需要什么以及何时需要，然而他们没有按期交货。现在已经错过了交货期，并且质量指标也不满足要求。

8.2.2 告警信号

当你需要与供应商打交道时，你需要更注重开放而清晰的交流。你完全依赖于与供应商对应人员的良好关系来知道发生了什么。否则，只有当你的供应商错过了一个截止期限，或者提供了不完整的或低质量的产品时你才知道问题发生了。一些早期信号包括：

- 你的联系人跟你交流更少，更难找到，或者避免直接回答问题。
- 供应商希望把产品分为几个阶段提供，或者在最开始的时候只提供部分功能。
- 供应商产品的早期检查暴露了大量问题。
- 供应商开始抱怨工作的难度与复杂度，暗示他们的供货有困难，或者抱怨你的要求、设计，或者时间计划不够清晰。

8.2.3 如果我不采取措施会发生什么

即使你与供应商之间的关系应该是合作关系，但供应商考虑的依然是他们自己。他们首先保证自己的利润，如果你允许他们在某些事情上逃脱责任，他们会这么做的。如果你不让他们知道错过了期限，交付了不完整的产品，以及质量问题是不可接受的，那么事情会变得更糟，因为供应商感觉到你被动地接受了对时间计划或质量上的偏差。

8.2.4 解决方法

这个问题的解决方法并不是马上去查询你和供货商之间的合同并坚持每一项条款。作为退路，那个选项始终存在。要想成功地管理供应商，你需要与供应商保持一个正面的关系，把供应商当作平等的合作伙伴来对待，并同心协力找到一个令人满意的解决办法。在这种情况下你应该：

（1）保证你的供应商理解他们的表现是不可接受的。

（2）和他们一起制订一个把项目带回正轨的计划，并保证没有更多的问题会发生。

（3）根据新的计划密切监控供应商的表现。

（4）当供应商再失败时，实施合同上或财务上必要的调整。

8.2.5 我应该做什么

这是一个比较困难的问题。一方面，你需要根据项目的范围、时间计划、预算（以及其他资源、风险、质量）去管理它，因此当你的供应商开始出现问题的时候，你需要积极主动地管理它们。另一方面，你需要与供应商维持一个建设性的关系，因此不能太咄咄逼人。

在很多方面，一个错过了截止期限或不能提供完整产品的供应商，与一个处于同样位置的团队成员并没有什么差别。困难的地方在于你对供应商并没有那么多日常影响力，对他们的行为也没有那么多的控制。

1. 告知供应商他们的表现令人不满

与你的供应商之间最重要的事情之一是维持一个良好的、开放的交流。这应该从项目之初就开始，而不是当问题出现的时候。不过亡羊补牢也是好的。你应该认识一个供应商方面的联系人（可能是项目经理或同等职位），并通过他来管理所有问题。让你的团队成员与供应商的团队成员在日常细节里直接共同工作是可行的。不过你需要与对方的项目经理直接一起工作来管理项目的状态和进展。

在理想世界里，持续沟通使你不会对一个意外的超过期限的产品感到吃惊，不过正如我们所知道的，我们不是在一个理想世界里进行项目管理。如果你面对的状况是你的供应商没能赶上截止期限，或者他们提供的产品并不能让人满意，你需要马上与对方的项目经理联系，并告知对方他们的表现有问题。供应商需要理解你的时间很紧急，因此不要让时间白白流失。发现问题时应尽早让他们知道。

保证你自己的专业性，你需要与这个供应商共同工作以达成你的项目目标，不过说些像“我注意到你昨天错过了我们的期限。我需要知道问题是什么，你准备怎么更正它，以及为什么我们之前没有被告知那里会有问题。我们同样需要讨论接下来你会采取什么措施来保证同样的事情不会再发生”这样的话并没有什么不好。

你保证了你自己的专业性，不过你也向对方的项目经理澄清了问题的存在，并且他们需要保证会修正。

2．与他们一起制订计划并避免更多的问题发生

如果供应商存在问题，那么解决问题是他们的责任，不是你的。不过，你也需要从实际出发，认识到你需要与他们一起找到问题的解决方法。他们并不是有意要超过期限的，是因为有问题发生了。与供货商的良好的强有力的关系会使你能够与他们开放地讨论能在什么时候给出什么样的产品。你需要跟他们一起工作来确定：

- 他们什么时候能给出符合要求的产品?
- 他们是否能提供部分产品？如果可以，那是否会有帮助?
- 这个问题对将来的产品有什么影响？他们如何保证将来的交付期限不会被耽搁?

如果要交付的产品相对而言是比较简单的，而且耽搁比较小，那么这也许就是所有我们需要做的了。不过在大部分情况下你也需要跟他们一起制定中间的里程碑，以确保他们的目标是纠正问题。你并不能像你自己的团队一样掌控他们的所有细节，所以这些里程碑是非常重要的。

你也需要管理你的项目，最小化因超过期限对其他方面产生的影响。这意味着重新安排时间计划或者调整资源，或者有其他动作。

也许更重要的是确定为什么问题发生了，并与供应商一起保证它不再发生。这个问题也许是一些你并不能控制的事情，如供应商需要处理的内部问题。可能让人沮丧的是你没有太多能做的事情。不过，如果有一些你可以帮助供应商做的事情，你也应该考虑。记住，你们是合作关系。进一步提前提供需求，或者做一次面对面的需求介绍以帮助理解，等等，诸如此类简单的事情。

找到问题的根源也许需要你和供应商一起去分析，特别是当问题是关于产品质量，而不是交付日期的时候。在这种情况下，经常会出现供应商认为什么问题都没有，但你作为他的客户，会因为交付产品并不是你想象中那样而不满意的情形。很明显，是你们之间的交流出现了问题。你们需要一起找到问题并修正它。

3. 根据改进计划管理绩效

当供应商与你达成了使项目回到正轨的计划的共识时，你需要小心地管理这个计划。设法保证你们之间的交流是频繁而开放的。当你感觉到供应商遇到更多的问题时或者交流变得困难时要迅速地采取行动。

你应该保证里程碑之间间隔不会太长，使得当它们被错过的时候你有机会迅速做出反应，并且要求对方提供项目有进展的证据。这并不是不信任供应商，而是保证进展能够符合你的期望。

4. 实行调整或惩罚

如果你的合同写得比较好，当供应商错过交付期限或者交付了不合格的产品时，那么合同上会有已经确定的惩罚（一般是财务性的）。这使得你不需要与供应商讨价还价，因而这简化了工作。然而，这些条款往往不包括在合同中。

如果你有合同管理或采购的资源可用，要求他们给予帮助，因为他们是专家。不过，如果你需要和供应商直接讨论补偿，那么你应该把注意力放在那些有助于项目的事情上。财务惩罚总是一种可能，不过你可能发现更容易取得诸如免费的延长培训、支持服务的折扣、额外的功能等具有长久收益的东西。不要接受一些你的项目不需要的东西。与项目干系人商讨，以保证你能获得对项目以及组织最有利的补偿。

8.3 人们忽视了我的邮件

电子邮件：有什么问题吗

马克很沮丧。团队里面的一些人很明显没有收取或者阅读他那数不胜数的关于项目的邮件。虽然大部分成员看起来都收到了邮件，不过马克不确定。他决定问一下他们："约翰，你收到我的邮件了吗？""我不确定，马克。我收件箱中有几百封邮件，我白天没有足够的时间一一浏览它们。邮件是什么时候发送的，标题是什么？我可以在邮件堆里面翻一下。"

"萨姆，你收到我邮件了吗？"

"是的，我收到了。但是我没有完全理解它。模糊器 3000 是什么？它跟我们的项目有什么关系？你这句话什么意思……"

马克狼狈地问道："萨姆，你之前为什么不问我这些问题？它们应该在几个礼拜前就应该被理解了。"

"我不知道"，萨姆答道，"我有太多问题了，我只是想等我见到你的时候再问。然后我就忘了。我的意思是，我还有项目乙和项目丙在手上。"

这个场景听起来很熟悉吗？如何能够避免这种沟通问题？

8.3.1 问题

长时间以来你给团队成员发送电子邮件。团队中大部分人能够很快地给出回应，然而某些人——好吧，让我们假设回复邮件在他们的工作重要性排序中并不靠前。

你在会议上谈论某一个特定的主题，但是半屋子的人并不知道你在说什么。"你们没有收到我的邮件吗？"你沮丧地责备道。这里出了什么问题？

8.3.2 告警信号

你最好尽早处理这个问题。当你见到一个或多个以下信号时准备好采取行动：

- 大家忽略了你邮件里的重要信息，甚至忽略了整个邮件。
- 你的重要邮件似乎被意外删掉了，或者标记为垃圾邮件。

- 你在担忧你的团队成员误解了你电子邮件中的指示。
- 你发现了你的团队成员并不严肃对待你的邮件的迹象。
- 你的团队成员被他们收件箱里的数百封邮件淹没了，因此不能及时地处理它们。
- 随着时间的推移，结果显示了缺乏理解。

8.3.3 如果我不采取措施会发生什么

如果你继续以同样的方式进行沟通，相似的结果将会继续发生。实际上，随着时间的流逝，沟通障碍可能会越来越大。当需要向你询问邮件中没有解释的问题时，团队成员会感觉到不舒服，因而做出了各种假设。直到某一天，你会发现由于长期的错误理解，工作结果完全无法接受。

交付的产品不满足要求，由于需要返工，成本与时间会超出预期。你的职业关系，特别是和团队成员之间的关系，会由于缺乏沟通与面对面的交流而恶化。如果你继续使用这种效率低下的沟通方式，你会面对糟糕的结果。就是这么简单。

8.3.4 解决方法

问题在你，而不在团队成员身上。解决方法也在于你。

电子邮件对某些交流而言是伟大的工具，不过一般而言，它是一种被过度采用的手段，特别是当大部分时候我们可以选择拜访，或者通过电话直接交谈时。当沟通需求是不同步的或当人们在地理上距离较远时，电子邮件是一种比较好的方法。不过一般而言，它被过度使用了。

考虑一下你自己的交流喜好。你是否更喜欢通过短信进行交流？也许吧，不过不是每一个人都是这样的。实际上，大部分人更喜欢面对面交流或者电话交流。

大部分上下文在电子邮件中都被遗失了。肢体语言缺失，声调缺失。重点也许会被错误地解释。由于这些及其他的原因，电子邮件是一种在工作场所重要但功效有限的交流方式。

你需要明白：

- 在哪些场景中电子邮件是有效的交流方式？
- 什么时候不应该使用电子邮件？

- 最有效的沟通方式是什么?

8.3.5 我应该做什么

从分析你现有的沟通方法开始。探究一下你发送出去的邮件，并根据哪些是较好的使用电子邮件的地方，哪些本应该能通过面对面沟通或电话的方式更好地交流进行分类。

1. 有效的电子邮件

对很多事情来说，电子邮件是非常有效的。包括以下几点：

- 日程表。提前发送会议日程表是一个保证会议富有成效的好方法。
- 回复、转发和感谢：当你加入一个已经开始的交流时，大多数时候，继续使用正在使用的交流方式是有意义的。
- 发送文件。当一个文件需要被发送很多次时，即使文件共享是一个好的选择，这也是一个有效使用电子邮件的场景。
- 远程交流。电话沟通依然是更优先的选择，不过电子邮件也许能在远程通信的场合发挥良好的作用，特别是当你们在不同的时区时。

2. 无效的电子邮件

电子邮件可能会被滥用，特别是当其他更有效的沟通渠道可用时。以下几种情况可能会被很多接收者认为是不恰当的。

- 任务分配。通过电子邮件分配任务通常并不是一个好的主意。太多信息解释起来可能使人困惑，当通过像电子邮件一样的非同步渠道沟通时，澄清范围的一系列问答被阻断了。而且，如果你的电子邮件埋藏在数百封未读信息之间，也许要过几个礼拜才有人看见它。
- 问题或信息共享。当有与其他人的电子邮件（转发）直接相关的信息的时候，继续使用电子邮件是有意义的。但是大部分时间，最好是留到当你们面对面交谈或通过电话交谈的时候沟通比较好。重申一下，一个同步渠道为澄清问题和进行反馈带来方便。
- 紧急事项。如果一件事是紧急而重要的，那么通过一个同步渠道（面对面，电话，实时聊天等）进行沟通。否则，也需要经过几个小时、几天，甚至几个礼拜，你的紧急情况才会被收件人注意到。同时，在最关键的时刻，实时地询问问题并收集反馈会变得更加重要。

3. 有效的沟通方式

以下是几种与电子邮件一起使用，或者取代电子邮件时会对你的职业生涯带来正面影响的沟通方式。

- 技术接口会议（TIM）。把所有能够对某个问题做出贡献或有利害关系的人召集到一个房间中。在议程表中把问题表达清楚，因此你能带着一个坚实的决定到场。通过发送记录所有决定和需要做的事情的邮件进行跟进。会议的长度可以根据实际需要进行变更，并在需要的时候召开。
- 团队会议。当可以等到团队会议时，与其向团队所有人发送邮件，不如在会议上直接说。这为提问和实时讨论带来方便，不再需要假设。团队会议长度一般为 30~60 分钟，每个礼拜召开一次。
- 一对一谈话。一个短的，面对面谈话或电话谈话。在一对一谈话中，你的团队成员可以告知问题、风险，或者其他他们想告诉你的所有事项。它也使你可以收集进度信息，以及他们现有的和即将要做的工作。时间长度在 10~30 分钟，每周一次。
- 及时反馈。有无数的机会去鼓励有效率的行为和更正没有效率的行为。在作者看来，大部分这些机会产生在鼓励有效率的行为上。大部分项目经理都错过了这些机会。你应该把注意力放在行为、影响和未来期望上。当你养成习惯时，反馈只需要 15~30 秒。在观察到某些行为时，尽快给出反馈。试着每周给你的每位团队成员至少一次反馈。

8.4　我可能没有一个合适的团队

在项目中，我有合适的技能吗

香农的主管把她叫到办公室，并告诉她，她将会领导公司下一个重大项目。这是一个高优先级项目，涉及改进一个负责大部分公司收入的端到端的业务流程。

他也提到，这个多功能的、全职的项目团队已经从各个部门指派过来，她会拥有所有必要的支持。如果这个项目成功了，她将会得到她期待已久的晋升。

香农与整个团队见面了，并在几天里完成了计划工作。她已经为新的挑战准备好了。

她召开了项目的启动会议。每个团队成员，以及其他干系人，了解了这个项目将会达到什么目的，会在期限前交付什么东西，以及每个参与者的角色与职责。同时，她为参与者们准备了关于将会在日常工作中有用的方法和技巧的总结。

然而，当工作开始时，事情并没有像计划一样发展。日期被拖延，团队成员看起来有点困惑，交付的东西的质量很低或者没能交付。干系人看起来也有点担心。

“我是否有一个合适的团队来完成这个项目？”香农在想。即使最简单的任务都需要香农与她的团队成员进行数小时的讨论。有时是回答基本问题，有时是分析一些在近期会带来更多返工的错误。两个礼拜过去了，香农非常担心团队的表现。每个部门分配的人员看起来既没有完成工作的能力，也没有能完成工作的经验。问题是出在个人，还是团队管理上？

8.4.1 问题

感觉就像这个项目并不能满足干系人的期望一样。生产的产品质量比预期的差，而且团队并不能扭转这种局面。你已经分析了目前的状况，并试着去找出问题的根源。不管你怎么看，你都觉得你没有一个合适的团队去完成这个项目。

8.4.2 告警信号

你需要小心对待这个问题。你在与人打交道，因此你不会想让他们受伤或沮丧。你也不想因他们缺乏能力而操心。然而，如果你想挽救这个项目，你需要马上处理这个问题。留意：

- 需要你为每一个简单任务拿主意的、缺少自信心或短视、缺乏领导力的团队成员。
- 能够独立完成工作，不过在最终产品中，需要返工的量相当大的成员。
- 客户和其他项目干系人对团队的主要工作的绩效表示不满，甚至对项目能否完成表示怀疑。

- 很多团队成员不能对其他人表现出同情心，不能像一个团队一样工作，甚至躲避他人。

8.4.3　如果我不采取措施会发生什么

也许，问题会变得更加严重。如果你不能在一到两个常务会议里面做出决定，那么别人会为你做出。一个牵涉多人、需要花费他们全部时间的项目是非常昂贵的。工作效率低下是不可接受的，并且很可能导致项目最终失败。你不想成为让这种事发生的项目经理。

8.4.4　解决方法

在上边的故事里，香龙并没有介入团队选择流程。她没有机会在选择前浏览候选人的简历。但是项目经理应该参与到挑选团队成员的过程中去。

记住，项目是为达成特定目标而做的临时性的努力。一般而言，它是被具有有限资源的人计划、执行和监控的。

除了其他重要因素之外，成功的项目需要合适的人，具有合适的能力，被放在合适的位置。同时，人们需要被合适地培训与做适当的准备，才能够作为一个团队进行工作。这是项目经理艰难的工作之一。你需要准确地知道如果要生产项目中期望的每一个产品，需要什么能力、技巧和经验，之后我们才能开始考虑这些候选人。在你开始组建（或重建）你的团队时，有四个重要的因素需要考虑：

（1）需要的能力、技巧和经验。

（2）现有的能力、技巧和经验，并分析其与需求的差异。

（3）构成团队的需要（而不仅仅是一组专家）。

（4）你的角色。

8.4.5　我应该做什么

当你开始考虑你的团队也许没有合适的人员时，你就应该分析问题的严重性。有时，问题可能只涉及团队的一小部分。但是有时，我们会面临威胁到整个项目的严重情况。你应该从三个维度去考虑：能力、技巧和经验。

1. 考虑项目需求

让我们从鉴别我们需要在项目中完成的产品开始。让我们用香龙领导的、旨在改进商业流程的项目作为例子。也许故事中的端到端流程是从订单到现金流（O2C），也就是制造企业的核心。这个项目的目标可能是：① 减少与应收账款占用的资金；② 减少运营成本；③ 更快地解决客户的问题以增加客户的满意度。

项目的可交付成果也许是主要的 O2C 子流程（如客户光临、订单输入——订单条目的创建/订购和订单执行——物理或数字化地实现、分销、开票、顾客支付/取货，现金申请和收据）。在这样复杂的工作中，除了本行业业务内容外，我们至少需要把三门学科放在一起：项目管理、流程管理和变更管理。基于这一点，我们能够找到这个项目需要的主要能力：

- 每一个子流程，需要对应的产业内容业务专家。
- 每一个子流程需要一个流程设计师。
- 业务流程管理专家。
- 企业资源计划专家。
- 变更管理专家。
- 项目管理办公室专家。
- 执行每个流程的专业人士。
- 发起项目并把项目工作与战略方向链接的主管。
- 其他人。

注意，为了正确地应用这些能力，除了持续时间和经验外，我们需要检查分配到这个项目的专业人士的技巧。例如，为这个 O2C 项目使用管理咨询学院（IMC）开发的管理咨询能力框架，去分析变更管理专家的个人资料。它为管理顾问定义了管理咨询的能力和标准，将其分为三个发展阶段：早期、高级、大师（见表 8.1）。现在，我们可以用更准确的方法去分析香龙的需求。我们需要更多的初级或高级专业人士吗？

表 8.1 管理咨询能力框架

发展阶段	早 期	高 级	大 师
专业知识	为项目提供技术技能或经验。根据公共知识体系和能力框架的定义发展技能	保护、设计和管理小型咨询项目。实践公共知识体系和能力框架一致的技能	可以保护、设计和管理大型、复杂的以团队为基础的咨询项目。满足最高的国际标准，包括 IMC USA、CBK 和 CF
视野	技术学科或行业较窄的专业技能	在行业和学科内使用专业知识	通过行业/学科使用专家知识创建新的方法
组织重点	为中层管理人士提供策略性的支持	管理者或主管的普通的商业顾问	给高级管理者、主管、董事会领导提供广义的建议
客户价值	解决技术/策略问题	为客户需求提供建议和执行方案	被管理层认为是合作伙伴
专业承诺	是技术组织或贸易组织的成员。没有订阅正式的道德规范手册	IMC USA 会员绑定 IMC USA 道德规范。获得 CMC 认证	IMC USA 会员绑定 IMC USA 道德规范。获得 CMC 认证。对行业有积极贡献
经验	最多 3~5 年的外部或内部顾问经验	最多 5~15 年内部或外部咨询经验。使用经验管理逐渐增加的大型和复杂项目	15 年以上内部或外部咨询经验

2. 考虑可用资源

当我们已经识别出恰当的知识、技能和行为，下一步就是评估项目团队的现有能力。

这个过程需要一定程度的严谨，能帮助组织在专业知识评估阶段回答如下的问题（改编自 Bopp，2010）:

- 哪些员工拥有需要的技能?
- 除此之外，哪些员工表现出较好的态度并掌握基础知识，因此能够快速掌握这些技能?
- 现有的技能是否足够去解决需求?
- 如果不能满足，需要做些什么去弥补缺口?
- 公司会不会为了这项工作招募新的人才?

- 公司能否采取迂回的办法，如正式培训、利用科技手段进行培训、实验式学习如传帮带、影子计划或其他手段来弥补缺口？
- 如果缺口没有被弥补，对项目而言意味着什么？

在此之后，你应该对项目的能力缺口（你所有的和你所需要的）有充分的认识。在我们的例子里，香龙现在就会有做出决定所需要的客观信息。她也许会有几项缺口去处理。解决方式也许是培训，招聘其他成员，更换团队成员，甚至偶尔请专家帮助工作。这样，这个项目就能够恢复正轨，香龙也会离晋升更近一步。

因此，为了防止问题发生，在给项目进行计划时，我们应该包括一个完整的项目风险分析。显然，缺少拥有应有的能力、技能和经验对项目而言是一种风险。

3. 考虑团队需求

正如我们先前知道的，我们需要相互补充的技能才能够成功地完成项目。有太多的变量被涉及，因此像流水线、运用个人努力，或者像一个独立的部门孤立地去完成工作几乎是不可能的。

项目有一个共同的目标，因此我们也有了对彼此的责任——彼此的责任是组建一个团队的第一步。然而，组建一个团队并不仅仅是把他们放在一起围绕一个共同的目的。团队成员需要学习如何协作，这在第 4 章里详细地讨论了。当你需要组建你的团队的时候，你需要考虑有关潜在的团队成员的一系列因素。

- 不同的人格类型以及他们能多好地协作：关心细节的成员能否和根据直觉工作的成员较好地协作？
- 不同的知识与经验水平：高级成员是否会对初级成员感到沮丧，或者他们是否会乐意提携初级成员？
- 不同的工作风格：早到早走型成员能否与中午才到半夜离开的成员成功合作？

有效的团队合作并不容易获得，不过它是一个强大的工具。在适应市场需求方面，以团队为基础的公司更容易成功。人才并不仅仅是一种成本，也是智力内容和公司的财产。什么能够让来自不同背景、拥有不同经验、具有不同目标的人能共同在团队中协作呢？每个个体必须满足至少一些关键的要求，才能使团队作为一个高效的队伍进行工作（改编自 Rees，2001）。他们至少需要：

- 共同的目标。

- 领导力。
- 人员整合与参与。
- 个人承诺和维护自尊。
- 频繁而持续的沟通。
- 个体和团队授权决策。
- 相互信任。
- 尊重差异。
- 建设性的冲突解决。

4. 考虑你的角色

项目经理是建立团队做事方法的关键角色。一种领导风格是，他驱使人们按他的意愿和计划行事。这种风格，项目经理理所应当地承担控制角色。另一种更适合高效团队的领导风格是，他作为一个促进者，采用一种更中立的姿态，基于团队成员的经验帮助团队找到方法和解决方案。当然，这意味着项目经理有时候不得不放弃促进者的角色，需要指明方向、做出决定并提供指导。

你需要复查为团队建立的能力、技巧和经验状况，再叠加上人际关系元素，然后决定你需要采取哪种管理方式。你也需要认识到你不能总是采用同一种管理方式，对不同的个体你必须改变你的管理方式。

8.5 我不确定需要多少流程

流程的可适应性是结束项目治理困境的关键

在担任公司的项目管理办公室主管六个月后，萨曼莎用尽了她的才智。她非常认真地管理着公司的项目组合，因此实施了一套严格的规范去规定项目如何被评估、跟踪、管理、执行以及最终评估。

然而，小型项目似乎都陷进了文书工作的泥潭，引起了项目人员以及干系人的抱怨。即使是中型项目也在理解最佳实践框架时失去活力。当上层管理人员已经注意到了干系人表达的不满时，萨曼莎知道应该做些改变了。

萨曼莎寻找补救措施的第一步是聆听团队成员、项目经理以及干系人说的话，并收集他们关于替代性做法的想法。她很快意识到，当执行大型的、复杂的、成本高的项目时，没有人对使用既定流程感到不适。但针对小型项目，诸如“过度杀伤”和“文书密集”之类的短语占了上风。

萨曼莎迅速认识到需要实施一个常识性的做法——把流程缩小到与项目大小成比例。她实行了多个流程包，每个都根据项目的状况进行设计。这样做简化了项目文书工作，降低了监管成本，并且让团队专注于项目的相关工作。

8.5.1 问题

面对日益增长的项目组合，你感觉到有要尽快完成它们的压力。问题在于如何得知项目从开始到结束需要多少流程（有多少步，每一步做什么）。太多的流程很可能会导致团队的虚与委蛇、多余的表格，以及官僚主义成本。这些东西会使项目变得臃肿迟缓。太少的流程可能会导致不可预测的结果、错误的开始、没有保证的风险，甚至项目失败。因此，我们想要知道，要想让项目被迅速、准确、高效地完成，我们需要多少流程？

8.5.2 告警信号

你怎么知道你用来管理和监控项目的流程正在失效？你怎么知道你的流程太短或太冗长了？考虑以下告警信号。

1. 项目流程太短。

- 结果并不稳定。
- 失效正在增加。
- 流程追踪报告混乱不堪。
- 范围蔓延很严重。
- 干系人感到不满。

2. 项目流程太冗长

- 流程推行的阻力较大。
- 团队士气萎靡。
- 流程追踪和报告花费时间过长。
- 干系人对签字和表示同意的次数太多感到不满。

- 监管成本正在增加。
- 团队成员和干系人的反馈表明流程太复杂、太官僚。

8.5.3 如果我不采取措施会发生什么

当你遇到以上告警信号时，你需要采取对应的措施。什么都不做会由于项目频繁地不能满足项目要求和干系人的期望，导致项目管理被逐渐“侵蚀”。最终，上层管理人员可能会进行干预：

- 对项目管理领导阶层进行大刀阔斧的改革。
- 对项目采取严格专横的控制。
- 裁剪项目经费。
- 将项目管理外包给第三方。

当项目流程太过混乱，失去控制，或太官僚主义，什么都不做并不是我们要的答案。

8.5.4 解决方法

想要正确地调整你的项目流程，首先要认识到同样一套流程并不能适用所有项目。因此，一个更具有适应性的，根据项目具体情况去评估、批准、实施和管理项目的流程会涉及更多因素：

- 复杂性。
- 失败风险。
- 周期。
- 成本。
- 地理多元性。
- 资源要求。

使用这些元素去重新调整项目流程的大小会得到可喜的结果。

一个可调整大小的项目流程有助于在不损害治理成熟度的前提下简化项目的评估与执行，它也会提高团队对既有标准和协议的顺从性，因而干系人会感到更满意。毕竟，可根据项目特征去调整大小的项目流程是一个好东西。

8.5.5 我应该做什么

当开发一个具有可适应性的项目管理流程框架时，你需要理解项目的属性（复杂性、失败风险、周期、成本、地理多元性、资源要求）是如何影响保证及时完成项目所需的项目流程的数目的。每个项目都应该在这些属性上被打分。一般而言，项目的总分越高，我们越需要正式的流程。例如，考虑一个这样的项目：

- 复杂度 =10 （数以千计的任务）。
- 失败风险 =7 （失败对底线会有显著的影响）。
- 周期 =8 （两年）。
- 成本 =5 （超过两百万美元）。
- 地理多元性 =7 （超过五个地点）。
- 资源需求 =5 （多个团队，大量的经费支出等）。

通过这些评分，我们知道我们需要一个具有相当水平的、能让项目低成本而有效地执行的项目流程与结构。由于投入较高、风险较大，流程要求的各个步骤：收集项目进度数据、衡量里程碑、管理变更请求、管理供应商合同、批准经费以及其他任务，需要得到良好的控制。

相反地，一个低评分的项目可能需要一组最少的步骤来保证成功完成。表 8.2 对不同的项目属性进行了对比。

根据常识可知，建造一个后院小棚所需要的监管、努力和流程远比建造摩天大楼来的要少。对于小棚而言，一份施工通知就够了。对于摩天大楼而言，我们需要一份详细的项目章程。同样地，小棚的项目计划也许只包含了基本的安装说明，而摩天大楼的项目计划也许包含了各种各样的蓝图、详细的施工计划、详细的沟通计划、人力资源计划、日程表，以及其他计划工具等。

针对不同的项目评分制定不同的标准流程，你能够保持高成熟度的流程，并保证你能够部署恰当量级的项目流程，以达到持续性的项目成功。你也能使用这些标准向干系人阐明你为他们的项目选择的流程正是适合那类项目的。

表 8.2　项目属性

项目属性	建造后院小棚	建造摩天大楼
复杂度	低	高
失败风险	低	高
周期	几天	几年
成本	三千美元以下	数百万美元
地理多元性	一个地点	一个地点
资源要求	两到三人	数百至数千人

8.6　我不知道足够的技术细节来进行管理

项目经理说了什么

“谈谈你的想法，为什么我要接受这个项目？”肯恩发现自己比平时更多地在脑海里自言自语。“我已经管理了几个关于我们公司提供的金融产品的项目，不过我对生产一窍不通。CNC？PCB？Pre-fab？SMED？Black belt？我的天哪，我降落在什么星球？”

肯恩对他管理项目的能力感到十分自信。有些人甚至形容他傲慢。肯恩总是迅速指出就像头昏眼花的教务长经常说的：“只要你能做到，那就不是吹牛。”当然，这也不能改善他的形象。不过，公司里很多人都会欣然承认，谈到管理项目时，肯恩是最厉害的人之一。人们并不介意在他的项目之中工作，因为项目总是成功的。

也许肯恩最终把他嚼不动的东西放进嘴里了。之前他从来没有遇到过一个他不能管理的项目，不过现在，他正面临着一个。肯恩喜欢高优先级的项目，他渴望压力。在制造集团，有一个机会能把他带到一个新的领域，一个关于公司的新产品的项目。肯恩目前的项目已经进入了收尾阶段，因此他开始观察他的下一个任务。那会有多难？就像金融流程里的文书流、生产流程里的小部件流，没问题的。

但是当项目开始时，事情完全不一样了。他不仅仅不认识这个项目里的许多人，还有一个比宪法还长的缩略词要学习。不妙！肯恩开始怀疑自己。他怎么才能够熟悉与项目相关的技术和新的术语？

8.6.1 问题

你被指派去管理一个全新的、不同业务集团的项目，你对他们平常做的事情的细节并不熟悉。有很多专业要求和名词你并不知道，你也没有背景去知道团队提供的估算与解释是否准确。

8.6.2 告警信号

就像本书里的其他问题一样，这个问题更多是遵循直觉的。当你感到不舒服的时候你就知道了。但是，你也可以寻找以下信号：

- 大家在使用对你而言是天书的名词和缩略语。
- 当你在听进度报告或者看当前完成的工作时，你完全不知道如何评判任务完成得怎么样。
- 你盲目地接受流程进度报告。
- 听了项目工作细节后，原以为会有帮助，却比听之前更困惑了。

8.6.3 如果我不采取措施会发生什么

没有远见，你的团队会逐渐麻木。你是带领大家前进的人。如果你因为缺乏技术知识而不能从项目的角度理解团队需要做什么，项目会遭受损害。最终，这会影响到你作为项目经理的信誉，甚至你的职业生涯和你被分派到另一个此类项目的可能性。如果你不能证明你能够运作各种各样的项目，你也许会被限制在那些你具有该领域知识的项目之中，因此会缺乏成长的空间。

8.6.4 解决方法

有两个选项。首先，你能够从项目中撤退。如果你真的无法理解，也许退后并避免失败是一种更好的选择。有很多世故而优雅的方式用来表达“我不是合适的人”，而又不损害你的名声和职业生涯。另一种选择是，你需要振作起来，并学习一些技术知识。你并不需要完全弄懂它，不过你需要至少能理解大家在谈论什么。要么学习与项目相关的技术，要么找到一些行家并与他们成为朋友。

8.6.5 我需要做什么

假设你并不准备从项目中退缩，有两种对立的学派。一个派别认为项目经理也必须是技术方面的专家。这个派别认为最好的项目经理应该是从技术人员中晋升的。

另一个派别认为项目管理是一门独立的学问，因此项目经理并不一定需要了解技术内容来成功地管理这个项目。该派认为项目经理能够在任何项目中来去自如。正如很多想法一样，真实世界在两个极端情况之间。在某种情况下，极端观点也许起作用，不过在大多数情况下，你需要混合他们。

因此，在本节的讨论中，我们假设你至少需要理解一些技术内容。如何划分这条线并不好说，并且取决于具体情况。你可以通过公司材料自学，或在网络上搜索关键字以及相关的白皮书。一般而言，那是不够的。这时最好的做法是坐在团队中某些专家的身旁，让他们解释项目工作的流程、过程和技术现状。

学习技术方面的知识的动力是你必须懂得足够多，从而来判断任务是否达成了它们的目标，是否按时完成，是否有效，等等。当然，你知道得越多越好。这对你能够完成接下的工作——项目管理而言很重要。不要觉得你需要知道所有的东西，知道所有的东西并不必要。必要的是知道足够的东西。如果你过于骄傲而不屑于请教他人，那就想一想如果你不问的话会发生什么——很可能项目成功的可能性会急剧下降。

你需要取得一个平衡。你最优先的目标是成功地管理项目，因此你需要时常检查你正在学习的技术知识是否能够帮助这个目标达成。问问你自己，你是否会：

- 更好地理解你的团队正在做的事情?
- 更好的判断估算与更新的准确性和可靠性?
- 更完全地理解潜在的风险?
- 更早的发现潜在问题的业务领域?
- 更有意义地跟干系人交流?

只要你能够对其中至少一个问题回答“是”，那么你正在学习的技术知识就能够帮助你管理这个项目。

你的团队不会把寻求帮助认为是软弱的标志。由于你敢于承认你所不知道的东西，你的团队会更尊重你。如果你对他们正在面临的问题有更好的认知，你能更好地支持他们。

另一个解决缺乏技术知识的策略是与公司内部该领域的专家交朋友。这个人可能在也可能不在你的团队中。关键在于你要有一个可以回答你的技术问题、直接告诉你项目的技术要素是否被满足的人。如果这个专家并不在项目团队中，试着让他参加几次状态会议，以便他能对已经完成的工作有直观的感觉，从而也就有了帮助你的背景知识。如果这个专家在你的团队中，太棒了，那真是天作之合。

8.7 太多的问题需要及时处理

死亡旋涡

珍妮丝面临着严重的问题。几个月前，她刚刚开始管理她的第一个项目。刚开始，一切都好。然而之后，她看起来像被困在会最终导致项目失败的死亡旋涡之中。事情是这样的：

（1）她非常努力地完成她的工作，没有能力去完成额外的工作。

（2）项目团队提出来一系列需要她解决的问题，让她不能专注于其他工作，因此其他工作被耽搁了。

（3）因为她不能及时地处理所有问题，更多的问题出现了。

（4）试着去解决这些问题让她更不能处理她真正的任务。

（5）她不能按时完成她的工作，这带来了更多的问题。

（6）她不能及时处理这些问题，问题更多了。

珍妮丝已经看到结局是什么了——项目失败，而她会失去工作。她实在无能为力了，有什么办法可以帮到她吗？

8.7.1 问题

现今我们需要消化大量的信息并承担大量的职责才能在现代商业环境中成功。每个团队成员都有其自己的一份压力。当你的待办事项表变得越来越长的时候，你是不是恨不得一天有三十个小时？很可能我们每个人都对这种场景很熟悉了。

当你把这与一个有很多问题要解决的项目混合在一起的时候，你可能有一些大的问题。你会面临不知道先做什么、哪些可以缓一缓或哪些可以分配给团队成员的困境。

8.7.2　告警信号

每个项目都有它自身的问题，每个项目也都会为团队成员，包括项目经理，带来许多工作。当你发现以下告警信号时，你要认识到你也许有更严重的问题了：

- 你发现新问题的产生比你现存问题的解决要快。
- 你不知道应该先把注意力放在哪个问题上。
- 你感觉不能理解某些或全部出现的问题。
- 你的团队看起来被太多要处理的问题淹没了。
- 你花了大量的时间工作，不过得到的东西不多。

8.7.3　如果我不采取措施会发生什么

这不是一个你可以什么都不做的情形，甚至想一想都不行。有太多你需要做的。如果你什么都不做，问题会逐渐加重，直到你失去对事情的控制为止。然而，你也不能继续你现在正在做的事情——那也不能帮助解决问题，因为冒出来的问题的数量会不断增多。这会导致失去对项目的控制，以及最终项目失败。你需要改变你的做事方法。

8.7.4　解决方法

这个问题的解决办法有两个截然不同的元素。首先，你需要明白你的问题所在，并着手处理是什么造成这么多的问题浮出水面。其次，你需要保证你尽可能高效地工作，你才能处理问题导致的巨大工作量。你需要一个结构化的方法：

- 每次专注于做一件事情。
- 遵循两分钟原则。
- 学会如何分派任务。
- 设置优先级。
- 设定期限。
- 让系统来帮助你。

8.7.5　我应该做什么

当问题开始出现的时候，你很容易就会被大量的工作淹没。每一个问题都需要解决，并且这些问题本身需要在别的工作正在推进的时候被解决。你需要保持冷静与克制，别让项目控制了你。

1. 每次专注于做一件事情

有生理学上的原因解释为什么不可能同时完成多个任务。在戴夫·克伦肖的《一心多用："什么都做"什么也做不成》（*The Myth of Multitasking：How 'Doing It All' Gets Nothing Done*）一书中，一个专注于时间管理方面的商业教练说道，对大部分人来说，多任务实际上应该被称为切换任务。他解释到，生理学上人类大脑并不能同时做多件事情。我们并不能真正地同时输入一份文件和检查邮件。我们在一个任务和另一个任务之间迅速地来回切换。如果我们长久地保持这个进度，压力会积累，并且我们会出现注意力问题。根据克伦肖的说法，无论我们如何快速切换，都会带来很高的成本。

1927 年，布尔玛·蔡格尼克，一个俄罗斯心理学家，描述了她做的一个实验。一百六十四人被授予了一个需要他们完成的简单任务的列表。当参加者开始时，他们被打断了几次，因此他们不能完成其中的某些任务。实验的主要发现是，在实验结束时，相比起被完成的任务，对被打断的任务的记忆会更深刻。蔡格尼克解释为什么未完成的任务在参加者的脑中挥之不去："如果任务未能完成，它带来的紧张感会继续存在，准需求（完成任务）依然在不停地灌输。"换句话说，当你开始做一件事情时，你会感受到一种紧张感。这种紧张感会一直存在，直到你完成了那个工作。当你完成了，你的大脑会从焦虑中解脱出来。不过如果你分心了，或者被打断了，你的思绪会继续停留在未完成的工作上。在一次与米歇尔·科瓦尔斯基的访问中，乔·哈特尼特，查莱士街社区大学的副教授，说道，你只能缠绕在事情之中，如在做一件事情时等待另一件。根据哈特尼特的解释，试图去为多于一个目标分配时间与精力只能降低生产力。

把你的所有注意力放在你面前的工作中是一件很重要的事情。如果你把你要做的事情放在一边，再多次地回到这件事上，你会需要更多的时间来使你自己返回正轨并恢复创造力。你的大脑需要时间去调整。如果你并没有把注意力放在当前的事情上，你的工作会受到影响。你会发现，如果你一心多用，你在每件事上都不会花费太多的时间。当你进行多任务工作时，有时你会觉得你比实际上工作得更加辛苦。

如果我们把这些应用到项目问题里，当问题的数目增多时，我们很容易会像蔡格尼克所说的那样被打断。我们有常规的项目职责，但被正渐渐浮出水面的问题所分心。这不仅仅会在问题出现时发生，而是在问题得到解决之前一直发生；它能够侵蚀我们的思维，并导致我们无法专注于其他任务。

2．遵循两分钟原则

蔡格尼克效应表明，切换任务导致你的大脑由于大量未完成的任务而超负荷，从而会带来压力。它可以推演出所谓的两分钟原则。这是戴维·艾伦（2002）的《尽管去做——无压工作的艺术》（*Getting Things Done*）组织方法的一个核心要素。概括而言，它的主要想法是，如果你有一个需要少于两分钟的事情要做，不要推迟，马上去做。这个简单的法则能够帮助你保持专注并节约时间。艾伦这样解释为什么这个原则是有效的："两分钟原则背后的想法是，存储并追踪一件事情总比马上处理它要花费更多的精力。换句话说，这是效率的捷径。"

3．学会如何分派任务

根据 19 世纪最成功的工业家之一安德鲁·卡内基的说法，一个想自己完成所有事情的人并不能做成一项伟大的事情。分派任务的能力对一个项目经理而言是非常重要的。特别是当他要处理多项任务的时候。考虑如下情景：你把一项任务分派给一位出色的员工，并给了他一个期限。现在，你让员工去完成工作。你是只在固定点进行检查，还是不停地离开桌子发送邮件去检查进度？

如果是后者，你也许是一个微观管理者。微观管理者是指那些必须自己做出每个决定，在每一个任务里面起领导作用，在极端情况下，会对每一个小的步骤给出具体指令的人。微观管理是一种错误的管理方式。管理者、员工、事情本身，都可能因微观管理而受害。

不要自己做所有事情。你永远都不会有足够的时间自己去完成所有的事情。哪怕你再厉害，你也需要帮助与支持。要记住，你最有力的手段是你的团队。你的团队成员是他们各自领域的专家。当他们在一起时，他们能像一个有力的大脑一样工作。你需要做的事情是引导他们，给他们指引正确的方向。记住，项目经理的职责是保证工作尽快完成。如果项目经理试图为每个动作给出命令，或者试图控制员工的每一项动作，团队不会表现出合理的效率。推荐的管理书籍包括：史蒂芬·柯维的《高效能人士的七个习惯》和吉姆·科林斯的《从优秀到卓越：

企业成功之道》。这些书中有关于授权、管理和领导的一些有用的想法。它们不仅仅能使你更有生产力，甚至还会改变你的整体管理风格。

例如，柯维提到的习惯里面有一项叫协同。简单地说，两个人总比一个人要好。柯维认为几个人一起工作比他们单独工作要来得好。每个人贡献出他们自己的经验和专业技能，这样团队就能得到新的智慧。一起工作时，你能注意到你以前注意不到的东西。它能够帮助你想出旧问题的新解决方法。因此，试图自己完成所有的事情不仅会带来压力，也会比你把任务与团队一起分享要来的低效。

在管理多个项目时，分配工作是一项双赢策略。一方面，你给出了让团队成员取得成功的机会。另一方面，你摆脱了部分工作。给你的团队更多的自由去协作和对项目计划做出贡献，会节省你的时间，并让你有机会在策略层面进行思考、设置优先级、在多个项目中为任务排序。分派任务会减少你的日常工作。不过别忘了与你的团队进行协作。

当谈到问题时，它们总是由你的团队成员向你升级提出的。但是这不意味着你要自己解决它们。你需要注意到它们，并且应该负起责任，但是你依然可以让团队成员去分析问题的原因并找出解决方法。实际上，在很多情况下，由于你的团队成员更理解问题的细节，因此这是最好的解决方法。

4．设置优先级

你需要掌握设置优先级的技能才能充分使用你自己和团队的资源。如果你不能很好地设定优先级，你就不能有效地处理有时间要求的事情（如项目）。

著名的时间管理矩阵把我们要做的事情根据它们的紧急性和重要性分成四类。它的原则是由德怀特·艾森豪威尔总统提出的。他认为，当一件事越重要，它越不可能是紧急的。当一件事情越紧急，它越不可能是重要的。

就像表 8.3 中所示的，第Ⅰ象限包括那些需要立即处理的事项。第Ⅲ象限是那些优先级不那么高的。第Ⅳ象限是不那么重要的，甚至被删除的。第Ⅱ象限是我们需要长期关注的。这些就是我们战略上需要的东西。有了它们，我们才能保持对工作的控制。

表 8.3　时间管理矩阵

	紧　急	非紧急
重要	I 需要立即处理的事项	II 需要长期关注的事项
不重要	III 打断和分心主要工作的事项	IV 没有价值并浪费时间的事项

戴维·艾伦（2002）解释道，我们脑海里面的东西（电子邮件、备忘录、自己想到的东西等）并不是一个任务列表。当有新的事情出现时，主要问题是你需要回答它是可以执行的，还是不是。如果回答是否定的话，有三件事我们可以做。首先，如果它不恰当的话，它可以被删除。其次，它可能会被记上某天再做的标签。最后，你可能会保持这个信息，以待参考。

那些你认为可以执行的动作可以被更进一步地组织。当你确定这件事属于哪个项目，并且它的优先级在哪里时，你会得到一个清晰的“下一步做什么” 的列表。当你完成一件任务时，你会去做列表中的下一件事情。因此，你的目标已经确定了，你就能够专心去做它。

这个原则又回到了之前提到的，未完成的事情会导致认知失调，或者简单地说，在你的头脑里面造成阻塞并使你的大脑超负荷。通过选择下一件要做的事情，并要么完成它，要么把它放在一个能够可靠地在将来提醒你的外部系统中。现在你完成了这件事情，并且摆脱了它导致的失调，让你的大脑有足够的容量去有效地专注到下一件事情中。

应用以下的原则来处理你的问题：

- 有多少问题实际上不是问题，而能够被忽略？
- 有多少问题是技术问题，但是并不需要担心？
- 有多少问题需要处理？哪些需要现在处理？哪些可以稍后处理？

5．设定期限

当你已经为要做的事情设置优先级时，你也能够为它们设定期限。通过这种方法，你能够知道什么时候需要做什么。

你也许已经听说了很多人觉得在有最后期限时工作得更好。如果你是那种人，你需要对这个方法小心。因为如果你用它作为你提高效率的唯一途径，很快它就会变成很有压力的事情。但是，如果你合理地使用它，它能帮助你及时地完成任务。

期限可以作为一个很好的帮助你调动资源和敦促你行动的工具。如果你的动力不足，你可以设定时间节点来对抗拖延症。例如，一个有生产力的系统能够适应具备每日或每周期限的任务列表。有了这些期限，就更加容易开始。

你的期限应该是比较严格还是比较灵活，这取决于你对严格的时间限制的反应，以及你正在做的项目的具体情况和你的商业环境。最重要的事情是你的期限必须符合现实。你设定一个下周要给公司带来十万美元收入的期限并不意味着这件事情本身是可以做到的。设置极端具有挑战性的期限通常会取得相反的效果。只要你开始怀疑你自己能及时完成的能力时，你就失去了尝试的动力。

你应该怎样去组织没有期限的事项，才能使得蔡格尼克效应被避免，且没有任务被遗忘呢？在敏捷开发 Scrum 方法论中（敏捷项目管理的一部分），这种任务被称为待办事项。你需要把它们在外部系统中按照优先级记录下来。这样，你把你的大脑从未完成事项的压力中释放出来。这个系统可以在以下几个方面帮助你：

- 如果这个期限是现实的，你能够满足困难而重要的期限。
- 你在做不重要的事情之前，你会做重要的事情。
- 你的工作效率会非常高并不断地向你的目标前进。

在这个系统的帮助下，你能够在任何时候重新观察这些优先级。如果一个小的事项被一个更重要的（有时是更新的）事项推迟了，你仍然有一个清晰的所有任务的概述。

6. 让系统来帮助你

让我们用之前提到的建议来详细说明。如果我们要跟着之前的提示来做，而不仅仅是期限，首先你需要选择一个能够帮你完成任务管理的系统。这样才能使得之前的提示不会变成新的任务来增加压力，而是减少它。

当你具备这个系统的时候，你不需要记住所有这些信息。你能够专注于你现有的任务。所有将要到来的任务将会在外部系统中安全贮存。有些人依然会很倾向于使用纸笔，不过如果你真的有很多事情要做，你需要迅速地找到解决方法。因此，这里所说的系统一般是指一个有效的处理你的团队工作中的组织工作的软件。它能够使你专注于项目的主要目标，而它会完成秘书的工作，如整合团队的计划、要求进度更新，或者发出将要到来的期限的预告。

不要选择一个让你为每个项目单独创建工作空间的软件。把项目数据分开并做出时间安排是一个常见的错误。许多传统的项目管理工具会使你很难改变初始计划。

选择一个灵活的应用程序，可以让你轻松保持最新的计划。有些基于网页的应用会允许你的团队成员在计划里面直接更新他们的状态。由于这使得你不用手工收集所有的更新并整合进你的时间表里，因此会节省你很多时间。一个这样的工具也会提升你分派任务的技能。

让我们做一个你需要的系统的总结。这个系统需要：

- 把所有的任务在一个地方列出来——紧急和不紧急——以免丢失或遗忘任何一项任务。
- 追踪任务分派情况。
- 使得团队成员能够对项目计划有所贡献。
- 为你的团队和你自己设置优先级。
- 为每一个任务设定期限。
- 提醒你期限的存在。

当你开始一个项目，或者更多的时候，你需要一个可靠的软件去整合你的数据。你需要一个能使你的所有数据整齐地组织起来的工具，以便对当前状况有一个较好的全局印象。工具会使你的生活变得简单，而不是为你增加更多的工作。当为一个多任务环境选择一个项目管理工具时，保证它能够把多个项目的时间计划整合起来，并且时间计划要易于更新。同时，也要选择那些不会强迫你做重复工作的工具。例如，你已经大量地使用电子邮件进行团队协作了，那么找一个能够很好地与电子邮件整合的工具。

7. 关于失去控制

本节假设你已经通过采用更有效的工作方式，避免新的问题分散你的注意力，控制住了事态的发展。然而，你必须承认，有时候，项目会陷进太严重的问题之中，导致短时间内出现了大量的问题，然后你需要停止推进，并查明问题的根源。

在这种情况下，你需要找到问题的根源，解决它，然后才能前进。这显然会对项目产生短期影响，但问题已经在被真正的处理是唯一可行的路径。如果问题十分严重，项目最终可能会被取消。

8.8 多少状态报告才是足够的

进度陷阱

吉姆看着时钟，注意到他已经在准备状态报告中花费了又一天时间了。项目本来并不准备这样进行。他知道，状态更新是他与组织对项目进展进行交流的工具之一，是非常重要的。然而他很确定，报告不应该使得他不能做任何实际工作或者为团队移除障碍。

遗憾的是，吉姆有五个高级的干系人监督着这个项目。每个人都有独立的需求，他们想在以不同格式呈现的报告中看到项目的进展。很奇怪，无论他花费多少时间在报告上，他们都会在大厅里让他停下来进行口头汇报。看起来就像他们甚至没有看过他发给他们的报告似的。如果吉姆真的想要主动管理这个项目，他需要改变他更新报告的做法。基于他现在写在报告里的事情，他需要迅速改变它以使得他作为项目经理的工作回到正轨。他如何平衡管理状态报告工作与领导项目的努力呢？

8.8.1 问题

假设你正在管理两个独立的项目。在一个项目里，事情都很顺利，你与团队有着清晰的交流，进度在按照时间不断推进。更好的是，管理层对此表示满意。由于事情很顺利，你不再参与状态报告。毕竟，状态报告只有当事情脱轨的时候才有重要的意义，不是吗？同时，如果管理层不再询问，为什么花时间去做呢？

你的另一个项目就完全不一样了，它现在处于灾难与混沌之间的某种状态。恐慌的高层主管不断地要求你进行状态更新，这使得你花费大量时间在创建并发送状态更新上，而不是花在实际工作上。好消息是，由于你把注意力放在状态更新上，你以很高的频率收集到各种重要信息。明显地，让整个团队停下来并告诉你他们在做什么打扰了他们的工作。但是又有什么别的东西能让你取悦发起人呢？最大的问题是当你发现有很多东西能够被拧紧或优化时，你太忙于收集和报告状态了，以至于没有时间去处理你看到的问题。

因此，哪个项目更倾向于失败呢？答案是，两个都是。它们也许可以，也许不可以交付想要的产品，不过从交流的角度而言，他们都注定失败。

8.8.2　告警信号

如果你发出去的报告更新有问题，一些告警信号也许会指示出你要么报告得太多，要么报告得太少，因而你的报告并不能像想要的那样成为一个有效的沟通方式。

- 相比于解决能使得交付更快更有效的问题，你花费更多时间在收集和报告状态上。
- 收集状态这件事情降低了团队完成工作的能力。
- 你有一两周没有进行状态更新了，但没人发现。
- 你开始使用状态报告作为一种用大量信息淹没管理层、让他们害怕询问问题的手段。
- 你不确定组织里对状态报告的监管合规政策是什么。
- 你不知道谁会使用这些报告，如何使用，或者这些报告的最终目的何在。

8.8.3　如果我不采取措施会发生什么

不管你是在一个因为你发现没有人关心，因此想要取消状态更新的项目中，还是你把你的所有醒着的时间都花在收集和报告状态，你也许会正在朝着使客户不开心的境地前进。一旦你到达那里，你就不能真的为项目服务，因为你需要花费你所有的时间试着去挽回你本不应损失的客户。这很可能发生，不管你是否交付了客户要求的东西，因为他们感知事态的发展被状态报告过滤了。

8.8.4　解决方法

在任何一个项目中，你需要保证你的状态报告在不妨碍团队的前提下，为客户提供尽可能多的价值。首先，问你自己几个问题：

- 关于状态报告，是否存在组织的或者合规性方面的要求？
- 客户是不是有现成的格式、频率或者其他做法？如果是，它们是否适合现在的项目，或者你是否需要寻找一种替代格式？

- 客户最容易接受并理解项目状态更新的方法是什么?
- 从团队获取更新信息，而又不会打扰他们工作的最好方法是什么?
- 哪些人接收状态报告，用它来做什么，什么信息是有价值的?
- 当你看着状态报告时，你知道为什么所要求的每个字段的信息是有价值的?
- 你是否为干系人建立起了如何在报告中获取状态更新的指引?

本节会告诉你如何找到这些问题的答案。这会让你知道多少状态更新及频度是必要的，以及为什么。

8.8.5 我应该做什么

当你在管理一个项目时，其中一项最应该记住的是作为一个项目经理，我们应该把大部分时间花在沟通上。遗憾的是，大部分处于项目领导地位的人忘记的一件事情是需要将注意力放在把工作、项目、团队的价值推销给客户上。状态报告是我们用来在团队和干系人之间进行沟通、同时把我们的工作（不管是不是新闻）价值推销给客户的最重要的工具之一。

现在，我们已经把需要确定多少状态更新时，要问的一些关键问题列出来了。让我们仔细看一下为什么我们要问每个问题，每个问题又能怎样帮助我们。

1. 关于状态报告，是否存在组织的或者合规性方面的要求

为什么问这个问题?

很多组织会有对你如何管理项目的具体要求。这也许是通过成文要求。例如，《萨班斯·奥克斯利法案》，它是为了使组织能够满足如国际标准化组织等产业组织，或者软件工程学院的软件能力成熟度模型等要求的最佳实践。这种预先决定的标准也许要让你改变处理状态报告的方式。

它如何帮助我们?

当你在任何一个环境中管理一个项目的时候，你需要保证你满足公司的要求，并承认这是环境的一部分。如果公司要求你用一个特定的方法去报告状态，你需要把你的做法进行调整，以使得它不会与公司的最佳实践相违背。

2. 客户是否有对格式、频率或其他做法的既定要求

为什么问这个问题?

我们提供状态的原因是与组织沟通项目进展。这么做主要是因为我们想让他们了解他们正面临的完成状况、风险、需要做出的决策等事宜。如果有现成的方法来交付这些信息，这样的方法能让接收者更容易理解。

它如何帮助我们?

作为项目经理，我们负责保证我们的交流按客户打算的方式被接收到并正确理解了。向客户提供信息是一种常见的减少他们可能面临的障碍的方法。保持它简单易懂，用他们的语言说话，这样能让他们更容易理解。

3. 客户最容易接受并理解项目状态更新的方法是什么

为什么问这个问题?

即使有了既定的交付状态的方式，我们依然应该询问接收人这种方式对他们而言是否有效。因为有了现成的做法并不意味着没有改进的空间。如果我们的目标是让信息更容易被客户理解，我们需要知道客户的喜好。

它如何帮助我们?

这也是跟移除信息障碍相关的。如果我们能够把各户需要的信息在一个他们觉得更容易理解的时间、地点、方法呈现给他们，他们更可能会拿到他们想要的信息，因而能在正确的时间做出正确的决定。

在传统组织进行敏捷项目的项目经理们经常遇到一个常见的问题。传统的高级管理人员以及项目管理办公室并不习惯于接受和解释像需求列表和燃尽图等内容，他们也不知道怎么去创建它们。对项目而言，最好的做法也许是使用一个用传统方式表现关键元素，并把需要的部分从敏捷流程里提取出来的做法。

4. 整个团队应该负责提供状态，不过得到更新信息而不会对他们的工作效率带来负面影响的最好方法是什么

为什么问这个问题?

目前为止，大部分问题是关于信息的接收者。不过我们还没有讨论信息的提供者。问题是，每次当我们打断团队工作去收集状态信息时，我们在把他们从实际工作中拉出来。即使这是他们职责的一部分，这也为项目带来了额外的成本。

我们希望在收集信息时尽可能减少对团队工作效率的负面影响。

它如何帮助我们?

由于收集信息会影响团队的工作效率，我们希望找到一个对他们来说越简单越好的收集信息的方法。让团队成员提出他们想要如何以及在什么时候被打断，才能使得他们的工作时间被尽可能好地使用。同时，这也能让团队成员和项目经理更加尊重他们的工作。

需要记住同时也是很多项目经理容易忽视的是，团队和他们的工作应该比项目经理的工作具有更高的优先级。状态报告对一个成功的项目而言很重要。不过，如果报告都完成了，但是团队由于太忙于提供状态而没有完成工作，那么一个完美的状态报告记录不会挽救局面。

5. 哪些人接收状态报告，用它来做什么，什么信息是有价值的

为什么问这个问题?

当我们交流状态时，如果我们知道准备与谁交流，对他们而言什么信息是最有价值的，他们为什么需要这些信息的话，我们能够更有效地提供信息。

它如何帮助我们?

知道状态报告的接收者认为什么是有价值的、需要什么样的信息、用这些信息来做什么，以及他们希望怎么接收这些信息的时候，我们就可以通过为接收人进行调整的方式来使得我们的状态报告更有效。我们越能够使得我们的报告更容易被接收人理解，我们的好处就越大。

6. 你是否为干系人建立起了如何在报告中获取状态更新的指引

为什么问这个问题?

不管你花了多少时间去把项目状态报告整合在一起，总会有那么一两个人在你没有计划更新状态报告的时候提出特别的更新需求。这也许会花费你大量的时间，并使得双方都感到沮丧。建立状态报告会何时、以何种格式进行交付的指引，极大地有助于让客户感受到你以一种他们觉得舒适的频度、能够接受的方式得到提出的需求信息。

它如何帮助我们?

对任何一个项目而言，设置规范的行为是一项重要的工作。当工作是否被完成具有不确定性时，制定一个可靠的流程是一个成功项目的重要部分。客户需要知道他们什么时候会得到状态更新报告，并且（希望）项目经理会有时间处理除了状态之外的事情。

8.9 我不知道如何测试以确保事情会起作用

一步步地爬楼梯

凯拉总是喜欢制造东西。这就是为什么她渴望成为一个指派到开发新产品项目的项目经理。这对她来说是一个很好的机会，更好的是，这件事很有趣。

然而，凯拉之前并没有管理过产品开发项目。她管理过这个领域中的几个维护项目，不过那是在产品已经完成之后了。即使她从其他项目经理那儿听说了很多恐怖的故事，但她仍很期待这个开发项目。在那些故事里，不停地寻找和解决各种问题是必需的。在某种程度上，是客户发现了问题。这不能发生在凯拉身上。她不能让麻烦来到她身上。她的职业生涯会因此停滞的。

那么，她怎么能够保证项目会成功呢？"唔"，她对自己说，"我对我们所拥有的资源和时间表示满意。"不过，她总会感觉到有些不安。她并不确信最后的产品会像计划的一样工作。她知道她可以在产品发给客户之前的项目后期做很多测试。但是，她前任也这么做了，但是仍失败了。凯拉记得前任所说的："不管我们在最后做了多少测试，那都不够。感觉没有一个方法能够让测试解决这个问题。"

凯拉知道产品测试和质量控制至关重要。因此，是否应该像她前任一样在最后才做质量控制呢？或者，她们没有测试正确的东西？或者两者都是？

8.9.1 问题

这是一个开发项目，目的是建造一些东西，而你不想在最后因为失败的检查或本来可以避免的质量保证测试而陷入困境。然而，你并不知道如何在你的项目中建立测试制度。你知道你不想等到项目结束才测试所有东西，那么你应该怎么做呢？

8.9.2 告警信号

你的项目中也许有一些问题在显示信号，它们包括：

- 项目计划里面并没有太多质量测试。
- 产品总是不能通过质量测试。
- 其他团队成员对产品能否满足技术要求感到不安。
- 团队成员正在为成功而不是失败进行测试。
- 并没有一个良好的、坚实的测试计划。

8.9.3 如果我不采取措施会发生什么

如果你不在项目周期里规划综合性测试，那么你就是完全依赖于最终的测试。不可避免地，问题会发生。当最终测试失败了，我们很难去找到问题所在。当然，也许最终我们能做到，不过它会消耗大量的时间与资源。你会失去你从项目里获得的利益（甚至损失金钱）。更重要的是，客户或最终用户也会感到沮丧，而你们的关系会遭到损害（甚至不可恢复的损害）。

8.9.4 解决方法

这个问题的解决方法并不难：你需要从底层开始测试（如按顺序测试小的部件、组件、子系统、整个系统）。然而，这件事情并不能自然而然地发生。作为一个项目经理，你需要保证你的项目计划包括所有这些测试，并需要考虑如果测试失败的话，需要做些什么：

- 测试小部件、组件、子系统、完整系统的计划。
- 将针对返工或更正的预防性措施放进项目中。
- 建立控制流程进入下一个阶段的关口。

8.9.5 我应该做什么

组成我们完整系统的部件、组件、子系统用得越多，它们之间的交互联系就会变得越复杂。当这个关系越复杂时，我们的系统就越容易失败。在本节中，假设系统的层次从独立部件开始（如螺丝、金属片）。多个部件构成一个组件，组件是最小的安装单位。多个组件构成一个作为稍大的安装单位的子系统。最终，多个子系统合成了整个系统。也许系统会有更多的层次，不过为了讨论需要，我们就用这个简单的例子。

给定以上的系统层次，你需要由底向上进行测试。因此，在每个部件组成一个组件之前，测试它们。在项目计划里，包括测试、质量控制，或者其他保证部件能满足要求的检查（如长度、宽度、重量、颜色、外形）。

假设所有部件都能通过测试并不现实，因此保证你的计划包含通过以下方法解决这些问题的时间与资金：

- 修理并完善有问题的部件。
- 更换有问题的部件。

当所有必要的部件通过测试时，它们就可以被组装成组件。在这时，因为你已经知道所有部件都是好的，问题只可能存在于把部件整合和组装时。这缩小了当你需要找到组件不能通过测试时你需要检查的范围。你已经知道所有部件都是好的，因此问题不可能出在某个部件上。问题肯定与部件的相互连接有关。也许原来的对于部件的要求有错。例如，几个部件的宽度公差会在它们并排组装的时候积累起来。

同样地，当组件通过了所有测试，你需要进行子系统等级测试。如果所有的组件都通过了测试，所有在子系统等级暴露的问题和失效都与组件的整合和组装有关。就像之前提到的，也许失效是由于子系统等级的不好或错误的要求。它们需要被检查。

之后，当所有的子系统都通过了测试，最后一步是把整个子系统组合成最终系统，或者我们的产品。当你往前推进项目时，解决方式可能会从更换（通常在部件层）变成修理或更正。

记住，每一层级的测试都必须明确地在计划里面写出来，不然我们可能会没有足够的时间和资源分配给它们。计划里也要包含处理错误的时间与资源。一层层地寻找错误比在整个系统里面寻找错误要来的简单。

最糟糕的情况是当最终用户发现了错误或问题的时候。的确，在每一层添加测试增加了整个项目的成本和时间，不过它们在开发过程中的确是必要的。关键点在于，当你没能在当前这一层通过所有测试时，不要向前推进。如果你推进了，事情会变得让人困惑，并且需要花大量时间去寻找什么东西错了。

以建立一个测试计划开始，以下有一些关键点，特别是像前面所说的，测试某一层级的时候。

什么应该被测试?

- 任何与客户或最终用户定义的产品的可用性相关的技术方向，如物理性质（如尺寸、体积、重量、移动速度、颜色）、电气性质（电导、电压），或者其他性质（如在一个目标群体里面，至少 7/10 的人能拿到可以接受的评分）。

谁应该参与测试?

- 团队成员，以及其他与特定的组件、子系统、系统相关的人。例如，不管产品是什么，当它具有印刷电路板时，我们也许就需要有一个人管理所有的印刷电路板。
- 公司里特定方向的、具有技术方面的专业能力，或者对要测试的功能（如电子的、机械的）有深入理解的专家，无论他是否在团队里面。
- 质量控制或质量保证人员（能代表公司进行测试的，能够正确地评判组件、子系统、最终系统是否已经通过测试的人，他也许不在团队里面）。

每次测试的交付物包括什么?

- 测试说明。
- 测试结果。
- 测试成功或失败的讨论。
- 基于测试失败，针对产品所需的修正。
- 如果需要修正产品，需要完成的任务以及最后期限的时间表。它实际上是一个把产品带回正轨的小型计划。
- 一份最终报告，包括之前提到的东西，以及需要递交给下一组测试人员的东西。

注意：继续之前，产品层级的相同等级的测试，需要实施、修理、再实施，直至取得成功的结论，这可能是一个迭代过程。

8.10 我无法与人很好地远程协作

眼不见，心不烦吗

朱莉刚刚结束另一个与她的团队和客户的电话会议。她绝望地叹息，这已经是连续第三次会议了，然而事情看起来没有什么变化，项目时间计划却在不断地延迟。她的问题看起来是由于团队成员和客户们都分散在遥远的地方造成的。她发现越来越难以让每个人保持关注和投入。

她深刻地反省了刚才的会议。有一个预示着问题会继续恶化的征兆。每个人都在电话会议里出现了。然而，她团队里的一些人迟到了五分钟，因此需要通过即时信息来跟上进度。更糟糕的是，客户方的关键干系人出现得更迟。因此会议进度推后了以使得每个人都能赶得上。

曾有一段时间，没有人说话，她感觉就像只有她一个人还在一样。她需要重复同样的问题若干次才能得到回复。有一次，问题只能留在那里，她必须继续跟着议程表前进。更糟糕的是，有一个需要交付的产品被理解错了。她团队里的一个人抱怨粗略的需求和那个懒惰的客户方的项目经理。而那个项目经理也在电话会议上。

朱莉知道必须做出一些改变，否则这个项目，甚至包括她的项目经理职位，将会摇摇欲坠。她知道这一切仅仅是因为她不能面对面地见到每一个人，一定有一个更好的办法解决这个问题。

8.10.1 问题

我的客户和我的团队在进行远程协作，核心人员待在主办公室里。然而，其他团队成员被分散在整个国家，甚至在不同时区的国外。要想把他们召集起来并不容易。即使我们这样做了，我感觉到也并不是所有人都会把手头的东西放下，认真参与远程会议。

8.10.2 告警信号

你有一个远程团队（或者一些远程团队成员）并不意味着你会有这个问题。

这个问题只有当团队在空间和时间上有差别、不能有效地工作时，才会出现。寻找如下一些警告信号：

- 任务需要比预想的更多的时间来完成，或者成本更高，或者质量存疑。注意：这也可能是其他问题的表现，与远程协作相关的问题可能只是其中的问题之一。
- 在电话会议上出现令人尴尬的沉默。
- 在电话会议上经常出现需要你重述的情况。
- 团队成员在远程会议上迟到。
- 由于大家没有一起协作，出现了一些错误的理解。

8.10.3 如果我不采取措施会发生什么

项目前进所需要的能量和兴奋度会快速地下降。关键的决策者会不再把注意力放在项目上，更少人会参加会议。会议会变成仅仅是装一下样子。项目会迅速脱轨。

8.10.4 解决方法

要克服远程协作的问题，你需要用你的项目领导力去解决目前的状况。从选择能够有效地远程工作的团队成员，到有效地开展远程会议，你需要处理以下一些事项：

（1）了解你的团队。

（2）设置明确的期望。

（3）保持联系。

（4）从小处（或短处）着手。

（5）开展有效的会议。

（6）考虑远程团队成员的感受。

（7）识别远程管理的挑战。

8.10.5 我应该做什么

不用说，当附近没有其他人时，团队成员会做一些平常不会做的事情，这也包括远程工作时。多任务、只听一部分、被工作之外的东西分心等都会成为远程协作的挑战。

1．了解你的团队

只有一个自律的、自我驱动的、自我激励的人才能够远程工作。并不是所有人都能在远程工作的环境下承担起他们的职责。而且有很多人并不喜欢远离核心团队。

有些人需要时间计划、规章制度、友情、体系等陪伴或约束在工作场所。作为一位项目经理，根据他们以前的工作历史，需要多少持续指引，以及他们的动力，能够很容易地把他们区分出来。

如果你作为他们的项目经理，有权利的话，你可以只把适于远程工作的人放在这个位置上，从而避免团队的失败（以及你自己的沮丧）。在某些情况下，那意味着把一个技能稍差或稍欠经验的不那么有效率的人，而不是一个老练的、能够远程工作的成员，放在核心团队中。

2．设置明确的期望

当你已经选择好能够承担项目职责以及远程工作带来的额外挑战的团队成员时，你需要为他们定下明确的期望。其中一个原则与一个军事用语“静默”有关，它意味着某人需要变得隐姓埋名，躲藏起来，或者变得不愿交际。作为一个项目经理，你应该明确地与你的团队成员说，在工作时段，你们不能进入“静默”状态。

这在实际工作中意味着什么呢？如果有一个问题需要得到解答，或者方向需要改变，或者因为其他原因你需要跟你的团队成员取得联系时，你需要能够马上联系到他们，并且得到他们的回答，或者得到他们收到你的消息的确认。这就像他们会接听你的电话、迅速回复你的邮件或者马上参加一个电话会议等一样简单。

远程工作者应该尽其所能，比在办公室能更加快速地响应。

3．保持联系

如果你只在电话会议时和你的远程团队成员进行联系，那么你们有可能会失去联系。团队成员也许会懒于提出需要团队解决的问题。你需要保证设置单独的谈话，把它们放进你的交流计划中，并使用像在线研讨会或视频会议等协同技术来保证交流。

4. 从小处（或短处）着手

给予比获取简单。如果出于方便而不是地理上的原因希望远程工作，与其一开始就同意让他们一周几天或整周地远程工作，不如让他们先试着一天远程工作来完成项目的某一部分。评估做得怎么样，然后再展开。另一个办法是让某人试着短时间内远程工作。两种办法都是逐渐改变的，因此能够给你提供机会，看一下某人如何在远程工作环境中工作，以及必要时调整交流的方式。

当远程工作越来越常见时，你需要明白，这应该成为一项福利，或者杰出表现的奖励，而不是团队的常态。

5. 开展有效的会议

成功地与远程员工进行协作和你的远程会议或虚拟会议开展得有多成功有关。人们需要把远程会议和需要他们亲自参加的会议看作具有同等重要性，或者认为远程会议更加重要。在一个面对面的会议里，当你迟到了，你很难在大家的眼皮子底下不打扰会议地找个位子坐下。如果有人迟到了，这种沮丧会随着距离的增加而增加。特别是当你不能与某个至关重要的人取得联系时。

以下是一些能帮助你将虚拟会议开展得尽可能有效的建议。

- **为会议设定目的**：日常的状态会议和报告耗费了大量的宝贵时间。状态更新可以提前发送给干系人阅读。会议本身应该专注于问题的发现、风险的迁移和问题的解决。
- **保证所有人都准时**：电话会议的一个主要原则是保证所有人都能准时出现，并使会议准时开始。如果仅仅是因为某个关键成员迟到了导致在电话上长时间沉默，那将是非常尴尬的。向你的团队强调，每个人准时参加电话会议是一项原则。如果某人将要迟到了，那么他应该让你知道，这样你就可以调整议程表或者重新安排时间。这项原则在内部会议里有效，但更应该在客户方有人参加会议的时候被强调。
- **把控制权交给其他团队成员**：你召集的会议并不意味着你需要主持会议。把控制权交给别的团队成员会让他们保持参加的主动性。特别是需要通过网络会议进行展示、解释或其他活动时，团队成员能够通过他们的电脑掌控会议。
- **说出他们的名字**：参会人员应该把注意力百分之百地放在会议上。然而，事实上并不总是这样的，团队成员可能被分散注意力，或者在进行多项任务。与其抓住他们，让他们要求你重新陈述问题，不如这样开始："谢丽尔，你知道这里有一个问题……"然后重复刚才的问题。这样会让你的团队成员有机会调整，并给出一个注意力集中之后的答案。

- **提前解决技术问题**：当谈论虚拟会议时，如果涉及技术，不要假设所有东西都是好的。特别是当有很多人参加的时候。你需要提前测试以保证所有设备都跟想象中一样地运行。
- **关闭邮件提醒和即时通信**：没有比在分享你的界面时所有人都看到一封你接收到的秘密邮件的标题，或者别人发给你的、涉及某个参会人员的信息更糟糕的事情了。不要冒这个风险。把它们关掉！

6. 如果你是远程参会者

以下是几点关于你如何参加远程会议的建议。

- **停止多任务操作**：当电话会议中有一个你不太感兴趣的主题时你很难停止处理其他任务。你首先会检查邮件，为分配给你的某项任务做收尾，甚至打另一个电话。你应该养成把电话会议和你亲自参加的会议同等看待的习惯。如果你不想在人们面前做这些事，那么你也别在远程会议的时候做。这会让你从会议中得到更多，并保持你的参与度。
- **知道谁在参加**：始终确定你知道谁在参与电话会议。我们总是听说这种故事：某人在讨论他的客户有多么不理智，或愚蠢，或急躁——事后却发现客户也在参加电话会议。不要让这种事情发生在你的身上。首先你不应该这么做，其次你应该知道谁在电话的另一端。
- **提问**：一个好的远程会议的参加者总是会让人听得见、看得着。当会议收尾，有人会问是否有人有问题时——提些问题。每个人都会欣赏有意义的问题，也会欣赏你的确在听他人在想什么，因而能提出那些问题。

不管你在主持会议或者出席会议，你还有其他东西需要记住。其中一点是当别人正在讲话的时候，不要疯狂地敲键盘。另一点是你应该有一个良好的电话设备。试图从一个廉价的麦克风里辨认句子对所有试图听清你在讲什么的人来说是一件令人沮丧的事情。

7. 识别远程管理的挑战

把个人的注意力放在你的团队成员上。你也许会发现团队成员的绩效或工作质量下滑的趋向。与所有团队成员建立一个直率而可信的关系会让你能够与他们直率地对话。是他们的个人生活发生了什么吗？他们在提出问题时是否会犹豫不定？了解他们的历史和挑战会使你能够帮助他们战胜任何可能会影响你的项目的问题。

8.11 我不知道如何平衡项目需求与团队需求

了解你的团队成员

我曾经为一家大公司工作，帮助他们推出一个网站。这在今天听起来很平常，不过那是 20 世纪 90 年代末期的事情，并没有很多人拥有把网站建立起来运行的知识。

我要求了一家代理机构帮我找一个能够检查拼写的实习生。因为我们很粗糙地做了数百个页面。亚历克斯，代理人带给我的实习生，能够很好地完成检查拼写的工作。不过经常地，当我走过他身边的时候，他很兴奋地告诉我他发现的新东西——如何解决我们团队的技术人员正在绞尽脑汁试图搞定的图形和文字问题。很明显，亚历克斯并不应该仅仅做拼写检查工作。

我跟其中一个工程经理进行了对话，把亚历克斯完成的工作展示给他看，并很快把亚历克斯转到他的部门去，这样他就可以应对那些吸引他的挑战。在那里，他的技能是非常重要的。其他部门并没有聘请一个实习生的经费，不过我这么做是为了整个项目的利益，而不仅仅是我负责的部分。

8.11.1 问题

你的项目有一个极其紧迫的时间计划。你需要全力以赴才能准时完成。不过有些团队成员开始变慢了。他们并不像项目开始之初那样斗志昂扬。现在，你需要担心团队士气和项目时间计划了。

8.11.2　告警信号

当团队的需求跟项目的需求不平衡时，你需要迅速地认识到问题，否则，后果可能难以挽回。注意以下信号：

- 团队成员表现出参与度降低，士气下降。
- 团队成员间冲突与争吵出现的频率上升。
- 每个人看起来都很敏感，包括你。
- 有些团队成员表现出将要精疲力竭的迹象，如像喝水一样喝咖啡，没有充足的睡眠，长时间工作，突然大哭等。
- 你的团队中有非常聪明的人，但是他们并没有贡献出他们最好的聪明才智。
- 项目进度变慢。

8.11.3　如果我不采取措施会发生什么

你也许能够熬过这个项目，不过它会越来越令人痛苦。你最后需要把每个团队成员拉过终点线。

由于不能很好地让他们发挥作用，因此你在浪费团队中的人才。一个好的项目，不管它多么重要，也不会比每个团队成员更重要。大部分项目的团队成员是全职工作，这是一个让人不愉快的事实。如果你只考虑你的团队成员能为你的项目提供什么，那么你无法将团队的潜能发挥到极致。

如果你的团队成员没有动力、缺乏灵感以及不受约束，那么你的杰出计划只会成为泡影，因为人们没有激情，很难真正实现项目目标。

8.11.4　解决方法

你知道你需要平衡项目的成本、时间和范围。让任何一个要素失控都会导致项目的失败。同样地，你并不总是能够成功执行你的计划并期望所有事情都会一帆风顺（见图 8.1）。项目的成功取决于你能否：

图 8.1　项目成功的要素

（1）执行项目计划。

（2）开发并指导你的项目团队去发挥最大能力。

（3）帮助每个成员发挥潜能。

（4）让团队成员参与进来，并提供合适的自主权。

8.11.5　我应该做什么

作为项目经理，完全把注意力放在项目计划上是很吸引人的。能否成功执行你的计划完全取决于你的团队成员，而且，你的团队成员之间是独立的。如果你只把注意力放在执行你的计划上，忽视团队成员的个体诉求，你的项目会发生问题。例如，如果你的团队能够很好地协作，除了一个缺少动力且经常错过期限的人，那么整个团队会开始有麻烦，你的项目成功可能处于危险之中。以下是在整体项目计划过程中，你平衡个人需求与团队需求的职责。

1. 执行项目计划

项目团队的所有成员都必须完全理解为什么要做这个项目，从而为项目做出最好的决定。把下述信息告诉你的团队是你的责任。

- 团队全体成员都完全明白项目的目标，以及什么是成功。
- 你已经清晰地告知项目时间计划、资源限制、质量标准、风险与问题，而且你的团队理解它们。
- 你要管理、更新、沟通，并提供一个详细的包含所有关键里程碑的项目计划。

2．开发并指导项目团队

如果项目成员并不向你报告，那没什么。确保他们都拥有能使他们成功的工具是你的责任。

他们应该如何协作？可以像建立规范和流程那样正式，也可以像接受覆盖进度和问题的每日常务会议那样非正式。不管你怎么做，你需要和你的团队达成一致。

你会用什么方法管理项目？制定什么时候会发生什么的期望，谈论各种对选择的担忧，这样会减少令人不愉快的意外。真正地去带领团队，而不仅仅是管理时间计划。你需要真正理解以下的问题和挑战，以及团队产生的总体成果。

- 团队成员真的理解他们的职责吗？
- 你负责保证项目资源的可用性，使得团队能完成项目目标，包括团队成员的技能和培训。
- 感恩团队，作为项目经理你是称职的；对于团队成员，你是随时可找到的。
- 鼓励对话与争论。如果所有人都马上同意一件事，那就是一个明显的表明它没有被完全理解的标志。
- 不要忘了给你团队的表现提供日常的、建设性的反馈。不要顾虑他们每个人也许会有自己的经理。他们需要从你这儿知道他们做得怎么样，以及哪里能够改善。

你希望团队成员相互分享想法并产生高标准的创新与创造力。你也希望你的团队能承担起他们的工作以及他们的承诺。一个高度有效的团队会自由地交流信息，团队成员也总是开放而诚恳的面对彼此。

作为项目经理，你工作的一部分是把你自己摆在你的项目团队与组织其他部门之间。你报告你的团队的成功与失败。在管理层面前，你代表你的团队。同时，你也把管理层的请求进行过滤，再转达给你的项目团队。你就像车的减震器一样。你吸收冲击和碰撞，从而使得你的团队不需要这样。

你应该与你的团队在不增加他们压力的前提下沟通管理期望。你的工作是让团队保持专注，完成目标，并让团队成员感觉到他们的努力工作获得了回报。

最好的团队花费大量的时间和精力去探索，磨砺出一个属于他们的整体和个体的目标，并就其达成共识。他们把这个目标转化为特定的绩效目标，如让一个产品在短期内完成。如果一个团队不能建立特定的绩效目标，或者这些目标并不能与项目的总体目标相关，那么团队成员会感到困惑，被隔离，甚至表现平平。不过当个体目标跟总体目标相互匹配时，他们会变成绩效的有力引擎。

3. 帮助每个成员发挥潜能

- 把团队作为一个整体来看待并不够。你需要认识每一位成员，找到他们的动力是什么，如何最好地让他们发挥作用，为项目创造更高的利益。
- 确保你一对一地花费时间在每一位团队成员身上。发现他们的长处和弱点、他们的需求、他们所具有的能对团队产生贡献的技能。
- 与每一位团队成员共同制订如何使得他们个人目标与团队目标同时完成的计划。找出什么对他们来说是重要的，什么使得他们对自己的工作感到兴奋。
- 知道每个人的独立性、有多少经验。确保他们拥有如你计划那样匹配的技能水平。如果你能给他们足够的范围使得他们能够在各自的领域解决问题，那么他们是否具有足够的经验与情商去处理他们的职责？
- 确保每个人拥有使得他们能够成功扮演在团队中角色的技巧。
- 别忘了赞美团队成员，并奖励每个人为团队以及项目的成功做出的贡献。
- 帮助每个人定义其在团队中的角色，并且就他们负责的任务达成一致。
- 如果有团队成员落后了，指导他们直到他们回到正轨。
- 是否团队的每个成员都致力于交付日期的完成？

很容易被遗忘的一点是项目经理是管理人员的经理，而不是管理技术的经理。如果你能够正确地管理团队成员，他们就会管理技术。

你需要有效率地管理你的团队成员，才能避免“着火”。在某些环境中，客户永远会带着新的需求和优先处理的事情找到你，这就要求你放下手头的其他工作立即处理。

管理这些需求是你的工作。不要只是默许和催促你的团队成员。你应该把利益权衡展现给客户。把目前做法的价值展现给客户，把改变的影响展示给客户，帮助客户做出一个更明智的决定。这样会使客户与你们联系得更紧密，客户感觉到能对输出有更多的控制，也会更满意。同时，你的团队的参与性也更强。

4．让团队成员参与进来，并提供合适的自主权

最好的激励团队成员的方式是尊重他们，给予他们自主权，把他们与一个很强的目标联系起来。过去，项目经理们相信：你需要鞭策团队成员，如果你给他们任何空间，他们会偷懒并开始浏览他们喜欢的运动网站。

现在，我们有了更好的理解。对大部分人来说，专注于你的工作，为你的工作而兴奋是很自然的。创造力会在你的团队中散播开来。人们想要为他们自己的工作骄傲。如果你同意的话，他们会更有责任感。

如果你认为你的团队是平庸的，需要你的领导才能达到成功，相信我，他们也会对此应付自如，并给你平庸的结果。如果你想要你的团队成员们给你惊喜，你需要激励他们。

当你让你的团队成员找到解决问题的方法以及如何协作时，它能对每个人的表现和态度带来有力的正面影响。自主权能带来更高的产出，更少的精疲力竭，以及更享受的工作。

努力去发现你的团队成员的想法的闪光点。你提供问题，聆听，然后得到答案。让你的成员找到最优方案。

让人们参与到目标制定上来。员工们会对他们一起设定的目标更有献身精神。这样可以调动他们的积极性。如果你为某人设定了一个目标，相比于他们自己设定的目标而言，他们会表现得更为被动，就像人们更喜欢在他们为之骄傲的工作上大展身手一样。他们会做他们能做的任何事去达到这个目标。

自主权能使员工更有动力，更为愉快。如果你需要你的团队有创造力并能解决问题，那么为什么不习惯于让他们参与到那个层次呢?

（1）激情中的自主权。

你知道你需要交付你的项目。那么，如何把团队成员的想法和欲望整合到现实之中呢?

当人们在做一些有热情的事情时，他们会工作得更好。例如，Atlassian 是一个为软件工程师提供工具的公司。在每个季度，公司会空出来一整天的时间让工程师们钻研任何和他们日常工作无关的软件问题。其过程如下：在星期四的下午，他们开始编写代码或者设计一个新的想法。二十四小时后，星期五的下午，他们向公司的其他成员展示成果。他们把这叫作联邦快递日——也就是那些需要绝对

在一晚内交付的东西。实际上，很多人太沉醉于他们自己的项目，因此通宵工作来完成它们。

这些二十四小时的自由和创造力导致的成果包括修复一些长期存在的问题，以及产生一些最终为公司带来收入的新产品。很多其他的公司最后也生成了类似的“黑客马拉松”概念。团队成员非常期待这一天的到来，然后考虑他们自己能做什么，最终带来高涨的激情、强大的生产力，以及愉悦。

你怎么能够让这件事情在你的项目里面成功呢？空出来一整天的时间，让员工们在这天选择他们做什么，怎么做，和谁一起做。保证他们拥有他们需要的工具与资源。然后，你需要强调一条：大家需要交付什么——不管那是一个样机、一个想法，还是第二天更好的流程设计。

（2）裂变中的自主权。

有些公司，在试验了每季度一天的自由日后，想要获得更多团队领导方面的创新，因此他们把这个想法延伸到工作的 20%的时间。他们每周提供一天供员工做他们想做的事情。有时是解决现有产品的问题，有时是创造一些新的东西。把这么多的时间投入到这种开发中意味着每个“黑客马拉松”不是一个一次性的事件，而是一周一次的任务。这意味着新的想法能随着时间逐渐被开发，直到收获。

人们在他们 20%的工作时间里比在平时更为高效。当你被授予自主权时，你不会想要浪费它或者冒着它被剥夺的风险。

Mayo Clinc，Google，3M 等组织提供 20%的时间给它们的员工，结果发现失误更少，工作更有意义，以及倦怠水平更低。

（3）适合你的团队的自主权水平是多少？

你能给你的团队很多自主权，不过这并不意味着放弃领导权。你的项目和你的团队依然需要你的领导来取得更高的效率。

给团队多少自主权取决于你。记住，如果你的团队仅仅在你的指导下工作，他们最多只能和你一样聪明。

即使你再厉害，你也不能把所有东西都想到。你的公司雇用聪明人是有原因的。这里有一些东西你可以用来知道你的团队应该有多少自主权，以及你想给多少自主权：

- 你的团队成员能否自己做出决定，并且适应不停变化的环境，还是他们需要依赖你来为任何事情做决定?

- 团队成员能否自行发现解决问题的方法?
- 你的团队能不能为他们自己找到能帮助他们得到正确结论的标准和做法?
- 你的团队能不能分散并分享它们选择的工作?
- 当项目进度落后时，培训、节日、度假是否会被取消?
- 你的队伍能不能把某人踢开，选择谁在或者不在团队中?
- 你的团队能否在被赋予过量工作时保持高产出?

就像项目管理的其他方面一样，不同的自主权取决于不同的项目、不同的团队、不同的公司。你可以实验一下去找到你的团队的最佳选择。你也许会为你的团队所能交付的结果感到惊讶。

第9章 风险管理

9.1 如果项目失败我不知道会发生什么

你什么意思？我们都将毁灭吗

佛瑞德的下巴几乎触到了楼梯。他刚去了项目发起人的办公室报告他管理项目的最新状态并报告说项目运行良好。只有一项很小的技术带来了一些问题，但是团队确信可以搞定。

发起人脸色变得和他的衬衫一样白。他把头埋在臂弯里说："我们要完了，我们都要完蛋了。"佛瑞德几乎要笑出声来，但发起人似乎不像在开玩笑。佛瑞德再一次想让发起人相信只是一些小问题，他知道团队可以解决。

发起人的反应几乎是吼叫："你不知道吗？如果这个项目失败了，整个公司就要破产。我们都将失业。"

佛瑞德震惊了，他不知道说什么。这只是一个很小的产品改进项目，不是吗？

9.1.1 问题

项目伊始，你高兴地控制着项目，你的信心随着计划的发展稳步增长，团队开始成为一体，工作不断向前进展。这似乎是很久之前的事了。你刚和项目发起人开了会，发起人表达了项目对公司成功的重要性。如果项目失败，公司会陷入很大的麻烦。突然间，你并没有那么自信了，因为你的项目风险管理并没有考虑到影响的严重程度。

9.1.2 告警信号

这个问题很容易被忽视。你会回溯过去那些关于这个项目重要性的预设的想法，关注从以下情景得到的信息：

- 干系人比预想的更关注项目的进展。
- 当你表达可能会有点延迟时，得到的回应就好像到了世界末日。
- 干系人不断地与你核对。
- 似乎组织的每一个人都知道你在运行这个项目。

9.1.3 如果我不采取措施会发生什么

什么都不做，可能什么都不会发生。一方面，项目可能会继续，直到成功，然后你最终会奇怪为什么有之前的忙乱。另一方面，公司可能陷入大麻烦。你有一个项目失败，这个事实对你来说可能只是一个小问题。一旦你知道了项目失败带来的影响却不采取任何措施，那么你是在孤注一掷：放心吧，不会有事的。

如果你不能很好地管理风险，以及风险带来的影响，那么这种境遇可不妙。你想用你的职业生涯，很可能还有你的雇主的生存，押注不会有坏事发生吗？

9.1.4 解决方法

当你意识到项目失败带来的影响比你预想得要严重得多时，第一件很自然的事是回顾之前的计划、预算、范围等，然后确保计划是现实的和可实现的。之前的并没有错，也许现在做的只是预警，但是最需要你注意的是项目的风险。你确定的应对风险的策略（对消极风险接受、减轻、转移、规避）是基于你对项目的理解。这个理解现在改变了，然后你需要评审之前的风险管理策略来决定：

（1）应对现有风险的管理计划需要改变吗？

（2）有额外需要考虑和管理的风险吗？

（3）整体的项目方案还可以实施吗？

9.1.5 我应该做什么

当你确定你理解了一个失败项目的影响时，你需要让你的核心团队重新审视这个项目。重新规划在第 7 章已经深入讲解过了。在这一章，我们需要专注于风险的因素。在开始之前，我们先看看一些风险的基本因素。

当你规划一个项目时，你需要识别尽可能多的风险。你不想之后出现任何意外。但是，如果你不能积极地管理所有风险，那么你将没法完成其他的事情。所以，你需要回顾风险来决定哪些是最重要的。

风险评估通常通过风险发生的概率以及风险发生时对项目的影响程度来完成。这给了我们决定需要管理的最大风险的范围。我们需要对这些风险使用风险管理策略。即使有消极风险和积极风险之分，但我们一般只关注消极风险，而这些风险应对策略有：

- **接受**。识别到这是一个风险，但是不能采取任何措施（或者因为没有什么可做的，或者因为时间和金钱成本过于高昂）。
- **减轻**。降低风险发生的可能性，降低风险发生时对项目的影响程度，或者两者兼而有之。
- **转移**。转移风险到其他人身上；通常这种方法适用于财务方面的风险。保险就是个例子。
- **消除**。彻底地消除项目的风险。通常这个需要改变执行项目的管理计划。

接下来需要观测这些风险，并在必要时被动地管理以及调整我们的策略。在必要时我们需要建立**应急计划**，在风险真正发生的时候采用一系列措施。

所以，现在我们回到如何评估现有的风险上。

1. 评审风险管理计划

当你意识到项目失败的影响比你最初想象的要大的时候，这可能导致每一个风险的变化。当评估风险时，我们考虑风险发生的概率和影响。风险发生的概率可能没有改变（虽然意识到团队成员，包括你自己，可能会在压力下更容易犯错），但是这些影响绝对有潜力被改变。此外，用来管理风险的步骤可能需要改变。

你需要考虑计划里的每一个风险因素（不仅是那些你积极管理的因素），然后提出如下问题：

- 如果风险发生，影响会不会改变?
- 我们执行的减轻计划是否还合适?
- 我们目前的应急计划是否足以解决风险变成现实的情况?

不可避免地，你需要识别出一些改变，这些改变需要考虑在最糟情况发生时的应对：

- 以前监控的风险现在需要策略和应急计划来积极管理。
- 一些风险管理的方法需要改进，以及策略可能需要改变。以前可以接受的风险现在可能需要减轻或消除。

用我们生活中的例子就可以诠释。汽车保险是一个风险转移的例子。我们将自己拥有车和开车的财务风险转移到其他人身上，然后保险公司为这个风险估值。如果一个 18 岁的司机从 4 缸、前轮驱动的四轮轿车换成一个 12 缸的超级跑车，那么因为风险增加了，可以预估保险公司会收更多的钱。这其实就是我们在这里做的分析：定价和管理风险。

2. 考虑额外的风险

几乎可以肯定的是，项目失败是你之前没考虑到的额外风险引起的。你需要确定所有的风险都在项目开始被同样的流程所识别和分析。这些新的风险需要和已存在的被最初分析的风险同步考虑，直到你有一个完善的清单：

- 现在存在的项目风险。
- 风险的严重性（概率和影响）。
- 可被应用于每一个风险的管理方法和应急方案。
- 每个风险的责任人和跟踪计划。

就像在项目开始时你需要决定什么风险需要积极地管理一样，但可能现在你有额外的以及更加重要的风险需要比之前更加积极地管理。至少，需要额外的用于风险管理的资源和整体应急方案的扩充（金钱和时间），最坏的情况是你需要改变项目，这个之后会提及。

3. 评审项目方法

所有项目都有可以被执行的不同方案。制订计划需要基于整体方案的预算、进度、范围等。但是现在这些已经改变了。风险比之前想象得更加严重，并且对你有更加巨大的影响。我们已经看到了预算和范围很可能发生改变（并且如果其中一个不能改变，其他的限制条件需要允许其发生改变）。随着我们需要花更多的时间和努力去管理风险，我们需要增加额外的应急计划。但是，从根本上改变我们现在的做法也是有可能的。

举个例子，假如我们有两个可完成项目的替代方案：

（1）一个方法是可以按时间和预算完成项目的方案，但是完成的项目不能正常运行的概率为 10%。

（2）一个方法是需要增加 15%的预算，10%的延迟，但是项目不能正常运行的概率只有 2%。

对大多数项目来说，选择方法（1）合情合理，但是现在我们知道失败的影响是很大的，那么（2）看上去是更好的赌注。

一旦你完成了所有的风险分析，你需要把更新计划呈现给干系人进行审阅和批准。你也应该与发起人和客户讨论，特别要明白最初对失败的影响在多大程度上没有被理解。如果出现了问题，是你的错还是他们在保护你免受潜在影响。在这种情况下，发起人可能会尝试帮助你，但是影响是巨大的。

9.2 我没想到问题会不断出现

没时间做计划了，我们现在就得开始

你周围的人努力工作比明智工作更有价值吗？他们在对待重要的工作和紧急的工作时有区别吗？作为一个项目经理，你有责任在你的项目中坚持一种文化并建立专业的实践。

我们工作如此努力，一点都没看到风险来了。

这种工作文化听起来是不是很熟悉？头埋在手头的任务上，不看前方。没有时间做计划，因为有太多的工作要做？作为一个项目的负责人，看起来是你的团队在为你设置议程，规划前方的道路，并且清除故障。

将这场火灭了后，我会做计划。

你是一个从战场混乱中得到满足感、充满肾上腺素的人吗？忙乱比主动更让你满意吗？你处理的所有事似乎已经迟了或者说在你的关键路径上吗？你是不是总是热衷于行动而不是预判的文化？即便你擅长在这种压力下工作，但这似乎仍是你作为一个项目经理的困惑。

超时。

回顾你最近的大多数项目。有多少不良事件的发生让你措手不及？它们对项目最后的交付物有什么影响？这些不良事件中有多少能够防止？或者我们经过深谋远虑和规划、更加关注风险，可以把它们的影响最小化吗？如何能使你改变行为、更主动地领导项目？

反击！

短视的想法很少能够让项目经理在预算内按时交付项目。为你的项目成功做准备是你的工作，而这要求你尽心尽力地规划时间。不管你的公司文化或者你自己的舒适区域为何，作为一名项目经理，你需要为一天的工作规划时间，以便成功。

9.2.1 问题

没有预料到的问题是项目管理的一部分。但是没有预料到的问题持续冲击你预示着你有问题。除非你退一步从更广阔的角度分析，并且考虑所有这些都可能影响你的项目。你可能会陷入不断地应对未预料到的事件的圈套中，而不是在领导项目。

9.2.2 告警信号

这是个相当容易识别和意识到的问题：

- 项目中你没有预想到的问题持续出现。
- 你在危机管理模式上花费了所有的时间，一直在救火而不是积极地管理你的项目。

9.2.3 如果我不采取措施会发生什么

如果你不解决问题，那么未预料到的问题会持续出现，从而消耗你更多的时间。此外，如果团队看到问题一直出现，那么他们会失去士气并且降低其效率。

9.2.4 解决方法

作为一名项目经理，你的根本任务是要领导你的项目直到成功。为完成这个目标，你会发现几个方面都需要你花时间去承担责任：

- 定义目标以及实现目标的途径。
- 领导团队，积极地避免陷阱和可能会危害项目目标的事件（以及获得一个成功项目的成果）。
- 被动地应用你的专业技能，扑灭不可避免的危及项目目标的“火灾”。

你需要确保你拥有尽可能多的对项目的控制权，尤其是对于没有预期到的事情。为了成功，项目经理需要掌控三方面的行为。

（1）**分析**：对你自己、你的项目，以及可以使你评估整体风险的工作环境的客观认知。

（2）**准备**：积极主动关注沟通、项目规划，以及建立战略关系。

（3）**果断**：自信地应对风险和变动事件。

9.2.5 我应该做什么

没有人期望你可以预测未来，但是你如何准备和管理未预期到的风险会很大程度上决定你是否是一位好的项目经理。没有什么比理解项目的全局能让你准备得更好了。用分析武装自己，我们可以转向积极的步骤去准备意想不到的事情，这样在变更事件中我们可以泰然自若、果断地领导项目。

1. 分析三个关键的因素

在我们可以解决任何事情之前，需要看清我们手里的牌。首先，我们需要决定三个领域的基线或者起点。

（1）**认清你自己。**作为项目经理，对自己的强项和弱项有一个现实的认识，这是非常珍贵的。你在哪些方面有充足的经验，哪些方面欠缺经验？回顾对你最近表现的评价以及同僚的评估。退后一步，然后给你自己一个客观的作为项目经理强项和弱项的评估。回顾你之前所做过的评估，或者考虑通过在线测试来自我评估。一旦你有了客观的认知，考虑咨询一个你信任的导师或者同伴来证实你的评估。一个客观的自我评价是开发问题解决技能中的缺陷或弱点计划中关键的第一步，并且它会告知你处理项目风险的途径。

探究的领域：

- 我是不是一个有效的沟通者？

- 我是不是一个有效率的问题解决者?
- 我是不是一个有效率的规划者?
- 我的决策和判断是如何完成的?
- 我如何评价我在领导项目的每个阶段的能力，包括启动、计划、执行、监控和收尾?
- 作为一个领导者，我的技能如何?
- 别人是怎么理解我的?

（2）了解你的客户、干系人和环境。现在来看看影响你的项目的因素。评估客户的期望和对风险的容忍度是非常重要的。这将允许你决定你的项目是否在限制条件内可以达到标准。什么样的环境因素，如公司流程的成熟度或组织机构，会影响你的项目? 你的客户关系是不是真正的合作伙伴关系? 谁有批准的权利? 你的项目针对外部影响会有多脆弱?

探究的领域:

- 你的客户对风险的容忍度。(他们到达什么程度会对风险感到不适?)
- 什么是你的客户的敏感问题，和他们真正的成功标准?
- 什么外部因素会影响你的项目?
- 什么是你的公司和你的客户的企业文化?
- 什么支撑组织你可以依靠——如项目管理办公室、项目管理信息系统或导师?
- 什么是你的客户关系的强项，以及它们有多好?
- 谁拥有签署同意交付的权力?

（3）了解你的项目。现在，我们看一看你的项目评估大概的复杂度、风险因素和你在现有限制因素下可以完成项目目标的信心。这样的项目以前做过吗? 你有合适的人吗? 成功的标准是不是已经被清晰定义和客观衡量了? 失败的结果是什么? (人的心脏移植远比更换一台服务器承载了更多的风险。) 合同类型是怎样的，并且它们如何限制了你的选择? 整体的项目风险系数是否保证了你的管理储备的增加（管理储备金应对未知风险）?

探究的领域:

- 目标定义得准确吗?

- 活动的复杂程度是多少?
- 你的目标之前被实现过吗?
- 失败的影响是什么?
- 考虑到成本、进度和范围的限制三角形，你真的有足够的资源来完成目标吗?
- 你的团队是否适合这项任务?
- 基于合同类型，万一预算或计划超支会发生什么情况?
- 工作范围是否可以协商?
- 多少资金会被分配到管理储备（为未预测到的成本准备的现金储备）?

2. 做好准备

具备对这些因素的完善理解后，我们可以针对应急事件做出足够积极的努力。我们无法消除不确定因素，但是我们可以为其做出充足的准备。

（1）**沟通以控制风险。**通常，为了降低项目的风险，作为重要因素的有效沟通方案可能会被忽略。在项目成员以及干系人之间，简洁且频繁地共享项目信息，将会建立共同的目标、达成一致的预期、促进合作，以及在各方之间分享项目的风险。一个有效的沟通计划会：

- 确立团队在管理项目风险方面共同承担责任的文化。
- 建立沟通渠道和协议来报告潜在的风险事件。
- 建立关于风险的参与、互动和集体责任的预期。
- 与发起人分享风险决策，签署风险规划和事件应对的相关文件。

（2）**为未知做准备：风险管理的基础。**一个全面的项目管理计划包括管理项目风险的战略和战术。准备是对未知因素最好的防御。你需要一个基本的计划用来：

- 指导你在项目中如何应对风险的行为——这是你的计划，定义了下述步骤的方法和时间。
- 识别潜在风险——这是你列出潜在风险的过程。当考虑项目的风险时，风险分解结构（见图 9.1）可以用来作为一个框架和检查表。针对不同的需求制定自己的风险分解结构图，然后分析每一个种类，并将项目中的每一个风险逐条列记。

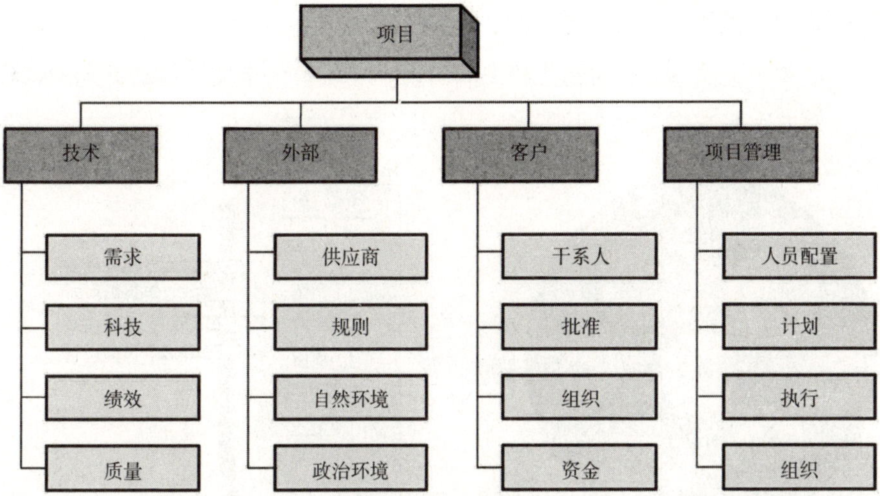

图 9.1　风险分析结构

- 为未来的规划，把风险做优先级处理——每一个风险都可以根据其发生概率和对项目的潜在影响绘制出来。因为解决每一个绝对风险的回报是递减的，用一个概率影响图（见图 9.2）来识别风险的优先级。确保根据客户的风险容忍度来决定哪个风险是可执行的。在右侧和右上侧的风险因素值得优先考虑。

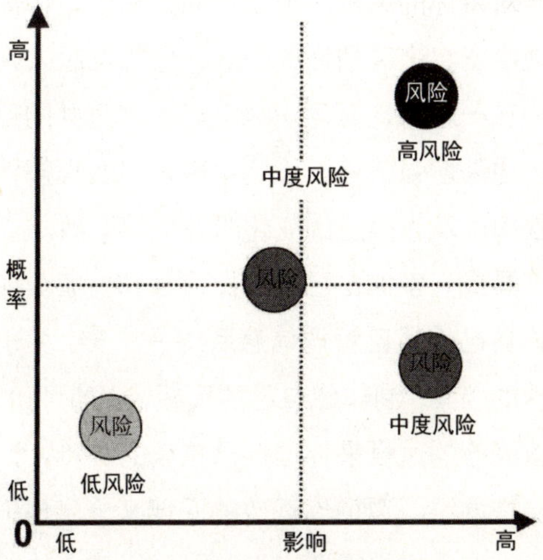

图 9.2　概率影响图

- 识别在你的风险容忍度上限之上的风险并准备应对——一般在概率影响评估图（见图 9.3）的高处和中间出现。准备一个定义了行动计划的风险应对方案来减轻每一个风险。

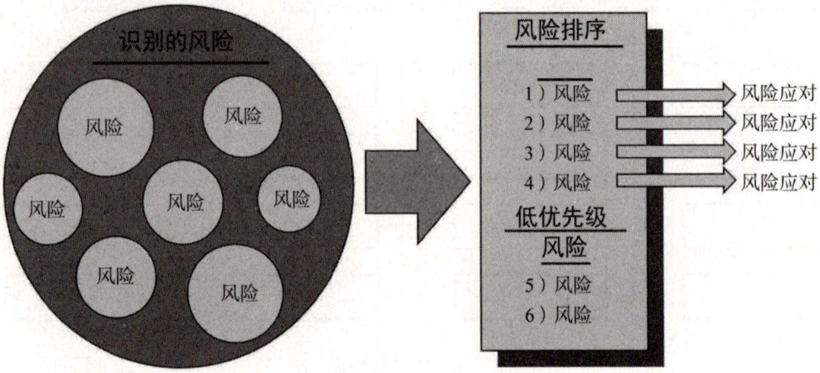

图 9.3 概率影响评估图

- 设计一个贯穿项目生命周期的方法用来监控项目的风险和变化——设置日历日期和项目里程碑触发器用于风险检查。设置一个协议用于评估新识别的风险事件。记住，管理风险是一个需要贯穿于项目始终的行为。

（3）**利用人际关系**。在陷入棘手的境地之前，精心培养和干系人的关系。向对待银行账户一样对待你的关系。为了日后的提款，你需要先存款。在你需要它们之前，有意识地投资。这包括你的团队、你的发起人、你的老板和你的导师。

当和你的客户在一起时，有意识地培养一种有共同目标的合作伙伴的氛围。用真诚和频繁的沟通来增强信任。设定期望，以及理解他们的期望。引导发起人签署关键计划里程碑以及为相应的变化事件取得一致。

应用已有的工具或开发你自己的支撑流程和方案。如果你的组织不愿意或无法这么做，建立你自己的项目管理信息系统——一个关于你的以往项目以及经历的绩效数据和文件的档案。制作你自己的模板，比如可用于未来项目的风险登记。制定你自己的吸取经验的过程来促进自己持续的进步，让自己掌控自己的成功。

创立自己的支持网络。邀请你尊敬的同伴来分享他们的经验。寻求导师来索取他们的经验。当你在危机中需要咨询时，已经建立的关系网会是无价的。

前期你为巩固关系做得越多，后期你遇到麻烦事的概率越小，依靠团队和干系人去解决问题的可能性越大。

3. 对变化果断的回应

当一个可能影响项目的事件发生的时候，马上做出反应。咨询你的行动计划，查看这个事件是否在预期的风险清单中（你的风险登记表）。如果是，检查你的应对计划，适当地调整它们，然后实施纠正措施。

是不是有你没预期到的新的风险事件？分析其对进度、成本、项目范围和质量的潜在影响。有没有什么其他选择，以及什么是你的行动步骤？其他要问的问题还有：

- 我们是否可以忽略它？根据风险的属性，如果没有达到风险容忍度，则可以忽略。
- 我们是否可以和发起人讨论来重新定义其为非风险或变更通知单？把它们处理成范围之外的工作可以节省你的时间和预算。
- 我们是否可以让风险变成其他人的责任？不要忘记这并没有让风险消失，只是改变了由谁来处理。
- 最后，我们是否需要采取纠正措施来处理风险？让你的团队和支撑网络来设计最好的解决方案，然后实施。

沟通！让你的团队规划行动和应对风险事件，并让干系人随时了解进展。

9.3 我的项目的重要性改变了

抱歉，你是说项目 B 吗

你深吸了一口气，然后缓慢呼出，静静地，希望没人注意到你。过去的一周你在精心准备你的项目 A 的介绍，你的项目发起人每隔一天给你打一次电话以确保你能按时完成，并提醒你在会议上给别人一个好的印象是多么重要。接下来——他们跳过了项目 A。

至少他们没有忽略它。他们确实意识到议程中你和你计划的时间，然后他们告诉你这个月他们不需要项目 A 的状态更新。你知道，在过去的六个月大家一直在谈论这个项目。相反，他们想让你谈谈项目 B——你搁置的项目，你已经两周没碰过它了，在过去三个月也没有人问过，并且你并没有准备深入讨论。

“项目 B 在哪里？”

“项目 B 还有多长时间才能做完？”

“你为什么没有取得进展？”

项目 A 的发起人看起来跟你感觉的一样很沮丧。在许多想法和咒骂匆忙通过你的头脑时，一个问题浮出了表面：“是什么变了？”

9.3.1 问题

你刚刚发现你的项目的重要性已经改变了。你没有很多关于项目改变的细节以及这些改变可能带来的影响。所有你知道的是你的项目相比于其他项目的重要性发生了转变，而你需要决定最适合的应对方式。

9.3.2 告警信号

项目利益的增加或减少并不能保证随着时间的流逝项目的重要性会发生变化。因为项目的利益可能会随着时间发生变化。这可能是因为一些因素如触及旺季，或者因为彰显了你的竞争力和建立的信任。你不想成为偏执狂，但是你也不希望完全不设防。下面是一些你的项目可能变得更重要的信号：

- 你被要求更频繁地更新状态。
- 你被要求提供更详细的报告。
- 你被要求参加更多的会议。
- 你被要求邀请项目团队之外的更多人参与到会议中。
- 之前看似不太感兴趣的管理者和主管表达了更强烈的兴趣。

这些可能是你的项目变得不那么重要的信号：

- 项目的进度正在放缓，因为资源分配的时间被其他工作占用。
- 你的资源被其他项目拉走了（人、财或物）。
- 你被要求暂停工作。
- 你的状态更新被匆匆通过，或者在集团会议中被忽略。

9.3.3 如果我不采取措施会发生什么

什么都不做是一个选项。它不一定总是最好的选择，并且在没有理解发生什么的情况下你不能选择忽略变化。但它还是一个选择。某种形式的改变，通常会被每个人、每个地方忽略。忽略变化不代表项目注定会失败。但是，帮自己一个忙——在忽略变化之前，花一些时间去理解变化带来的影响。这样做，当被问起时你可以解释你的决定，然后其他人不会觉得你没有注意到这个变化。

同时，对变化不做响应可能是你做的最坏的选择。你也许只要做很小的一些事情，但你也许需要对你的项目做重大的变更。不管这个变更是否会改变或破坏你的项目，你需要理解变动对你的项目造成的影响，以决定是否无所作为是一个可行的选择。

9.3.4 解决方发

虽然有许多项目重要性变化的原因，但其实只有两种方式下，你的项目会发生变化。你的项目可能会变得更重要或更不重要，重要程度对你的应对应该有最大的影响。不管你的项目往哪个方向发展，在决定最好的行动方案之前，你需要完成一些基本的发现。

（1）探索重要性改变的程度。

（2）发掘改变了什么及其原因。

（3）探究你的干系人如何受到影响。

（4）找到项目的范围如何被影响。

（5）决定如何应对。

9.3.5 我应该做什么

出发点是你需要理解项目的目标是用来支持业务的。如果你的项目的结果不再被业务发展所需要，或者突然变得很关键，那么你的项目重要性的改变是有道理的。无论是哪种情况，你有责任决定最好的应对方式以支持业务发展的目标而不只是个人议程。

1. 探索重要性改变的程度

告警信号可能是误导人的。部分归咎于人类感性的天性。有些人会对小变化感到恐慌，而其他人在事情发生剧烈变化时依然平静。一旦明确你的项目重要性正在发生变化，或者已经变化了，你需要了解变化的程度。

你需要和你的发起人一起决定项目重要性发生变化的程度。他们应该可以为你提供影响你的项目重要性的外界因素的细节。如果变化是微小的，那么可做的很少。如果变化是较大的，那么可能你也不能做任何事，或者你可能和你的团队花费好几天的封闭时间给出一个合适的回应。理解变化的程度是决定你如何应对的必要部分。

2. 发掘改变了什么及其原因

如果项目的重要性发生了变化，有可能至少其他某个项目的重要性也发生了改变，不变几乎只出现在真空中。在你持续不断地与发起人工作时，留意其他项目的重要性是否发生了变化，以及这些变化如何关联到你的项目。你也需要发现是你的整个项目变得更加重要或没那么重要了，还是某一个特定的交付成果的优先级发生了变化。

理解为什么你的项目的重要性发生了变化是同等重要的。你的项目是不是需要在一项法律生效之前完成，或者你的项目的范围发生了变化？是不是你的竞争对手刚刚发布的新产品威胁到了你的公司的市场份额？是不是某个人发现了之前忽略的一项很重要的需求，致使项目被推迟了？是不是因为内部资源争夺导致的关于项目重要性的虚假夸大或低估从而转移资源了？了解改变了什么及其原因，是决定应对改变的最佳策略的下一步。

3. 探究你的干系人如何受到影响

你可能会问你自己项目的重要性与干系人有什么关系，以及为什么要理解他们是如何被影响的。干系人可能是一把双刃剑。他们既领导项目，又被项目的重要性的变化所影响。你需要做一个干系人分析。干系人分析需要为你提供两方面的重要信息：① 他们在这个项目中的利益，② 他们在其他项目中的利益。如果你的项目因为干系人利益冲突的结果变得不那么重要，你得寄希望于找到与你的发起人一起工作的时间。你的发起人应该是这场战役中你的拥护者。

在同一个项目中，你也许有一个需要项目成功并按时完成的干系人，以满足他的目标。在这种情况下，你可能有一个干系人因为项目没有那么重要而感到沮丧，那么这个干系人愿意为了保护项目的利益而做出努力，在这个利益与业务运作的利益一致的前提下。彻底地理解项目的拥护者和贬低者也会指导你准备应对变化。

4．找到项目的范围如何被影响

项目重要性的变化不一定影响项目范围的变化。你不一定要改变项目的计划。应用你已经发现的东西，与发起人一起，彻底进行一次变更管理的评审。从一个项目的角度你可能发现什么都不需要改变，但是从发起人保护项目的角度可能有许多工作需要做，以便维持项目的平稳运行。除了别的事情之外，你也可能发现你需要赶工，完成项目工作，或者增加项目范围。你也可能不同意项目重要性的变化导致的项目范围的变化，因此你不想立即采取行动。也许有其他发起人想解决的外界因素，以保护项目的完整性。让你的发起人决定是否做出内部或外部变化或者两者兼而有之的决策。不管怎样，确保有效的变更管理到位，以便在必要时，你可以迅速和适当地应对范围变更。

5．决定如何应对

到现在为止你做的都是决定如何应对项目重要性发生变化的部分。既然你已经了解了变化的程度，变化了什么及其原因，谁被影响了，以及项目范围被影响的程度，你就有了更好的立场来回答这个问题——针对变化，什么都不做是不是一个可行的选择？——以及开发替代的应对措施。一些你可以考虑的应对方案如下。

- **终止项目**：影响足够大以至于项目无法恢复，或者项目不再支持业务发展的目标？
- **加强营销工作**：你是否需要做更多的工作，让大家知晓并理解项目的利益？
- **审视现实**：是不是重要性的变化有虚假的成分，以至于使得其他项目的重要性比它们应该有的更大或更小？你需要和发起人一起来决定这些，然后让发起人决策如何继续。

就像你不会想让某人虚假地贬低项目的重要性，不要创造情景来虚假地提高项目的重要性。除了可能的道德或法律问题，真相总会水落石出并且损害你的信誉。如果有一个积极的原因让你的项目变得没那么重要，那么反对此项变化会对你造成恶劣的影响，并可能对公司造成负面冲击。

最后，你不是孤军作战。你有项目发起人、干系人，以及你的团队来支持你。你们共同决定应对项目重要性变化的最佳方案。

9.4 我的项目过于依赖几个关键成员

厨房里没有足够的厨师

“珍妮弗在哪儿？史蒂夫在哪儿？”蒂姆这周已经问了许多次这个问题。他开始认为珍妮弗和史蒂夫“是”项目经理。珍妮弗和史蒂夫是该项目成功的关键。没有他们，项目就不能达成目标。这将损伤公司和蒂姆的声誉。

蒂姆想和珍妮弗及史蒂夫谈谈，让他们知道他们是多么重要。这似乎暂时有帮助。蒂姆也能看到他们都在诚心想办法可以为这个项目服务。但是，他们被牵引到其他的方向去了，因为他们在公司的几个项目中都有价值，不仅是在蒂姆的项目中。

蒂姆和他的项目主管讨论了此事，决定正式分派珍妮弗和史蒂夫到蒂姆的项目中工作。这确实有帮助。他俩现在只为他的项目工作。“太棒了！”蒂姆想。问题解决了。

也不尽然。有时，工作负荷太重。珍妮弗和史蒂夫就成了每个人等待的“瓶颈”。确实，有他们两个专职的人比没有强，但是太多的工作要经过他们过滤。蒂姆感觉像电影《大白鲨》中布罗迪酋长当时说的：“你们需要一条更大的船。”只有他们两个是不够的。计划开始延误。

蒂姆该如何处理这些关键资源以及项目对他们的依赖性呢？

9.4.1 问题

有一些人被分配到了项目中，但你发现对他们的任务分配并不平均。相反地，你有几个主要任务都得依赖这几个专家，并且他们经常被分配到不能失败的重要任务中去。你担心一旦失去了这些资源中的一个，项目将会陷入危机。

9.4.2 告警信号

有很多事情可以表明你的项目出了这个问题：

- 当一些资源不可用时，进展明显慢了下来。
- 很多里程碑的批准需要同样的资源。
- 人们一直问“某某人在哪里，我有问题”。
- 同样的名字持续出现在项目的资源计划书上。
- 你坚信当某些资源离开并服务于其他项目时，你的项目将达不成目标。

9.4.3　如果我不采取措施会发生什么

如果事情按正常轨道发展，那么不会有任何影响。你会发现，你侥幸逃脱，然后项目取得了成功。但是，更可能的是，在某一个时间点，你遇到了让你进退两难的问题。如果你完全依赖这几个人，那么项目的命运则会在他们手中，而不是你手中。如果他们变得不可用，或者无法按时完成交代的任务，那么你很可能经历项目的延迟并且无法解决这个问题。这会让干系人质疑你管理风险的能力，并且可能影响你的职业生涯。

9.4.4　解决方法

这个问题归根结底是一个风险，所以需要采取针对风险的解决方案。对风险的考虑和分析会让你有四个不同的方案，前三个是为了管理风险，最后一个是当风险真正发生时的应急方案：

（1）在项目启动阶段锁定关键资源的参与。

（2）找到更多的专家以减少对个人的依赖。

（3）提供培训以及提升技能。

（4）寻找可以消除对个人依赖的方法。

9.4.5　我应该做什么

记住，这个问题的本质是管理风险，在你采取任何措施来纠正问题之前，你需要确保问题已经被充分地识别和分析。确保你知道所有关键的资源——如果失去并且没有后备方案会导致你的项目失败的人。确保你也意识到了这个问题会持续多久——是针对整个项目周期，或者只是一个阶段？只有当你完全理解了这个问题时，才可以行动。

1. 保住关键的资源

第一个在此情景下你需要做的事是试着为你的项目正式获取关键资源，最好专用于你的这一个项目。对你而言，应采取下述几个行动。

立即开始和你的发起人或者项目主管一起工作。使你的发起人/主管意识到你的境况，这样他能从组织和政治角度去获取那些资源并专用于你的项目。让他知道你的项目的进度和成功高度依赖这些人。你的领导层可能会就此进行讨论，你的发起人必须与其他项目的发起人或职能经理交谈，以保障这些资源。这可能牵扯到与关键资源领导的讨价还价（在矩阵架构中），来修改他们的计划和工作负荷以适应你的项目。希望这些关键资源不会在其他更高优先级的项目中也是关键资源。

你可能需要为获取你需要的资源做一些交易：从你的项目中提供一名非关键资源，他也许具备必要的技能，从而协助另一个项目以替换你需要的关键资源。你也要意识到，你也不是在整个项目周期中都需要关键资源。你需要准备好，一旦关键资源实现关键功能后就准予他们去其他项目。

2. 找到更多的专家

下一步，看看是否有更多的专家可以加入项目团队。即使你保住了关键资源，项目依然依靠他们。一个预料之外的缺席或者再分配就可能导致他们中的一位错过一段项目中的工作时间。结果就是你需要备选计划，获得更多资源帮助你完成工作量。

依赖一个或两个人并不代表他们的技能在组织的其他地方就不存在。你可能识别到具备你需要的技能的其他人员，然后分配他们到你的项目，从而降低对关键成员的依赖性。

为了得到额外的资源，你可能再次需要你的项目主管的帮助。同时，一定要问问关键成员，企业里还有什么其他资源可以对项目提供帮助。通常，在某些领域具备专业知识的人员，会了解组织中其他类似的具备专业知识的人员在哪里。如果关键成员知道他们带来更多资源会减少他们的工作量，那么他们会很乐意帮你寻找其他资源。

如果在组织内你不能找到其他资源，那么你可能被迫去寻找外部资源并且以外包商的方式引进。根据工作形式（如所有权），这些可能被允许或不被允许。相比于在机构内部寻找资源，这绝对是最后一个选项。

3. 开发技能

长远来看，最为成功的战略之一是通过对其他人员开发这些相同的关键技能以解决对一两个人的依赖。通过建立团队其他成员的知识容量，你为项目构建了更高的生产力和效率。从本质上来说，你是在增长关键资源的数量。这样，关键成员的部分责任就是培训其他资源。

短期来看，这可能会降低你的项目启动速度。你在为很多项目中你已经识别的关键资源创造更多的任务（培训、教练等）。但是，长期来看，你在减少对这些资源的依赖，从而减少风险。从组织的角度而言，你也在帮助组织从未来的计划中消除这种风险。

4. 消除依赖

这个方法更像应急方案而不是风险管理。消除依赖是一个除非你面对长时间关键资源流失，否则不会采取的方法。但是，你应该在事情发生前讨论这个选择，以便需要时这个方法可以被快速地实施。

确保干系人理解，如果关键资源不是完全可利用的（或者在你需要他们的时候在一定程度上不能被利用），关键的里程碑和交付物可能延期。如果不延期，质量和范围可能会受损。关键是你需要让最终用户明白潜在的影响。

你需要明白对应这种情况的选项是什么。是不是优先缩小依赖不可用的专业技术的范围？是不是延长的计划优先？是不是可以增加预算来聘请替代者（尽管寻找的过程可能会影响计划）？是不是质量差一些的交付物可以接受？

理解选项和讨论选项的优先级是风险管理的一部分。如果风险变成现实，你可以节省大量的时间和精力——和干系人确认商定的应急方案可以实施并且破坏可以最小化。

9.5 项目的某些部分超出了我的控制

项目经理面对一个对项目不感兴趣的发起人

玛丽刚刚接手一个项目，该项目有一个对项目不感兴趣的发起人。她的业务发起人觉得这个项目是被执行管理层强加给团队的，因此发起人将想尽一切办法让项目失败。

项目发起人在启动会上没有露面，也没有委派代表。在项目计划阶段，她在要求上不断改变主意并有目的地延迟和项目经理玛丽签订会议结论。

玛丽完成了严格的评估，并让她的业务发起人知道：签署延误会导致后续项目结束的延误，并且有可能预算超支，而额外的变更需求也有可能发生。这对发起人似乎并不重要。

玛丽越是努力工作让项目保持与规划一致，业务发起人就越难使项目脱离轨道。

最后，玛丽决定面对面地和业务发起人谈谈，向她表明她对项目不断的延误主要来自发起人这边的延误的担忧。发起人坦率地让玛丽知悉，她对项目的成功不感兴趣。

玛丽应该做些什么？在玛丽的控制领域内，能让发起人对项目再产生兴趣吗？玛丽应该逆来顺受，合理地辩解这是发起人的钱因此她爱怎么花就怎么花吗？

9.5.1 问题

这是每个项目经理在职业生涯中都可能遇到的问题。你负责项目的成败，但不是所有成功的因素都在你的掌控之内。你感觉无法掌控自己的项目，并且你觉得没有安全感——你在依赖你无法控制的因素。

9.5.2 告警信号

认识到什么时候存在真正的问题，主要依赖于项目经理的直觉——仅仅是感觉不对劲。然而，寻找以下告警信号：

- 正在发生你没察觉到的问题，但是你的团队或干系人感觉到了。
- 正在做出的决策影响你的项目，但是你没有回应或只是不知道怎么回应。
- 你的项目团队里经常出现状况，但是你没有做出反应。
- 你的项目的范围或者预期的收益是不现实的，但你甚至没有提及。
- 你的项目有麻烦了，但你认为自己可以解决。

9.5.3　如果我不采取措施会发生什么？

如果你什么都不做，那么事情会持续恶化。干系人和团队成员会因发现你没有控制权而忽视你，然后寻求那些可以控制事情发展的人。一段时间后，你在项目中的角色会越来越边缘化，然后人们会质疑你——为什么最初你会参与呢——这可不好！

9.5.4　解决方法

为了解决这个问题，你需要理解现状是否真的超出了你的控制。如果是这样，那么如何把自己放在获得控制权或者影响项目利益的位置！考虑下列结构化的方法：

（1）思考你的项目是不是真的失去了控制，或者有其他方面的问题。

（2）分析为什么问题不能被控制，或者你是否可以在适当的权限内控制。

（3）识别你产生影响的能力。

（4）在你的项目风险中体现控制乏力这一项。

（5）识别和执行你的下一步。

9.5.5　我应该做什么

控制是一种错觉。作为一位项目经理，你已经知道这个道理。你知道，作为项目经理你的责任很大，但是能控制的却很少。这就是说，你要决定那些真的不在你控制范围内的事情。很多时候你感觉无法掌控，但可能是其他地方出了差错。

1．真的是控制问题吗

在你解决问题之前，你需要明白问题的根本。感觉没有控制权只是症状之一，但这可能不是真正的问题。设想你在一个矩阵机构中管理项目。你的资源被分配到项目中，但是他们的主管经理在各自的运营架构中。

现在设想，你觉得让团队成员负责他们被分配的任务很困难。这是不是你缺少控制权所带来的问题？也许是，但也可能是这个项目的沟通计划有缺陷。你的团队成员并没有意识到他们被分配到的任务。他们在各自运营的项目中工作，不是因为他们的经理告诉他们该这么做，而是因为他们没有意识到他们被分配了任务。

在你解决问题之前，确保这真的是与控制权有关的问题，而不是其他毫不相关的问题。这本书的每一个小节都有一系列的告警信号，如果你可以将告警信号与你所观察到的相匹配，那么你就对可能会发生什么有一个良好的感知。

2. 控制或权力

一旦确定了你面临的问题与控制有一定的关联，你需要明确你是否可以重新拥有具备适当权力等级的控制权。

你是否曾经被困在停机坪上等待飞机起飞，但飞机延误了，或者更糟，因为天气原因被取消了？你无法通过电话、邮件或短信让一个人来改变这种情况。原因很简单。我们当中没有任何人可以掌控天气，也无法从地球上的任何人手里得到这个权力。

你的项目的所有方面同样是不真实的。举个例子，如果你做的是一个长期的项目，你可能对某些矩阵资源以及他们的日常作业或分配没有控制权。你可能会担心你的项目最终会得不到这些资源。因为这个原因，你可能要求这样的权利，从而在项目运作期间让这些资源在职能上向你汇报。

这同样适用于你的项目的其他方面。也许你担忧没有看到项目中所有需要付费的工时单。你可能要求项目中凡是按时间付费的工时单，都需要设置路径到你这边进行首批。

在你决定是自己控制还是授权之前，你可以问一下下述几个问题：

- 这些事其他人可以负责吗？
- 这是项目中需要我承担责任的部分吗？
- 如果这成为我责任的一部分，我要执行吗？
- 如果这成为我责任的一部分，我有能力执行吗？
- 这是那些没有定义谁来负责的事情吗？

为什么这些问题是重要的？

让我们看几个问题及其回答。假设你确实需要那些资源在项目执行期间在职能上向你汇报。那么，这是其他人应该负责的工作吗？是的，是职能经理。然后，你需要和这些职能经理沟通，转变从什么时候开始、什么时候结束，等等。与你的所有项目管理职责一起，你能作为职能经理来执行这些事务吗？

古老的谚语“千万不要轻易许愿”说的有道理。一旦你要求一些事，诸如资源管理，你就需要花时间完成一些工作，如资源检查、召开专门会议。你有时间吗？会影响你管理项目的能力吗？另外的考虑是：你有能力作为一个资源管理经理执行工作吗？只是因为你希望资源向你汇报，并不意味着你实际需要这么做。一个好的项目经理不能使你成为一个好的资源管理经理，反之亦然。你有任何作为资源管理经理的经验吗？你不能仅仅要求资源在组织架构中向你汇报，你还需要确定在要求这项权力前你是否有资格执行。作为过程的一部分，这些还仅仅是一些可能和应该问的问题。

即使有这些问题，重要的是，你要记住仅仅因为可能给你权力，并不意味着会或应该给你。

这里最后一件需要考虑的事情是，权力不一定是你的。你可以通过参与项目的其他人进行控制。回到资源的例子，这是操作问题而不是项目任务。让他们在项目期间必须向你汇报的方法应该有效，但需要高级干系人（理想情况是发起人）请求直线部门经理确保专门指派资源为项目服务。这也有额外的好处，在资源主管的眼里，你不会被定位成坏人。

3. 圈子的影响力

意识到有些事超出你的控制是正常的。举个例子，这个领悟可以帮助你理解你的局限性和你个人可以控制项目的哪些方面。这并不意味着你不能控制你无法施加影响的某些事情。

例如，大多数项目经理并不控制分配给项目的预算。确实，他们可能在项目早期计划估算的时候有过贡献，但通常他们会被分配一个预算，并伴随一个冷酷无情的项目结束日期。鉴于这种对预算过程缺乏控制的情况，这意味着什么都失去了吗？当然不是。这是圈子的影响力发挥作用的地方。

当项目预算放到一起时，多半是在做创造性的估算的练习。预算经常是（所有高层级）资源估算加上硬件和软件估算乘以时间系数，零星分布一些高水平的猜测。但是你的圈子的影响力如何考虑进来呢？如果你在公司建立了可靠的声誉，那么过程中你将不可避免地被要求提供直接或间接帮助。考虑到一个或几个这样的情形可能最终会存在于你管理的项目，你可以施加影响帮助确保预算更加接近你将管理的项目的实际情况。当然，一旦你提供了你的预算，他们将从公司层面进行一些压缩，但是起码预算会更接近实际。

什么是项目范围？除非项目将直接惠及你的部门，否则你对项目范围不会有发言权。那是否意味着你真的没有发言权？并不尽然。你的业务发起人会经常找一些人提出想法和点子，或者寻找新的主意。不要害怕成为这个人。这可能是一个绝好的机会来自动化业务流程或者介绍一下成本节约。不管状况如何，你需要小心，不要因为你的发起人的兴趣而疏忽大意地使交付物的范围蔓延或者“镀金”。

或者，如果你的发起人坚定地抓住一个特定的范围，而你知道该范围将为项目带来风险，那么你可以召集一些业务专家去和发起人谈及此事，并试图改变或影响他们的观点。

4. 管理你的项目风险

一旦你了解了一些问题确实超出了你的控制，并且你（或者你的团队）具备的能力可能会影响这个问题，你就需要确认将风险的识别和分析作为风险管理计划的一部分。

不能控制这些问题将不可避免地给项目增加风险，因此你需要确保监控因为缺乏控制而导致实际问题的信号（如前述例子的任务中没有资源为项目工作），然后实施合适的应急计划。通过与干系人建立良好的关系，你也能寻找在风险变成真正的问题前对其进行管理的方法，以便尝试并确保你能够解决任何优先级的冲突。

5. 下一步

上述列出的步骤可以导致你不同的行动。不论你采取什么措施，你都需要一个行动计划。下述的一些问题可以帮助你制订一个行动计划：

- 我能做什么来防止有关我的项目仿佛失控了的沟通方面的问题？
- 我需要采取什么措施确保项目问题在项目生命周期中不再重复出现？
- 我需要采取什么步骤来识别在项目期间我需要什么额外授权以便使项目成功？
- 万一需要他们支持超出我力所能及或控制的事情，我是否充分识别了关键项目干系人？

当你处理超出你控制的事项时，这些问题突出了向前推进时需要做的一些准备。

9.6 项目成本比我们想象的要高得多

嗨，预算都去哪儿了

娜塔莉和她的团队努力工作，确保项目估算做得尽可能好。现在，项目进行了几个月了，工作正在得到回报。任务或多或少在预料之中。良好的计划确实值得回报！

然而，当娜塔莉检查她的预算时，发现在这个点上项目的花费比预计的多。按照目前的花费方式，项目将会有大约 20%的预算超支，而这是不能接受的。但钱花到哪儿去了呢？

娜塔莉检查了算法是正确的，因此那不是问题。当她考虑一直发生在项目身上的其他事情时，她想到了一些风险。例如，团队有一个完美的风险管理计划，但仍然有一些风险变成了现实。那可能是预算超支的原因吗？

娜塔莉不能确定，但她知道在项目发起人决定她没有能力管理这个项目之前，需要快速解决问题。

9.6.1 问题

项目已经运作了一段时间，你已经注意到成本似乎失控了。你的估算刚过去没多长时间。你读了本书的 5.4 节（干得不错，就是项目超支了），并应用那里的知识，因此你认为那会很漂亮。问题似乎是，你花费了太多的时间和金钱在项目计划外的事项上，这使得成本飞涨。

9.6.2 告警信号

这里的警告信号是非常明显的：

- 状态报告开始显示成本超支，尽管个人的项目任务和交付物符合计划和成本。
- 团队成员花在非项目计划部分的工作时间增加。
- 在周状态会议上你有许多问题。
- 你正在试图管理许多潜在风险，以及已经识别的风险，需要实施应急计划。

9.6.3 如果我不采取措施会发生什么

我想你知道这个问题的答案。成本不会魔术般地回到轨道上来。它们会继续“嘲笑”项目预算，并且人们会注意到问题升级到了组织层级。如果你幸运，你的项目将由于成本太高只是被取消；如果你不幸，你会失去工作。

9.6.4 解决方法

让我们告诉你一个好消息：你的项目可能实际上没有超出预算。更有可能，你没有把涉及的所有成本计划进来。项目成本不是识别出的任务的简单相加它比这个要多得多。你需要理解：

（1）什么是管理项目的成本，尤其是风险?

（2）处理我们已知可能的问题的成本是多少?

（3）处理我们未知问题的成本是多少?

9.6.5 我应该做什么

在项目开始阶段处理这个问题要容易得多，但它永远都不算晚。在你开始之前，要认识到你可能会出错。太多的假设，通过这个过程来得出一个精确的数字，但是没关系。如果你做的工作适当，错误可以得到弥补，并且你会有一个大概正确的估算。记住，这是一个估算 ——这个估算本身应该就是错的。

1. 项目管理成本

项目要花钱。我说的不只是交付物，我的意思是整个项目。从你自己的角度考虑，你有一百万件事情要做来保持你的项目可控，但你有许多时间花在不在项目计划之内的任务上。但是，你仍然应得到报酬，他们仍然要花钱。

有许多这样的任务——例如，花费成本来防止项目中其他的事情发生错误。我们将风险管理作为一个例子。风险管理（起码对消极风险）是现在做一些事来防止一些事后续发生，或者如果风险真发生了降低其影响的严重程度。

这些任务需要人们的精力和时间——这个时间是不会用在已经分派给他们的任务上的，这也是需要花钱的。

当你计划项目时，你需要为这些成本留有余地（时间和金钱），或者将发生的成本包括在管理任务中，或者将分派有任务的资源的有效性降低（例如，为每项任务增加工作量和持续时间来反映他们不可能仅仅专注于任务）。

这个讨论只考虑小的花费，与下述两项相关，然而——它们是非常显眼的。

2. 应对已知风险的成本可能会出错

当然，项目中会有事情出错。风险管理就是识别那些风险并进行一定程度的控制。但是，我们不能完全消除风险，并且一些风险会变成现实。这要花钱，并且你可以估算出要花多少钱。

举个例子：你买了一个软件，花费了 100 000 美元，并且需要 3 个月的时间才能投入使用；同时，供应商担心软件可能不像你预期的那样工作。他们估计有 20%的可能需要花费 50 000 美元进行定制，并且延迟 2 个月。同样，你也可以花 20 000 美元买这个软件从而消除定制化的风险，但要延期执行 4 个月。

因此，我们知道：

- 任务（软件采购和调试）将花费 100 000 美元，并且需要 3 个月的时间。
- 但软件有可能不工作的风险。这个风险有 20%的可能变成现实，并且要花费 50 000 美元和延迟 2 个月来应对。
- 你现在可以通过购买附加的价值 20 000 美元的软件和延期 1 个月执行来消灭风险。

基于这个信息，我们可以确定我们面临的一些费用。如果我们决定冒这个风险不购买软件，我们需要在应对风险失败上放置成本。我们可以通过考虑影响程度和发生概率的乘积来做决定。在我们的例子中：50 000 美元和 2 个月×20% = 10 000 美元和 0.4 个月。

另一方面，如果我们决定消灭风险并承担额外的费用，事情会简单一点。我们多花费 20 000 美元，并承担 1 个月的延期。

如果我们做决策，只是基于金钱和时间来判定哪一个更好，然后我们承担风险，那么记住事实上五次影响中的四次将是 0 美元和 0 天，另一种场合下就是 50 000 美元和 2 个月。

但还不真是这样。除了单纯的数字外，决策需要考虑许多其他的因素。不管我们追求哪个选项，关键是需要允许这些成本发生。

作为项目经理，我们可能调整预算和计划，允许采购额外的软件。但是，如果决定承担风险，我们有多少人将会增加时间和预算?

这是预算失控最大的领域之一。作为项目经理，我们常常认为我们能管理风险使事情不会变坏，并且我们的发起人和客户当然不愿意当事情变坏后花费钱和时间。他们希望我们管理项目，使得事情不会出错。

很好，不过我从未见过这样完美的世界。如果风险是真的，它们就会成真，这将延误项目并导致项目承担额外的费用。如果我们为它做出计划，我们可以将其合并到预算和时间计划中去；如果不这样做，费用就会失控。

这样的项目风险通常被称为已知的未知事件，因此为处理它们而预留的资金和时间称为应急储备。

3．处理我们不知道的出错事情的成本

我们常常认为在计划项目时，能够识别出影响项目的所有风险，但这是不对的。常常有一些不可预期的事件导致项目延期。当它们出现时，我们需要准备处理。如果你的项目经历过这些事件，并不说明你或者你的团队没有适当地管理风险——这只是不可避免的事。考虑下面（极端）的例子。

你已经和团队制订了项目计划，并且完成了一个全面的风险管理活动。你知道那些事会很困难，但你有信心能按时间按预算交付。在这之后一个周日的晚上，你接到了一个电话——你的团队刚在办公室彩票竞猜中赢得了头奖。他们都成了百万富翁，不想再去工作了。

当然，你没有在项目中计划这些，但就在世界的某个地方，某个电话响了。当这些意外事件在你的项目中发生时，会有真实的费用和时间影响，你无法让你的项目免受影响。

这个事件叫作未知的未知事件，为处理这类事件而预留的资金和时间称为管理储备。

4．应急储备和管理储备

最佳实践显示，应急储备（应对已知未知）和管理储备（应对未知未知）应占到项目预算的10%~25%。考虑一分钟：在一个100万美元的项目中，你需要增加100 000~250 000美元作为储备金。精确的数量将取决于项目中有多少风险将被接受。

根据项目管理理论，当一些风险发生时应急储备由项目经理支配。这不是多余的钱，它只能用来补偿事件的影响。管理储备通常由发起人支配，应对未知事件时使用。

当然，真实情况总有些不同。很少有发起人会同意设置正式的储备金。如果你告诉发起人需要增加预算的 25%作为储备，发起人的反应一定是感到不悦。

然而，底线是这些数字是有原因的。你不能通过不提供储备来使储备的必要性消失。如果你这样做，你将会面对本节中所有的问题——项目似乎远超预算，即便每项任务都按计划的估算完成。真实情况是项目并没有真正超出预算，因为忽略了储备，所以预算是不足的。

9.7　我不知道一个真正的风险是否会变成问题

那是一个很大的风险，哦，我的意思是它是一个问题

加里感到很困惑。项目的两个成员刚给他发了电子邮件。第一封电子邮件的主题是“我们发现了一个重大风险”，另一封电子邮件的主题是“我们需要处理一个大问题”。这两封邮件在描述同一个情况。在读完这两封邮件后，加里同意我们马上处理一些事情。

加里的困惑在于，他并不确定他们要处理的是一个风险，还是一个问题。因此，他并不知道应该怎么做。这真的是一个风险吗？或者是一个问题？实际上，风险和问题的差别是什么——它们是一样的吗？需要同样的处理方式吗？或者，这是一个更复杂的问题？

9.7.1　问题

项目经理们总是在谈论风险和问题，但是一个风险不也是一个问题吗？如果你并不确定什么是风险，什么是问题，或者怎么去正确地管理它们，你也许会在你正在处理的问题究竟有多大方面犯下错误，这可能对你的项目带来显著的负面影响。另外，你的团队将会对什么是风险、什么是问题，以及他们需要做什么感到困惑。

9.7.2 告警信号

这个问题的确有可能悄悄地发生。你也许在意识到那是一个问题而不是风险之前就已经将其安排进入了风险计划和管理的任务中。同样地，你也可能在不知道那是一个风险时，把它当作一个问题处理了一段时间。如果以下的事情正在发生，那么你会遇到麻烦：

- 在寻找一个正确的风险管理策略去处理一个风险时遇到难题。
- 你并不能真的找出标志着风险变成现实的标志性事件。
- 处理风险或者问题的举动没有成功。
- 当一个问题或者风险被发现了，它需要太长时间去处理。
- 你的团队并不确定某件事情是否需要引起你的关注以便现在处理，或者是否需要为未来的影响进行评估。

9.7.3 如果我不采取措施会发生什么

如果你不能成功地区分风险和问题，你就没办法正确地处理它们中的任何一个。如果你不能采取正确的步骤去管理你的项目的方方面面，你就不能得到最好的结果，并可能把事情弄得更糟糕。

你的团队会跟随你的领导，因此如果你不清楚风险和问题的差别，或者如何区分它们，那么团队也可能感到困惑。这可能意味着那些难题无法尽早地被识别，并且那些风险导致了本来可能被避免的难题。

9.7.4 解决方法

有很多方法去区别你正在处理的是一个风险还是一个问题。你要能够分析你正在处理的难题，并找出使它变成一个风险或一个问题的特性。然后，你就能够实施恰当的管理策略。

9.7.5 我应该做什么

当你在管理一个项目时，你不想花费太多时间去分析风险和问题。如果你对它们的差别有良好的理解，你就可以迅速地决定你面临的是风险还是问题，并制定对应的策略。以下是一些能帮助你做到这一点的方法。

1. 定义

每个风险和每个问题都是独一无二的，但是我们有通用的办法去区分你正在应对的是一个风险还是一个问题。让我们从定义风险开始，或至少从美国项目管理协会的《项目管理知识体系指南（第四版）》借用定义。这里写道：风险是一个不确定的事件。如果这个事件发生了，它可能对项目以及它的交付成果的能力产生正面或者负面的影响。

在某些情况下，也许会有一些更大的影响会超出项目的范围，并影响整个公司。不过一般说来，我们在讨论的是项目和它的目标。很重要的是，我们需要注意到风险并不总是坏事。它们也可以产生积极的结果。我们把消极的风险叫作威胁，积极的风险叫作机会。

消极风险的例子包括：员工可能离职，供应商可能会延期交付，组件的成本可能上升。积极风险的例子包括：你正在完成的任务可能会解决项目外的性能问题，或者通过实施项目碰巧带来了某些优势。

在考虑你是否有一个风险还是一个问题的时候，关键词是不确定性事件。只有风险是不确定的。你并不知道它是否会发生。对问题而言，它已经发生了，因此不牵涉到不确定性。我们能够把一个问题定义为：一种可能会阻止项目实现它的目标的局面。

它们的用词有些相似。对两者来说，我们都在谈论项目的目标可能会被影响，不过比起共同点，它们有更多的不同点。对于问题而言，除了缺少不确定性外，我们没有正面或负面的概念。问题只会带来负面结果。

当一个风险的不确定性消失时（如风险变为现实），那个风险就不复存在。与负面风险为伍，我们只剩下最后一种情况，那就是可能会阻止项目实现它的目标，换言之，那就是问题。

2. 识别你正在处理的问题

如果一个难题在项目过程中被发现了，那么你需要迅速识别它是什么。问问自己：

- 它已经发生了吗？
- 它可能为项目带来负面影响吗？

如果你对两个提问都回答是，那么你面临的是一个问题。第一个提问把它是一项风险的可能性排除了，第二个提问确定了你是否需要主动处理它。很多小的事情都会在项目中发生，你不能全部处理，因此我们最好把注意力放在会对你的项目目标带来影响的事情上。

考虑一些实际的例子来说明这点：

（1）一位团队成员也许辞职，并且在你项目进展的途中离开。

（2）一位团队成员被通知当陪审员，因此会在接下来的四个星期里缺席。

（3）一位团队成员在今天不会出现，因为他感觉不舒服。

所有这些状况都是有关员工的不可用的，不过它们是不同的。第一个场景是风险，可能发生，不过还没发生。你也许能够做些什么来降低某人离开的可能性（如在项目结束的时候发奖金），或者减少它产生的影响（保证你的项目没有任何一个业务领域只有一个人才能搞定），不过你还不需要处理某人真的辞职的情况。

第二个场景是一个问题。你将会在四个星期里损失一位团队成员，而你不能改变它。它正在发生，而你需要采取措施去处理这个问题，如寻找一个替代资源，雇用一位合同工，延长项目的时间计划，等等。

第三个场景也是一个难题，不过它是不是一个问题呢？在项目进行的过程中，总会有某个人不能工作的时候，要么他们的车坏了，要么他们生病了，或者别的。作为一位项目经理，你需要考虑到这些，并且能够处理它们；它们并不需要被考虑为项目的问题。实际上，团队成员能在接下来几天里赶上，或许有些人能够忙一整天，诸如此类。

3. 处理问题

当我们准备风险管理计划时，我们会考虑以下两种不同类型的行动。

（1）在风险变成现实前的行动：对于消极风险，行动包括：一旦风险发生降低风险可能造成的影响，降低风险发生的可能性，或两者。

（2）在风险发生之后的行动：这也就是所谓的应急计划。应急计划是用来降低当风险已经发生时它的影响的。它在风险规划时已被确定，并在风险变成问题时被实施。然而，这并不意味着处理问题的唯一方法就是实施应急计划。

从风险产生的问题并不只是问题的唯一一种，还有很多其他类型的问题。包括：

- 会影响范围、预算、进度的难题。这可能是项目中的延期、超支，或者可用资源的改变，或者交付某个需求时发生的困难——简单来说，任何威胁到项目的事都是问题。
- 两个或者更多干系人之间的交流难题。团队成员、项目经理、发起人、客户，也有类似的难题。
- 流程难题：要么流程并没有被遵守，要么流程不能满足项目的需求。
- 期望难题：一个或多个干系人的期望不同于约定的范围、预算、时间计划。

这都是些很概括性的陈述，因为一个问题可能出现于项目的各种场景。不管问题是如何出现的，它需要得到马上处理。具体的处理方式取决于具体情况，不过它们的流程都是相似的：

- 保证你理解这个问题。如果需要，让团队成员和干系人参与进来，帮助你理解难题的特性和严重程度。
- 理解问题可能导致的影响及其牵连。有可能问题本身比较小，而你并不需要做什么；而有些问题可能威胁整个项目的成功。
- 采取行动去避免、减少或修正影响。并不是所有问题都能够被完全解决。你也许既要去解决难题，又要去处理问题已经导致的影响。
- 保证采取的行动已经生效。你需要保证你采取的行动已经解决了问题。这也许可以通过重新评估项目进行验证，或者可能是与干系人进行对话，以防交流或期望值问题的发生。
- 采取行动去防止问题再次发生。有些问题是一次性的，当你已经解决了问题，你就可以忘掉它。在某些情况下，也许有一个背后的难题需要解决，才能防止更多的问题浮出水面。项目经理需要让团队成员和干系人来协助评估、解决并预防问题。

9.8 我怎么知道什么事情将来可能成为一个难题

当你需要时，地上不会有一个洞把你吞下去

鲍勃知道他遇上大麻烦了。他安静地坐着，盯着快要折成两节的笔。他小心地把笔放在桌子上，并不想把不必要的注意力吸引到自己身上，或者给会议室的其他人看见塑料碎片。鲍勃把自己埋进椅子里，希望他能够藏在桌子下面，就像那真的能够帮到他一样。当他听见他的名字被叫到的时候，他畏缩了。“鲍勃。”那声音在他的脑海里回响。他慢慢地抬起头来。“告诉我们，你的项目怎么样了。”

鲍勃模糊地记得他蹒跚地走回他的小隔间。事情怎么会变得这么糟糕，这么快？之前一切顺利。为什么这些麻烦事会在他意识不到的时候一股脑儿地出现？他能够做些什么去避免它们，或至少能看见它们到来？

尽管他遇到了这些难题，但他感到很幸运，他被允许对项目进行补救。鲍勃知道他需要吸取教训，否则这种事情会继续发生，直到他的运气用尽。不过怎么开始呢？

9.8.1 问题

场景一：前一分钟，所有事情都运作良好；但在下一分钟，你感觉就像你的头发被烧着了一样。它与你的计划做得多细致，你花了多少时间在计划上，或者项目的大小无关——有关公司内几乎每一个项目的未预料到的事情抬起了丑恶的嘴脸。

场景二：你听说过风险管理，但你不知道什么时候是识别风险的最佳时机，以及如何有效地识别风险。

9.8.2 告警信号

以下告警信号中，有一些也许并不意味着在项目运作期间在恰当的时间点识别风险存在难题。它们可能指向不同的难题，也可能不表明有难题。其他一些告警信号不应该忽略。如同风险一样，你不应该忽略任何告警信号，直到你确认它们是无害的。可能的告警信号包括：

- 风险并没有被识别出来。
- 只有一些简单的风险被识别出来了，如没有足够的人手、金钱或时间。
- 在项目工作开始后，团队成员和干系人定期在会议上或在你的办公室，提出之前没有想到的难题，以引起你的注意。即使这可能显示了难题的存在，但也可能只是因为你的团队随着时间的推移对项目的认识更多，而不是之前遗漏了重要的步骤。这也许是好的信号。

- 由于花费时间与资源去处理之前没有想到的难题，项目任务经常推迟或超出预算。
- 对你作为项目经理的评价普遍较低，并且别人拿你处理自己导致的难题开玩笑。

9.8.3　如果我不采取措施会发生什么

如果你不改变你的做法，那么你面临的状况也不会改变。如果你的项目最近由于未曾预想到的难题而正在面临本可以避免的延期和成本增加，它们会继续下去直到你改变你的做法。这并不是说你是难题的根本原因，或者你能够控制需要做什么。不过至少，你是那个应该识别出需要做什么并引起能够做什么的人注意的人。

公司并不喜欢由于延期而损失金钱，或者由于不能及时推出产品而损失市场占有率。作为一位项目经理，你面对糟糕的风险识别的普通风险，这可能会包括失去你的工作、信任和信用。不过这还没完，被开除并不是可能发生的最糟糕的事情。一般来说，在很少的情况下，负责业务应用的项目经理的疏忽会导致某人的死亡。但如果你身处建筑、汽车工程、土木工程或者军事等行业，缺失的风险管理可能带来严重的后果。别再顾及你也许会毁了你的项目管理生涯，想象一下对别人的伤害会如何从感情上影响你，以及对那些留下来的人的生活的冲击。不要再陷入它只是项目管理的心态——风险管理是至关重要的。

9.8.4　解决方法

风险识别并不是一次性任务。它需要在整个项目的所有关键节点进行：启动、需求与设计、计划制订，等等。在本节中，有一些能被整体执行的步骤。你也可以使用那些对你和你的组织有意义的步骤，来帮助你在难题发生前提高识别并处理它们的机会。

9.8.5　我应该做什么

有些公司已经制定好风险管理流程，并给你提供执行它们的培训。我希望你为这些公司工作。如果不是，你也许需要自己解决它。公司层面的改变也许会很困难。当项目经理试图去改变组织时，即使这些意见并不总是能被接受，不过那也意味着你在一家好的公司——当首席执行官试图去改变公司时，那也并不是总能被接受。有两个基本方法你能够用来进行风险管理。它们两个都没有听起来那么容易实现，或像你喜欢的那么快被实现。

第一种方法是把风险管理当作一个长期项目来做。如果进展顺利，你会有模板、指引，以及领导力的支持去完成它。第二种方法是把风险管理加入到现有的流程中。在理想情况下，别人会发现你的成功，并继续使用它。不过，如果你的尝试失败了，或者遇到了阻力，就没有任何人能够支持你或者新的流程。

你不应该因为你不能实行本节的所有东西，或者你不能按本节所说的那样实行，而被风险管理吓倒。这里提到的步骤有些能被省略或者合在一起。找到你和你的公司能够做的，并实现它。记住，这只是一个人对一个很宽泛的话题的观点。

在项目运作过程中，有三个主要时间点能提供风险评估的切入口。它们会在本节的后续内容中被更为详细地讨论。它们是：

- 在项目批准前，如在编写商业案例时。
- 在需求开发过程中。
- 在 WBS 和项目时间计划的制订过程中。

1．在项目批准前的风险评估

在项目发起人以及高层次的交付成果被定下来之后是你风险管理的一个好的起点。这就像询问“交付成果的风险是什么”一样简单，但是，这就足够了吗？你会提出一系列风险，不过如果你能给出问题所处的环境，那么你就可以提出一个更好的风险列表。这是什么意思呢？在这里，环境指的是风险的类型和类别，这可以从战略计划里面借用一些工具来办到。

第一个工具是 SWOT 分析。SWOT 指的是强项（Strengths）、弱点（Weaknesses）、机会（Opportunities）和威胁（Threats）。把这些作为风险来看待的话，威胁是风险；机会是正面风险；弱点是容易被攻击的地方，它会增加风险发生的可能，并且影响抓住机会的能力；强项是公司抓住机会并战胜威胁的能力。在项目开始的时候考虑这些因素能够帮助你组建团队，并分派有助于提高项目成功可能的任务。

第二个工具是 PEST 分析。PEST 是指政治（Political）、环境（Environmental）、

社会文化（Sociocultural）和技术（Technological）。风险的类型和类别在表 9.1 给出。

表 9.1　SWOT/PEST 矩阵

	强　项	弱　点	机　会	威　胁
政治				
环境				
社会文化				
技术				

你通过识别风险并把它们放在对应的 SWOT 列和 PEST 行的交叉点处而展开。当你把数据放进表格中时，考虑以下三个问题：你的项目是否有政治上的潜在危机？你的公司是否有环境上的强项或弱点？是否存在你的项目或者你的公司能够获得利益的技术机会？

2. 在需求开发期间的风险评估

在你能够完成一个详细的风险分析前，你（或者其他与风险管理流程相关的人）需要了解整个系统，把需求开发作为风险评估的下一个切入点。这部分内容对你的公司做出以下假设：

- 你能够获得成文的企业架构。
- 你的公司进行企业分析。

在简·A·卡蓬的《IT 结构工具箱》（*IT Architecture Toolkit*）一书中，企业架构指一个组织中所有需要用来使组织运转的组件，包括数据、人、流程、工具，以及它们如何协作。

企业分析实际上是指一个在项目被通过之前就已经开始的流程。它以现成的企业架构为基础，并包括：

- 识别为什么组织需要变化。
- 识别为了能达到项目目标，需要什么新的能力。
- 确定达到项目目标的最佳方法。
- 定义项目交付成果。
- 为项目创建一个商业案例（国际商业分析研究所，2009）。

具备了这些信息后，你就可以编写项目需求并存档。企业架构提供了当前状态文件的输入。当前状态文件是为了提供一个现状的快照而编写的。企业分析提供了期望状态文件的输入。期望状态文件包括当项目完成时，组织希望获得的图表、流程和规则。记住，没有企业分析和企业架构，你也可以做到这一点。只是首先你需要稍微多做一些工作。你可以在当前状态和期望状态之间进行一个差距分析，来确定你目前在哪，你想去哪，以及你打算如何到达。在差距分析中你会找到下一个风险评估的机会。

你可以使用 SWOT/PEST 矩阵在差距分析中找到风险。然而，你可能发现差距分析会让你从不同的方向着手。问问自己，一个差距可能代表着什么？当然，它是一个风险，不过并不是所有差距都是风险。

有许多方式可以用来表示差距，你会发现从根本原因分析中借用一个叫作石川图或者鱼骨图表（见图 9.4）的工具会很有用。这个图表会列明各个差距，而不是使用 SWOT/PEST 矩阵。如果你想用的话，两个都可以采用。

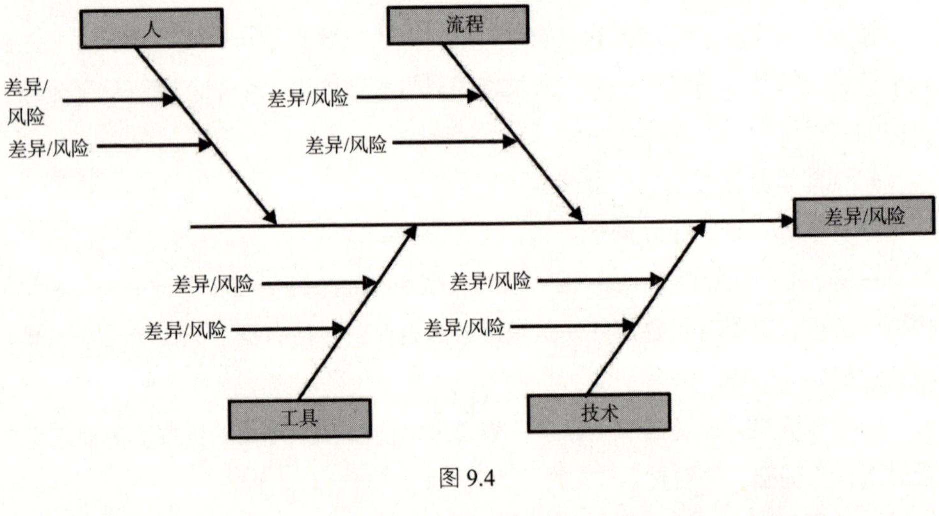

图 9.4

你可以使用人、流程、工具和技术的分类，或者为你的组织定义你自己的一套分类。这个方法的优点是它提供了一个可视化的工具。这个工具能让你同时看到所有的差距，并让你能更容易地区分你在项目中需要满足的差距，以及需要处理的风险。

3. 在制订工作分析结构和项目时间计划期间的风险评估

让我们总结一下。到目前为止，你已经有了一个批准的项目，完成了几轮风险分析，完成了要求和设计，并且对项目的交付成果有了深刻的理解。现在，是时候与你的团队一起设计项目的各个任务以及时间计划了。

在第一轮的风险分析中，你会分析积极和消极风险。任何时候都是寻找机会的好时候，现在到了专注于威胁的时候了。你已经承担起项目的责任，而项目的范围也已经建立了；是时候与那些讨厌的、可能发生的难题进行亲密接触了。

构建你的任务列表的起始点是WBS，它基本上是一个项目交付成果以及项目任务的像组织图一样的图形化视图。当你在制作它的时候，你需要留意风险，并在完成后继续完善风险。这可以通过把工作包以及任务在另一个表格里列出来，并把对应的风险在旁边列出来做到。你需要考虑以下问题：你是否有合适的工具或合适的人来完成任务？你是否在应用你的团队并不熟悉的新技术？你的工具和技术有多可靠？你的供应商的财务状况如何？

项目里可能有很多任务，因此你需要睿智地使用你的时间。评估一个总耗时不到两个小时报告的风险，肯定与评估为保护健康信息建立安全网络的风险所花的时间不一样。

任务很重要的一个方面，以及影响它的风险，是时间计划。你需要理解需要完成的工作是什么，需要多长时间去完成，以及一个任务的延期会如何影响另一个任务。有些任务可以稍微延后一些而不对项目造成严重影响，但是如果一个任务在关键路径上，它的延误可能会危及整个项目。制作一个项目网络图——项目活动的直观展示——可以帮助你理解这个关系。如果你发现手动完成一个项目网络图比较困难，你能够很容易地找到不同价格的软件来帮助你制作它们，只要你输入一些基本的任务信息即可。

4. 下一步是什么

是时候喘口气了。你已经在寻找风险上花费了很多个小时了。你已经知道在项目的几个时间点里，有几种不同的方法去识别风险，因而你能避免未预料到的问题。不过你准备利用这些信息来做什么？

识别风险的最大意义在于你能够利用这些信息来做些什么。当你完成了为项目任务以及时间计划进行的风险评估时，你应该已经处理了项目之前找到的很多风险，不过你可能依然有一个很长的列表。我们并不准备划分出一个新的小节来讨论如何管理风险，以下是一些你需要知道的基本信息。对于每个风险，你应该从你的第一次风险分析开始，以便你能够确定哪些风险是值得花费精力去处理的。

- 事件：一个风险能够很容易地被一个正在发生的事件所描述。
- 事件的影响（定性）：事件会导致什么后果？你应该把后果跟事件本身分开来描述，因为一个事件可能带来多个后果。
- 事件发生的概率（H/M/L）：事件有多大可能发生？
- 事件的成本（量化影响）：财务上的度量，或 H|M|L，取决于可得到的信息。
- 时间的影响：尽管有些风险在不被处理的时候其带来的影响可能不变，但时间表仍可以用；风险在什么时候可能暴露出来是一个重要的因素，这决定你多快地分配资源去处理风险。

影响、成本、概率、时间的影响是我们考虑风险的时候需要考虑的所有因素——我们应该周期性地审视我们的风险。每周一次可能有点太频繁，每月一次也许不够频繁。假设你有一个一周一次的进度会议。与其每一周都检查每一个已经发现的风险，不如检查与当前任务相关的风险，以及那些正在处理的风险。一个月一次，回到你已经找到的风险，并且重新评估影响、成本、概率和影响的时间。你也许会发现有些以前发现的风险不再成为问题，有些风险却变得更为重要。

理解可能会发生什么，什么时候可能发生，有多大的可能会发生，以及如果发生了会花费多少成本，这会帮助你决定对某项风险的适当应对。有些风险能够被忽略，有些必须要被处理。有时你会找另一个人或者实体去负责风险，有时你需要改变你的计划才能让那个风险不再对你的项目造成影响。不管你如何对一个风险做出回应，记下来这样应对的原因。对于你决定处理的风险，把你的处理方法整合进你的项目计划中，并跟踪它们直到结束。

9.9 我们应该提前结束这个项目吗

成功还是失败

丹正在担心下一次和团队的状态会议。他怎么能够告诉团队项目已经结束了呢？所有曾经付出的努力，以及整个公司，都在离他越来越远。

丹抬起头来，看见项目的发起人萨姆正走进房间。

“丹，我想为你所做的致谢。”萨姆说道。

丹并不知道该说什么。他在开玩笑吗？他们的项目刚刚被终止了。“唔，好吧。”他说，并且等着看对话将会如何进行下去。

“我知道之前对你和团队太严厉了。6 个月前，我们真的认为这个项目会为公司带来帮助。不过市场已经变了，”他说，“我刚算了几个数字。通过终止这个项目，我们将会一个月节省超过 50 万美元。与其让我们把时间和金钱消耗在这个项目上，不如让团队去新的产品线上工作。”

“记得邀请我参加你的下一个团队会议。我想对每一个人的工作表示感谢，并讨论我们将要开展的下一个项目。”说完，萨姆离开了房间。

丹发现萨姆并没有在开玩笑。突然间，他意识到下一个团队会议不会那么糟糕。

9.9.1　问题

所有的项目都需要一个终结。对一位项目经理而言，理想的项目应该按期、按预算完成，并且能够 100%交付承诺的范围。然而有些项目需要提早终结。有些时候，项目经理能做的最好的决定就是提前终止项目。你怎么能够在不被认为失败的前提下，提前终止一个项目呢？

9.9.2　告警信号

尽早发现这个问题的告警信号非常重要。否则，你可能需要从一堆事务中脱身出来。留意：

- 项目开始之时，有一打好理由去完成这个项目。上一周，只有六个理由。现在，仅剩两个。下一周，还会剩下多少？
- 重大事情已经发生了变化，而它不在你的风险列表里。
- 你的团队知道他们需要做什么，但他们很难记住为什么要这么做。

9.9.3　如果我不采取措施会发生什么

当事情已经变了，有时候你能做的最坏的事情就是什么都不做。如果你让一个项目继续下去，那么你也许是在浪费时间、金钱，以及资源。作为一位项目经理，什么都不做一般就意味着跟随计划。但是，如果你的项目有一个好的理由去提前终止，你的确应该真的什么都不做。换句话说，停止。

9.9.4 解决方法

一个好的项目章程和一个好的商业案例不仅会告诉你应该做什么，还会告诉你为什么这么做。作为一个团队的领导，你需要在任何时候记住“为什么”这个问题。你需要看到你的项目、你的团队，以及这个世界在发生什么。

通常人们知道事情已经发生了变化，但是他们避免思考它。毕竟，他们的工作是完成项目，不是吗？这似乎未能阻止项目停下来。一位勇敢的领导人知道什么时候告诉人们可以停止。

你需要确保你具备关于项目以及项目的环境的正确信息，才能知道什么时候应该终止项目（或至少向你的发起人提议终止项目）。

9.9.5 我应该做什么

把你的项目章程以及商业案例变成动态文档。理解为什么你要做这个项目，并经常和你的发起人讨论项目的商业理由。提醒团队项目的目的，然后他们会理解什么时候该提前终止项目。从一个夭折的项目里恢复的最好方式是开始一个新的项目。找出团队下一步将做什么，然后每个人都会更容易地继续前进。

1. 项目章程和商业案例

根据项目管理的教科书，项目章程和商业案例在项目开始之初非常重要。你需要它们来保证项目是有价值的，以及取得授权去展开工作。

在现实世界，项目章程以及商业案例在项目的整个过程中都非常重要。我们去完成项目的理由也许会在我们的努力过程中改变。老练的项目经理和发起人并不认为改变是错误的或者是邪恶的。相反，他们把改变认为是正常生活和正常商业活动的一部分。

如果你经常检查项目章程和商业案例，你会有机会问问你自己和发起人：“这个依然有意义吗？”每个项目都有一组可交付的成果。因为我们需要那些成果而开展一个项目。当你的项目做到一半时，保证你依然想要那些成果。

有时候，小的改变会让项目章程、商业案例，以及项目计划做出小的改变。如果有较大的变化，那么也许终止项目是一个好的主意。

2．提醒你的团队为什么做

一个乐观的、有激情的团队是由想要完成一组共同任务的人员组成的。他们把他们的工作时间花在项目上，并憧憬着当这个项目完成时这个世界会是什么样子。他们为了把愿景变成现实而努力。

哪怕它变得过时或者不合时宜，我们也很难抛弃这个愿景。有时更容易做到的是继续工作，假装我们会交付一些有用的东西。抛弃一个项目是困难而又令人伤感的。

作为项目经理，你的工作的一部分是从项目团队之外去观察，并理解完成这个项目的理由。如果你在每次项目会议上提醒团队项目的动机所在，那么团队成员就会明白（甚至在你之前）有些事情已然改变，项目的价值不复存在。提醒团队成员一个项目的价值所在是一个很棒的方式，这样可以保持他们对于有价值项目的兴趣；对于没有价值的项目，宣布消息——项目需要提前结束，这也是最好的方法。

即使你不同意导致取消你的项目的业务决策，找出一种方式向你的团队解释原因。得到旧的项目章程和商业案例的拷贝，提醒大家当项目启动时世界看起来是什么样子，解释发生了什么变化。无论你是不理解还是同意取消这个项目，你都必须克制自己。你需要传达客观的业务决策，避免发表你是否同意的观点。在传递消息时试着把发起人包括在内——团队需要觉得他们仍然是有价值的，即使这个项目不再被认为有必要。

3．项目收尾

项目被提早终止，并不意味着我们应该草草结束。你需要遵循正常的项目结束流程，并保证：

- 完成一个总结会议，并且记录下有意义的信息。
- 所有与项目相关的合同都被妥善地处理，并且双方的交付都已经完成。
- 项目文档在组织的项目档案里保存。
- 所有资源都被释放（人力或其他）。

往往当一个项目被提前终止时，所有人都想尽快逃离它。其实这些项目的运作执行，是你取得提升的最好机会。

4．下一步

大部分组织拥有比他们拥有的时间和人力还要多的想法。因为公司有更好的事情要去做，所以一些项目往往被取消。找出你的团队下一步将做些什么。

也许团队会继续保留，并且接受一项新的任务。也许团队会解散，并且工作在不同的项目中。无论如何，让人们知道有下一个项目。庆祝你们一起所做的杰出工作，并期待明天的工作。

你需要承认人们需要时间来接受坏消息，有时候有些人需要比其他人更长的时间。如果有另一个行动能让团队成员专注，它将使放手的过程更加容易。

5．正在失败的项目并不会随时间改善

如果你的项目需要提前结束，那么就应该尽快停止。有时候，这样做能够从项目中抢救些东西出来。你越快结束一个正在失败的项目，你在它上面浪费的时间和金钱就越少。

团队成员有时候会发现难以停止项目中的工作。他们有计划，他们想看到他们的工作正常完成。你越早给他们新的、有用的、有价值的工作越好。

有时候，相信你已经在项目上投入了太多以至于无法停止，但这是错误的前提。你不能把你已经花掉的钱拿回来，但你能够避免花冤枉钱。如果项目已经不能再满足我们曾经设立的目标，那么进一步投资将会是徒劳无益和浪费。

9.10 存在超出项目范围的危机

如何处理一堆鞋子

2001 年 9 月 11 日，一个美丽的晚夏的一天，设计师高跟鞋散落在世贸大厦的上层大厅里。然而，似乎没有人关注这些。

在可怕的逃亡期间，毫无用处的鞋子，被许多女士们抛弃了。这些鞋子并没有被同事们注意到，经过了 60 多分钟在狭窄的混凝土火灾逃生楼梯里的战斗、45 分钟时间的下降，他们现在已经是精疲力竭了。这堆鞋子可能是过去一小时最不奇怪的场景了。飞机刺穿北塔并爆炸成一个黑色烟雾与瓦砾的场景不停地在我们脑海里面回放。

很多极度痛苦中不相信眼前事实的人，还记得1993年的炸弹袭击，他们遵循精心准备和排练的纽约城市消防局长的指令进行另一次的火灾逃生楼梯的逃难。但这次不是训练。

在逃生到一半时，由于我们的大楼倾斜了，我和很多人被抛到墙壁上，眼睁睁地看见第二架飞机带来的冲击。没人能相信到底发生了什么。大家都沉默了。很快，我们继续逃离。直到我们到达20层时，烟雾从大厅开始上扬。天啊，所有东西都着火了。

当我们到达大街上时，我们看见了三座摩天大楼的倒塌。天空被灰尘遮盖了，数以千计的文件安静地散落在地上。那种难以置信的感觉被安全地从爆炸和倒塌中逃离抵消了。

在康复中心接下来的几天里，有些团队成员能够直面这一危机，有些人仍试图逃避。有些人害怕从他们的家里出来，有些人的眼睛、喉咙、肺被烟尘刺激到。很多人被讨厌的声音、图像、不熟悉的环境、新的设备，以及日常工作扰乱，感到迷惑。

即使经过了这次危机，作为一个团队，我们成功克服了很多问题，并逐渐恢复，直到保证这个公司准备好在下周一再次运作。保持让团队把注意力放在完成工作上变成了面对危机时对领导力最大的挑战。

项目经理起到乐队指挥一样的作用，他把所有乐手组织起来，每一位都是具备自己的配乐和内部节奏的专家。在指挥的带领下，乐手们回应相同的节拍。

许多个体的远见和动态的人际关系技能是一个组织，更关键的是一个人，生活工作一天的原因。一次真正的危机之后，出色的领导力是一项必要的技能。

这个案例里的危机起因于一个真实的、强烈的以及巨大的灾难：发生在2001年9月11日的世贸大厦的恐怖袭击。我的公司总部以及我的团队成员的工作地点就在世贸大厦。本节诊断从一个极端危机应用情况而不是日常的项目危机背景中能够学到的经验教训。

9.10.1 问题

项目经理的习惯主要是把注意力放在项目规划的范围和时间安排上。项目规划通常假设工作环境在项目运作周期里保持不变。无法预见的危机会让项目成员分心，甚至可能被恐惧与优柔寡断占据，以至于什么都不能做。

最好的情况下，什么事情都有可能发生。世界上总会有未知的未知。即使是普遍的、日常的危机也会给团队成员施加压力，导致资源短缺或消失、新的需求产生、最后期限或起始日期变更。

9.10.2 告警信号

特别的灾难如恐怖主义等的告警信号并不在本书的讨论范围里。这种情况很难去预见。然而，这里有一些项目经理更经常可能遇到的、哪怕在小型项目里也会出现的信号：

- 领导权或组织架构的改变。
- 公司或部门的紧缩措施。

团队成员正在感到：

- 情绪上或身体上的承认或否认的症状。
- 就像他们在未知的领域里一样，他们不能够预测接下来会发生什么。
- 危机给出了一个单方面改变范围、交付成果或者时间计划的理由。

9.10.3 如果我不采取措施会发生什么

如果你的项目刚刚被严重的危机冲击，而你什么都不做，那么你会有大麻烦。当严重问题发生时，所有事情（或者至少大部分事情）都需要改变。如果你没有意识到这一点并采取行动，那么项目无法摆脱问题的困境并注定失败。

9.10.4 解决方法

当你在处理危机时，你需要专注于建立一个信任与安全的环境。得知他们的担忧不会用来对付他们，信任与安全将让团队成员自由地发言。在环境已经改变的前提下，重新建立起项目的相对优先级非常重要，但是不要强迫人们去接受什么，除非他们已经准备好了。不同的人需要不同的时间。立即和频繁地与项目团队沟通是必要的，这能够帮助他们理解日常的基本规则和流程是否仍然有效。

9.10.5 我应该做什么

当你在处理危机局面时，你首先需要作为大家的领导者，然后你才是任务的管理者。当然，一个危机会对任务产生严重的冲击，不过它也会对人员产生严重的冲击。你需要他们的帮助才能把项目带回正轨。

1. 对人员的领导力

确保你考虑了以下所有方面。

- 沟通：与团队的每一位成员沟通与其相关联的事情。要认识到你可能需要在多种场合重复多次相同的信息，直到人们接受了它。保证你自己保持冷静；否则团队成员会因为你的不安而更加焦虑。
- 肯定强烈的情感：在危机中，不要忽视你的团队成员可能爆发或甚至试图隐藏的强烈情绪和感觉。观察并让你的团队知道他们的感觉并不独特。在危机中有强烈的情绪是一种正常的反应，这可能会在团队里面共享。有这些情绪并不意味着软弱，而是人类的天性。如果可能，把这种情绪能量改变方向，作为前进和克服危机的强烈动机。
- 与过去的相似活动进行联系：因为环境引起的或危机造成的局面似乎是外来的或陌生的，所以把手头的任务与先前更日常、但是有压力的境况联系起来并不困难，如工作面试、外部审计或绩效评估等。与这些更日常的活动背景联系起来会降低不寻常的或者额外有压力的环境带来的压力。
- 与共同的目标进行联系：找到一种把日常的成就与面对威胁时的杰出或英勇表现联系起来的方法。在项目开始的时候，基于项目目的、收益以及驱动项目安排时间和优先级的外部因素，项目经理为团队成员确定方向。再次利用这种引导，例如，说："还记得我们开始的时候……？"大部分人不会把自己当作英雄。但是我们可以回想一下，当我们询问几乎任何一位英雄的经历时，他们都会声称自己只是在做好自己的工作。重申项目团队的共同目标，以及团队成员的贡献如何有助于团队达成使命。
- 表明愿景：进一步考虑项目的直接范围或环境。例如，世贸大厦里建筑公司的安全总监的愿景是能让他们准备大部分股东不予考虑的场景，因为过于不太可能发生和成本太高。他们大胆地坚持自己的愿景，保证正确的预防措施成为计划的一部分。带着愿景的项目经理们知道出乎意料的事情可能在项目上发生，而且他们有一套工具包的后备计划来阻止项目的失败。

2. 度过危机

无论项目经理面临的危机是什么，总会有办法去适应或者成功地继续，而且最终你的团队会准备好前进。实际上，项目会给他们一些有助于集中他们注意力的东西。即使危机并不能预见，但组织的反应相对而言是比较容易预估的。

作为一位项目经理，你要考虑把自己当作乐队领队。对领队而言，了解配乐、演奏地点，以及乐手的强项和弱点很重要。在项目管理中，你需要因为安全原因监控你的团队，并为了流程或优先级的变化而观察环境。联合并紧密靠拢干系人，持续地与团队交流。

你用来使你的项目前进的具体步骤，因危机爆发时项目的阶段不同而不同。使用 PMBOK 阶段划分，你也许需要考虑以下方法。

- 启动：如果当危机发生时你的项目刚刚启动，那么重新启动项目也许有意义。你可能需要重新验证商业案例的有效性，否则调整已经完成的工作比简单地重新开始也许需要更多的努力。
- 计划：如果当危机发生时你正处于计划阶段，你可能正面临一些显著的范围、时间计划、预算、资源、质量和风险等方面的修订。每一个方面都可能需要剧烈地改变。你需要把初始状态与现在的状态做一个对比，并决定你是否可以前进，或是否需要重新开始。计划是你可以前进或后退的临界点。理解这些改变是重要的，以便你可以做出正确的决定。

记住要考虑改变是临时的还是永久性的。你也许会损失一些资源到危机管理活动中，不过它们也许会在一段时间之后回到你手上。

- 执行与监控：到了项目的这个阶段，也许已经太晚了，以致不能回头，但你需要认识到你不能就像什么都没有发生一样前进。项目的某些元素也许不再必要，但也许会有全新的部分需要被处理（它们需要在开始的时候就给出计划）。这里的诱惑是尽快回归常态，不过你首先得确定什么是常态。常态并不是以前那样。

找到那些相对而言没有被危机影响的元素，利用这些元素作为你的起始点去推动项目。在这些领域的进展会帮助你争取足够的时间去处理被危机严重影响的领域。

- 收尾：在问题冲击前，如果你已经到达收尾阶段，那么对你的诱惑是忽略这个项目并把它看成已经完成。不过，你不能做这样的事情。你需要保证项目被正确地收尾了，并且那些文档以及经验教训已经被归档了。你也需要认识到，一个正在被收尾的项目也许现在要重新激活去处理扩大的范围。

编著人员

Gina Abudi

作为 Peak Performance Group 的合伙人和战略方案 SVP、MBA，Gina Abudi 在不同的战略领域审视全球客户的项目运作，包括组织层面的分析与设计、项目和过程管理、企业教育、人才优化、领导力培养、经营管理指导，以及团队建设。她撰写了大量的文章和白皮书，在有关项目管理和领导力的不同论坛上进行过演讲。在开发项目管理的战略方法方面，Abudi 为不同的客户提供专业的指导。在 www.GinaAbudi.com 网站上，Abudi 开通了自己的博客。她负责本书的 3.7、4.7。

Imad Alsadeq

作为管理和工程解决方案公司 THIQAH 的咨询主管、PMP、PMOC、PMI-RMP、MCP，Imad Alsadeq 提供咨询、培训和技术方案，并致力于其服务领域的发展。他是组织项目管理成熟度模型（OPM3®）第二版的志愿者之一。除了主导团队开发第一部阿拉伯文的项目管理范本，Alsadeq 也为好几个国际会议提交了有关项目组合管理和其他主题的论文。最近因其在 PMI 全球大会 2010—EMEA Project Action Team 上的卓越服务而得到 PMI 的高度认可。他负责本书的 7.14。

David Arias

David Arias 是位于波多黎各圣胡安的 PMR 股份有限公司的主席、PMP。他的关注方向在于全方位业务运作中项目的有效管理，包括战略、市场营销、金融、IT 系统以及开发。公司口号体现了他针对这些领域所提出的实践方法——“把挑战转化为落地方案”。他负责本书的 7.13。

Harlan Bridges

Harlan Bridges，PMP，在 Web、IT 以及通讯技术领域具备广泛的工作经验。他管理过多个价值数百万美元、超过 40 多位全球研发人员的复杂项目。他在设计并实施创新型的开发流程以提升过程效率和质量标准等方面颇有名望，在理解客户业务需求并将其开发成有效的技术解决方案等方面展示了其卓越的能力。Bridges 专家级的项目管理技能包括风险评估、需求收集与分析、易用性测试、业务模型与战略开发、预算和项目计划制订，以及资源配置。他负责本书的 4.6。

Alex S. Brown

Alex Brown，PMP，IPMA-C，在过去 15 年来一直是项目主管。Brown 目前是 Real-Life Projects 股份有限公司的主席兼首席执行官。他专注于项目管理和战略规划，并将其融合成战略性项目管理。他经常针对项目经理和高层管理人员写作和发言。他的职业目标是帮助商业人员提升对项目的理解，帮助项目人员提升对商业的理解。他负责本书的 1.10、9.9。

Peter Carothers

Peter Carothers，PMP，在领导政府和私人企业的项目群和项目运作、将《PMBOK®指南》的专业知识与实际经验有效结合并取得良好结果等方面有着广泛的经验。作为项目群经理，他规划、实施了 PMOs 并管理其运作，包括过程改进、项目经理的标准、项目执行和员工职业发展。他在分析、战略和“交流式的问题解决”等方面的技能帮助他建立起了一支高效的团队。他负责本书的 9.2。

Luis Antonio Crespo

作为项目管理办公室的高级项目经理、PMP、CSM，Luis Crespo 在金融和保险行业具备从业经验。他热心于项目管理和项目管理组织开发。通过讲授项目管理框架等课程，Luis 成功地将这些课程在超过 200 个用户的 IT 群组上商业化，并正在将项目管理推向大众。Luis 参加了好几个不同类型企业的项目管理组织开发与改进工作，他为自己设定的成功标准与度量项目管理办公室的成功标准一致——项目成功！他负责本书的 3.11、9.5。

Craig Curran-Morton

Craig Curran-Morton 担任 Ledcor 公司的业务流程经理。他热心于帮助客户识别他们所面临的挑战，并与之一起工作，找到可实施、可持续的解决方案。他醉心于项目管理、BPM、PMBOK®指南以及环境问题，并对自己的工作精益求精，是 gantthead.com 的积极贡献者，也非常享受在 PMI 晚宴和会议上进行有关项目管理课题的演讲。他负责本书的 3.2。

Mike Donoghue

Mike Donoghue 是跨国信息技术公司的成员，与别人合作研究“交流行为和客户关系战略”对内部客户和外部客户互动的影响。他分析、定义、设计以及审视项目的多个方面，包括产品的可用性与客户满意度、最佳实践企业的规范化、关系/品牌结构，以及分销的有效性与方向。他也制订了一个社团图书馆方案，为销售、市场、培训以及支撑部门提供业务框架。他负责本书的 7.11。

Ed Evarts

Ed Evarts 是一位总部位于波士顿的致力于领导力开发和团队成功的组织的教练，同时也是 www.evartscoaching.com 的业务负责人。他与中高层专业人员及其团队合作，对企业环境的明晰进行治理，以便提高洞察力并采取必要的措施。Ed 具备 25 年以上的领导和管理经验，以其敏锐的商业头脑，解决复杂人际关系的能力和热情，真诚、易于接近及有求必应的行事风格而出名。在波士顿大学取得项目管理证书后，Ed 热心于通过正面和能实现个人抱负的方法，帮助业务繁忙的个人评估如何影响他人、给他人以冲击，并逐步培养其思维和行动的方式。Ed 经常在网络化、领导力开发、个性偏好领域进行演讲。他负责本书的 3.12。

Cicero Ferreira

在普华永道和 IBM 全球业务服务部门工作期间，Cicero Ferreira 领导了许多复杂的管理咨询项目。作为巴西圣保罗 Omega Consultoria 的创始人和首席执行官，Ferreira 近来主要为客户创造高价值的服务，包括项目管理最佳实践的应用、业务流程管理（BPM）和共享服务运营（SSO）。作为大学教授，Ferreira 在巴西的大学讲授 PM、BPM 和 SSO 等 MBA 课程。他同时也是这些领域富有经验的演讲者、研究者和多篇文章的作者。他负责本书的 5.7、8.4。

Andrew Filev

作为 Wrike 的创始人和首席执行官，Andrew Filev 的关注领域在于如何借助新技术提升项目管理工具和实践。他的创新理念应用于在线项目管理解决方案中，这些方案为 55 个国家的数千个公司所使用。他的当代项目管理变革的观点体现在其项目管理 2.0 的博客中。Filev 撰写了 30 多篇文章，论述项目管理新趋势和下一代基于 Web 应用的发展。他曾在 UTD PMI 研讨会、 Office 2.0 专题会议、企业 2.0 专题会议，以及其他一些活动中发表演讲。他负责本书的 7.6、7.8、8.7。

Cornelius Fitchner

Cornelius Fitchner，PMP，是项目管理 Podcast 和 Prepcast 的拥有者和主持人。Fitchner 在其本国瑞士，德国和美国作为项目经理工作了 16 年。Fitchner 曾经为管理咨询公司、全国性零售商、网络创业公司领导过多个项目，目前作为项目经理服务于金融服务供应商。Fitchner 热衷于项目管理方法论和项目管理办公室运作，并曾经担任项目管理协会 2007 年度奥兰治县分会的主席。他负责本书的 7.4、7.7。

Michael B. Flint

作为项目管理业务的咨询顾问和 PMP，Michael B.Flint 利用专业理论与实际挑战密切结合的方法，展示了一系列良好的交付结果与企业受益的骄人纪录。Flint 是一位聚焦于实际业务的咨询师和项目管理专家。他是 MBF 咨询服务有限公司的主席，其客户遍布北美、业务涉足所有行业，并通过提供专业的服务促进组织利用有效的项目管理实现其价值！作为 PMI 南安大略（多伦多）分会的主管和前任主席，Flint 是一位积极主动的志愿者，并获得 2008 年度 PMI 志愿者大奖。Flint 是一位项目管理流程和方法的国际演讲者。他负责本书的 1.3。

Elizabeth Harrin

作为 Otobos 集团的首席执行官和《项目管理女性指南》的发行人，Elizabeth Harrin 的目标在于通过对主题的澄清揭开项目管理的神秘面纱。Harrin 的目标是展现项目管理渗透在我们日常生活的方方面面，项目经理完全可以利用在工作中和工作外所学到的知识改进其项目运作。Harrin 是《存在于现实世界和社会媒体的项目管理——致项目经理》（*Project Management in the Real World and Social*

Media for Project Managers）一书的作者，并定期为项目管理和商业出版物撰写文章。作为 PMI 新媒体委员会的创建成员，Elizabeth 经常就项目管理发表主题演讲，并在 www.pm4girls.co.uk 开设了博客。她负责本书的 2.6、5.9。

Andy Jordan

作为 Roffensian 咨询有限公司的主席，Andy Jordan 关注于开发团队与个人能力、强化项目管理环境建设。Jordan 是一位多产的作家，发表了 100 多篇有关项目管理课题的文章，同时也是位项目管理和领导力方面具备大家风范的演讲者和导师。Jordan 不仅通过提供项目经理所需的技能使其成为富有技巧的任务领导者，进而提升项目管理的质量，而且鼓励他们挑战现有的项目管理规则。他负责本书的 1.11、3.8、3.9、4.1、4.8、5.4、5.5、7.3、7.5、7.12、8.2、9.1、9.6、9.7。

Ty Kiisel

作为一位非职业的项目经理和超过 25 年工作经验的市场营销老兵，Ty Kiisel 使得项目管理理念和项目管理工具的最佳实践易于接近且被接受，无论是面向一位专家还是一位新手。他的主要做法是把个人经验、历史参考和其他一些趣闻轶事融合到日常工作的讨论中，而这些讨论紧密围绕着“有效的领导力方式”——如何最大化项目团队的效力——这一话题展开的。Ty 也是流行的播客 TalkingWork.com 的主持人。他负责本书的 1.8、2.4、3.5、3.6。

Paul S. Lukas

作为业界领先的科技公司综合性基建项目的经理、PMP 和 CPA，Paul S.Lukas 负责价值数百万美元的跨国基础设施翻新和工程再造项目。Lukas 以“管理人”的身份而著称，因其卓越的人员管理和技术管理的技能使得项目成员的行动高度协调一致。在财务管理、运营管理、外包合同谈判，以及行政、客户服务战略、技术规划、IT 开发和 IT 财务等领域，Lukas 也具备领导地位。Lukas 是一位活跃的演说家和 IT 专业者联盟项目管理办公室特别兴趣小组的前联合主席。Lukas 是 2001 年“9 · 11”袭击的幸存者，他所贡献的小节正是基于那段经历的经验教训。他负责本书的 9.10。

Jerry Manas

Jerry Manas 是 Marengo 集团的主席，《管理灰色地带》（*Managing the Gray Areas,* 2008 年，RMC 出版社）和《拿破仑的项目管理》（*Napoleon on Project Management*, 2006 年，纳尔逊商务）的作者。作为广受欢迎的作家、演说家和咨询顾问，他是流行博客 PMThink 的联合创办人，以及“创新自我协会”的创建成员。该协会是企业高管的智库，致力于预测以自我为中心的组织和团队。他负责本书的 2.2、3.3、4.10。

Alexander Matthey

Alexander Matthey 是一位专家级的项目经理、项目管理咨询顾问、教练和培训讲师。他有着多达 26 年的、规模与复杂度各异的全球项目管理经验。Matthey 在瑞士的电信行业创立并领导着 PMOs，培养了遍布几大洲的数百位项目经理，也是 3PM 专家组织的活跃分子，在日内瓦/洛桑地区，以及阿联酋和海湾合作委员会提供服务。Matthey 格外关注复杂项目管理和项目群管理，强调行为变革管理。他能熟练应用英语、法语、匈牙利语和保加利亚语进行工作。他负责本书的 5.1。

Stephen Maye

Stephen Maye 喜欢讲故事。最近，他讲的这个故事有关我们如何才能更好地制定战略与规划，并通过落地项目达成目标而不是半途而废。Maye 的成功在于专注、勤奋、整合事物的天分，以及与任何事情进行沟通的强烈爱好。作为一名独立的咨询顾问，Stephen 具备超过 15 年的管理经验，其咨询方向在于如何有效地驱动文化变革。Stephen 是 gantthead 的常年支持者。他负责本书的 7.9。

Josh Nankivel

Josh Nankivel，项目管理专业学士、PMP，通过多方面的学习材料和多样化的培训课程，指导新入行但抱负远大的项目经理达成职业目标。他于 2006 年创立了 pmStudent，以帮组将项目管理作为一门学科和未来发展职业的人员能够学到更多的知识。Josh 在计算机信息处理技术、金融服务、电信和航空航天工业等行业管理过多个 IT 和非 IT 项目。他负责本书的 1.6、7.2、8.3。

Mark Price Perry

作为 BOT 国际的副主席和 gantthead.com 的项目管理办公室服务主管，Mark 致力于帮助一个组织设立并运作项目管理办公室。Mark 是《业务驱动项目管理办公室设立——现实洞察力、方法和确保成功的案例》(*Business Driven PMO Setup —Practical Insights, Techniques and Case Examples for Ensuring Success*) 一书的作者，也是具备 200 多个案例或事件的项目管理办公室播客的主持人。他撰写并发表了多篇有关业务驱动项目管理办公室设立、复杂的自适应机制下的项目管理办公室战略等主题文章。在与全球数百个不同类型和规模的项目管理办公室合作并取得丰富经验和教训的过程中，Mark 的使命是服务于项目管理办公室领域，为一个组织建立、管理和改进项目管理办公室提供实用性的指导。他负责本书的 4.4。

Aaron Porter

Aaron Porter，MBA，PMP，是犹他健康信息网络 UHIN 的项目经理。这是一个政府认可的服务于健康信息交换的非营利性组织，通过运作附加价值的电子商务网络为犹他州健康社区提供 EDI 服务。在为 UHIN 工作前，Porter 作为业务分析员和项目经理为加州 Delta 牙科公司的 IT 运营工作了将近 7 年。作为项目经理，他为自己设定了两个主要目标：帮助他人更好地理解项目管理专业以及帮助项目经理达成专业目标。为此目标，Porter 开设并维护着一个关于如何准备 PMP 考试和保持 PMP 证书的博客。他也是"PMI 教育与认证北犹他分会"的副主席。他希望在这个位置上为同行提供他们所需的资源以达成专业目标。他负责本书的 1.7、9.3、9.8。

Dave Prior

Dave Prior 是 ProjectWizards 股份有限公司的主席，并负责 Merlin 项目管理应用机构在北美地区的销售、服务、培训和支持工作。作为志愿者，他致力于建立敏捷管理和项目管理社区之间的坚固桥梁，同时专注于帮助项目经理们将《孙子兵法》的战争艺术加入项目管理的工具中。他在 gantthead.com 上的博客名为 DrunkenPM，并开设了播客 ProjectPotion。Dave 在世界各地的项目管理、IT 和敏捷开发会议上做过多次专题发言。他负责本书的 2.1、3.1、4.9、8.1、8.8。

Jennifer Russell

作为 Mastodon 咨询公司的主席，Jennifer Russell 通过开发“企业社会责任项目群”以促进合规和战略执行来驱动良好的治理实践。她利用项目管理这一“调味品”为跨国企业解决难题，并开发和实施实用性的解决方案，被 Ziff-Davis 媒体描绘成“伟大的开发之脑”。Jennifer 为世界各地的项目经理们讲授治理、风险和战略等课题。她担任 PMI 旧金山分会的咨询委员，同时活跃于其他几个委员会。她非常乐意提醒您——志愿活动是一个学习新技能、构建新人脉的良好方式。她负责本书的 4.3、8.11。

Fran Samaras

Fran Samaras 为我们提供了项目管理领域的远景，并在过程、变革和技术创新的战略融合领域具备丰富的经验。作为企业项目管理办公室、生命与专业合资企业的副主席，Samaras 管理企业多项目执行的团队。她的职责在于建立项目管理文化，为项目组合的优先级和高效的项目管理与实施制定战略。她曾经担任位于苏黎世的“项目管理办公室&企业项目经理协会”的副主席、埃森哲咨询公司经理，以及 AMA 保险公司项目团队主管。她始终坚信有效的项目管理可以为企业拨乱反正、交付良好的结果并达成目标。她负责本书的 2.5、4.5、5.3、5.8。

Alec Satin

Alec Satin 为国际服务企业建立组织流程。他高度关注工作环境的“健康”，并为希望企业更上一层楼的高管们提供咨询服务。作为导师和教练，Satin 帮组新入行的项目经理们大步向前。他也为 blog.alecsatin.com 撰写文章。他负责本书的 2.3。

Aaron Smith

作为编辑和作家，Aaron Smith 在出版业具备 20 年的工作经验，包括担任 ProjectsatWork.com 的主任编辑，这是一个面向项目管理专业人士的在线杂志。在此之前，Smith 领导一个一流的编辑团队，其业务涵盖广泛的领域和产业，包括高校的学术知识、医疗保健、酒业、音乐界和建筑业。他负责本书的 3.4。

Ian Stewart

作为 SunTrust 银行公司级项目群管理办公室的副主席和团队主管，Ian Stewart 通过合理健全的项目治理和合规实践，致力于打造一致的、可重复的项目结果。Stewart 已经贡献了两个 PMI 项目管理标准——项目估算和组织项目管理成熟度模型（OPM3®），并与他人共同开发了一套“项目管理考试准备材料”和各类项目管理专题的著作。Stewart 的使命是帮组组织有效利用项目和项目群的投资。他负责本书的 7.10。

Peter Taylor

正如《懒惰的项目经理》（*The Lazy Project Manager*）一书描述的那样，Peter Taylor 是一位成功的作家、公共发言人和培训师。在其日常工作中，Peter 领导主管西门子软件产业的项目管理办公室，《领导成功的项目管理办公室》（*Leading Sucessful PMOs*）一书即据此而成。Peter 渴望项目经理们工作起来不要那么拼命但却更具成效——富有成果的懒惰。他将其思想通过几个网站以及 iTunes 上可下载的免费播客与他人分享。他负责本书的 4.2。

J. Chris White

J. Chris White 热心于帮助企业将其规划从纸面付诸实际。White 是 ViaSim 解决方案公司的主席、pmBLOX 的创建者。pmBLOX 是一种仿真项目计划的工具，使用优于传统关键路径法（CPM）的动态进程法（DPM）作为基础。他与人合作撰写了《战略质量管理》（*Strategic Quality Management*），并发表了多篇关于领导力、管理和仿真等领域的论文。White 同时也是六西格玛黑带大师。他负责本书的 1.4、1.5、2.7、3.10、5.2、5.6、7.1、8.6、8.9、9.4。

Jennifer Whitt

Jennifer Whitt，PMP，是一位演讲者、培训师、具备认证资格的绩效教练、作家，以及 Optimo 的主席。Optimo 是一家专门从事项目管理和领导力开发的咨询公司，她是 Optimo 时事通讯交流的总编。目前 Whitt 为忙碌的项目经理们启动“PDUs 2Go 项目”。经验告诉她，项目经理们要想抽出时间进入课堂或在线学习是多么的难得，所以她为项目经理们在繁忙的工作之余能够充电开发了一种新的学习方式。客户们对 iTunes for Project Managers 口碑有加。她负责本书的 8.10。

Michael Wood

作为全国公认的“企业价值传递改进”领域的思想领导者，Michael Wood 帮助企业追求并开发“干系人价值驱动”的项目和创新。他的 Helix Factor 丛书畅销国际，并推出了第一套有关业务流程改进领域的丛书 Lean How - To。Wood 撰写了 100 多篇有关战略与治理、项目组合管理与单项目管理的专题文章。他的久经考验的方法和途径根植于现实世界的实践。他是一位演讲追求者和专题研讨的领导者。Wood 的使命是帮助组织成员通过可复制的执行和传递成为干系人价值的管家。他负责本书的 6.1 至 6.9、8.5。

关于主编

戴夫·加勒特

戴夫·加勒特是马里兰大学的文学士和美国大学信息系统专业的理科硕士。作为 gantthead.com 的主席兼首席执行官，他致力于为项目管理社区及其媒体网络（gantthead.com、projectsatwork.com 等）的持续发展创造价值。目前，这些网络及社区在全球范围内拥有 60 多万名会员。他在战略、管理和技术方面的经验使其能够指导 gantthead 团队开发并细化当今项目管理领域所需要的无与伦比的资源。

Gantthead 是全球性的 IT 咨询公司 Headstrong 的子公司。在联合创立并构建 gantthead、从事完全基于网络的营利性商业活动之前，戴夫是 Headstrong 公司高级技术业务群的主管。他在任职期间负责多项目管理，主要职责是负责内联网管理与开发的所有业务，包括全球知识管理、运行系统开发及行政事务。他也授权管理 webWAVE 内联网方法的开发。Gantthead.com 是全球最大的 IT 项目管理在线社区，由项目经理开发，目的在于为众多项目经理提供相应的支持与服务。Gantthead 的会员可以充分利用：

- 覆盖不同领域的项目管理指导性专题文章。
- 免费的模板、检查表、项目计划及其他文档，以便解决当前的难题。
- 来源于最优秀的项目管理思想的、风趣且富有洞察力的博客。
- 影像资料和在线研讨会，以便获取免费的 PDUs。
- 参与成员组，与同行联系、沟通。
- 有助于特殊问题解决的社交网络。
- 在线学习的机会，以便建立个人履历并提高技能。

反侵权盗版声明

举报电话：（010）88254396；（010）88258888
传　　真：（010）88254397
E-mail：　dbqq@phei.com.cn
通信地址：北京市万寿路 173 信箱
　　　　　电子工业出版社总编办公室
邮　　编：100036